윤명철 해양논문선집 ⑧

# 해양역사와 미래의 만남

| 윤명철 해양논문선집 ⑧ | 해양역사와 미래의 만남

2012년 1월 16일 초판 1쇄 인쇄
2012년 1월 26일 초판 1쇄 발행

지은이 | 윤명철
펴낸이 | 권혁재
책임편집 | 윤석우
편집 | 김현미, 조혜진

펴낸곳 | 학연문화사
출판등록 | 1998년 2월 26일 제2-501호
주소 | 서울시 금천구 가산동 371-28 우림라이온스밸리 B동 712호
전화 | 02)2026-0541~4
팩스 | 02)2026-0547
이메일 | hak7891@chol.com
홈페이지 | www.hakyoun.co.kr

ISBN 978-89-5508-267-8  94910
ISBN 978-89-5508-259-3 (전8권)

책값은 뒤 표지에 있습니다.
잘못된 책은 바꾸어 드립니다.

윤명철 해양논문선집 ⑧

# 해양역사와 미래의 만남

| 윤명철 지음 |

학연문화사

# 머리글

"역사는 인간의 발명품이고, 역사학은 발명의 도구이며, 역사학자는 창조자이며, 수리공이다."

개체의 경험은 아침햇살에 녹아내리는 이슬처럼 흔적을 남기지 않는다. 모든 생명체들은 불유쾌하고 전율을 일으키는 죽음의 자각을 극복하기위해 부단한 노력을 기울였고, 자손을 만들어 종의 기억을 지속시킨다.

생물학적으로 독특한 생성배경을 지닌 인간은 자발적으로 획득한 인식능력으로 인하여 본의 아니게 비자발적으로 또 다른 허무감을 동반자로 삼게 되었다. 실로 오랜 세월 혹독스러운 고뇌 끝에 인간은 색다른 하나의 발명품을 내놓았다. 역사이다. 자연사와 또 다른 역사를 만들므로써 인간은 개체로서 시간과 공간의 한계를 극복하였고, 전체로서 자유의지와 존엄성을 동반하게 되었다. 인간은 역사 속에서만 인간은 끊임없이 존재하고, 자신의 존재가치를 시시각각 확인하고 만족스러워 한다.

역사학은 별로 중요하지 않을 수도 있다. 하지만 역사적인 인식은 중요하다. 그것이 있으면 인간은 개체로 머무르지 않고 무한한 生命體 및 非生命體와 섞여진 통일체로서 전체를 지향하고 있음을 느낀다. 현재는 한 부분일 뿐이고, 이 부분은 파편이 아니라 먼 과거와 먼 미래와 연결된 끈이며 '터' 라는 사실을 이해한다. 인류는 물론이고 한 개체의 탄생과 존재, 다른 개체와의 만남 등이 '우연과 필연' 여부를 떠나서 유일무이한 불가능의 가능태임을 자각한다.

2011년 12월 윤명철

# fore-word

History is an invention and a means of invention. A historian is a creator and an engineer. The author had a view and a model as a historian since the first time he had an interest in studying history. He held questions and critical consciousness about modern-history which led to develop a new research method through various research fields. With the reason, he developed theories, concepts, and terms as well as introduced a way of understanding through modelling.

In 1985, the term, 'HANLYUKDO', was developed in the way of overcoming 'the Korean Peninsula' and 'a historic view of peninsular'. In 1993, 'The East-mediterranean sea model' was developed. 'The East-mediterranean sea model' is a matter of idea and civilization which will be developed to 'theory of the East-mediterranean civilization'. In 1995, he linked governing style and space to categorize 'direct-sovereignty', 'indirect-sovereignty', and 'orbit' with a model of Goguryo. He suggested geo-culture and geo-mentalogy besides geo-economics and geo-politics as the way of human use of space and field. He explained a meaning of nature environment through academic theories from various studies and apprehended comprehensively.

In 2003, He introduced 'the oceanic view of history' in national Congress of historical science and declared a necessity of interpreting Korean history from the oceanic perspective. He also suggested 'a historic view of ocean and land' which is to view the ocean and the land as one organic system. Since the time until 2011, he have presented academic accomplishments that supported and proved those suggestions including 'the ocean-land systen', 'a ocean city', 'a river-ocean city', 'the oceanic defense system'.

He had a question about 'motility' observed in history. He established stability, mobility, migratory, and mo-stability cultures. Those theories are comprehensively systemized based on modern physics, astrophysics, proxemics, biology, ethology, physiology and architecture. In the process, he established 'mother-civilization', 'east-asian civilization', and 'pan-asian theory' in order to understand our culture from the civilized perspectives.

Theories that such models are logically and ideologically based upon include 'history organicism theory', 'field & multi-core theory', and 'reflux system theory'.

'History is anthropology'
'History is praxeology'
'History is futurology'
'History is lifelogy'

He suggests a few points to Korean history academia.

First, It is to understand a reason of being, a role, a meaning, and a value of history. A historian is a recorder, an evaluator as well as a creator.

Second, it is to approach through various research methods. It is necessary to expand a research field and apply more themes and subject materials.

Third, intellectuals have an accountability to be free. It is a duty to develop 'own theories' with own thoughts and methods.

Forth, it is to understand an appropriate research method to study the ocean-related field. Theoretical approach regarding an essence and a system of the ocean needs to be a priory. It is to analyze and investigate mechanisms of the ocean scientifically and theoretically. There are oceanophysics, oceanography, Nautical Science, shipbuilding, geography, political science, urban geography, ocean folks, Fishery anthropology and other natural sciences.

The author have presented about 40 books, 10 co-authored works, and 140 dissertations. This does not include history related reviews, poems and essays. He primarily organized research accomplishments in this collection. In the future, he intends to focus on the study of human, idea, and the future. He looks for criticisms and advice from scholars.

# 序言

"历史是人类的发明,史学是发明的工具,史学家则是它们的创造者和不断修葺的匠人"。

笔者自跨入史学之门开始,便确定了独立的史观与史家范式。带着对现存韩国近代史学研究的强烈不满与批判意识,渴求以浑然独到的科学研究方法,开拓多彩斑斓的未知学术领域。基于上述端由,时获独得之见,别创有多样语汇、理论、概念;渐由此而设定范式,演绎逻辑,导入阐释。

自1985年始,为克服处处冠以"韩半岛"用词的半岛史观影响,竭力试图赋以"韩陆岛"之称,取而代之。1993年,别出机杼,独创"东亚地中海模式"理论,承望借穷极之思想,行文明之进路,向"东亚地中海文明论"方向平流缓进。

1995年始,又以高句丽历史为鉴,贯穿其统治方式与空间的互动,将"直接统治圈"、"间接统治圈"、"影响圈"三者严格区分,进而利用"空间"、"地域"、"人间"三维分析方式,提出了独立于既存的"地政学"(geo-politics)、"地经学"(geo-economics)等概念之外的"地文化学"(geo-culture)、"地心学"(geo-mentalogy)等概念。从自然环境等多重意味及角度加以论证,潜心冥会、融释贯通,具体地把握了史实。

2003年在韩国全国史学大会上,主张导入"海洋史观",宣告并阐述了立足于海洋,重新诠释韩国史的必要性,藉此提出将陆地与海洋有机结合的"海陆史观"。此后至2011年,续以多种方式逐步立证补完,相继出版了各类研究成果。

围绕针对解释东亚地中海空间与世界观的"海陆体系"学说，又形成了"海港都市"、"江海都市"等等都市理论，以及海洋防御体系理论，以多重论证范式构成了整体作业不可或缺的环节。

针对历史发展过程中呈现的"运动性问题"，从运动的观点出发，在对文化与人类生活方式特征关系的论证之中，设定了"农耕定居性文化"（stability）、"游牧与狩猎流动性文化"（mobility）海洋流动性文化（liquidity）与回游性文化（migratory）以及对各种文化都有所并融的"动中静文化"的（mo-stability）概念。这些理论借助了新近发展的现代物理学、空间学、生物学、动物行动为学、生理学、建筑学等多重学科知识概念，贯穿融会，使浑然于一体。在此过程中，为了从东方文明角度贯穿把握，还添加了"母文明"、"东方文明圈"、"泛亚洲论"等理论观点。

由上述模型、理论等构成的学说和思想，为论证历史有机体系及其特征的"历史有机说"、论证历史构成与体系关系的"地域多核说"以及论证历史运动方式的"环流系统说"提供了必要的补充。

'史学乃人间之学'
'史学乃行动之学'
'史学乃未来之学'
'史学乃生命之学'

至此，笔者对韩国近代史学研究提出如下建议。

首先，必须对史学的存在理由、作用、真义、价值深入探索，加以根本性理解。史学家不应单一局限于"记录者"、"评价者"的范畴，同时应担负"行为者"的职责。

其次，史学研究方法应竭力接近多样。需广泛开拓研究领域，多方选择主题素材。在空间上力求突破半岛界限，实现向东亚，乃至泛亚洲领域的拓展。

第三， 学者应以崇尚自由为己任。凭借自由的思考方式，励志竭精、独辟蹊径、自出机杼、成一家之风。

第四， 对于海洋相关研究，需对针对方法，由表及里、谙练通达。为此，须优先对海洋空间本质、体系，予以深刻的理论性接近；对海洋文化之构成、机制，予以科学的理论性分析；以力求谨本详始、穷本溯源。

海洋研究，大千世界；琳琅珠玉、包罗万象。既兼收有：海洋物理、气候物理、航海学、造船术；人文地理、自然地理、气候地理、政治地理、都市地理；又并蓄及：与海洋史紧密相关的海洋民俗学、渔业人类学等多门自然科学。无所不包、无所不容、无所不及、无所不至。

笔者独撰书籍40余卷，另与他人合著书籍又10卷有余，出版论文140余篇。外与历史相关的史评、书评、诗集、随笔等不涉其内。倾平生之所学，聚渊渟泽汇，萃为此编。以为将来，人间之问题、思想之问题、文明之问题、未来之问题，集中研究之所共用。


恭望同仁，不吝赐教。


东国大学教授 尹明喆 youn, myung-chul（东亚海洋史及高句丽史）

# 序文

　"歴史は人間の発明品であり、歴史学は発明の道具であり、歴史学者は創造者であり、また修理工でもある。"

　筆者は歴史を構想する決意をした時から、歴史観と歴史学者としての目指すべきモデルがあった。加えて韓国の近代歴史学に対する強い不満と批判意識があったゆえ、自然に他とは違う新しい研究方法を追求し、研究領域を多彩に開拓した。その結果、多様な理論と概念、用語などを作り上げ、モデルを設定し演繹的な解釈をする方法を導入した。

　1985年度に韓半島という用語と半島史観を克服する試みとして'韓陸島'という造語を作った。1993年には'東亜地中海モデル'を作り出した。この東亜地中海モデルは究極的には思想と文明の問題であり'東亜地中海文明論'として発展するものである。1995年には高句麗をモデルとする統治方式と空間を連動させ'直接統治圏'、'間接統治圏'、'影向圏'として分類した。人間が空間、もしくは地（土地）を利用する方式として既存の'地政学(geo-politics)''地経学(geo-economics)'、他に'地文化学(geo-culture)''地心学(geo-mentalogy)'などの概念を提案した。自然環境の意味を多様な分野の学問理論として説明し、具体的な実状を把握した。

　2003年には全国歴史学大会において'海洋史観'の導入を主張し、韓国歴史を海洋的観点で解釈する必要性を宣言した。これに続き海洋と陸地を一つの有機的なシステムとして捉えようとする'海陸史観'を提案した。その後、

2011年に至るまで多様な方式でこれをさらに補完し、理論と理論を立証する研究成果を発表した。'東亞地中海'という空間と世界観に対する解釈である'海陸的システム'、これを実現する'海港都市'、'江海都市'の都市理論、'海洋防御体制'などのモデルはこの研究の一環である。

またこれらとは別に、歴史に現れる'運動性'の問題がある。運動の観点で文化と人間の性格を論ずる農耕の安住性(stability)文化、遊牧と狩猟の移動性(mobility)文化、海洋の流動性(liquidity、及び回遊性〈migratory〉)文化、そしてこのような性格を集約した'動中静(mo-stability)文化'などを設定した。このような理論を近世再び現代物理学、天体物理学、空間学、生物学、動物行動学、生理学、建築学などそれぞれの各学問の理論を借り、精巧に体系化させている。この過程で韓国の文化を文明的な観点で把握するため'母文明'、'東方文明圏論'、'凡アジア論'などを設定した。

このようなモデルと理論の論理的、思考的基礎になるものは歴史が有機体的である体系と性格をもっているという'歴史有機体說'、歴史の構成と体系を論ずる'場と多核 (field&multi-core)理論'、歴史の運動方式を論じた'環流システム論'などであり、他にこれを補完する小理論である。

'歴史学は人間学だ'。

'歴史学は行動学だ'。

'歴史学は未来学だ'。

'歴史学は生命学だ'。

筆者は韓国近代歴史学会に数々の提言している。

一つ、歴史学の存在理由と役割、意味と価値を追求し、基本的な理解をするようにしなければならない。歴史学者は'記録者'であり'評価者'であるだけでなく、同時に'行為者(creater)'の役割も担っている。

二つ、歴史学の研究方法論は多様な接近方法が必要である。研究する領域を拡張させ、主題と素材を多様に選択する必要がある。空間的には半島を超え東アジア、更には汎アジアに拡張させる必要がある。

　三つ、知識人は自由な存在でいなくてはいけない。自由な思考と方式でもって可能な限り'自己理論'を啓発することが学者の任務である。

　四つ、海洋と関連する研究をしようとするならばそれに相応しい研究方法を理解しなければならない。海洋空間の本質と体系に関連した理論的接近が優先しなければならない。海洋文化のメカニズムを科学的に、なおかつ理論的に分析し糾明しなければならない。

　海洋物理や気候などの海洋学、航海学と造船術（工学ではなく）、人文地理、並びに自然地理、気候などを含んでいる地理学、政治学（海洋力と関連した）、都市地理学、そして海洋史と密接な学問として海洋民族、漁業陣路医学、その他、自然科学などがある。

　筆者は40余りの著書と10余りの共著と、その他に約140編程度の論文を発表してきた。もちろんここに歴史と関連した評論、詩、手記などは含めていない。筆者はこの選集を通して研究成果を一次的に整理した。これからは人間の問題、思想の問題、文明の問題、未来の問題などの主題を集中的に研究していく考えである。学者達の批判と助言をお願いしたい。

韓国東国大学教授　尹明喆　youn, myung-chul
（東アジア海洋史、並びに高句麗史）

# 차례

머리글 · 5

## 01 | 장보고 시대의 무역활동과 미래모델의 가치
### －東亞地中海論을 중심으로－

1. 서론 · 21
2. 동아지중해론의 배경과 의의 · 22
3. 장보고 세력의 무역활동 · 30
4. 장보고 모델의 미래적 의미 · 36
5. 결론 · 49

## 02 | 장보고를 통해 본 경제특구의 역사적 교훈과 가능성
### －장보고의 동아지중해 물류장 역할을 중심으로－

1. 머리말 · 51
2. why. 장보고 시스템인가 · 53
3. what. 장보고 시스템의 구조 · 61
4. how. 장보고 시스템의 운영 · 75
5. 에필로그 · 84

## 03 | 21세기 동북아시대와 한강의 의미

1. 머리말 · 89
2. 동아시아의 질서재편 시도 · 90
3. 신모델인 동아지중해론의 설정 · 93

4. 한강의 역사적 성격 · 99
   5. 한강의 미래적 의미 · 105
   6. 맺음말 · 108

04 | 東아시아의 相生과 東亞地中海 모델

   1. 들어가는 글 · 111
   2. 세계의 변화와 동아시아의 적응 · 115
   3. 동아시아의 상생과 문제점 · 124
   4. 동아시아의 상생과 동아 지중해(EastAsian-mediterranean-sea) 모델 · 135
   5. 맺음말 · 143

05 | 榮山江 유역의 해양역사와 21세기적인 의미

   1. 들어가는 말 · 145
   2. 동아지중해모델과 영산강 유역 · 146
   3. 영산강 유역의 역사와 항로 · 150
   4. 맺음말-21세기적 의미 · 156

06 | 변산반도의 해양사적 의미와 21세기적인 가치에 대한 모색

   1. 서언 · 161
   2. 동아시아 역사에서 해양의 역할-해양활동을 중심으로 · 162

3. 전북해양 및 변산반도의 해양사적 위치와 역할 · 167
　　4. 21세기적 의미와 가치 · 177
　　5. 맺음말-제언 · 183
　　※ 토론자 질문에 대한 답변 · 185

## 07 | 역사 현재 미래, 동해권의 설정

　　1. 서언 · 189
　　2. 동해를 바라보는 관점의 제시 · 192
　　3. 역사 속의 동해 · 195
　　4. 현재 속의 동해 · 201
　　5. 제언-미래 속의 동해와 동해권의 형성을 제언하며 · 205

## 08 | 金異斯夫, 于山國 정복의 역사적 가치와 21세기적 의미

　　1. 들어가는 글 · 211
　　2. 동해 및 울릉도·독도의 해양환경과 역사적 의미 · 212
　　3. 신라에서 우산국의 존재와 가치 · 222
　　4. 우산국 정복의 21세기적인 의미 · 226
　　5. 맺음말 · 229

09 | 여수세계박람회의 성공적 개최와 시민들의 역사인식

   1. 서언 · 233
   2. 여수엑스포의 문명 및 세계사적 의미 · 234
   3. 여수엑스포의 한민족사적 의미와 역할의 모색 · 238
   4. 여수의 정체성과 시민들의 역사인식 · 241
   5. 맺음말 · 246

10 | 동아시아의 미래를 위한 韓國 浙江省의 役割 모색

   1. 서론 · 247
   2. 韓國 浙江 지역의 해양환경과 역사 문화적인 위상 · 248
   3. 동아시아의 현재상황 이해 · 256
   4. 대안모델의 제시와 해양의 의미 · 261
   5. 맺음말 · 267

11 | 손원일(孫元一) 제독의 해군 창건정신의 현대적인 의미

   1. 서론 · 269
   2. 탄생과 성장과정의 검토 · 272
   3. 해군창건과 육성의 역할과 그 정신-해군과 연관하여 · 280
   4. 창건과 육성정신의 현대적인 의미와 적용-역할모델과 대안 · 299
   5. 맺음말 · 312

6. 에필로그 · 314

12 | 연해주 지역의 역사 및 현재적 의미

   1. 서언 · 317
   2. 21세기 동아시아의 역학관계 · 318
   3. 연해주 지역의 역학관계 · 324
   4. 연해주 지역의 자연환경 · 331
   5. 연해주지역과 우리 역사상 · 337
   6. 결어 · 344

13 | 울릉도, 독도의 역사적 환경과 의미

   1. 서언 · 345
   2. 동해문화권 설정과 울릉도 · 347
   3. 우산국의 존재와 역사적인 위상 · 356
   4. 울릉도·독도의 해양전략적 가치와 위상 · 370
   5. 울릉도·독도의 의미와 활용 · 389
   6. 맺음말 · 393

# 01

## 장보고 시대의 무역활동과 미래모델의 가치[*]
### —東亞地中海論을 중심으로—

## 1. 서 론

우리는 지금 신문명의 개화라는 21세기를 맞아 엄청난 대 변혁의 폭풍 가운데서 휩쓸려 다니고 있다. 19세기 말에서 20세기 초두에 걸쳐 개편된 세계질서가 그보다 훨씬 더 강력한 진동과 큰 진폭으로 다시 재편되고 있다. 21세기 전반부는 정치와 군사를 위주로 하는 단절과 폐쇄의 시대에서 문화와 경제의 역할이 증대하는 개방과 만남의 시대로 변화하고 있다. 그리고 경제행위를 통해서 세계화(globalization)와 지역화(regionalization)가 동시에 추진되는 시대이기도 하다.

한편 물류통로 및 해양자원으로서 해양의 경제적 가치가 부각되고, 세계전략 속에서 정치 군사적인 가치가 재인식되면서 해양 영토를 더 많이 확보하려는 경쟁과 갈등이 일어나고 있다. 특히 최근에는 이러한 실제적인 갈등이 문명의 충돌이라는 관념과 명분으로 외장을 한 채 이익을 최대한 확보하려는 자집단주의(自集團主義)가 열정적으로 확산되고 있으며, 그 주역은 미국과 유럽을 중심으로 한 서구 백인 세력들이다.

---

[*] 「장보고 시대의 무역활동과 미래모델의 가치-동아지중해론을 중심으로」, 『해상왕 장보고 국제학술회의 집』, 장보고기념사업회, 2001.

우리는 이렇게 속도감 있게 변화무쌍한 세계질서의 대양 속에서 동아시아적 입장과 민족적 입장을 동시에 고려하면서 갈등의 파도를 절묘하게 피해 생존의 항해를 하지 않으면 안 된다. 좌초를 면하고 성공적인 항해를 이룩하려면 훌륭한 나침반을 갖춘 성능 좋은 배와 항해도, 능력 있고 삶의 의미를 이해하는 선장과 공동체 의식을 지닌 선원들이 있어야 한다. 그리고 무엇보다도 항해의 목적과 목표지가 분명해야 한다.

현재 우리에게 필요한 많은 것 가운데 하나가 이러한 시대적 사명을 완수할 수 있는 발전의 모델을 가능한 한 많이 갖는 일이다. 필자는 오래 전부터 '동아지중해이론'을 설정하여 동아시아의 역사상을 해양적 관점에서 해석하여 왔고, 미래적 발전 좌표를 찾고 있다. 그리고 그 동아지중해에서 자기역할을 충실하게 하면서 자기집단의 발전에 공헌을 한 역사적 실례로서 고구려의 '동아지중해 중핵조정 역할(中核調整役割)'과 장보고의 '동아지중해 물류장 역할(物流場役割)'을 모델로 삼고 있다. 본고에서는 한민족과 동아시아의 발전모델을 탐색하는 과정의 하나로서 장보고 세력의 해양교류와 무역활동의 실상을 파악하고, 그 구조와 무역외적인 역할의 이해를 통해서 장보고 모델의 가능성 여부를 타진하고자 한다. 그런데 필자는 역사학자이므로 경제 및 무역에 익숙하지 못하므로 이와 관련된 이론을 차용하여 논리를 전개하는 데에 무리와 오류가 있을 것이라고 생각한다.

## 2. 동아지중해론의 배경과 의의

### 1) 국제적인 배경

앞에서 언급한 바와 같이 현재 세계의 각국들은 문명의 전환과 질서재편의 소용돌이 속에서 자국의 이익을 확보하려는 생존경쟁에 골몰하고 있다. 양대 적대세력이 대치한 군사적인 긴장이 완화되고, 국지전의 형태로 전환되었으며, 국가나 체제 간의 경쟁이 정치 군사가 아닌 경제나 문화의 형태를 띠우면서 국제환경은 새로운 양상을 보이고 있다.

이러한 세계질서 속에서 미국이라는 초강대국 중심의 세계화(世界化)와 중간단계로서 넓은 범주의 지역화(地域化)가 추진되고 있다. 몇몇 강대국들을 중심으로 군사동맹을 맺은 외에도 나름대로 미국·EU(유럽연합)·ASEAN 등 국가 간의 결합을 매개로 광범위한 블럭화를 추진하고 있다. Ghassan Salame는 지역화는 새로운 영향권 형성을 위한 완곡한 위장술이 될 수 있다고 하였듯이 소위 유사한 문명권, 종족, 지역을 중심으로 이익을 극대화시키려는 '자집단주의(自集團主義)'를 실현하고 있다.[1] 최근에는 미국이 초강대국을 선언하고 있고, 유럽은 EU(유럽연합)단계를 넘어서 합중국을 지향하겠다는 움직임을 보이고 있다.[2] 그런데 이러한 경쟁과 갈등은 결국 궁극적으로는 경제적인 헤게모니 쟁탈전으로 귀착되고, 20세기와는 달리 군사력·정치력을 바탕으로 한 노골적인 압력이 적어지고, 개방과 상호협력, 연합 등을 동반한 갈등관계인 것이다.

무역은 국가의 부를 창출하거나 상품의 이동이라는 초보적인 역할이 아니라 모든 것의 이동, 심지어는 문화나 정치까지도 주고받는 물류이동의 장(field) 역할을 하고 있

---

1 앨빈 토플러는 『권력이동(POWER SHIFT)』(이규행 역, 한국경제신문사, 1994년)의 종결부에서 민족문제를 언급하고 있다. "현재는 민족주의가 광범위하게 부활을 하고 있다. 동유럽의 대변동을 소련의 뜻에 굴복했던 나라들에서 일어난 민족주의적 봉기라고 해도 무방할 것이다"라고 하였으며, "민족이라는 개념을 재구성하는 것은 앞으로 매우 중요한 수십 년 동안에 이 세계가 직면하게 될 정서적으로 가장 중요한 과제 중의 하나이며, 또한 특정한 기능을 지방화 하거나 세계화하도록 허용하지 않고, 계속 국가가 장악하도록 하는 것이 긴요한 과제가 될 것이다"라고 하였다.
2 토플러는 향후 세계질서는 3개의 축으로 형성될 것으로 보았다. 즉 워싱턴·베를린·도쿄를 말한 것이다. 이것은 다니엘 벨이 『이데올르기의 종언』을 쓴 이후에 맥루한의 지구촌 개념을 비롯하여 이미 신질서를 구상한 미국인들의 미국 위주의 시각을 단적으로 드러낸다. 『권력이동(POWER SHIFT)』는 1993년에 미국에서 출판되었다. 그런데 현재는 중국이 예상보다 빠른 속도로 성장하고 있다.

다. 물론 이러한 역할은 전근대시대에도 특정한 지역을 중심으로 있었다. 오늘 연구의 주제로 삼고 있는 장보고 시대의 장보고 무역활동이 그러하다. 현대는 경제와 무역의 중요성 때문에 비교적 정치·문화·경제적으로 관계가 깊은 여러 국가들이 모여 역내(域內)의 경제교류 등을 활발하게 촉진시키고, 반면에 역 외(域外) 국가들에게 차별대우를 하는 경제권(經濟圈)을 만들어가는 경향이 강하다.

유럽은 EEC(유럽경제공동체)를 결성하였다가 EC로 발전하였으며, 이제 정치적인 성격을 지닌 EU(유럽연합)로 질적인 비약을 하였다. 최근에는 동유럽 국가들을 포함하는 광범위한 단위로 질적 향상이 되고 있으며, 이미 유로화를 공식적으로 사용하기 시작했다. 그러면서 더 정치적 결속력이 강한 합중국을 지향하고 있다. 미국은 1994년 1월에 북미자유무역협정(North American Free Trade Agreement), 즉 NAFTA를 결성하였으며, 최근에는 미주 자유무역지대(Free Trad Area of America)를 결성하기 위하여 마이애미에서 쿠바를 제외한 미주 34개 국 정상들이 모였다. 계획대로 2005년에 창설할 경우에는 중남미를 포함한 세계 최대의 경제블럭이 탄생한다.

그런데 다시 최근에는 고든브라운 영국의 재무장관이 미국과 유럽연합(EU) 사이에 자유무역지대의 출범을 촉구했다고 영국의 언론들이 보도했다. 브라운 장관은 관세장벽을 없앤 새 '대서양권 시장'이 미국과 EU에 연 2천500억 파운드(3천500억 달러)의 경제적 효과를 가져올 것이라고 말했다. 이렇게 세계는 경제와 무역을 매개로 해서 인접국가나 일정한 지역을 중심으로 이루어져 '지역무역협정(Regional Trade Agreement)'이 맺어지는데, 이는 인류의 역사에서 보다 더 확대된 역사단위가 탄생하기 시작하는 것을 의미한다.

이러한 세계사적 현실 속에서 아시아는 70년대에 들어서면서 일본의 뒤를 이은 한국을 필두로 급하게 성장하고 있다. "이제 성년이 된 아시아는 세계 최고라는 꿈을 꾸고 있다"라는 마이클 블라오스의 말은 의미심장하다. 말레이지아 국제전략연구소장인 Noordin Sopiee는 동아시아혁명을 이야기하면서 서기 2000년이 되면 동아시아의 GNP가 북미나 서유럽보다 커질 것이라고 예측했다. 그리고 나머지 세계가 '황인종에 대한 두려움'이 생겨나지 않도록 세계를 설득해야 한다고 말했다.[3]

최근에 동남아 국가들은 소위 동북아 국가들(동아시아)과의 협력을 원하고 있으며, 물론 이렇게 말하는 동아시아는 현재 동남아를 포함한 포괄적인 개념이다. 뒤늦게 출발하였지만 소룡(小龍)으로 두각을 나타낸 동남아 지역의 국가들은 활발하게 보다 결속력이 강하고, 경제적 효율성을 가져올 수 있는 경제권을 추진하고 있다. 아세아자유무역지대(Asean Free Trade Area)는 동남아국가연합(ASEAN)지역을 앞으로 15년 이내에 완전한 자유무역지대로 만든다는 구상이다.

한편 한국·중국·일본, 그리고 러시아의 일부가 포함되어 있는 동(동북)아시아 지역 역시 자국의 이익을 최고 목적으로 삼고 세계 여타의 강력한 블럭에 대응하기 위해서도 협력체 내지 블럭을 결성해야 할 필요성을 인식하고 있다. 하지만 미래의 구도에 대하여 확신을 못 가진 채 군사적인 역할과 영향력, 경제력의 향상과 체제의 개편, 정치적인 영향력의 확대 등 많은 면에서 서로 간에 경쟁을 하거나 갈등을 빚고 있다. 그래서 정치적인 것보다는 경제나 교역, 문화교류 등에 관심을 많이 갖고 있으며 보다 느슨한 형태로서 실질적인 이익을 전면에 내세우면서 협력체의 결성과 파트너 쉽의 가능성들을 시험하고 있다.[4]

이러한 노력에는 일본을 필두로 한국과 중국이 적극적으로 참여하고 있으며, 러시아와 북한, 몽골도 참여하고자 한다.[5] 현재는 넓게는 국가 간, 좁게는 지역 간, 도시 간의 협력체를 결성하는 것을 전제로 많은 구상과 이론들을 내세우고 있다.[6] 최근에는

---

3 이 부분은 클라우스 슈밥(Klaus Schwab)이 엮고, 장대환이 감역한 『21세기예측』(Over-comming Indifference), 매일경제신문사, 1996 및 앞의 인용 책인 『휘치월드』를 참고했다.
4 나라정책연구회가 펴낸 『동북아 경제권과 한반도 발전전략』이 비교적 이러한 주제에 대하여 개괄적으로 소개하고 있다.
5 윤명철, 「黃海의 해양환경과 仁川의 東亞地中海의 역할」8회, 가천문화재단 학술발표회, 1999.

일본과 싱가포르가 자유무역협정(free trade agreement)을 맺었고, 중국은 뒤늦을 세라 ASEAN과 역시 동일한 협정을 맺을 예정이다. 한국은 연 내에 일본과 이를 논의할 예정이라고 발표했다.

그런데 현재까지 나온 이론들은 정교하지 못한데다가 선언적 성격이 강하고 산발적으로 추진되고 있으므로 실효성 있는 국지경제권은 말할 것도 없고, 동아시아 전체를 아우르는 블럭의 형성은 더더욱 어렵다. 동아지역에서의 협력체 구성은 자국의 이익은 물론 EU·NAFTA 등 기타 다른 블럭에 대한 공동전선의 구축이라는 적극적인 의미도 담고 있어야 한다. 그러기 위해서는 몇 가지 과제가 선결되어야 바람직하다.

우선 동아시아 각 지역을 총체적으로 인식하고 동아시아 전체의 이익에 대한 공감대를 이루어야 한다. 즉 국가별로, 지역별로 유기적인 연결이 이루어지고, 그 테두리 안에서 지역 간의 발전을 도모하는 하나의 공동권(共同圈)을 설정해야 한다. 즉 전체적으로 '東亞의 이익'이라는 '큰 원(grand circle)'을 설정하고, 그 원 속에 소속된 적은 원들이 형성되면서 각 권들 간의 연결을 유기적이고, 원활하게 이루어야 한다. 협력체의 결성은 분업과 상호협조로서 시너지(相生)효과를 창출시킬 수 있도록 해야 한다.

또한 적극적이고 바람직한 협력체제로 갖추기 위해서는 각국들은 동아시아권의 본질이 무엇이고, 추구하고자 하는 동아시아 신질서 내지는 동아시아 협력체가 무엇을 매개로 형성되어야 하는가를 찾아야 한다. 그리고 서로 간의 역사적 경험을 이해하고, 어떠한 역할분담이 가장 바람직한가를 진지하게 탐구해야 한다.[7]

그런데 이러한 변화의 상황과 해결의 필요성 속에서 해양의 역할과 비중은 더욱

---

6 金成勳 외, 「동북아 경제협력의 장보고 모델」, 『장보고 그랜드 디자인』, 집문당, 1999.
이 책에는 한민족 발전모델들을 소개하고 있다.
장보고와 관련해서는 황상석, 『장보고를 알면 세계가 열린다』, 한눈, 2000 참고.
7 이 부분에 대한 필자의 개략적인 견해는 윤명철, 「고구려의 東亞地中海 모델과 21세기적 意味」, 『아시아 文化硏究』, 목포대학교 아시아문화연구, 2000, 2에 언급하고 있다.

높아지고 있다. 경제권의 개념이 크고 광범위하게 설정되며 세계가 생존전쟁을 벌이고 있는데, 이는 결국 무역과 이를 위한 물류체계의 확보가 승부의 중요한 관건이 되고 있다. 그리고 현재 인류의 기술문명 수준을 고려할 때 이는 앞에서 언급한 바처럼 해양과 불가분의 관계에 있다. 전 세계의 모든 나라들은 해양을 매개로 연결되어 있고, 특히 물류의 대부분은 바다를 통해서 이루어지고 있기 때문이다.

그런데 근래에 들어서 해양이 직접적인 영토개념으로 급하게 질적인 비약을 하고 있다. 1994년에 유엔에서 신해양법이 통과되면서 200해리의 배타적 경제전관수역(Exclusive Economic Zone: 약칭 EEZ)을 영해와 별반 다름없이 설정할 수 있게 하였다. 신해양법의 제정은 현재 전개되고 있는 세계사적 현실과 무관하지 않다. 동아시아 지역은 그 동안의 역사적 경험이나 지정학적(地政學的) 조건, 지경학적(地經學的) 조건, 지문화적(地文化的) 조건, 그리고 현실적인 필요로 보아 해양이 매우 중요하다.

해양으로만이 모든 나라들을 연결시킬 수가 있었고, 실제로 이 지역 전체를 이어주는 교역도 이러한 바닷길을 통해서 이루어졌다. 현재도 한국 무역품들의 대이동은 99.7%가 대규모의 선박을 이용하여 이루어지는 해양무역이지만, 장보고 시대에 신라의 대외무역은 100% 해양무역이었다. 그만큼 해양은 중요했다.

그런데 동아시아에서 해양이 이렇게 중요한 의미를 지닌 것은 실로 여러 가지 이유가 있다. 필자는 그러한 이유를 찾고 그 본질을 구명하기 위하여, 그리고 현재 및 미래에 유효성이 높은 발전 모델을 찾는 선결작업으로서 동아시아 역사를 지중해적 틀 속에서 해석하는 동아지중해 모델을 만들었다.

## 2) 동아지중해론의 의의

동아시아의 각국들은 대륙과 한반도, 일본열도 및 여러 군도들에 둘러싸인 황해, 남해, 동해, 동중국해 등을 포함하고 있어 지중해적 형태와 성격을 띠고 있다. 그런데 소위 역동적인 동북아경제권(Dynamic North-East Asian Economies)은 동아시아에서도 중심부인 동아지중해 지역이 된다. 따라서 자연환경과 사회적 환경을 고려하여 '동아지중해(EastAsian-Mediterranean-Sea)' 라고 명명하고, 역사를 해석하는 이론 틀로 삼은 것이다.

지중해는 몇 가지의 특성을 가지고 있다. 예컨대 해양문화의 성격을 구비하고 있는 만큼 이동성(mobility)이 강하다. 각 나라들이 내해(inland-sea)를 공유하고, 긴 연안(沿岸)이 여러 나라로 갈라져 있으므로 국경이 불분명하고 변화가 심하다. 때문에 해역지배권(海域支配權)의 대립을 둘러싸고 국가 간의 다툼이 벌어지며, 해양력(sea-power)이 영향을 끼친다. 하지만 지중해는 정치 군사적인 것보다는 교역, 문화 등 구체적인 이해관계를 중시하는 경향이 있다. 무역의 물류를 통해서 주변 지역들 간에 주민과 기술은 물론 문화도 활발하게 교류함으로써 경제 문화공동체는 물론 정치공동체, 때로는 군사공동체도 이룰 수 있다. 동부지중해의 해양 폴리스들은 무역을 매개로, 화물과 사람, 문화를 함께 실어 나르면서 그리스라는 하나의 공동체와 공동의 문화를 가꾸어 냈다. 그런데 동아시아는 완전한 의미의 지중해는 아니지만 바로 다국간지중해(多國間地中海, Multinational-Mediterranean-Sea)의 형태로서 모든 나라들을 연결시키고 있다.[8]

동아시아가 협력체 내지 블록, 혹은 그 이상의 공동체를 구성한다면, 이는 해양을 매개로 한 지중해적 질서 속에서 이루어지는 것이 바람직하다. 유럽지중해와 카리브 및 걸프지중해, 동남아지중해 등과 경쟁하고 대결하는 동아지중해의 형성이 절실한 것이다. 다행스럽게도 동아지중해 삼국은 다른 지역에 비하여 문화·지리·군사력·정치체제·경제체제 등이 차별성을 지니고 있으면서도, 오랜 역사 속에서 형성된 공질성(共質性)을 갖추고 있다. 무엇보다도 필요충분조건(必要充分條件)을 서로 만족시켜

---

8 동아지중해의 자연환경에 대한 검토는 윤명철,「海洋條件을 통해서 본 古代韓日 關係史의 理解」,『日本學』14, 동국대 일본학연구소, 1995 및「黃海의 地中海的 性格硏究」,『韓中文化交流와 南方海路』, 국학자료원, 1997, 기타 논문 참고.

줄 수 있는 상호보완성(相互補完性)을 지니고 있다.[9] 더구나 현대는 교통과 통신의 발달로 인하여 동아시아 삼국의 바다들은 아주 좁은 내해의 성격으로 변화되었다. 동아지중해 모델 속에서는 동아시아의 협력체나 그 이상의 공동체를 구성하는 과정과 방법에 대한 교훈이 들어 있다.[10]

동아지중해 모델은 동아시아 전체는 물론 한민족의 위치와 향후의 역할에도 매우 긍정적인 역할을 한다. 남북통일은 불투명하며, 주변국의 방해로 인하여 민족력(民族力)의 결집 또한 매우 어렵다. 남북통일이 이루어진다 해도 향후에 경제・정치・군사력이 주변 강국들에 비해 열세를 면할 가능성은 별로 없는 회의적인 처지이다.

그런데 다행스럽게도 한반도는 지리적으로 동아지중해의 중핵(core)에 위치하고 있다. 이것은 분단시대, 냉전시대에는 적대적인 양대 힘이 격돌할 수밖에 없는 부정적인 요인이었다. 반면에 이제는 '연결과 협력의 시대'이므로 남북이 긍정적으로 통일될 경우, 한반도는 대륙과 해양을 공히 활용하며, 동해・남해・황해・동중국해 전체를 연결시켜 줄 수 있는 유일한 나라이다. 특히 모든 지역과 국가를 전체적으로 연결하는 해양 네트워크는 우리만이 가지고 있다. 우리 바다를 통해서만이 동아시아의 모든 국가들이 안심하고 본격적으로 교류와 무역을 할 수 있다.

필자가 위에서 언급한 동아지중해이론은 다른 여러 논문에서 언급한 바 있지만 이미 동아시아 역사에서 부분적으로 실현된 적이 있다. 즉 역사적으로 어느 정도의 검증이 이루어진 모델이다. 동아지중해의 성격을 잘 이해하고 이를 활용하였을 경우에 한민족은 물론 당시 세계였던 동아시아의 역사는 평화와 문화, 경제의 질서가 우위를

---

9 이러한 주장은 윤명철, 「고구려의 東亞地中海 모델과 21세기적 意味」, 『아시아 文化研究』, 목포대학교 아시아문화연구, 2000 및 「동아지중해모델과 21세기 동아시아의 국제관계」, 韓國政治外交史學會(하계 세미나), 2000에서 발표.
10 미국이 경이롭게 성장하고 있는 중국을 대하고 있는 정책이 'divide and rule'이라고 생각하는 분위기는 주의를 요한다.

점하였다. 동아지중해 모델 속에서 중핵조정 역할을 성공시킨 사람이 장수왕(長壽王)이다. 그는 정치 군사력을 배경 삼아 국가의 정책으로 추진하였고, 국제질서의 변화를 직접 시도하였다. 하지만 그는 경제보다는 정치나 외교에 더 비중을 두었다.[11] 그런데 중앙정부의 차원이 아니고 지방세력 혹은 민간의 차원에서 경제, 즉 무역을 통해서, 그리고 이미 정치적으로 형성된 국제질서를 부분적으로 활용함으로써 자신의 세력과 신라 내부는 물론 동아시아의 평화구도와 무역질서에 큰 공헌을 한 사람이 장보고(張保皐)이다. 그는 동아지중해에서 유일한 통로인 해양의 주요부분을 장악하고 활동의 장을 펼쳐 지역 간의 교류를 자유롭게 만든 사람이다.

## 3. 장보고 세력의 무역활동

장보고(張保皐, 張寶高)에 대한 연구는 그의 출생과 성격, 활동, 국제적 역할, 항로, 역사적 의미 등 다양한 각도에서 이루어져 왔다.[12] 한편에서는 장보고의 활동을 21세

---

11 윤명철, 「長壽王의 南進政策과 東亞地中海 力學關係」, 『고구려 남진경영연구』, 백산학회, 1995.
　윤명철, 「廣開土大王의 對外政策과 東亞地中海戰略」, 『軍史』 30, 국방군사편찬위원회, 1995.
12 대표적인 논저는 다음과 같다.
　金庠基, 「古代의 貿易形態와 羅末의 海上發展에 就하여」, 『震檀學報』 1·2, 1934·1935.
　李基東, 「張保皐와 그의 海上王國」, 『張保皐의 新研究』, 완도문화원, 1985.
　金文經, 『淸海鎭의 張保皐와 東亞細亞』, 향토문화진흥원, 1998.
　Reischauer, Edwin, ennin′s Travels in T′ang China, New York: Ronald Press, 1955.
　Hugh R.Clark, 「8~10세기 한반도와 남중국간의 무역과 국가관계」, 『張保皐 해양경영사 연구』, 이진출판사, 1993.
　浦生京子, 「新羅末期의 張保皐의 擡頭と反亂」, 『朝鮮史研究會論文集』 16, 1979.
　孫兒鉉·李永澤, 「遣使航運時代에 關한 研究」, 『國立海洋大學論文集』 16, 1981.
　金在瑾, 「張保皐 時代의 貿易船과 그 航路」, 『張保皐의 新研究』, 완도문화원, 1985.
　金井昊, 「신라시대 한·중항로」, 『장보고와 청해진』, 혜안, 1996.

기 국가발전의 모델로 삼고 활동의 의미를 추구하는 작업이 시작되고 있다.[13] 그러나 막상 국제적인 시각, 그리고 해양질서라는 측면, 즉 동아시아의 해양(東亞地中海)이라는 거시적인 틀과 유기적인 국제관계의 측면에서 바라보는 시각은 별로 없었다.

이 장에서는 장보고가 어떠한 활동을 통해서 동아지중해 세계를 장악해 갔는가를 구체적인 행위와 역할을 통해서 살펴보도록 한다. 7세기 말 동아지중해 국제대전이 끝난 이후에 동아시아의 신질서가 편성되는 과정에서 해양활동의 의미와 역할은 더욱 강화되었다. 황해(黃海)가 정치적으로 안정되고 해양문화가 비약적으로 발달되면서 신해양질서가 구축되고, 당과 통일신라, 발해, 일본을 연결시키는 환황해문화권(環黃海文化圈)이 활발해졌다. 이후 8세기에 접어들면서 동아시아는 당나라를 중심으로 한 하나의 거대한 세계로 탄생하였다. 당을 중심으로 힘의 균형이 이루어지면서, 각국들은 평화를 구가하고, 교역 등 경제적인 측면에 힘을 기울였다.

당나라는 초기에는 조공무역(朝貢貿易)을 제외하고는 사무역(私貿易)을 인정하지 않았다. 그러나 점차 해상 실크로드가 면모를 갖추어 가고 해안가에 있는 절도사(節度使)를 중심으로 사무역이 성행했다.[14] 절도사들은 상인층에게 대외교역의 자격을 부여하였으며, 사무역이 활성화되었다.[15] 고구려 유민출신 이정기(李正己)는 산동반도 지역을 다스리는 평로치청절도사(平盧淄青節度使)로서 해운압신라발해양번사(海運押新羅渤海兩蕃使)를 겸했다.[16] 이것은 신라 및 발해 양국과의 교역 및 교민들에 관련된 업무, 그리고 사절의 왕래와 관련된 대외업무를 총괄하는 직책으로서 무역도 관장하였다.

이정기(李正己) 세력의 반란이 진압되면서 이제는 무역이 활발해졌다. 당나라는 경

---

13 특히 '동아시아 미래연구회'의 金成勳, 신길웅, 김호성, 황상석 등이 논문을 발표하고 있다.
   김호성 외, 『장보고그랜드 디자인』, 집문당, 1999 참고.
14 韓國 航海學會編, 『韓國航海學會誌』 24권 2호 통권 68호, 2000, pp.165~167.
15 李成市, 『동아시아의 왕권과 교역』, pp.182~183.
16 海運押新羅渤海兩藩使는 市舶司와 유사한 기능을 가졌다.

제가 급속도로 성장하고, 넓은 영토 내에서는 지방들 간에 교역이 성행했다. 또한 다른 인종들을 과감하게 포섭하면서 실크로드를 통해서는 동서교역이, 바다를 이용해서는 해상 실크로드를 활용한 남북무역이 활발했다. 해상 실크로드는 남해로(南海路)라고도 한다. 동방의 견(絹), 칠기(漆器), 도기(陶器), 향료(香料), 차(茶) 등이 대량으로 서방으로 수출되었으므로 "도기로(陶器路)" 또는 "향료로(香料路)"로 불리기도 한다.[17]

그런데 당나라 내부의 물류체계에는 나름대로 한계가 있었다. 예를 들면 서역에서 낙타를 끌고 사막을 건너온 대상들은 서방의 물품을 수도인 장안(長安)까지만 운반했다. 반면에 페르시아 상인들이 장악한 해양 실크로드는 범선의 종착점인 광주(廣州) 또는 양주였다. 따라서 남방의 물품을 장안이나 북방으로, 서방의 물품들을 강남으로 보내는 활발한 물류망이 절실하게 필요했다. 즉 중간의 끊어진 길을 연결시켜줄 도로와 상인들이 필요했다. 이러한 시대적인 상황 속에서 당나라의 경제계에 혜성처럼 등장한 사람들이 '재당신라인(在唐新羅人)'들이다. 그들은 대운하의 주변 곳곳에 있는 운하도시, 특히 교통상의 요지에 정착하였다.

그뿐만이 아니라 그들은 해양교통과 대외무역에도 관심을 기울였다. 해양환경으로 보아 항구조건이 좋은 곳, 대외교섭을 하기에 적합한 곳, 그리고 내륙과 교통이 용이한 결절점 등에 정착하였다. 이러한 곳에 신라방을 만들어 활동의 자유를 얻으면서 해양도시들이 형성되는 데 일정한 역할을 한 것으로 보인다. 등주(登州)·적산포(赤山浦)·초주(楚州) 등 해안가 지방에 이주하여 집단거류지를 이루었는데 이를 신라방이라고 하였다. 이곳에는 거주하는 신라인을 통제하기 위해 총관(摠管), 압아(押衙) 등이 있으면서 자치적으로 생활하였다. 이들은 주로 황해의 서안에서 남과 북을 이어주는 역할을 하였다. 산동에서 강남지방에까지 이어지는 소위 해안경제 벨트가 형성되었다.

그런데 동아시아 세계에서는 재당신라인들과 유기적인 관계를 맺으면서 황해의

---

17 무함마드 깐수, 『신라·서역교류사』, 단국대학교 출판부, 1992, p.490.

해양을 장악하고, 무역 등을 한 우호집단이 있었다. 그들은 본국신라인들로서 장보고가 등장하기 이전부터 대외무역에 종사하였다. 신라는 정치가 안정되면서 산업이 발달하였고, 특히 사치품을 중심으로 한 수공업이 발달하였다. 또한 지배계급의 수요를 충족시키고 국가의 경제를 발전시킬 목적으로 무역의 필요성이 대두되었다. 신라는 점차 조하주(朝霞紬)·어아주(魚牙紬)·누응영(鏤鷹鈴) 등의 고급직물과 금은세공품 등의 수출이 늘어나고 있다. 문무왕, 성덕왕, 경덕왕, 혜공왕 등은 무역을 하였다. 엔닌의 『입당구법순례행기』에는 고급 '신라도자(新羅刀子)'를 주었다는 기록이 나온다. '신라도자'는 7세기에도 일본에서 사용된 품목이다.[18]

신라는 서역과도 무역을 하였다. 그런데 『삼국사기』권33 「잡지(雜志)」2의 색복(色服)·거기(車騎)·기용(器用)·옥사(屋舍) 조에 보이는 대모(玳瑁)·자단(紫檀)·침향(沈香)·공작미(孔雀尾)·슬슬(瑟瑟)·구수(毬毬)·비취모(翡翠毛) 등은 소위 '남해박래품'이다. 또한 신라가 일본에 수출한 물품 가운데에서 훈륙향(薰陸香)·청목향(青木香)·정향(丁香)·곽향(藿香)·영륙향(零陸香)·감송향(甘松香)·용뇌향(龍腦香) 등은 남중국·동남아시아·인도·아라비아 산의 각종 향료이고, 그 외에 동남아시아·페르시아 산 약재도 있다.[19] 이븐 쿠르다지바(Ibn Khurdadhibah, 820~912) 『제도로(諸道路) 및 제왕국지(諸王國志)』에는 중국의 동해에 있는 신라에서 가져오는 물품은 비단(綢緞)·칼(劍)·키민카우(kiminkhau)·사향(麝香)·노회(蘆薈)·마안(馬鞍)·표피(豹皮)·도기(陶器)·범포(帆布)·육계(肉桂)·쿠란잔(Khulanjan)·고라이브(人蔘)·장뇌(樟腦)·고량강(高良薑) 등[20]이

---

18 『日本書紀』권29, 天武 8년.
19 이 부분에 대한 본격적인 연구는
    崔在錫, 『正倉院 소장품과 統一新羅』, 一志社, 1996.
    이유진, 「8~9세기 동아시아 세계의 대외관계와 교역」, 『해상왕 장보고의 국제무역활동과 물류』, 해상왕장보고 기념사업회, 2001.
20 Ibn Khurdadhibah, 『諸道路 및 諸王國志』(Leiden, Brill, 1968). 그런데 헨리 율(H. Yule)과 앙리 콜디어

있다고 하였다. 신라가 서역과 무역을 할 때 그것은 직접교역이든 간접교역이든 간에 신라 상인들과 함께 재당 신라상인들이 적잖이 관계를 맺었을 것이다. 더욱이 해양문화의 메커니즘으로 보아 거의 절대적이었을 것이다. 물론 신라는 당과도 무역을 했다. 금·은·인삼·우황·세포(細布)·과하마(果下馬)·금은 세공품을 수출했고, 라(羅)·릉(綾)·의복·서적·문방구 등을 수입했다.[21]

신라는 일본과도 활발한 무역활동을 벌였다. 752년에 나라 도다이지(東大寺) 대불이 완성되었을 때 신라는 축하사절을 빌미로 왕자인 김태렴(金泰廉) 이하 700명의 대사절단을 파견하여 6월부터 평성경(平城京)에서 대대적인 교역활동을 하였다. 도다이지 경내에 있는 쇼쇼인(正倉院)에서 발견된 신라 물품을 매입하는 신청서(買新羅物解)와 소장품들은 신라와 일본이 얼마나 대규모로 교역했는가를 물품목록과 양으로서 알려준다.

이를 보면 교역품은 주로 금속품·기물·향료·약물·염료 등이었다. 훈륙향(薰陸香)·청목향(青木香)·정향(丁香)·곽향(藿香)·영류향(零陸香)·감송향(甘松香)·용뇌향(龍腦香) 등 남중국·동남아시아·인도·아라비아산의 각종 향료, 동남아시아·페르시아 산 약재, 그리고 신라 묵(新羅墨)·종이·악기·모전(毛氈)·송자(松子)·밀즙(密汁)·구지(口脂)·경권(經卷)·불구(佛具)·경(鏡)·완(鋺)·반저(盤箸(佐波理加盤)) 등 다양한 물품들이 있었다.[22]

『속일본기(續日本紀)』에는 입관(入關)된 신라 물품을 구매하려는 좌·우대신을 비롯하여 대관(大官)·왕녀들에게 구매 대금조로 대재부(大宰府)의 면(綿) 7만여 톤을 하

---

(H. Cordier)의 연구(H. Yule & H. Cordier, Cathay and the Way Thither, Vol. Ⅰ, London, 1915)를 참고한 이용범의 글에서는 그 품목의 수와 내용에서 전자와는 다소 차이를 보이고 있다(李龍範, 「處容說話의 一考」, 『震檀學報』32, 1969, 30). 그는 "수출품은 고라이브(Ghoraib)·水溶性 樹膠·蘆薈·樟腦·帆布·馬鞍·磁器·綢緞·肉桂·高良薑 등"이라고 하였다. 여기에는 劍과 豹皮가 빠진 대신에 고라이브·樟腦·高良薑이 첨가되어 있다.
21 盧德浩, 「羅末 新羅人의 海上貿易에 관한 硏究」, 『이홍직박사 회갑기념 한국사학논총』, p. 647 참고.
22 崔在錫, 『正倉院 소장품과 統一新羅』, 一志社, 1996.

사했다는 기록이 있다.[23] 모두 해양을 통해서 무역을 한 것이다. 결국 재당신라인들과 본국신라인들은 발해인들이 장악한 동해를 빼고는 황해의 서안과 동안, 그리고 남해를 장악하면서 동아지중해의 해양무역을 장악했던 것이다.

한편 발해는 당에 130여 차례의 사신을 보냈는데, 이 가운데에는 교역이라는 경제적인 목적도 매우 강했다. 당은 등주에 발해관(渤海館)을 설립하여 교역을 편리하게 하였다. 발해의 교관선들이 산동의 해안지역에 머무른 사실은 엔닌(圓仁)의 책에도 나와 있다. 특히 이정기(李正己)가 이 지역의 절도사로 있을 때에는 명마(名馬)교역이 끊이지 않았다고 할 만큼 교역이 활발하였다. 특히 일본과는 무역이 매우 활발하였다. 9세기에 이르면 양국 간의 교섭은 정치적인 것뿐 아니라 문화 경제적인 형태로 변화되었다. 발해의 사신선에는 관리들 외에 상인들도 탔고, 수령이라는 지방의 토호들도 동행하여 수십 명 혹은 수백 명씩 건너가기도 하였다. 상인들을 태운 민간배들도 독자적으로 바다를 건너왔다.

발해인들의 장사한 규모는 실로 엄청났다고 한다. 871년에 양성규(楊成規)가 사신으로 왔을 때에는, 일본 왕정에서 지불한 대금만도 40만 냥에 달하였다. 발해 상인들은 초피(貂皮)·호피(虎皮)·웅피(熊皮)·표피(豹皮)·인삼·잣·봉밀(蜂蜜)·대모배(玳瑁杯, 거북껍질 술잔) 등을 수출하였고, 채백(綵帛)·릉(綾)·시(絁(美濃絁, 常陸調絁))·라(羅(纈羅 白羅)) 등의 옷감과 황금·수은·금칠·칠·해석류유(海石榴油)·빈랑선(檳榔扇) 등을 물건 대금으로 수입하였다. 이렇게 심각한 무역역조 현상이 나타나자 일본 조정은 발해사에 대해 비판적이었고, 일본인들이 사무역을 금했다.[24]

일본은 정치적 필요에 따라서 견수사(遣隋使), 견당사(遣唐使) 등을 파견할 때에도

---

23 『續日本紀』卷29, 神護 景雲 2년 10월.
24 윤명철, 「渤海의 海洋活動과 東아시아의 秩序再編」, 高句麗研究 6, 학연문화사, 1998.
  이 논문에는 발해의 해양활동 배경과 과정, 그리고 구체적인 항로 등에 대한 연구결과가 있다.

백제, 신라 등의 도움을 받았다. 그리고 능동적으로 무역에 참여하지는 않았다. 그런데 나라시대에 페르시아인들이 직접 왔다고[25] 하지만 물품들은 대부분은 신라를 통해서 수입하였다. 그것은 일본 국가 자체 내부의 문제도 있었지만, 해양문화가 발달하지 못했고, 이미 동아지중해의 물길, 즉 항로는 신라와 발해인들이 장악했기 때문이다. 일본은 거미줄처럼 뻗어나가는 국제물류망 속에서 한 켠에 물러서 있었으며, 일본은 그야말로 동떨어진 존재였다.

그러니까 장보고의 등장을 전후한 시대에 이미 동아지중해에서는 바다를 통해서 대규모의 무역이 있었고, 무역권을 장악하기 위한 국가·지역간의 대결이 있었다. 특히 9세기 들어오면 군사대결의 시대가 사라지고 경제와 문화의 시대가 도래하여 무역과 물류체계가 중요해졌다. 그리고 지역과 지역 간의 협력교류가 이루어지고 있었다. 이러한 상황 속에서 이들을 본격적으로 연결시키고 군사력을 배경으로 조직적인 해상세력을 양성하고, 무역활동을 활발하게 한 인물이 등장하였다. 장보고는 역동적인 국제환경이나 신라 내부의 필요성에 의하여 828년에 귀국하여 '청해진대사(淸海鎭大使)'라는 독특한 직책으로 해양과 관련한 전권을 부여받았다.

## 4. 장보고 모델의 미래적 의미

역사학은 미래학이기도 하다. 장보고의 현실인식과 해양 및 무역활동이 한민족의 현재 및 미래와 동아시아 질서를 구축하는 데 어떠한 가치와 의미를 지니고 있는지, 그리고 구체적으로 어떠한 교훈과 방법론을 제시할 수 있는지 살펴보고자 한다. 즉 장

---

25 石原 力,「來日した ペルシア人」,『東アジアの古代文化』17號, 1978 秋.

보고 모델이 지닌 가치의 내용과 수준을 몇 가지 관점에서 찾고자 한다. 비록 모델로서의 한계를 지니고 있음은 부인할 수 없으나 역사상에서 부분적으로 검증된 모델이므로 비교적 유효성이 높다.

## 1) 국제질서의 인식과 활용

9세기 들어서서 동아지중해를 둘러싸고 국제질서는 다양하게 전개되고 있었다. 당나라의 고급장교였던 장보고는 새롭고 급하게 만들어지는 국제질서의 핵심을 꿰뚫고 있었다. 서로 간에 협력을 바탕으로 대외무역을 활발히 하면서, 경제적으로 경쟁하는 시대에 접어들었다. 그런데 각 지역 간의 경제교류라는 소극적인 단위를 뛰어넘어 보다 본격적인 국가 간의 경제교류도 활성화되어야 했다. 나아가서는 느슨한 형태나마 동아경제권의 형성이 필요해지기 시작했다.

동서남북의 물자들이 모두 모여들고, 서로 오가면서 환류(環流)하여야 물류 시스템이 활성화되고, 정치 경제적으로도 안정되고, 국가들의 수입도 증대한다. 그런데 이러한 '환류(環流) 시스템'에 하나의 장애가 있었다. 한 지역, 즉 동쪽의 물류 시스템이 제 기능을 발휘하지 못했다. 북방·서역·남방에서 당의 경제권으로 들어온 물건들이나 자체에서 생산된 물건들은 더 큰 이익을 위해 신라와 일본으로 수출되어야 했다. 마찬가지로 신라와 일본의 토산물과 공산품들도 당에 수출해야 했다. 특히 산업이 발달하고 교역 능력이 뛰어난 신라[26]는 일본에 시장을 개척하고 적극적으로 수출을 해야 했다. 그런데 일본은 9세기에 들어오면서 신라와 교섭이 없어졌고, 견당사를 파견하는 일도 838년(承和 5)에 사실상 정지되어 버렸다. 이렇게 해서 이 무렵 일본은 당, 신

---

26 이 부분에 관해서는 朴南守, 『新羅手工業史硏究』, 신서원, 1996 참조.

라와의 공적인 교섭을 끊고 발해하고만 국교를 계속하는 시대에 들어섰다.

한편 당시에 동아지중해에는 오랫동안 잠재되어 왔던 바다의 에너지가 한번에 폭발한 듯 곳곳에서 해적들이 들끓고 있었다. 무역에 종사하는 당나라 상인, 신라 상인, 일본 상인들에게 해적들은 제거해야 할 대상이었다. 더구나 해적들은 신라인들을 잡아다 파는 노예무역까지 자행하고 있었다. 『구당서(舊唐書)』「헌종기(憲宗記)」, 『신당서(新唐書)』「선종기(宣宗記)」에는 노예매매를 금지하는 내용이 있다. 『당회요(唐會要)』「노비(奴婢)」에도 역시 이러한 내용이 있다.

대상인들과 각국의 정부는 일종의 무정부 상태인 황해에 무장력을 갖춘 해상 관리자가 나타나고, 그가 해적을 퇴치하여 바다를 평정하고, 무역로를 보호해 주길 고대했다. 특히 신라 정부는 자국민을 보호할 능력이 없었으며, 서해와 남해에서 발호하여 중앙정부의 힘을 약화시키는 해상세력들을 통제하고 일원화시켜야 했다. 장보고는 이렇게 변하는 국제환경이나 신라 정부가 요구하는 분위기 속에서 828년에 귀국하여 '청해진대사(淸海鎭大使)'라는 전무후무한 독특한 직책으로 해양에 관련한 전권을 부여받아 군사 1만 명과 함께 고향인 청해진에 본거지를 차리고, 동아지중해의 '해상왕'(The Trade Prince of the Maritime Commercial Empire. 라이샤워 설)이 되어갔다.

이때 해상왕으로서 그의 성공을 실질적으로 뒷받침한 것은 해양력(sea-power)이었다. 신라는 고구려·백제·가야의 해양능력을 계승 발전시켜 해양능력이 뛰어났다. 839년에 "대재부에 명하여 신라 배(新羅船)를 만들어 능히 풍파를 감당할 수 있게 하라"는 일본측의 기록이 나온다.[27] 역시 같은 무렵인 840년에 쓰시마의 관리가 신라 배의 우수성을 말하고 대재부가 가진 신라배 6척 중에서 1척을 나누어 달라고 요청하였다.[28] 일본 조정이 신라배를 소유하고 있음을 알 수 있다. 일본은 국내뿐 만 아니라 대

---

27 '令大宰府 造新羅船 以能堪風波也.'
『續日本後紀』권8, 承和6년 839년. 秋 7월 丙申.

외교섭에도 신라 배를 활용하였다. 839년에 일본의 견당사선이 귀국할 때에는 초주(楚州)에서 신라 배 9척을 얻어 타고 왔었다.[29] 승려 등 민간인은 말할 것도 없었다.[30] 결국 일본인들은 신라 선단의 도움으로 대외교류를 할 수밖에 없었다.

이러한 상선들은 선단을 이루면서 무역업에 종사했으며, 필요에 따라서는 이를 보호하는 무장선들도 활동하였을 것이다. 해적의 토벌을 청해진의 설치와 존속의 표면적인 명분으로 내세웠던 현실을 감안하면, 장보고는 성능이 뛰어난 무장선단 또한 보유하고 있었음이 틀림없다. 그는 군사와 경제를 본격적으로 연결시켰다.

장보고 세력의 해양력을 강화시키고, 실질적으로 동아시아 무역이 비자발적으로 장보고 세력의 영향권 아래 있었던 또 하나의 원인은 그들이 항로를 장악하였기 때문이다. 해양문화는 육지의 질서로는 이해하기 힘든 상황이 많이 발생한다. 바다에는 반드시 길이 있다. 특히 고대에는 동력을 사용하지 않으므로 자연조건, 해양환경에 철저하게 영향을 받는다.

동아지중해의 해역은 독특한 해양환경으로 인하여 바닷길을 찾고, 항해하는 일이 쉽지 않다. 반드시 그 해역환경에 익숙한 세력의 도움이나 최소한 방해를 받지 않아야 한다. 그런데 이러한 항로를 모두 장악하고 있는 재당신라인과 본국신라인들을 조직화시키고, 항선(航線)의 관리를 일원화시킨 사람이 바로 장보고이다. 일본의 민간인들은 물론이고, 국가 사절인 견당사들도 신라배를 타고 다닌 것은 바로 항로를 독점한 때문이다.

847년 9월 엔닌은 적산의 막야도(莫耶島)를 출발하여 신라인 김진(金珍)의 배를 타고 신라해역을 거쳐 일본으로 귀국하였다. 이때 그가 탄 배는 경기만을 멀리서 바라보

---

28 『續日本後紀』권9, 承和 7년 9월.
29 『續日本後紀』권8, 承和 6년 8월.
30 『日本書紀』권26, 齊明 4년 658년, 승려들이 신라 배를 타고 당나라에 간 기록이 있다.

면서 항로를 변경하여 남항한다. 뿐만 아니라 충청도 지역을 가능한 한 멀리 떨어진 해역을 통과하고자 한다. 이는 당시 다른 해상세력과의 갈등을 우려했기 때문에 연근 해항로를 택한 때문이다. 일부에서는 장보고 시대에 산동반도를 출발하여 노철산수도(老鐵山水道)를 활용하면서 압록강 하구인 서한만에 접근한 후에 연안항해를 한 것으로 보는 견해들을 수용하고 있는데, 이는 당시에 동아시아 국가들 간에 벌어진 정치 군사적인 상황과 항해의 기본 특성을 이해하지 못했기 때문이다.

삼국을 연결하는 바닷길이 한데 모이는 곳이 바로 한반도의 서남해안이다. 그 가운데에서도 청해진(淸海鎭)은 해류나 조류, 바람의 방향 등을 고려할 때 모든 길이 모이는 가장 적합한 위치에 있다. 그래서 한·중·일을 연결하는 항로가 경유하는 중요한 항구도시이었다. 또한 바다의 무법자인 해적들을 퇴치하는 해군력을 키우고, 무장을 한 선단이 대기하는 천혜의 조건을 갖춘 군사도시였다.

동력선을 활용하는 오늘날에도 항로의 선택과 독점은 엄청난 의미를 지닌다. UN 신해양법의 발효로 인하여 EEZ가 생겨나고, 과거에는 공해(公海)로서 자유로운 통항(通航)이 가능했던 대부분의 바다가 영해(領海)로 되어 버리자 교통에 문제가 발생했다. 영해의 범위가 확대되자 전통적 해양법에서의 공해도 아니고 영해도 아닌, 전혀 새로운 법적 지위를 갖는 제3의 수역을 영해와 공해의 중간에 인정하게 되었다. 그만큼 해양로는 중요하다. 특히 무역은 가장 안전하고 가장 효율적인 항로를 활용할 수 있어야 많은 이익을 남기면서 발전할 수 있다. 항로를 개척하고 보호하는 해양력의 강화는 무역에 절대적으로 필요하다. 경제권의 설정하고 각국 간의 관계를 설정할 때에도 해양력은 실질적인 압력판 역할을 할 수 있다.

## 2) 동아지중해의 물류 네트워크 완성

장보고는 동아지중해의 물류체계를 유기적으로 네트워크화하는 데 성공하였다.

당시 당은 외국인들의 교역을 장려한 것으로 보인다. 일반적으로 외국인들이 중국인과 사무역을 할 수 있고, 중국인과 결혼할 수 있었다. 심지어 외국인이 동족들 간에 분쟁을 일으키면 본국법에 적용을 받도록 했다.[31] 외국인들은 번방(蕃坊)이라는 공동 거주구를 이루었으며, 번장(蕃長)이 다스릴 수 있도록 하였다. 특히 당은 이민족들이 교역을 할 수 있도록 국경지역에 '호시(互市)', '관시(關市)', '호시(胡市)' 등을 설치하였다.

그런데 당나라에는 이러한 이민족들 가운데 하나인 재당신라인들이 대운하의 주변과 해안가의 중요한 지역에 거주하고 있었다. 그들은 내륙의 단절된 물류체계를 이어주었을 뿐 만 아니라 이를 다시 해양과 내륙을 연결하여 당의 동방무역을 활성화시켰다. 이들은 신라방·신라촌 등을 건설하였는데, 신라방은 비교적 정치적인 자유를 갖고 자치권을 행사할 수 있었던 집단 거주지로 판단된다.

이들의 자유로운 상업활동, 대외교역, 외국의 사신들까지 운송하는 일 등을 고려할 때, 더구나 장보고라는 정치적이고 군사력을 갖춘 세력과 공개적인 관계를 맺은 채 활동한 사실을 보면 좀더 특별한 성격을 지닌 집단 거주지로 생각 된다. 앞에서 언급하였지만, 자유무역지대는 한 나라가 국제무역과 상업을 촉진시키기 위하여 일정 조건하에 외국화물에 대하여 개방해 준 지역을 말한다. 관세행정이나 통제로부터 자유로운 항으로서 관세 및 제세공과금이 면제된다. 또한 일정한 지역 내에서는 상품의 반입, 반출, 가공처리, 저장 등이 자유로운 특정구역을 일컫는다.

그런데 신라방 가운데에서도 대외교역을 하는 항구도시는 일종의 자유항(Free Port), 자유무역도시의 성격을 지니면서 특정한 지역을 국제적으로 개방하여 외국선박의 정박과 교역을 허용하게 한 것이 아닌가 생각된다. 특히 청해진은 그러할 가능성이 있다. 또한 수륙교통의 요지이며, 신라나 일본으로 출발하는 석도(石島(赤山)) 문등(乳山浦) 연운(宿城村), 초주(楚州), 양자강 유역의 양주(揚州)·소주(蘇州), 절강성의 영파

---

31 全海宗, 『한중관계사연구』, 일조각, 1970, pp.3~4.

(寧波)·황암(黃岩) 등 주로 항구도시에 건설한 신라방은 현대적 의미로서 일종의 '경제특구(Special Economic Zone)'이거나 유사한 개념이 적용될 수 있다.

홍콩은 국가전체가 자유무역항이며, 싱가폴은 1969년 이후에 자유무역지대(Free Trade Zone)를 확장하였다. 중국은 상하이, 하이난(海南島)을, 일본은 오키나와를 추진하고 있으며, 한국도 이러한 부분에 관심을 기울여 목포·광양·마산 등에 그러한 가능성을 타진하고 있다. 또한 최근에는 제주도를 자유무역지대로 조성하고자 한다.

장보고는 당시의 국내외적인 상황 속에서 환황해권(環黃海圈)의 요소요소에 포진해 있는 거점도시들을 일종의 경제특구(Special Economic Zone)나 자유무역지대(Foreign Trade Zone)로 삼아가면서 유기적으로 연결한 것으로 보인다. 장보고는 이러한 시스템을 성공적으로 운영하기 위하여 인적자원 또한 유기적인 시스템 속에 편재시켰다. 각 도시들을 조직적으로 역할분담 시키면서 군사력을 이용하여 신라 정부와 곳곳에 거주하고 있는 국적이 다른 민간상인조직을 연결시켰다. 그리고 본거지를 군항이며, 자유무역항으로 만든 청해진에 두어 재당신라인과 본국신라인을 동시 관리하고, 필요와 장소에 따라 역할분담을 조정할 수 있었다.

현재 중국은 대중화경제권을 구축하는 일을 중요한 국가발전 목표로 삼고 있다. 그 사업 가운데 하나가 주로 동남아에 포진되어 있으면서 전세계에 산개되어 있는 인적자원인 화교들을 네트워크화하는 일이다. 그런데 우리는 조선족을 비롯하여 재일교포, 카레에스키 등이 동아지중해권의 여러 지역에 포진하고 있다. 특히 이들은 부와 유리한 여건을 좇아 현재 해안가 주변의 도시로 이동하고 있다. 만약 물류와 관련된 한민족 네트워크를 구성한다면 장보고의 활동은 매우 시사점이 크다. 이들과 본국의 국민을 연결시키고, 이들의 경험과 지식, 보유한 물류 시스템 등을 수용하고, 한편으로는 이들에게 각종 지원을 하면서 하나의 통일되고 유기적인 시스템 속에 편재시킨다면 한민족경제권의 형성에 유리할 것이다.

## 3) 전통무역의 변화

장보고가 성공적인 무역왕이 될 수 있었던 중요한 배경 가운데 하나는 그가 기존의 전통무역과는 다른 형태를 추구하였고, 무역의 범주를 확대한 것이다. 그는 무역 형식에서 변화를 시도했다. 동아시아 지역에서의 전통적인 무역은 전통적으로 조공의 형식을 빈 일종의 공무역(公貿易)이었다. 무역의 양은 많지 않고, 종류는 다양하지 않지만 상대지역의 필요한 물품 등을 서로 교환하는 데 필수적이었다. 물론 자연환경상 이러한 교역 과정에서 해양은 상당히 중요한 역할을 하였다.

고조선도 해양을 통해서 교역을 하였고, 고구려의 동천왕은 3세기 전반에 타고 온 오나라의 사신선에 군마(軍馬)와 담비가죽(貂皮)을 실어 양자강 유역의 손권에게 보냈다. 그 후에 장수왕도 역시 동일한 지역의 송나라에 800필의 말을 배에 실어 보냈다. 일종의 중계무역을 한 것이다. 중국 지역도 진·한시대에 이미 동남아 지역은 물론 로마 지역과 교역을 했다. 그런데 동아지중해에서는 이러한 공무역과는 별도로 민간인들 간에도 자연발생적인 교역이 오래 전부터 있었을 것이다. 특히 해양문화는 그 특성상 중앙정부와는 별도로 지역 혹은 개인들 간의 무역이 활발할 수밖에 없다.

동아시아에서는 장보고가 활동을 한 시대를 전후해서 사무역이 발달하기 시작했다. 당에서는 상인층에게 대외교역의 자격을 부여하고, 그들의 교역을 장려하는 방식으로 무역이 진행되어, 대외교역의 담당자도 공무역에서 사무역으로 바뀌고 교역이 활성화되었다.[32] 따라서 사무역이 촉진되었으며, 특히 해안가에 있는 절도사를 중심으로 사무역이 성행했다.[33] 신라도 이 무렵에는 사무역이 발달하였다. 신라의 해적들

---

32 이성시, 『동아시아의 왕권과 교역』, pp.182~183.
33 航海學會編, 『8~9세기 韓·中간의 海上活動과 貿易에 關한 硏究-張保皐 海上活動을 중심으로-』 24권 2호 통권 68호, 2000, pp.165~167.

이 등장하고, 일본열도에 모습을 드러내고 있는 것은 이러한 현상을 보여주는 일들이다. 발해도 역시 민간무역을 했다. 사신선을 따라온 수령들이나 민간상인들에 의한 교역도 있었으나, 독자적으로 일본으로 건너온 일들이 있는 것으로 보아 민간무역을 시도한 것으로 보인다.

장보고는 사무역이 발달해 가는 시대에 독특한 형태의 무역을 하였다. 그는 매우 독특한 신분과 성격을 지니고 있었다. 당에서 귀국하여 청해진의 대사로 부임하여 반독립적인 성격을 유지하였으며, 군사력을 갖춘 강력한 해양세력이었다. 후에는 중앙정계에 영향을 끼치는 정치적인 실력자가 되었다. 그는 독자적으로 선단을 운영했고, 국제무역을 하였다. 당나라에는 사신선들과는 별도로 교관선에 견당매물사를 파견하여 무역을 하였다.

일본에는 현재 후쿠오카 시에 지점을 설치하고 회역사(廻易使)라는 무역선을 보내 사무역은 물론 공무역까지도 시도하였다. 『속일본후기』에는 "번외의 신라국 신하인 장보고(張寶高)가 사신을 보내어 방물을 올렸다"라고 한 대재부(大宰府)가 중앙정부에 올린 글이 있다.[34] 물론 "인신(人臣)은 국가 간의 교역을 할 수 없다"고 하여 장보고 선단을 홍려관(鴻臚館) 인근으로 돌아가게 하였다. 하지만 일본 정부는 장보고의 회역사들이 가지고 온 '당국화물(唐國貨物)'을 민간인에게 적당한 가격으로 매매하도록 대재부에 지시하고 있다. 현실적으로 장보고는 신라 정부와는 관계없이 독자적으로 자기의 무역선을 보내어 통교하고 있었다. 장보고는 축전(筑前)의 국수(國守)와 직접 교역을 하였으며, 신라 상인과의 교역은 일본 조정의 필요도 작용한 것이었다.

이러한 독특한 무역형태는 그가 해상세력이었으며, 무역에 정치력과 군사력을 뒷받침했기 때문에 가능한 일이었다. 청해진은 군사조직, 상인조직, 행정조직을 겸한 복

---

[34] 『속일본후기』 권9, 承和 7년, 12월 17일.

합적인 체제이었다. 그는 신라의 중앙정부나 당 내부 혹은 일본 중앙정부의 직접적인 영향은 받지 않은 채 반 독립적인 지위를 누리면서 '해상왕(The Trade Prince of the Maritime Commercial Empire, 라이샤워 설)'으로서 공무역과 사무역을 겸비한 독특한 상업제국을 세웠다.

한편 장보고는 무역 범주 또한 그 이전과는 달리 다양한 면에서 확대하였다. 그 이전에는 무역이 국가 간에 공물을 교환하거나 상대국가의 상인들이 만나 몇 가지 물품들을 교환하는 직접무역이거나, 중계무역일 경우에도 대리자를 통한 비교적 단순한 형태이었다. 그러나 그는 각 국가와 여러 지역에 포진해 있는 무역의 종사자들을 조직적으로 배치했을 뿐만 아니라, 무역과 관련된 모든 시스템을 적극적으로 활용하고 장악하였다.

조선업·운송업·창고업 등을 하나의 유기적인 체계 속에 편입시켜 놓고, 조직된 인원들에 의하여 담당하게 하였다. 심지어는 선원이나 항해 담당자들도 하나의 시스템 속에 재편시켜 놓았다. 또한 그는 청해진을 현대적 의미의 환적항으로 삼아 기능을 증대시켰다. 환적항은 입출항하는 선박과 화물에 대한 관세와 통관 절차의 면제로 복잡한 절차 없이 자유로이 화물의 양륙, 선적이 신속하게 이루어지게 되므로 무역의 활성화에는 더없이 필수적인 체제이다.

또한 중계무역을 했다. 정보를 미리 입수하였고, 판로를 염두에 두었으며, 물품의 종류도 다양한 것으로 보아 본격적이었다. 신라와 일본, 당과 일본, 서역과 신라, 서역과 일본 등을 연결하면서 중계무역을 하였다. 엔닌은 그의 책에서 양주에 체류하는 동안 신라인 국제무역상 왕청(王請)·왕종(王宗)을 만났던 사실을 기록하고 있다. 그들은 장보고 선단과 어떠한 형식으로든 관계가 있었을 것이다.

한편 장보고 상단은 발해인들을 만났을 가능성도 있다. 814년에는 나가도국(長門國)에 신라 상인 31명이 표착하였다.[35] 그런데 발해사들은 9월 하순에 나가도국 바로 위인 이즈모(出雲)에 도착하였다. 무엇인가 가능성을 시사하는 부분이다.[36] 843년에는 신라인인 장공정(張公靖) 등 26명이 초주를 출발하여 나가도국에 도착하였다. 장보고 (張寶高(保皐))의 죽음을 전후한 시기에도 역시 발해선과 대규모의 사절단들이 나가도 국에 도착한다. 역시 양 집단 간에 접촉의 가능성을 시사하고 있다. 그 외에 장보고는 보세 가공무역도 하는 등 무역의 범주를 확대하였다.

장보고는 무역을 하면서 문화에 상당한 비중을 두었다. 무역은 문화 및 종교의 전파와 깊은 관련을 맺고 있다. 문명의 충돌과 공존은 상호간의 교통이 이루어지고 만나는 과정에서 이루어진다. 다른 지역에 거주하는 인간들을 서로 만나게 한 필요충분조건은 바로 무역이다. 그러므로 무역의 길에는 반드시 문화가 대동하게 마련이다. 장보고 세력은 무역에서 문화 상품들을 취급했다. 문화창조의 도구나 기술의 이전뿐 아니라 문화 자체를 상품으로 취급하였다. 백거이(白居易)의 시문(詩文)을 사 모으고, 당대 화가들의 그림을 사서 모은 신라 상인들 또한 장보고의 무역 시스템과 관련이 있었을 것이다.[37]

그뿐 아니라 사업에 신앙을 연결시켜 결속력을 강화시켰다. 신라 배가 신라를 향하여 황해로 처음 돛을 올리는 산동반도의 적산(赤山)에 법화원(法花院) 같은 종교적인 시설을 마련하였다. 그는 동아시아 공통의 문화매체인 불교를 기본으로 하면서 자기 집단의 결속력 강화와 효율적인 무역활동을 목적으로 신앙도 도입했다. 이 신앙조직 속에서 흩어져 있는 교민들을 하나로 묶고, 고국을 떠나 안정을 희구하는 그들 간의 정신적인 유대관계를 강화 시켰다. 또한 당이나 특히 일본의 종교세력 지식인들과의 관계를 돈독하게 했다. 장보고는 제조업, 상업, 운송업, 삼각중계무역, 보세가공업, 문

---

35 『日本後紀』권24, 弘仁 5년 10월.
36 발해의 해양활동에 대해서는 윤명철, 「渤海의 海洋活動과 東아시아의 秩序再編」, 『高句麗硏究』 6, 학연문화사, 1998 참조.
37 金文經의 「在唐新羅人의 集落과 그 構造」, 『李弘稙박사 회갑기념사학논총』, p.107 이 글에서 재인용.

화교류, 이데올르기의 전달 등을 해양이라는 하나의 시스템 속에서 유기적으로 운영하였다.[38]

### 4) 평화구도의 정착

바다는 기본적으로 평화의 구도이다. 경제를 중요시하고, 공존과 개방을 기본특성으로 한다. 바다 주변의 사람들은 교류가 빈번하며, 문화가 유사할 뿐 아니라 서로가 모방하기도 한다. 그러나 반드시 그러한 것은 아니다. 동아시아 바다는 각 나라들이 내해(inland-sea)를 공유하고, 긴 연안(沿岸)이 여러 나라로 갈라져 있으므로 국경이 불분명하고 변화가 심하다. 때문에 해양에 대한 이해도 대립되기 쉬워서 해역지배권(海域支配權)의 대립을 둘러싸고 국가 간의 다툼이 벌어지는 일이 많다. 국력의 우열을 때로는 해양력이 좌우하는 것이다. 이러한 내해나 지중해에서는 각 세력 간의 지속적인 힘의 균형(balance of power)이 질서를 구축하는 축이 된다. 균형자의 역할이 항상 필요한 것이다.

그런데 20세기의 동아시아는 냉전질서로 인하여 유일한 연결통로인 바다가 아예 막혀버린 폐쇄회로였을 뿐만 아니라, 조정역할을 하는 균형자가 없었다. 다만 세계질서 속에서 소비에트를 맹주로 하는 대륙질서(continental-order)와 미국을 대형(大兄)으로 하는 해양질서(marine-order)가 격돌하는 폭발점이었다. 그러나 신질서는 냉전(cold-war)의 시대가 아니라 열전(hot-war)의 시대이고, 군사·정치의 시대가 아니라 경제·문화의 시대로 변화되었다. 특히 아직도 분단이 된 한반도와는 달리 황해와 남해는 연결되어 이른바 황금의 바다가 되고 있다.

---

[38] 이러한 시각으로 본 연구는 金成勳, 「미래사 시각에서 본 장보고 해양경영」, 『장보고와 청해진』, 혜안, 1996 등이 있다.

이제 세계가 자집단주의를 추구하면서 거대한 경제블럭이 탄생되는 시점에서 동아시아는 이들에게 대응한다는 현실적인 측면에서도 보다 강고한 결속체, 효율적인 협력체를 구성하지 않으면 안 된다. 이러한 시대에 동아시아의 바다가 평화로워야 함은 매우 중요하고 의미가 있다. 무역이 더욱 활발해지고, 공동체 의식을 지니게 되며, 동아시아 전체의 발전을 가져오는 데 전략적으로 유리하기 때문이다.

21세기 초에 전개되는 동아시아의 상황은 장보고가 등장한 9세기 초와 유사한 점이 많다. 동아시아는 7세기 내내 동아지중해의 종주권과 교역권을 둘러싸고 국제대전을 벌였다. 물론 이 전쟁의 주체는 고구려와 수 백년 만에 중국지역을 통일한 수·당세력이었다. 마지막 단계에서 신라의 참전과 적극적인 역할로 인하여 국제대전이 종결된 후에 동아시아에는 당을 중심으로 하는 신질서가 수립되었다. 이 과정에서 해양의 역할은 정치 군사적으로 비중이 매우 컸다. 당은 이 전쟁이 끝난 뒤에도 북방 서방에서 계속 전쟁을 벌이고 있었고, 내부에서 절도사들과 전쟁을 벌였다. 한편 신라는 발해와 긴장관계를 맺으면서 전쟁 직전까지 갔고, 일본과도 적대적인 관계이었다.

그런데 9세기 초에 이르면서 동아시아의 바다는 평화로운 상태가 되었고, 당과 통일신라·발해·일본을 연결시키는 환황해문화(環黃海文化)가 활발해졌다. 다만 곳곳에서 해적들이 발호하면서 노예무역을 하거나, 물류체계를 방해하는 소규모의 긴장이 야기되고 있었다. 바로 이때 장보고가 등장하여 해적들을 소탕하고, 바다를 관리하면서 완전한 평화구도 속에서 국제무역을 하였다. 평화로움 속에서 이루어지는 활발한 무역은 문화교류와 신앙의 전파 등을 동반하여 각 국가들 간의 문화충격(Culture-shock) 등을 해소하며 동아시아문화의 공질성(共質性)을 형성하는 데 큰 토대를 이루었다. 또한 이들은 일본과 교섭하여, 신라 정부와의 긴장을 완화시키는 데 일조를 하였을 것이며, 발해 상인들과 만났을 가능성은 동아시아의 평화구도를 완성하는 데에 커다란 의미를 지녔다.

## 5. 결 론

　문명의 패러다임이 질적으로 변화하고, 세계질서가 재편되고 있다. 그 과정에서 생존과 발전을 위해서 동아시아 지역을 하나의 단위로 삼는 협력체의 필요성이 강해지고 있다. 물론 이 단위는 정치 군사적인 것이 아닌 경제 문화적인 성격이 강하다. 그리고 이런 단위를 형성하는 과정에서 우리 민족의 이익을 가능한 한 확보해야 한다. 그런데 현재 세계는 해양의 중요성을 인식하고, 해양을 통해서 국가 및 지역의 발전을 꾀하려는 움직임이 있다. 해양이 해양자원으로 인한 영토의 개념이 강해지고, 무역 등을 하는 물류통로(物流通路)로서의 역할이 점차 강해지고 있다. 20세기와 달리 21세기는 해양을 매개로 국가와 국가, 지역과 지역이 만나고 있다.

　이러한 시대적인 상황 속에서 동아시아는 한반도를 중심에 두고 육지로 둘러싸인 지중해적 형태와 성격을 지니고 있다. 필자가 설정한 '동아지중해(東亞地中海)' 이론과 개념을 토대로 모델을 삼는다면 동아시아 지역의 발전과 협력체 건설에 유효성이 있다. 뿐만 아니라 우리는 동아지중해의 중핵에 있다는 지리적 위치 때문에 주변국가들보다 비교적 유리하다. 더구나 이러한 중핵(core)위치를 활용하여 역사에서 성공한 경험을 갖고 있다. 그 가운데 하나가 바로 장보고에 의해 추진된 해양교류와 무역활동이다. 필자는 잠정적으로 그러한 것을 '동아지중해 물류장역할(東亞地中海 物流場役割)'이라고 부르고자 한다.

　따라서 본고는 동아지중해론에 대한 설명과 함께 장보고 및 신라인들이 당시 동아지중해에서 벌인 활동과 성격을 찾고 분석하면서 실제로 그것이 추진되는 과정과 조건을 살펴보았다. 그리고 그의 활동이 우리가 추구해야 하는 발전 모델 속에서 어떠한 의미를 지니고 있고, 기능을 할 수 있는가를 살펴보았다.

　장보고는 변화된 국제질서의 본질을 인식하고, 시대적인 상황을 통찰하여, 그 질서의 중심부에 뛰어들었다. 그리고 동아시아의 바다 주변에 포진한 '범신라인(凡新羅

사)들을 조직화하여 유기적으로 연결시키면서 역할분담을 부여하였다. 또한 그 중심부인 청해진에서 동아지중해의 무역·종족·문화·종교 등을 하나로 이어주는 네트워크를 완성시켰다. 구체적으로 기존의 전통무역 형태를 벗어나 해양력과 국가의 정치력을 토대로 한 조직적이고 다양한 형태의 국제무역을 추진함으로써 무역왕이 되었다. 그의 군사력으로 인하여 동아지중해에는 해적이 소탕되고, 바다를 매개로 모든 지역 간에는 인적 물적 문화적 교류가 활성화되었다. 즉 평화구도가 정착되고 유지되는 데 의미 있는 역할을 하였다.

장보고는 무장력과 해양력을 바탕으로 무역을 통해서 상권을 장악하면서, 신앙으로 결속력과 공동체 의식을 강화시키면서 신라인의 저력을 동아지중해에 실현시켰다. 그는 오늘의 의미로 볼 때는 좁디좁은 신라 땅을 극복하고 바다를 매개로 NET(자연스러운 영토, Natural Economic Territory)를 확대하였으며, 또한 군산상(軍産商)복합체를 운영하였으며[39] 한민족 경제권을 실현시킨 사람이었다. 21세기라는 무겁고 우울한 과제를 짊어진 우리는 보다 적극적으로 장보고의 역사적 위치와 미래적 가치에 대하여 연구하고, 활용 가능성을 탐구해야 한다. 그리고 장보고 모델을 실천할 수 있는 인적 자원을 꾸준히 양성해야 한다.

---

39 金成勳, 「미래사시각에서 본 장보고 해상경영」, 『장보고와 청해진』, 혜안, 1996, pp. 100~101.
\_\_\_\_\_, 「동북아 경제협력의 장보고 모델」, 『장보고 그랜드디자인』, 집문당, 1999, pp. 39~48.

## 02 장보고를 통해 본 경제특구의 역사적 교훈과 가능성[*1]
―장보고의 동아지중해 물류장 역할을 중심으로―

## 1. 머리말

우리는 지금 신문명의 개화라는 21세기를 맞아 엄청난 대변혁의 폭풍 가운데서 휩쓸려 다니고 있다. 19세기 말에서 20세기 초두에 걸쳐 개편된 세계질서가 그보다 훨씬 더 강력한 진동과 큰 진폭으로 다시 재편되고 있다. 21세기 전반부는 정치와 군사를 위주로 하는 단절과 폐쇄의 시대에서 문화와 경제의 역할이 증대하는 개방과 만남의 시대로 변화하고 있다. 그리고 경제행위를 통해서 세계화(globalization)와 지역화(regionalization)가 동시에 추진되는 시대이기도 하다. 한편 물류통로 및 해양자원으로서 해양의 경제적 가치가 부각되고, 세계전략 속에서 정치, 군사적인 가치가 재인식되면서 해양영토를 더 많이 확보하려는 경쟁과 갈등이 일어나고 있다.

우리는 이렇게 속도감 있게 변화무쌍한 세계질서의 대양 속에서 동아시아적 입장과 민족적 입장을 동시에 고려하면서 갈등의 파도를 절묘하게 피해 생존의 항해를 하

---

* 「장보고를 통해서 본 경제특구의 역사적 교훈과 가능성-장보고의 동아지중해 물류장 역할을 중심으로」, 『경제특구(남덕우편)』, 삼성경제연구소, 2003.
1 남덕우 편, 『경제특구』, 삼성경제연구소, 2003년에 실린 논문.

지 않으면 안 된다. 좌초를 면하고 성공적인 항해를 이룩하려면 훌륭한 나침반을 갖춘 성능 좋은 배와 항해도, 능력있고, 삶의 의미를 이해하는 선장과 선원들이 공동체 의식을 지녀야 한다. 그리고 무엇보다도 항해의 목적과 목표지가 분명해야 한다.

현재 우리에게 필요한 많은 것 가운데 하나가 이러한 시대적 사명을 완수할 수 있는 발전의 모델을 가능한 한 많이 갖는 일이다. 필자는 오래전부터 동아지중해(EastAsian-Mediterranean-Sea)이론을 설정하여 동아시아의 역사상을 해양적 관점에서 해석하여 왔고, 미래적 발전 좌표를 찾고 있다. 그리고 그 동아지중해에서 자기역할을 충실하게 하면서 자기집단의 발전에 공헌을 한 역사적 실례로서 고구려의 동아지중해 중핵조정역할(東亞地中海 中核調整役割)[2]과 장보고의 동아지중해 물류장(東亞地中海 物流場, field & multi core)시스템[3]을 모델로 삼고 있다.

특히 최근에 필요성이 강조되고, 논의가 활성화되고 있는 자유무역지대나 경제특구 등과 관련하여 장보고 세력의 해양교류와 무역활동의 실상을 파악하고, 그 구조와 무역외적인 역할의 이해를 통해서 장보고 모델로서의 가능성 여부를 타진하고자 한다. 그런데 필자는 역사학자이기 때문에 경제 및 무역에 익숙하지 못한 탓에 이와 관련된 이론을 차용하여 논리를 전개하는 데에 무리와 오류가 있을 것이라고 생각한다.

---

[2] 윤명철, 「고구려의 東亞地中海 모델과 21세기적 意味」, 『아시아 文化硏究』 4, 목포대학교 아시아문화연구, 2000.
윤명철, 「고구려 담론 1-그 미래모델의 의미」, 『고구려연구』 9집, 학연문화사, 2000.
[3] 윤명철, 「장보고 시대의 무역활동과 미래모델의 가치」, 『장보고 시대의 해양활동과 동아지중해』, 학연문화사, 2002.

## 2. why. 장보고 시스템인가

### 1) 국제적인 배경

현재 세계의 각국들은 문명의 전환과 질서재편의 소용돌이 속에서 자국의 이익을 확보하려는 생존경쟁에 골몰하고 있다. 양대 적대세력이 대치한 군사적인 긴장이 완화되고, 국지전의 형태로 전환되었으며, 국가나 체제 간의 경쟁이 정치, 군사가 아닌 경제나 문화의 형태를 띠면서 국제환경은 새로운 양상을 보이고 있다. 그 가운데 하나가 정치적이나 문화적, 경제적으로 비교적 관계가 깊은 여러 국가들이 모여 역내(域內)의 경제교류 등을 활발하게 촉진시키고, 반면에 역외(域外)국가들에게 차별대우를 하는 경제권(經濟圈)을 만들어가는 경향이다. 특히 무역은 국가의 부를 창출하거나 상품의 이동이라는 초보적인 역할을 뛰어넘어 모든 것의 이동, 심지어는 문화나 정치까지도 주고받는 물류이동의 장(field) 역할을 하고 있다. 물론 이러한 역할은 전근대시대에도 특정한 지역을 중심으로 있었다. 오늘 연구의 주제로 삼고 있는 장보고 시대의 장보고 무역활동이 그러하다.

세계는 경제와 무역을 매개로 해서 인접국가나 일정한 지역을 중심으로 이루어져 지역무역협정(Regional Trade Agreement)이 맺어지는데[4] 이는 인류의 역사에서 보다 더 확대된 역사단위가 탄생하기 시작하는 것을 의미한다. 이러한 세계사적 현실 속에서 아시아는 오래전부터 APEC · ASEAN 등 협력체를 만들어 가능성을 모색하고 있다. 아세아자유무역지대(Asean Free Trade Area)는 동남아국가연합(ASEAN)지역을 앞으로 15년 이내에 완전한 자유무역지대로 만든다는 구상이다. 한편 한국, 중국, 일본 그리고 러

---

4 이종원 등, 『국제지역경제』, 비봉, 1997.

시아의 일부가 포함되어 있는 동(동북)아시아 지역 역시 협력체 내지 블록을 결성해야 할 필요성을 인식하고 있으나 미래의 구도에 대하여 확신을 못 가진 채 서로 간에 경쟁을 하거나 갈등을 빚고 있다. 그래서 보다 느슨한 형태의 협력체 결성과 파트너십의 가능성들을 시험하고 있다.[5] 이러한 노력에는 일본을 필두로 한국과 중국이 적극적으로 참여하고 있으며, 러시아와 북한, 몽골도 참여하고자 한다. 동아시아 각국은 현재는 넓게는 국가간, 좁게는 지역간·도시간의 협력체를 결성하는 것을 전제로 많은 구상과 이론들을 내세우고 있다.[6] 최근에는 일본과 싱가포르가 자유무역협정(free trade agreement)을 맺었고, 중국은 뒤늦을 세라 ASEAN과 역시 동일한 협정을 맺을 예정이다. 한국은 연내에 일본과 이를 논의할 예정이라고 발표했다.

특히 뒤늦게 출발한 중국은 사회주의 시장경제를 표방하며 현재로서는 가장 왕성한 의욕을 가지고 국지경제권을 적극적으로 추진하고 있다. 넓은 영토, 풍부한 원료공급지의 확보, 노동력과 소비자로서 구매력을 지닌 거대한 인구 때문에 어느 나라도 갖지 못한 단일시장으로서의 가능성이 풍부하다. 거기에 전세계에 포진하고 있는 화교의 자본과 기술력, 자본주의체제에 대한 정확한 이해력 등은 향후 주도권을 잡기에 단연 가장 좋은 조건을 갖추고 있다고 보여진다. 더구나 홍콩을 반환받은 이후에는 '대중화(大中華)경제권'의 몸체와 윤곽이 확실하게 드러나고 있다. 중국은 지난 20년 동안에 매년 연평균 9.7% 정도로 성장하여 왔다. 1999년 현재 국내총생산(GDP)은 세계 7위 규모이다. 그리고 2015년에는 세계 3위의 경제대국이 되려 하고 있다. 중국이 추진하고 있는 정책 가운데 성공적인 것 가운데 하나가 경제특구의 설치와 활용이다.

---

[5] 나라정책연구회가 펴낸 『동북아 경제권과 한반도 발전전략』이 비교적 이러한 주제에 대하여 개괄적으로 소개하고 있다.
[6] 金成勳, 「동북아 경제협력의 장보고 모델」, 『장보고 그랜드 디자인』, 김성훈 외, 집문당, 1999.
이 책에는 한민족 발전모델들을 소개하고 있다.
장보고와 관련해서는 황상석, 『장보고를 알면 세계가 열린다』, 한눈, 2000 참고.

그런데 동아시아의 협력이 실현되고, 궁극적으로는 경제공동체가 구성이 된다. 하지만 문제는 이러한 시스템 속에서 차지한 우리 민족의 위상과 역할이다. 향후 경제, 정치, 군사력에서 우리의 힘이 주변강국들에 비해 열세를 면할 가능성은 별로 없는 지극히 회의적인 처지이다. 그러나 신질서의 편성 과정에서 우리는 정말로 중요한 하나의 강점을 가지고 있다.

한반도는 지리적으로 동해·남해·황해·동중국해로 이어진 동아지중해의 중핵(core)에 위치하고 있다. 이것은 분단시대, 냉전시대에는 적대적인 양대 힘이 격돌할 수밖에 없는 부정적인 요인으로 우리에게 풀어버릴 수 없는 굴레를 씌웠었다. 러시아나 중국과는 육로는 물론 해로로도 교섭이 불가능했다. 일본 역시 소비에트나 북한·중국과는 바다가 아니면 교섭이 불가능했고, 또 바다로도 교섭할 수가 없었다. 한국은 일본을 통하지 않고서는 다른 외국과의 교섭이 전혀 불가능했다. 그러나 이제는 연결과 협력의 시대이다. 남북이 긍정적으로 통일될 경우, 한반도는 대륙과 해양을 공히 활용하며, 동해·남해·황해·동중국해 전체를 연결시켜줄 수 있는 유일한 나라이다. 특히 모든 지역과 국가를 전체적으로 연결하는 해양 네트워크는 우리만이 가지고 있다. 우리 바다를 통해서만이 동아시아의 모든 국가들이 본격적으로 교류할 수가 있다.

중요한 해로를 장악하고, 이를 지렛대로 삼아 해양조정력을 가질 경우에는 각국 간에 벌어지는 해양충돌 및 정치적인 갈등도 해결할 수 있다. 또한 인프라를 효율적으로 건설하고 활용하여 뒷받침만 된다면 동아시아에서 하나뿐인 물류체계의 핵심 로타리가 될 수 있다. 그래서 교통정리가 가능하고 나아가서는 동아시아의 경제구조나 교역형태를 조정하는 가교역할까지 할 수 있다. 이처럼 국가정책에서 해양의 비중을 높이고, 중핵연결지(中核連結地)의 역할을 충실히 할 경우에 동아시아에서 정치적이고 군사적으로 비중이 상승함은 물론이지만 경제적이나 교역상에서도 이익을 많이 얻을 수 있다. 따라서 그를 위하여 다양하게 정책을 개발하고, 보다 구체적으로 실현시켜 가는 노력이 필요하다. 그 대안의 하나로서 자유무역지대를 설정하고, 경제특구를 설치하고 운영하는 일이 있다.

### 2) 동아지중해와 경제특구

이미 세계의 많은 나라에서 설치한 자유무역지대나 중국에서 실현시켜 그 효용성이 입증된 경제특구 등은 시대적 상황으로 보아 우리에게도 필요한 조건임에는 틀림없다. 우리의 의지나 선호도와는 무관하게 선택할 수밖에 없다. 그렇다면 이 시대의 우리에게 가능한 한 적합하고, 전략적으로도 실수가 적어야 하고, 비교적 효율성이 높은 모델을 설정하는 일이 필요하다. 그러기 위해서는 역사를 거슬러 올라가 다양한 상황을 들을 살펴본 다음에 유사한 예를 살펴보고, 그러한 예가 지녔던 한계와 가치 등을 재점검하는 과정이 필요하다. 역사의 사건들은 이미 검증된 것이므로 비교적 실수의 가능성이 적다. 또 현재의 동시대 사람들에게 이 사업의 역사적인 정당성을 부여하고 설득을 할 수 있어서 보다 적극적인 협력체제를 갖출 수 있다.

동아시아는 전 지역이 해양으로 연결된 만큼 해양문화가 발달했다. 특히 우리는 지리적으로도 동아지중해의 중핵에 있으므로 거의 전시대에 걸쳐서 해양이 역사발전에서 중요한 역할을 하였다. 또 우리의 일반적인 견해와는 달리 경제나 무역이 정치나 군사보다 더욱 중요한 의미를 지닌 시대와 지역이 많았다. 동아시아의 이러한 질서와 상황 속에서 현재의 자유무역항, 자유무역지대, 경제특구 등과 유사한 형태와 기능을 가진 시스템이 있었을 가능성은 없었을까? 있었다면 어떤 모습과 성격을 지니고 있었을까?

먼저 현대에서 실현되고 있는 특구의 정확한 개념을 살펴보는 일이 필요하다.

경제가 점점 중요해지고, 특히 무역이 차지하는 비중이 높아지고 있다. 각 국가, 각 지역 간에는 무역경쟁이 벌어지고 있다. 특히 동아시아의 후발자본주의 국가들을 중심으로 수출드라이브정책이 본격화되면서 자유무역지대, 자유수출지대, 수출가공지대, 그밖에 자유무역항 등 등 경제적으로 특별한 지역이 설치되었다. 그리고 경쟁적으로 제도를 보완하고, 새로 제정하면서 정치적으로 비정상적인 각종의 특혜를 주었다. 특히 최근의 정세와 관련하여 이제는 세계의 대부분의 국가들이 이러한 시스템을 수용하고 있는데, 뒤늦게 중국이 개방을 표방하면서 시장경제체제에 뛰어들었다. 덩샤오핑이 1992년에 남방순회강화(南方巡廻講話) 후 효율적인 전략을 입안하면서 우선 연해지대의 몇 개 구역을 점으로 개방하여 발전시키고, 다시 선으로 해안지역을 발전시킨 다음에 면인 내륙으로 점차 이동하는 '점선면(點線面) 발전전략'을 채택하였다. 이때 점에 해당하는 지역에 경제특구(special economic zone)를 만들어 실천을 하였는데, 휘황찬란한 성공을 거듭하였고, 오늘날 중국경제의 활성화에 결정적인 견인차가 되었다. 이후에 경제특구는 국제적인 용어로 정착되었다.

경제특구란 일종의 중국식 자유무역지대인데 일반적으로는 자유무역지대 등보다 더 집중적이고, 조직적인 지원시스템으로 이해된다. 1979년 중국은 외자 도입을 목적으로 일단 선전(深圳) · 주하이(珠海) · 산터우(汕頭) · 샤먼(廈門) 등에 경제특구를 설치하였다. 그리고 1984년에는 양자강 하구의 과거 조계지였던 상하이에 경제 기술 개발구를 설치하여 성공하였고, 1991년에는 내부에 푸동지구를 본격적이고 대규모적인 경제특구로 지정하였다.[7] 물론 1997년에는 홍콩 특구기본법을 제정하여 특별행정구를 만들었다.

중국의 성공으로 경제특구는 그 효용성이 입증되어 지금은 대부분의 나라들이 경제특구를 만들려고 노력하고 있다. 심지어는 사회주의 계획경제 국가인 북한도 2002년 9월 신의주에 경제특구를 건설하겠다고 전격적으로 발표했다. 현재까지는 행정장관으로 임명되었던 양빈(楊斌)이 중국 당국에 의해서 구속되는 등 해프닝으로 끝났지

---

7 남덕우, 『동북아로 눈을 돌리자』, 삼성경제연구소, 2002, pp. 104~111 참조.

만, 아직도 가능성은 남아있다. 또 개성공단의 조성 등 경제특구를 정책적으로 설치할 가능성은 많다. 한국은 수출드라이브정책으로 성공한 나라임에도 불구하고, 자유무역지대 경제특구 등 적극적인 정책을 취하는 데 능동적으로 대처하지 못했다. 경제특구와 관련해서는 1990년대 중반부터 건설을 논의하였다. 그리고 부산, 광양, 인천 등을 후보지에 올리면서 시일을 끌다가, 뒤늦게인 2002년 11월 송도신도시를 특구로 하는 경제자유구역법이라는 다소 애매한 특구관련법을 국회에서 간신히 통과시켰다.[8] 살펴본 바와 같이 경제특구는 이런 현실적이고 실천적인 개념인 만큼 그 정의와 시스템이 아주 다양하다. 심지어는 중국에서조차 지역에 따라 그 내용과 방식에 약간의 차이가 있다. 이는 다분히 실용적이고, 지역과 환경 시대에 따라 내용과 실현과정 등이 달라질 수 있음을 말해준다.

그렇다면 주민들이 거주했고, 경제가 중요했으며, 경제상의 이익 교역권을 둘러싸고 국가 간의 대전쟁이 쉴 새 없이 벌어졌던[9] 동아시아의 전근대 사회에서는 어떠한 형태의 경제특구가 있었을까?

존재 유무를 살피기 전에 선험적으로 추정해보기로 한다. 역사학은 또한 미래학이기도 하다. 백 번 양보해서 흔한 명제대로 교훈을 얻는다는 측면에서도 미래를 염두에 둔 과거해석은 필요하다. 그리고 때에 따라서는 연역적으로 추정해가는 방법도 필요하다. 특히 모델을 설정하는 작업에 있어서는 더욱 그러하다.

우선 가장 고전적이고 소박한, 일반적으로 받아들일 수 있는 경제특구의 개념을 통해서 이해해보기로 한다.

즉 자유로운 경제활동을(특히 무역·기업 등) 나라가 보장하고, 각종 규제 및 세금 등

---

[8] 삼성경제연구소, 『경제특구의 성공적 추진방안』, 2002, 9.
[9] 윤명철, 『한민족의 해양활동과 동아지중해』, 학연문화사, 2002.
　윤명철, 『바닷길은 문화의 고속도로였다』, 사계절, 2002, 기타 발표 논문들.

에서 예외를 인정하는 경제적으로 특별한 지역을 적용해보는 것이다.

그런데 전 근대에도 경제 특별지대를 설정하려면 현재와 마찬가지로 경제외적으로도 다양하고 적합한 경제환경이 조성되어야 할 것은 분명하다. 특히 교역형 특구일 경우에는 일단 국내지역 간에는 물론이고, 국제 간에도 손쉽게 만나고 자유로운 교류가 가능한 지역이어야 한다. 그렇다면 역시 전근대에도 교통이 불편하고, 이동물량이 한정된 농경중심의 내륙보다는 개방적이고, 교통이 매우 편리한 바다를 끼고 있는 해안가 혹은 섬이 적합하다. 또한 전근대사회에서는 아무래도 정치지향적이고 보수적이며, 권력집중적인 중앙의 정치세력과는 지리적으로 멀리 떨어져 있는 것이 유리한 면이 많다. 그리고 국제 간 혹은 다지역 간의 활발한 교류를 전제로 하므로 문화나 혈통, 경험, 기술 등 문화적으로 공질성이 많은 지역과 사람들이 만나는 환경이어야 유리하다. 그러므로 동아시아지역은 필자의 모델처럼 지중해의 성격을 띠고 있으므로 해양으로 연결되는 해안가 및 섬지역이 특별한 무역환경 내지 지구를 설정하는 데는 유리할 수가 있다.

그러면 현대의 특구개념에 비교적 접근하고, 이러한 환경 속에서 전근대적인 경제특구 내지 자유무역지대의 성격을 지닌 것들은 역사상에서 있었을까?

기원을 전후한 시대에 한반도의 남부 지역에는 삼한(三韓)의 소국들이 존재했다. 마한, 진한, 변한에 속해 있었던 이 소국들의 대부분은 위치나 역할 등으로 보아 해양폴리스의 성격에 해당한다. 그 가운데에서도 몇몇 주요한 소국들은 무역에서 특별한 역할을 하였을 가능성이 크다. 예를 들면 김해지역, 해남지역, 인천지역, 익산지역 등이다. 그리고 이미 정치·군사적인 기능을 상실한 후기의 낙랑도 그러하고, 특히 대방은 설치한 목적 가운데 하나가 삼한 소국은 물론 일본열도지역과의 교역과 깊은 관련이 있었을 것이다.[10] 당나라에 설치되었던 파사방(波斯坊, 페르시아인들의 집단 거주지), 신

---

10 윤명철, 『동아지중해와 고대일본』, 청노루, 1996.

라방 등도 그에 해당할 것이다. 라이샤워는 신라방을 조계지(colony)로 보았고, 장보고를 일종의 총독(commissioner)이라고 하였다. 현대사회에서 조계지란 외국인들이 거주할 수 있고, 교역을 할 수 있으며, 자치가 가능하고, 사법권·행정권·징세권도 가진 것을 말한다. 19세기 후반에 서구열강이 중국의 해안지역에 이러한 조계지를 설치하였다. 그런데 사실 파사방·신라방 등은 그러한 성격을 어느 정도 지니고 있었다. 그리고 이에는 못 미치지만 고려시대에 예성강 하구에 있었던 무역항인 벽란도, 조선시대에 설치한 몇 군데의 왜관 등은 어떠한 형식으로든 조계지와 유사하거나 자유무역지대 혹은 경제특구와 관련이 있을 것이다.

물론 이러한 체제나 도시들을 현재의 개념 혹은 연역적으로 추정한 전근대개념의 특별경제 구역으로 보는 것은 한계가 있다. 당연히 시대적인 한계가 있고, 연계범위가 동아시아의 좁은 지역에 한정되고, 또 조직과 체제가 허술할 뿐만 아니라 취급하는 물품의 종류가 제한되고, 생산보다는 주로 교역에 치중되었을 것이다. 그리고 중앙정부로부터 전폭적인 지지는 덜했을 것이고, 오히려 독립적이었을 것이다. 하지만 이러한 한계가 있음에도 불구하고 분명한 사실은 전근대시대에도 경제와 교역은 매우 중요했고, 필자가 여러 논문과 저서에서 증명했듯이 이것이 국가의 발전 내지 흥망과 직결된 경우도 많이 있었다. 따라서 이러한 국가적인 필요를 효율적으로 충족시키기 위한 특별한 정책이나 시스템 내지 지역은 있었을 것이다.

앞에서 말한 몇 개 사례 가운데 가장 적극적이고 조직적이며, 실제로 동아시아 전반에 영향을 끼쳤고, 현대의 경제특구개념에 근접하는 것은 장보고에 위해서 구축되고, 실현되었던 시스템이다. 필자는 이를 장보고 시스템이라고 개념화시키고, 그의 분석과 이해를 통해서 현대 경제특구의 실체에 보다 더 가까이 다가가보고자 한다.

## 3. what. 장보고 시스템의 구조

### 1) field & multi-core(場과 多核)이론이란

장보고의 현실인식과 해양 및 무역활동이 현재나 한민족의 미래와 동아시아질서를 구축하는 데 어떠한 가치와 의미를 지니고 있는지, 특히 자유무역지대 경제특구 등 현대의 발전모델과 이론 등을 구축하고 실현시켜야 하는 현재에 구체적으로 어떠한 교훈과 방법론을 제시할 수 있는지 살펴보고자 한다.

필자는 장보고가 구축한 경제 교역 시스템을 field & multi-core(場과 多核)이론으로 명명하였다. 즉 그는 청해진을 항성격인 중핵(core)으로 삼아 주변의 각 거점지역에 여러 핵들을 배치하였다. 행성핵들은 중국연해지역의 신라방들을 비롯한 신라촌들, 본국 신라 내부의 해남, 강진 등의 배후도시들, 제주도 등 같은 항로거점지역, 일본 열도 내에는 규슈의 다자이후(大宰府) 지역 내에 있는 신라인 집단 거주지이다. 그리고 위성들은 간접적인 연계를 맺은 파사방 및 당상인들의 활동지역, 일본열도의 우사지역 등 일부지역 등이다. 즉 중핵인 항성을 가운데 두고 주변핵들이 행성처럼 돌고 있고, 다시 변방의 소핵들이 위성처럼 포진해 있는 형국이다. 그런데 이 핵들은 각각 독립적인 거점으로서 분산돼 있으면 제 기능을 효율적으로 발휘할 수 없다. 유기적으로 연결되어 네트워크 시켜야 힘을 발휘할 수 있다.

장보고는 이 다양한 핵들을 효율적으로 연결시키고, 활용하기 위하여 일종의 field(場)를 활용했다. 단순한 판, 고정된 판이 아니라 모든 것들과 연결된 망(net)이고, 자체에 에너지와 운동성을 지녔으므로 핵들의 움직임은 물론 그 자체의 움직임에도 영향을 끼칠 수 있는 장이다.[11] 물론 상대적으로 핵들이 움직여 場 전체 혹은 부분 부분

---

11 필자는 물리학의 field이론과 생물학의 생물장이론 등을 원용하여 이 모델의 성격을 좀더 구체적으로 규명하고 있다. 졸저, 『역사는 진보하는가』, 온누리, 1987에서 인간의 주체문제를 논하면서 이 이론에 대

에 영향을 끼쳐 질을 변화시키거나 장(場)운동의 메커니즘에 약간의 충격을 줄 수도 있다. 심지어는 항성격인 중핵이 이동하는 경우도 있어 장을 늘 역동성 있게 변화한다.

그럼에도 불구하고 이전의 바다는 점과 점을 연결하는 단순한 교통로의 역할을 하였다. 이러한 한계에 착안한 장보고는 해양교통로의 메커니즘이 환류(環流)시스템이라는 특징을 깨달았고 이를 활용하였다. 그는 각각의 핵이 가진 위치와 기능 등에서 장점과 한계를 파악한 후에 주변의 다른 핵들과 연계해서 그 특장을 서로 교환하고 협력하게 하였다. 단, 청해진이라는 경제력과 군사력 정치력을 겸비한 중핵을 통해서 총체적으로 관리하는 역할을 담당하게 하였다. 그러나 모든 것을 장보고가 관리하게끔 시스템 전반이 청해진에 집중할 경우에는 신속성과 자율성이 결여되어 효율성이 떨어진다. 이는 당시의 불편한 교통과 통신 체계 속에서는 아주 불리한 요소로 작용할 수 있다. 또 바다의 메커니즘, 해양세력의 독립성 등을 고려해도 이는 문제가 있었다. 여기서 장보고는 청해진이라는 중심핵(中心核) 겸 중심장(中心場)을 설치하고 필요에 따라 이동시키면서 활동하는 시스템으로 만들었다. 그러니까 자체의 파장과 흡인력을 지닌 크고 작은 장(場, field)들이 곳곳에서 상시적으로 파상적인 물결을 이루다가 필요에 따라 모여들어 역할을 하고 다시 헤치는 것이다. 심지어는 중핵인 청해진마저도 장보고를 통해서 직접 주변 field로 이동하거나 주변핵인 행성과 만나기도 한다. 그럴 경우에는 field 전체에 심각한 영향이나 충격을 가져오기도 한다.

이러한 시스템 속에서는 구성된 모든 것들은 일종의 시너지 효과에 의하여 강한 힘을 발휘할 수 있다. 뿐만 아니라 시스템의 일부에서 이상 징후가 발견되거나 문제가

---

한 응용을 시도한바 있다.
생물장이론가인 폴 와이즈는 '세포 하나하나는 항상 전체의 위치와 작용에 연동하고 있으며, 전체의 균형을 깨는 강한 충동을 받으면 조직전체의 시스템을 유지하게끔 한데 뭉쳐서 이에 대응한다' 라고 하여 주체와 상황이 관계성이라고 하는 장 속에서 통일을 이루고 있는 모습을 설명해주고 있다. 제레미 리프킨, 『엔트로피 2, (ALGENY)』.

발생했을 경우에는 자동적으로 공동의 치유시스템을 발동시킨다. 따라서 상호협조 체제가 매우 긴밀해진 공동체의 형태마저도 가능하다. 이러한 시스템은 이동이 부자연스럽고 직선 이동만이 가능한 내륙이 아니라 다양한 선이동과 점이동이 가능한 바다이기 때문에 더욱 가능한 일이었다.

장보고는 이러한 성격의 'field & multi-core(場과 多核) 시스템'을 토대로 당시에 전개된 국내외적인 상황 속에서 청해진을 일종의 경제특구(Special Economic Zone)나 유사한 개념의 역할을 하게 하고, 동아지중해의 요소요소에 포진해 있는 신라방 등 거점도시들을 일종의 자유무역지대(Free Trade Zone, Foreign Trade Zone) 자유무역항으로 삼아 가면서 유기적으로 연결한 것으로 보인다.

장보고는 이러한 시스템을 성공적으로 운영하기 위하여 인적자원 또한 유기적인 시스템 속에 편재시켰다. 각 도시들을 조직적으로 역할분담을 시키면서 군사력을 동원하여 곳곳에 거주하고 있는 신라정부와 국적이 다른 민간상인조직을 연결시켰다. 그리고 본거지를 군항이며, 자유무역항으로 만든 청해진에 두어 재당신라인과 본국 신라인, 재일신라인들, 즉 범신라인들을 동시에 관리하고, 필요와 장소에 따라 역할분담을 조정할 수 있었다.

장보고가 심혈을 기울여 구축한 이러한 독특하고 매력적인 시스템의 구조와 놀랄만한 운영방식을 역사적인 상황 속에서 보다 구체적으로 알아볼 필요가 있다. 그를 위해서 먼저 장보고가 등장하고 활동했던 동아지중해의 정치 교역의 상황을 이해해야 한다.

## 2) 동아지중해의 상황

7세기 말 동아지중해 국제대전이 끝난 이후에 동아시아의 신질서가 편성되는 과정에서 해양활동의 의미와 역할은 더욱 강화되었다. 정치적으로 안정되고 해양문화가 비약적으로 발달되면서 신해양질서가 구축되고, 당과 통일신라, 발해, 일본을 연결시키는 동아지중해 문화권(文化圈)이 활발해졌다. 다시 8세기에 접어들면서 동아시아는 당을 중심으로 힘의 균형이 이루어지면서, 각국들은 평화를 구가하고, 상업 등 경제적인 측면에 힘을 기울였다. 마치 이데올로기라는 외장(外裝)의 대립으로 인한 20세기의 냉전질서가 끝이 나고 열전시대로 돌입한 21세기와 유사한 상황이다. 특히 국제간에 교역이 매우 활발해져 공무역뿐만 아니라 이젠 사무역도 중요한 역할을 담당하였다.

당나라에서는 점차 해상실크로드가 면모를 갖추어 가고 해안가에 있는 절도사(節度使)들은 상인층에게 대외교역의 자격을 부여하여 사무역이 활성화되었다. 고구려의 유민출신인 이정기(李正己)는 산동반도 지역을 다스리는 평로치청절도사(平盧淄青節度使)로서 해운압신라발해양번사(海運押新羅渤海兩蕃使)를 겸했다. 신라와 발해 두 나라와 교역한 일을 관장하고, 아울러 교민들에 관련된 업무, 그리고 사절들이 왕래하는 데 따른 대외업무를 총괄하는 직책으로서 무역도 관장하였다.

이정기 세력의 55년간에 걸친 지배가 종식되면서 이제는 무역이 보다 활발해졌다. 당나라는 경제가 급속도로 성장하였고, 넓은 영토 내에서는 지방들 간에 교역이 성행했다. 또한 다른 인종들을 과감하게 포섭하였다. 실크로드를 통해서는 동서교역이, 바다를 이용해서는 해상실크로드를 활용한 남북무역이 활발했다. 해상실크로드는 남해로라고 하며, "도기로" 또는 "향료로"라고도 부른다.[12] 그런데 당나라 내부의 물류체계에는 나름대로 한계가 있었다. 예를 들면 서역에서 낙타를 끌고 사막을 건너온 대상들의 종착점은 장안이었고, 반면에 페르시아 상인들이 장악한 해양실크로드의 종착점은 광주(廣州) 또는 양주이었다. 따라서 남방의 물품을 장안이나 북방으로,

---

12 무하마드 깐수, 『신라·서역교류사』, 단국대학교 출판부, 1992, p.490.

서방의 물품들을 강남으로 보내는 활발한 물류망이 절실하게 필요했다. 즉 중간의 끊어진 길을 이어줄 도로와 상인들이 필요했다. 이러한 시대적인 상황 속에서 당나라의 경제계에 혜성처럼 등장한 사람들이 재당 신라인(在唐 新羅人)들이다.

그런데 그 무렵에는 당뿐만 아니라 모든 나라들에게 경제와 교역이 중요해졌다. 동아지중해에는 발해와 신라 그리고 일본이 있었다. 신라는 정치가 안정되면서 군비문제도 해결되고 산업이 발달하였는데, 특히 사치품을 중심으로 한 수공업이 발달하였다. 또한 지배계급의 수요를 충족시키고 국가의 경제를 발전시킬 목적으로 무역의 필요성이 대두되었다. 신라는 점차 조하주(朝霞紬)·어아주(魚牙紬)·루응령(鏤鷹鈴) 등의 고급직물과 금은세공품 등을 수출하였다. 신라는 멀리 서역과도 직접 혹은 간접무역을 하였다. 신라가 일본에 수출한 물품 가운데에는 남중국, 동남아시아, 인도, 아라비아에서 생산된 다양한 향료는 물론이고, 약재도 있다. 신라는 서역에도 수출을 하였고, 당과도 무역을 했다. 금·은·인삼·우황·세포(細布)·과하마·금은세공품을 수출했고, 당에서 라(羅)·능(綾)·의복·서적·문방구 등을 수입했다. 신라는 일본과도 활발한 무역활동을 벌였다. 동대사 경내에 있는 정창원(正倉院)에서 발견된 신라물품을 매입하는 신청서(買新羅物解)와 소장품들은 신라와 일본이 얼마나 대규모로 교역했는가를 물품목록과 양으로서 알려준다. 이는 모두 해양을 통해서 무역을 한 것이다.

한편 발해는 당에 130여 차례의 사신을 보내었는데, 이 가운데에는 교역이라는 경제적인 목적도 매우 강했다. 당은 등주에 발해관(渤海館)을 설립하여 교역을 편리하게 하였다. 이정기가 이 지역의 절도사로 있을 때에는 명마(名馬)교역이 끊이지 않았다고 할 만큼 교역이 활발하였다. 특히 일본과는 무역이 매우 활발하여 9세기에 이르면 양국간의 교섭은 문화적이고, 경제적인 형태로 변화되었다. 발해의 사신선에는 관리들 외에 상인들도 탔고, 수령이라는 지방의 토호들도 동행하여 수십 명 혹은 수백 명씩 건너가기도 하였다. 발해인들의 장사한 규모는 실로 엄청났다. 871년에 양성규(楊成規)가 사신으로 왔을 때에는, 일본왕정에서 지불한 대금만도 40만 냥에 달하였다.

일본은 정치적 필요에 따라서 견당사(遣唐使) 등을 파견할 때에도 신라나 발해의 도움을 받았다. 능동적으로 무역에 참여하지는 않았으며, 서역의 물품들도 대부분은 신라를 통해서 수입하였다. 그것은 일본 국가 자체내부의 문제도 있었지만, 해양문화가 발달하지 못했고, 이미 동아지중해의 물길, 즉 항로는 신라와 발해인들이 장악했기 때문이다. 일본은 거미줄처럼 뻗어나가는 국제물류망 속에서 한 편에 물러선 동떨어진 존재였다.

이렇게 장보고의 등장을 전후한 시대에 이미 동아지중해에서는 바다를 통해서 대규모의 무역이 있었고, 무역권을 장악하기 위하여 국가 간에, 지역 간에 경쟁이 치열하게 벌어졌다. 1990년대 중반에 동아시아 지역의 역내 무역집중도가 40~45% 수준이다. 중국은 한국에게 최고의 무역대상국이다. 현재와 그 시대가 유사한 상황이다. 이러한 무역구조 속에서 필연적으로 동아지중해에는 물류체계가 중요해졌다. 바로 그때 무역에 종사하는 범신라인들을 본격적으로 네트워크화시키고 또 한편으로는 군사력을 배경으로 조직적인 해상세력을 양성하고, 신라방 같은 거점들을 활용하여 무역활동을 활발하게 한 인물이 등장하였다. 그가 장보고이다.

### 3) 중핵인 항성(恒星), 청해진

장보고 시스템의 중심은 청해진이다. 중핵이고 동시에 장(field)의 중심이다.

장보고는 역동적인 국제환경, 무역의 활성화라는 시대적인 상황과 해적퇴치라는 명분을 안고 828년에 귀국하여 홍덕왕으로부터 '청해진대사(淸海鎭大使)'라는 전무후무한 독특한 직책으로 해양에 관련한 전권을 부여받아 군사 1만 명과 함께 고향인 청해진에 본거지를 두었다.

신라는 하대에 들어서면서 중앙정부의 행정력이 떨어지고, 지방에 대한 통제력을 상실해갔다. 이러한 상황 속에서 지방에서는 호족들이 나타났고, 이들 가운데 다수는 해상호족들이었다. 신라는 해상세력의 발호를 막고, 지방으로 권력이 분산되는 것을 막고, 해적을 제거하기 위한 조치로서 여러 곳에 진을 설치했다. 그런데 청해진은 대사, 병마사 등의 직명, 민부 등 등 독특한 조직구성에서 보듯이 다른 진(鎭 : 진의 책임자는 관위 8위의 沙湌이었다)들과는 사뭇 성격과 위치가 달랐다.

청해진은 그의 고향이었지만, 그 시대에는 가장 중요한 도시 가운데 하나가 될 조건을 갖추고 있었다.

이른바 물류교통의 로터리, 해양교통의 십자로, 바다만이 물류의 길이었던 시대와 지역 속에서 일종의 허브항구였다. '청해(淸海)'란 글자에는 해적을 소탕하여 바다를 안녕시키겠다는 의미가 담겨 있다. 또한 바닷길을 새로 만든다는 숨은 의도도 있었던 것 같다. 한국과 중국, 일본을 연결하는 길은 오로지 바닷길밖에 없다. 바다는 물길과 뱃길이 따로 있는 것이다. 그런데 삼국을 연결하는 바닷길(항로)이 한데 모이고 헤어지는 곳이 바로 한반도의 서남해안이다.

황해중부 횡단항로나 연근해항로를 이용하여 남진하다가 남해안을 거쳐 신라의 수도권으로 들어가는 항로나 계속해서 일본열도로 항해하는 경우에는 이 지역을 경유해야 한다. 중국의 산동 이남의 여러 항구, 즉 초주·동해 등을 출항한 황해남부 사단항로나 절강 지역의 항주·영파·황암 등을 출발하여 사단하여 오는 동중국해 사단항로가 만나는 곳도 바로 서남해안지역이다. 일종의 동아시아 모든 항로의 경유해역이다. 그런데 그 가운데에서도 청해진은 해류나 조류, 바람의 방향 등을 고려할 때 모든 길이 모이는 적합한 위치에 있다. 그래서 청해진은 한·중·일을 연결하는 항로가 경유하는 중요한 항구도시이었다. 어쩔 수 없이 통과하거나 기항할 수밖에 없는 교통 인프라가 자동적으로 구축될 수 있는 곳이었다. 일종의 동아지중해 허브항구였다.

물론 서남해안에는 영산강 하구, 해남, 강진, 순천 등 항구도시가 많았고, 역사에서 의미있는 역할들을 하였다. 장보고 사후에 발호한 해상호족들 가운데서도 영산강 하구의 나주오씨, 최지몽의 영암 최씨, 박영규로 대표되는 순천만세력, 그 외 서남해양의 능창 등은 다 이 해역을 무대로 활약한 세력들이다.

청해진처럼 경제적으로 성공하려면 경제적 자율성을 지니고, 외국과의 자유로운 왕래 교섭 무역이 전제되어야 한다. 그러나 이러한 지역들은 몇 가지 한계가 있었다. 해안가에 위치해 있으므로 육지세력에 영향을 받거나 중앙정부의 간섭을 강하게 받을 가능성이 많다. 반면에 섬 지역은 정치·군사적으로 독자성을 어느 정도 유지할 수 있다. 또한 항해에 관련된 시스템을 관리하는 데 유리하다. 뿐만 아니라 해양세력이 되는 데 반드시 필요한 독자적인 수군세력을 양성하는 데도 전략적으로 유리하고, 중앙정부의 간섭과 견제를 피할 수 있다. 청해진은 이러한 유리한 환경 속에서 무장을 한 선단이 활약할 수 있는 천혜의 조건을 갖춘 군사도시이었다. 청해진은 장도(將島)를 중심으로 주변의 섬들에 소규모 군항을 만들고, 그 섬들을 연결하는 해양방어체제를 구축함으로써 공수를 유기적으로 엮은 나폴리 같은 대규모 해양요새였다.

청해진은 지정학적·지경학적인 조건을 보더라도 전근대사회에서, 해양질서가 강하게 작용하는 시대상황 속에서 국제 교역의 중심에 있을만한 자연환경을 지니고 있었다. 따라서 정치적인 지원과 경제특구나 자유무역지대 등의 특수한 공간을 설치할 만 한 곳이었다. 현대의 자유무역지대는 한 나라가 국제무역과 상업을 촉진시키기 위하여 일정 조건하에 외국화물에 대하여 개방해 준 지역을 말한다. 관세행정이나 통제로부터 자유로운 항으로서 관세 및 재세공과금이 면제된다. 또한 일정한 지역 내에서는 상품의 반입, 반출, 가공처리, 저장 등이 자유로운 특정구역을 일컫는다.

청해진은 이에는 못 미칠지라도 상당한 자유활동을 보장받은 곳으로 여겨진다. 적어도 단순하게 경유지나 통과지의 역할을 하는 환적항은 아니었으며, 물류중심지(Logistic center)의 역할을 한 것으로 보인다. 당국과 서역, 신라, 일본의 화물들은 물론 사람들도 이곳을 단순하게 기항하였다가 통과하기도 하였으나, 집하되었다가 상설시장에서 서로 간에 교환·매매가 이루어지고, 다시 팔려나가기도 하였을 것이다. 당시에는 공무역과 사무역이 배를 통해서 이루어지고 있었으므로 이는 자연스러운 현상이었다. 일종의 현지 중계무역이 이루어진 것이다. 일본은 발해상인들을 위해서 항구 근처 도시에다 객관(客館)·변소(便所) 등을 설치하여 오랫동안 교역을 하며 머물 수 있게 편의시설을 제공하였다.

청해진은 국제교역을 국내산업과 연결시킬 수 있는 수륙교통의 요지로서 주변에 생산과 소비, 운송을 담당한 강진, 해남 등 배후도시가 풍부한 해양폴리스였다. 원자재들이 이런 주변지역 혹은 신라의 수도권에서 가공되어 이곳을 통해서 수출되었다. 일종의 생간교역복합형 특구와 유사하다. 뿐만 아니라 새로운 첨단지식을 수용하고 기술개발을 이용하여 물자를 생산한 다음에 이를 다른 나라에 판매하는 방식도 채택하였다. 예를 들면 청해진은 당시에 가장 고가품이면서 기술집적품인 월주요(越州窯)의 청자 등을 수입하여 판매하거나 중계무역을 하였는데, 후에는 당나라에서 기술자들을 초청하여 제작기법들을 배웠고, 배후도시에 많은 가마를 열고 질 좋은 청자들을 구워내서 외국에도 판매하였다.

청해진은 이러한 다양하고, 역동적인 역할에 걸맞은 조직을 구성하였다. 장보고가 받은 대사란 직책은 신라에는 없는 독특한 관직이다. 섬에서 태어난 그가 골품제를 바탕으로 한 철저한 신분제 사회에서 정상적인 관직은 받을 수가 없었던 것 같다. 때문에 일종의 별정직으로서 대사란 직책을 받았는데, 그는 오히려 이 관직을 철저하게 활용하였다.

북한은 2002년 신의주 특별행정구(경제특구)설치를 발표하면서 행정장관으로서 중국계 네덜란드인인 양빈(楊斌)을 임명하였다. 그의 발표에 따르면 (물론 그의 실각과 함께 실현되지는 않았다) 행정장관은 홍콩과 마찬가지로 지역 내에서 모든 경제·행정·외교권을 갖고 있었다. 즉 북한 및 중국의 국내법이 미치지 못하는 특별행정지구를 다스리던 책임자였던 것이다. 이는 흡사 당시대의 절도사들이 가졌던 권한과 유사했고, 장보고가 청해진을 운영하던 것과 놀라울 정도로 동일하다. 목적도 정치적인 것은 완전히 배제하고 오로지 경제적인 것만 추구하는 것도 동일하다. 그러나 장보고는 점차 강성해져서 중앙정부를 전복시킬 수 있을 정도의 군권까지 장악하였다. 라이샤워는 장보고의 이러한 점에 착안하여 그를 신라의 중앙정부나 당 내부 혹은 일본 중앙정부의 직접적인 영향은 받지 않은 채 반 독립적인 지위를 누리는 '해상왕'(The Trade Prince of the Maritime Commercial Empire, 라이샤워 설)이라고 칭하였다.

그 아래에 병부를 두었는데, 여기에는 병마사 등과 함께 1만 명의 군사가 배속되어 있었다. 이들은 물론 청해진을 중심으로 한 주변지역 및 해역에 배치되었으며, 많은 전선들을 운용하고 있었다. 장보고는 말년에 문성왕으로부터 진해장군(鎭海將軍)이라는 칭호를 받았다. 병부 외에 상업과 무역을 담당하는 민부가 있었다. 청해진 체제의 특성을 보여주는 재미있는 실례가 있다. 장보고 휘하에서 군권을 담당하고 있는 병마사인 최훈(崔暈)은 당에 올 때는 물건을 팔고 구입하는 대당매물사 즉 무역상이었다. 그러니까 군(軍)과 산(産)이 결탁하여 상호보완하는 군산복합체 정도가 아니라 군사와 무역이 동일한 조직체에서 운영되고 있었던 것이다. 청해진은 군사조직, 상인조직, 행정조직을 겸한 복합적인 체제이면서 장보고는 이를 통합관리하는 실권자였다. 나라 속의 또 하나의 나라, 즉 일 국가 안에 자치권과 어느 정도의 독립성을 부여받은 체제였던 것이다. 김우징이 이곳에 몸을 의탁하였다가 청해진의 군사력으로 수도를 공략하여 신무왕이 된 것은 이곳이 신라의 군사력이 못 미치는 지역이었음을 반증한다. 청해진은 중국이 홍콩을 반환 받은 이후에 적용하고 있는 것 같은 1국가 2체제에는 못 미치지만 최근에 각 나라들이 추진하고 있는 경제특구의 개념과 유사한 면이 있다. 김성훈은 "장보고의 청해진 조직은 병부(군사체제), 민부(무역체제), 재당·재일의 신라인 집단거주지의 자치체제 등 세 개의 조직체로 구성된 것으로 보인다. 이는 오늘날의 이른바 '군사복합체 종합상사'의 성격이 농후하다"고 하였다.

21세기는 전 세계적으로 중국이 부상하여 2015년에는 GDP가 미국을 능가할 것으로 예측하고 있다. 특히 동아시아에서 중국의 정치·경제적 지위는 절대적이 된다. 중국의 현재 전략을 보면 황해가 매우 중요한 가치가 있는 곳이다. 그럴 경우 청해진에 해당되는 중핵으로서 가장 가치가 큰 곳은 경기만 지역이다. 특히 항로뿐만 아니라 공로·육로가 본격적으로 활용되는 시대에는 교통의 중심지로서 경기만의 중요성과 가치가 더욱 부각된다.

### 4) 부중핵인 행성-신라방

장보고 시스템에서 청해진과 함께 주요한 요소는 부중핵으로서 당나라의 연해지방 주변에 포진한 신라방들이다. 신라방의 주인들은 소위 재당신라인들이 있었다. 당나라에는 포로로 끌려간 백제의 유민들, 그리고 고구려의 유민들은 출신국과는 관계없이 모두가 신라인이라는 이름으로 생존을 유지하였다. 특히 고구려의 유민인 이정기가 세운 제나라는 산동반도의 해양권과 대운하의 북부주변을 장악하면서 당나라를 경제적으로, 정치적으로 심각하게 위협하였다. 그리고 발해와는 황해북부항로를 이용하여 수천 필이 오고 가는 상당한 규모의 말교역을 하면서 부를 축적하였다. 결국 이정기 일가가 세운 제나라는 55년 만인 819년에 당군에게 토벌되면서 좌절로 막을 내리고 말았다. 그리고 주민들은 대부분 산동과 운하주변에 남아 재당신라인으로 살아가고 있었다. 그런데 신라 본국에서도 상인, 승려, 학인, 농민들이 당나라에 건너왔다. 그 외에 몰래 바다를 건너가는 사람들도 많았다. 그 외에 발해인으로서 당에 정착한 사람들도 소수에 불과하였겠지만 이들과 함께 생활을 하였을 것이다. 결국에는 이렇게 오랫동안 모여들면서 민족의 정체성을 지키면서 살아온 사람들이 바로 재당신라인(在唐新羅人)이다.

이들 재당신라인들이 동아지중해의 역사에서 주역으로 등장할 수 있는 환경이 조성되었다.

9세기 들어서서 동아지중해를 둘러싸고 국제질서는 다양하게 전개되고 있었다. 서로 간에 협력을 바탕으로 대외무역을 활발히 하면서, 경제적으로 경쟁하는 시대에 접어들었다. 각 지역 간의 경제교류라는 소극적인 단위를 뛰어넘어 보다 본격적인 국가 간의 경제교류도 활성화되어야 했다. 나아가서는 느슨한 형태나마 동아경제권의 형성이 필요해지기 시작했다. 동서남북의 물자들이 모두 모여들고, 서로 오고 가면서 환류(環流)하여야 물류시스템이 활성화되고, 정치·경제적으로도 안정이 되고, 국가들의 수입도 증대한다.

그런데 이러한 '환류(環流)시스템'의 동쪽이 제 기능을 발휘하지 못했다. 북방, 서역 남방에서 당의 경제권으로 들어온 물건들이나 자체에서 생산된 물건들은 더 큰 이익을 위해 신라와 일본으로 수출되어야 했다. 마찬가지로 신라와 일본의 토산물과 공산품들도 당에 수출해야 했다. 특히 산업이 발달하고 교역능력이 뛰어난 신라는 일본에도 시장을 개척하고 적극적으로 수출을 해야 했다. 일본은 9세기에 들어오면서 신라와 교섭이 없어졌고, 견당사를 파견하는 일도 838년(承和 5)으로서 사실상 정지되어 버렸다. 이렇게 해서 이 무렵 일본은 당, 신라와의 공적인 교섭을 끊고 발해와만 국교를 계속하는 시대에 들어섰다.

그들은 남방인 절강지방에서 북경을 잇는 대운하의 주변에 정착하여 운하경제를 장악하는 데 성공하였다. 대운하의 중심부로서 많은 강들과 도로들이 만나는 남북교통의 요지인 회안(楚州)은 신라인들이 많이 살던 곳이었다. 엔닌이 쓴 『입당구법순례행기(入唐求法巡禮行記)』에는 이곳에서 일본으로 귀국하려는 관인들이 신라선원 60여명을 고용한 일을 기록하였다. 초주는 신라사람들이 워낙 많은 탓인지 구당신라소(勾唐新羅所)가 설치되어 행정을 관할하였다. 오늘날의 연운항인 해주에는 숙성촌이 있었다. 주로 소금을 만드는 일을 하면서 살고 있었다.

그런데 정력적이고, 재주꾼인 재당신라인들은 당나라 내부의 운하경제를 장악하는 것으로서만 만족하지는 않았다. 한 걸음 더 나아가 이러한 현실을 이용하여 국제무역을 하는 대상인으로 화려하게 변신하려는 의지가 있었다. 거기에는 본국인 신라의 도움이 필요했고, 신라의 상인 및 해양민들과 결탁해야만 했다. 때문에 항구조건이 좋은 곳, 대외교섭을 하기에 적합한 곳, 그리고 내륙과 교통이 용이한 수륙교통의 결절점 등에 정착하였다. 산동반도의 남쪽 해안인 현재 청도만의 북쪽해안에는 로산(崂山) 근처 팔수하촌(八水河村)을 비롯하여, 유산포와 문등현의 적산 등 아주 크고 유명한 신라인 마을이 있었다. 재당신라인들은 운하주변과 해변가에다 신라방(新羅坊)·신라소(新羅所)·신라촌(新羅村) 등 정착촌을 건설하였다. 사신단이나 상인들을 위해서 지은 신라관(新羅館)·신라원(新羅院) 같은 건물도 있었다. 농업에도 종사하였겠지만 운수업, 조선업, 항해업, 소금만드는 제염업, 숯 굽는 일 등 환금성이 강한 일들을 주로 하였다.

그들은 서역인 등 외국인들도 많이 살고 있는 국제도시인 양주에도 거주지를 이루고 있었다. 양주(揚州)는 한국, 일본, 동남아지역 등과 해로로 연결되는 당대 최대의 국제무역항이었다. 그 외에 신라나 일본으로 출발하는 석도(石島:赤山)·문등(乳山浦) 연운(宿城村), 초주, 절강성의 영파(寧波)·황암(黃岩) 등 주로 항구도시에다 신라방과 신라촌을 건설하였다. 그리고 내륙의 단절된 물류체계를 이어주었을 뿐만 아니라 이를 다시 해양과 내륙을 연결하여 당의 동방무역을 활성화시켰다. 그런데 라이샤워는 이와 관련하여 아주 중요한 사실을 지적하고 있다. 즉 "중근동 상인들은 양주보다 동쪽이나 북쪽으로 가지 않았다고 생각된다. 그 대신 이 지점에서 신라인들은 알려진 세계의 동쪽 끝(신라 및 일본)까지 무역의 발을 내딛는 것이다. 엔닌은 일기에서 중국동부, 신라, 그리고 일본 사이의 무역은 대부분 신라인 출신자들의 손에 의하여 장악되었다고 하였다.

그 시대에 당은 외국인들의 교역을 장려하여 국경지역에 '호시(互市)', '관시(關市)', '호시(胡市)' 등 국경무역지대를 설정하였다. 일반적으로 외국인들은 중국인과 사무역은 물론 중국인과 결혼할 수 있었다. 당에서 외국인들은 번방(蕃坊)이라는 공동거주구를 이루었다. 8세기 후반에는 장안에만도 서역인인 5만 명 정도가 거주하였다. 번방은 그 나라 사람 가운데에서 선발된 번장(蕃長)이 관리책임을 맡았고, 본국의 전통과 관습들을 존중하며, 외국인들 간의 분쟁에 관하여는 그들 본국의 법에 따르게 하였다. 그러니까 자치권과 함께 어느 정도의 치외법권 지역이었다. 예를 들면 광주(廣州)는 서역인들이 많이 와서 거주하였으므로 무슬림을 선임한 후 그에게 권리를 주어, 이 지역 내에서의 많은 문제들을 스스로 해결하도록 하였다.

이러한 당 내부의 유연한 환경과 합리적인 상업조직 속에서 신라방은 비교적 정치적인 자유를 갖고 자치권을 행사할 수 있었던 집단거주지였다고 판단된다. 라이샤워 교수는 당대 번방(唐代 蕃坊)의 하나였던 신라방(新羅坊)을 어느 정도의 치외법권까지 가지고 있는 조계(租界, colony)라고 표현하면서 상당한 특권을 가지고 있는 것으로 보고 있다.[13] 특히 당나라는 신라를 다른 나라들과 달리 취급한 것 같다. 해운압신라발해양번사(海運押新羅渤海兩藩使)라는 특별한 기구를 만들어서 신라교역과 사절의 내왕에 대비하였다. 엔닌의 일기에 나오는 신라관이나 구당신라소, 그리고 신라원 등은 이 해운압신라발해양번사의 업무를 수행하는 일선기관이었다. 또 이 기구는 서역교역을 관리하기 위하여 광주에 설치한 시박사(市舶使)와 유사한 업무를 하는 기구였다. 구당신라소에는 압아가 있었고, 신라방에는 총관, 역어등이 있었는데, 이들은 물론 신라인이었다. 자체적으로 신라인들을 관리하였으며 무역과 깊은 관련이 있었다. 역어도 물론 단순한 통역의 역할만을 한 것은 아니었고, 무역업무는 물론이고, 교통·숙박시설의 편의를 제공하는 등의 기능까지도 수행하였다.

재당신라인들의 자유로운 상업활동, 대외교역, 외국의 사신들까지 운송하는 일 등을 고려할 때, 더구나 장보고라는 외국의 정치적이고, 군사력을 갖춘 세력과 공개적인 관계를 맺은 채 협력하여 활동한 사실을 보면 다른 번방들과는 다른 좀더 특별한 성격을 지닌 집단거주지가 아닌가 생각이 든다. 특히 연해지구에서 대외교역을 하는

---

13 라이샤워, *Ennnin's Travels in T'ang China*, p.280.

적산포 같은 신라방은 일종의 자유항(Free Port), 자유무역지대의 성격을 지니면서 특정한 지역을 국제적으로 개방하여 외국선박의 정박과 교역을 허용하게 한 것이 아닌가 생각된다.

　재당신라인들은 대륙에서는 대운하를 이용하여 내륙의 물류체계와 관련 산업을 관장하고, 바다에서는 신라방 같은 일종의 소규모 자유무역지대나 무역자유도시(foreign trade zone)를 부중핵으로 삼아 중핵인 청해진과의 네트워크를 활용하면서 절강에서 산동으로, 산동에서 신라를 거쳐 일본으로, 절강에서 동중국해를 횡단하여 신라나 일본으로 이어주면서 삼각중계무역을 하였다. 이른바 동아지중해의 물류체계를 장악하였고, 황해연안을 그들만의 자연스러운 영토(Natural Economic Territory)로 만들었다. 중국이 1979년 경제특구(special economic zone)로 선정한 선전(深圳)·주하이(珠海)·산터우(汕頭)·샤먼(廈門) 등을 비롯하여 연해개방지구가 거의 고대의 항구도시였으며, 이 가운데 신라인 지대가 있었다는 사실이 결코 우연이 아니다.


## 4. how. 장보고 시스템의 운영

　장보고는 청해진이라는 중심핵과 신라방 등 주변핵들로 구성된 시스템을 물류와 관련된 것으로 일원화시켜 유기적으로 네트워크화하는 데 성공하였다. 그렇다면 어떤 방식으로 운영했을까?

### 1) 인적 네트워크와 교통로 장악

　현재 중국은 2015년에는 세계 3위의 경제대국이 되려하고 있다. 대중화경제권을 구축하는 일을 중요한 국가발전목표로 삼고 있다. 특히 연해개방지구를 중심으로 만든 특구를 활용하는 전략을 계속 구사하고 있다. 대중화경제권의 규모는 엄청나서 GDP가 세계 5위이며, 30%가 역내교역을 할 수 있다. 중국은 몇 년 전부터 화교경제권을 비롯하여 환발해경제권(環渤海經濟圈), 복건성과 대만을 연결하는 양안경제권(兩岸經濟圈), 화남경제권(華南經濟圈) 등 다양한 이론 및 국지경제권을 설정하였는데, 화교의 능동적인 역할이 요구되는 사업들이다. 연해개방지구의 여러 군데에 경제특구를 설치하였는데, 이미 성공하였으며, 이를 토대로 32개 도시를 경제기술개발구를 설정하였다. 특히 1990년에 발표하여 실행한 상하이 푸둥지구 개발은 이미 성공의 단계에 이르러 눈부실 지경이다. 중국의 경제화는 화교들의 자본과 기술력, 자본주의체제에 대한 정확한 이해력 등이 매우 적극적인 역할을 하였다. 주로 동남아에 포진되어 있으면서 전 세계에 산개되어 있는 인적자원인 화교들을 네트워크화하는 데 성공한 것이다.

그런데 우리에게는 세계 곳곳에서 경제활동을 하는 동포들이 있다. 특히 중국내부의 조선족을 비롯하여 재일교포, 구 소련내부의 까레이스키 등이 동아지중해권의 여러 지역에 포진하고 있으며, 이들은 지금 부와 유리한 여건을 좇아 해안가 주변의 도시로 이동하고 있다. 만약 조직적으로 재외동포들과 본국의 국민을 연결시키고, 이들의 경험과 지식, 보유한 물류시스템 등을 수용하고, 이들을 적극적으로 지원하면서 하나의 통일되고 유기적인 시스템 속에 편재시킨다면 한민족경제권의 형성에 유리할 것이다.

만약 물류와 관련된 한민족 네트워크를 구성한다면, 더구나 중국이 최대의 시장으로 떠오르고, 무역파트너로 되는 현 상황에서 장보고의 무역활동은 매우 시사점이 크다. 장보고는 시스템을 성공적으로 운영하기 위하여 본거지를 군항이며 경제특구인 청해진에 두어 재당신라인과 본국신라인 등 범신라인을 동시에 관리하고, 필요와 장소에 따라 역할분담을 조정하는 유기적인 시스템 속에 편재시켰다.

동아시아 무역이 비자발적으로 장보고세력의 영향권하에 들어갈 수 있었던 또 하나의 원인은 항로를 장악하였기 때문이다. 해양문화는 육지의 질서로는 이해하기 힘든 상황이 많이 발생한다. 바다에는 반드시 길이 있다. 특히 고대에는 동력을 사용하지 않으므로 자연조건, 해양환경에 철저하게 영향을 받는다. 동아지중해의 해역은 독특한 해양환경으로 인하여 바닷길(항로)을 찾고, 항해하는 일이 쉽지 않다. 반드시 그 해역환경에 익숙한 세력의 도움을 받거나 최소한 방해를 받지 않아야 한다. 그런데 이러한 항로들을 모두 장악하고 있는 재당신라인과 본국신라인, 재일신라인들을 조직화시키고, 항선(航線)의 관리를 일원화시킨 사람이 바로 장보고이다. 일본이 민간인들은 물론이고, 국가사절인 견당사들마저도 신라배를 타고 다닌 것은 바로 항로를 독점한 때문이다.

당나라와 신라와 일본열도 사이를 항해할 수 있는 항로는 크게 보면 2개뿐이다. 그때의 항해술과 조선술로서는 가능하면 육지와 멀리 떨어지지 않은 연근해항로를 이용해야 한다. 산동반도의 적산, 등주와 밀주 등 여러 지역에서 출발하여 150여 km 남짓만 횡단하면 백령도, 덕적도 등 경기만 연안가의 섬들을 볼 수 있다. 이 섬들을 멀리서 바라보면서 근해를 남항하다가 중간에 고이도나 무주 같은 항구나 주변 해역 등을 경유하면서 청해진에 도착한다. 그리고 무역, 정보교환 등 충분히 목적을 이룬 다음에, 부서진 배도 수리하고 먹을 식량과 식수도 충분히 실은 다음에 각각의 목적지를 향해 출항한다. 일본으로 가는 항로는 한반도의 남쪽에서 대마도를 경유하거나, 제주도를 멀리서 바라보는 항법을 활용하는 일이 가장 제일 안전하다. 그러므로 사신선, 민간교역선, 여객선, 해적선 등은 대체로 안전한 이 항로를 즐겨 사용했다. 일본의 사신을 태우고 당으로 가던 배들은 한때 신라정부가 위협을 하는 바람에 오키나와를 경유하는 소위 남도로(南島路)와 규슈 북서부에서 동중국해를 직항하는 남로(南路)를 이용한 적이 몇 번 있으나 매우 피해를 많이 입었다.

그런데 황해중부를 횡단하여 한반도의 서해안을 거쳐 일본열도로 가는 항로는 횡단거리가 짧아 안전도가 높다. 반면에 물길이 매우 복잡한 편이다. 바다에서는 물길을 잘 보고 정확하게 선택하는 능력이 중요하다. 그런데 신라방은 대체로 황해서안의 중요한 물목이면서 항구로 사용되던 곳에 있었으므로 재당신라인들은 다른 누구보다도 당의 남북종단 연근해항로에 익숙하였고, 황해를 건너가는 물길도 잘 알고 있었다. 반면에 횡단한 다음에 거쳐야 할 옹진반도, 경기만, 영산강 하구와 해남 등으로 이어지는 복잡한 서해연안의 물길은 다름 아닌 신라인들의 소관이었다.

그뿐만이 아니었다. 모험심이 왕성하고, 능력있는 그들은 항법상으로도 어려운 동중국해 횡단항로도 개발하였다. 절강성의 명주(영파)나 그 아래 바다를 출발하여 동중국해를 근해항로로 북상한 다음에 상해만 부근에서 황해로 진입하여 남부를 사선으로 항해한 다음에 제주도 해역에 진입한다. 그 다음에 청해진으로 들어가거나, 직접 신라의 남해(四川)·동해(蔚山)부근으로 항해한다. 또 일본서부의 고토(五島)열도를 향하여 항해한다. 동아지중해에는 또 하나의 동중국해 사단항로가 있었다. 절강에서 일본열도를 향해서 직접 항해하는 항로로서 당을 출발할 때는 봄에서 초여름 사이에 부는 남풍계열을 활용하고, 당으로 갈 때는 북풍계열을 활용했다. 물론 일본쪽으로 항해하는 데에는 재일 일본인들의 역할도 컸을 것이다. 그러니까 결국 동아지중해의 모든 물길을 가장 잘 알 뿐만 아니라, 서로를 연결시키는 해운조직은 당인도 일본인도 아닌 오로지 범신라인들뿐이었다. 때문에 이 항로를 이용하는 한 동아지중해의 상권은 결국은 범신라인들의 독점물이었다. 장보고는 한·중·일을 연결하는 항로가 경유하는 항구도시인 청해진을 거점으로 이렇게 분산된 신라인들을 하나의 시스템 속에 조직하여 네트워크를 구축한 것이다. 그래서 교통로, 즉 물류체계의 기본을 장악한 것이다.

동력선을 활용하는 현대에서도 항로의 선택과 항로의 독점이란 엄청난 의미를 지닌다. 1994년에 제정된 유엔 신해양법의 발효로 인하여 EEZ가 생겨나고, 과거에는 공해(公海)로서 자유로운 통항(通航)이 가능했던 대부분의 바다가 영해(領海)로 돼버리자 교통에 문제가 발생했다. 때문에 영해의 범위가 확대되자 전통적 해양법에서의 공해도 아니고 영해도 아닌 전혀 새로운 법적 지위를 갖는 제3의 수역을 영해와 공해의 중간에 인정하게 되었다. 그만큼 항로는 중요하다. 특히 무역은 가장 안전하고 가장 효율적인 항로를 활용할 수 있어야 많은 이익을 남기면서 발전한다. 수출입 물동량의 99.7%를 바다운송에 의존하는 우리나라에서 해양로의 확보란 생명선의 확보와 동일한 의미를 지니고 있다. 중국은 정부추정에 따르면 물동량이 연평균 11.5%씩 증가하는데 2011년경에는 6,700만 TEU에 달한다고 한다. 결국 물류가 중요하고, 물류의 기본은 항로의 확보이다. 장보고는 항로를 확보하여 성공하였다. 그런데 항로를 개척하고 보호하기 위해서는 해양력의 강화가 필수적이다.

## 2) 해양력(sea power)의 강화

장보고의 시스템을 활성화시키고 그를 해상왕으로서 성공시킨 실질적인 힘은 바로 해양력(sea power)이었다. 현대에도 경제권을 설정하고 각국 간의 관계를 설정할 때에도 해양력은 실질적인 압력판 역할을 할 수 있다. 현재 한국의 수출입 물동량은 99.7%가 바닷길(sea-lane)을 통해서 이루어지고 있다. 무역은 물론이고 한국의 운명이 항로의 확보에 달려있다고 말해도 과언이 아닐 정도이다.

21세기는 해양의 세기이다. 질서 재편기에 경제, 정치, 군사를 둘러싸고 해양력의 대결이 벌어질 것은 자명하다. 특히 항로의 배타적 관리권을 놓고 해양력의 시위가 불가피하다. 한·일 간의 독도분쟁, 일·러 간의 북방 4개 도서분쟁, 중·일 간의 조어도(釣魚島) 분쟁, 중국과 동남아 국가 간에 벌어지는 남사군도(南沙群島)분쟁 등은 해양영토로서의 면적과 함께 sea-lane이라는 선의 권리와 확보를 둘러싼 성격이 강하다. 일본은 군사력은 세계 4위이고, 해군력은 2위이며 해양영토는 5위이다. 더구나 일본은 타타르해협의 일부에서부터 대만에 이르기까지 해양으로 동아지중해, 한반도를 완벽하게 포위하고 있다. 중국도 해군비를 증액하고 항공모함을 건조하는 등 해양력 강화에 박차를 가하고 있다. 모두 물류통로를 확보하려는 행위이다. 중동의 아랍세력은 늘 걸프만을 제어하는 미군의 해양력 때문에 석유수송로가 불안전하고, 군사적으로 열세인 상태에서 눈치를 보고 있다.

무역에서의 해양력은 시대와 장소를 불문하고 운반능력의 확대와 안정성확보이다. 먼저 조선술을 살펴보자. 신라는 고구려, 백제, 가야의 해양능력을 계승·발전시켜 해양능력이 뛰어났다. 752년에 일본 나라의 동대사에서 대불이 완공되어 개안의식을 거행하였을 때 신라는 사신들과 상인들을 포함해 700명이 건너갔는데, 모두 7척의 배를 타고 갔다. 그러니까 배 1척당 평균 100명 정도가 승선했음을 알 수 있다. 『속일본후기』에는 839년에 "대재부에 명하여 신라선(新羅船)을 만들어 능히 풍파를 감당할 수 있게 하라" 라는 기록이 나온다. 역시 840년에 대마도의 관리가 신라 배의 우수성을 말하고 대재부가 보유한 신라 배 6척 중에서 1척을 나누어 달라고 요청하였다. 조정은 신라 배를 소유하고 있었다. 재당신라인들의 조선술은 이미 중국은 물론 일본에서 잘 알려져 있었다. 그래서 일본은 당과 교류할 때는 사신, 승려, 상인들이 신라 배를 타거나 신라 선원을 고용하는 경우가 많았다. 839년에 당에서 귀국하던 일본 사신들은 초주에 있던 신라 배 9척을 고용하여 무사히 귀국한 일도 있었다. 847년에 엔닌(圓仁)은 일본으로 귀국하면서 신라 배인 김진의 배를 타고 왔는데, 그 신라 배는 지금 교토 근처의 히에이산에 있는 명덕원(明德院)에 그림으로 남아있다. 한 나라의 사신들이 배와 선원들을 고용했다는 사실은 그들이 대단한 능력과 해상에서의 권한을 가지고 있었음을 훌륭하게 반증하는 것이다. 양주의 신라 상인인 왕청(王淸)은 일본과의 무역으로 부자가 되었는데, 직접 일본에 다녀오기도 하였다.

이러한 성능의 배들이 선단을 이루면서 무역업에 종사였으며, 필요에 따라서는 이를 보호하는 무장선들도 활동하였을 것이다. 해적의 토벌을 청해진의 설치와 존속의 표면적인 명분으로 내세웠던 현실을 감안하면, 장보고는 성능이 뛰어난 무장선단을 보유하고 있었음이 틀림없다. 그는 군사와 경제, 즉 해양력과 무역을 본격적으로 연결시켰다.

## 3) 무역형태의 변화와 네트워크

장보고가 자유무역지대 혹은 경제특구의 형태를 활용하고, 성공적인 무역왕이 될 수 있었던 중요한 배경이 몇 가지 있다. 그는 기존의 전통무역과는 다른 형태를 추구하였고, 무역의 범주를 다양하게 확대하였다. 공무역은 무역의 양은 많지 않고, 종류도 다양하지 않았다. 그런데 이 시대를 전후해서 사무역이 발달하기 시작했다. 장보고는 여기에 착안하여 국제상인단을 조직하였다. 대당매물사(大唐賣物使)를 교관선이라는 무역선에 실어 파견하였으며, 구수(毾㲪 : 페르시아산 담요)·자단(紫檀 : 자바 등의 향목)·침향(沈香 : 수마트라산 향료) 등 고가품을 수입하여 신라귀족들에게 팔았다. 또 일본을 직접 방문하였고, 현재 후쿠오카시에 지점을 설치하고 회역사(廻易使)라는 무역선을 보내어 사무역은 물론 공무역까지도 시도하였다. 장보고는 당시 국가 간의 무역만이 허용된 관행을 무시하고 신라의 중앙 정부와는 관계없이 독자적으로 자기의 무역선을 보내어 통교하고 있었다. 즉 국가와 민간을 연결하는 전천후 무역체제를 확립하였다. 일본 정부에서도 다자이후를 통해서 이러한 형식을 인정하였다.

그런데 일본은 장보고 선단 등 신라 상인들의 무역 때문에 무역역조현상이 심각하게 일어났다. 그럼에도 쇄국정책을 썼던 일본은 이들이 아니면 당나라 등 국제사회와 정치·경제·문화적으로 연결을 가질 수가 없었다. 견신라사도 836년을 끝으로 더 이상 보내지 않았으며, 신라가 보내는 사신 역시 들어오면 받아들이지 않고 방환(放還)시켰다. 일본은 쇄국정책을 썼으므로 견당사도 838년을 마지막으로 사실상 정지되어 버렸다. 따라서 장보고 시스템은 고립된 섬나라를 국제사회에 연결시키는 데 중요한 역할을 하였다. 이러한 중요한 역할은 장보고가 죽은 이후에도 한동안은 민간인들의 사무역은 허용한 데서도 나타난다.

또한 장보고는 일반적인 무역 외에 중계무역을 했다. 정보를 미리 입수하였고, 판로를 염두에 두었으며, 물품의 종류도 다양한 본격적인 중계무역이었다. 신라와 일본,

당과 일본, 서역과 신라, 서역과 일본 등을 입체적으로 연결하였다. 엔닌은 그의 책에서 양주에 체류하는 동안 신라인 국제무역상인 왕청(王請)과 왕종(王宗)을 만났던 사실을 기록하고 있다. 그들은 신라 상인들 가운데 일부일 따름이었다. 한편 장보고 상단은 혼슈남부 혹은 규슈북부의 다자이후에서 발해인들을 만났을 가능성이 매우 크다. 남북의 적대관계에도 불구하고 상인들은 교류를 하였던 것이다.

한편 장보고는 무역시스템 또한 다양한 면에서 확대하였다. 그 이전에는 국가 간에 공물을 교환하거나 상대국가의 상인들이 만나서 몇 가지 물품들을 교환하는 직접무역이었다. 설사 중계무역일 경우에도 대리자를 통한 비교적 단순한 형태이었다. 그러나 그는 달랐다. 각 국가와 여러 지역에 포진해 있는 무역의 종사자들을 일단 조직적으로 배치했을 뿐만 아니라, 무역과 관련된 모든 세부시스템을 적극적으로 활용하고, 장악하였다. 조선업·운송업·창고업 등을 하나의 유기적인 체계 속에 편입시켜 놓고, 조직된 인원들로 하여금 담당하게 하였다. 심지어는 선원이나 항해 담당자들도 하나의 시스템 속에 재편시켜 놓았다.

또한 그는 청해진을 현대적 의미의 환적항으로 삼아 기능을 증대시켰다. 환적항은 입출항하는 선박과 화물에 대한 관세와 통관 절차를 면제하여 복잡한 절차 없이도 자유롭게 화물의 양륙, 선적을 신속하게 하므로 무역의 활성화에는 더없이 필수적인 체제이다. 나아가서는 부가가치를 높이는 물류중심지(Logistic center)로 만들었다. 물론 현대의 개념처럼 세분화되어 있지 않고, 다양하지는 않지만 다양한 경제활동이 가능한 곳이었다. 그가 다른 나라에 대한 정보력을 소유하고 있었고, 신용으로 상품거래를 다른 나라에서 할 수 있었던 상황은 중핵인 청해진이 그러한 일을 추진할 수 있는 배경과 무역의 기지역할을 지니고 있음을 말해준다.

이러한 목적에서 장보고는 보세가공무역도 하였다. 특히 청자를 생산하고 판매하였다. 처음에는 유명한 월주요(越州窯)의 청자 등을 수입하여 판매하거나 중계무역을 하였다. 그러나 청해진에서는 한걸음 더 나아가 당나라에서 기술자들을 초청하여 제작기법들을 배웠다. 그리고 해남, 강진 같은 청해진의 배후도시에 많은 가마를 열고 질 좋은 청자들을 구워 일본 등에 판매했다. 최근에 발굴하고 조사한 바에 따르면 장보고의 유적지에서 발견된 청자기와 월주요의 것이 똑같다고 한다. 최신 기술력을 활용하여 부가가치가 높은 상품을 제작, 유통시켰던 것이다.

장보고가 구축한 시스템의 또 다른 특성은 일종의 문화경제복합시스템이다. 21세기는 문화의 세기이다. 문화는 힘이고 돈이다. 그러므로 문화상품을 개발하고, 판로를 개척하는 일이 중요해지고 있다. 만남과 교환을 전제로 한 무역은 문화 및 종교의 전파와 깊은 관련을 맺고 있다. 문명의 충돌과 공존은 상호간의 교통이 이루어지고 만나는 과정에서 이루어진다. 다른 지역에 거주하는 인간들을 서로 만나게 한 필요충분조건은 바로 무역이다. 그러므로 무역의 길에는 반드시 문화가 대동하기 마련이다. 장보고 세력은 무역에서 문화 상품들을 취급했다. 문화창조의 도구나 기술의 이전뿐 아니라 문화자체를 상품으로 취급하였다. 그 시대에 백거이(白居易)의 시문(詩文)을 사 모으고, 당대 화가들의 그림을 사서 모은 신라 상인이 있었다.

장보고는 사업과 신앙을 연결시켜 결속력을 강화시켰다. 신라 배가 신라를 향하여 황해로 처음 돛을 올리는 산동반도의 적산(赤山)에 법화원(法花院) 같은 종교적인 시설을 마련하였다. 그는 서역의 상인들이 이슬람 공동체를 활용한 것과 마찬가지로 동아시아 공통의 문화매체인 불교를 기본으로 하면서 자기 집단의 결속력 강화와 효율적인 무역활동을 목적으로 신앙도 도입했다. 이 신앙조직 속에서 흩어져 있는 교민들을 하나로 묶고, 고국을 떠나 안정을 희구하는 그들 간의 정신적인 유대관계를 강화시켰다. 또한 당이나 특히 일본의 종교세력, 지식인들과의 관계를 돈독하게 했다.

장보고 시스템은 해양이라는 역동적인 장(field) 속에서 청해진이라는 중핵(core)과 부중핵들을 유기적으로 연결시켜 운영하였다. 청해진은 단순한 환적항구이거나 중계무역항이 아니라 당시에는 최고로 발달되고, 조직적인 체계를 갖춘 현대적 개념의 물류중심지(Logistic center)에 근접하는 형태이었다. 즉 자체에 생명력을 지닌 항성 같은 존재이었다. 그리고 행성인 신라방들과 위성인 각 지역 거점들 또한 이러한 시스템에 편재되었고, 유사한 기능을 보유하였다. 장보고는 이러한 시스템을 효율적으로 운영하기 위하여 인적 네트워크, 항로장악, 해양력 강화, 다양한 형태의 무역을 통해서 물류체계를 일원화시키고, 상호보완적이며 시너지 효과를 낼 수 있는 사업들을 네트워크화 했다. 그의 무역 시스템은 정치, 군사, 제조업, 상업, 운송업, 삼각중계무역, 보세가공업, 문화교류, 이데올로기의 전달[14] 등 다양한 분야가 동시에 이루어지는 당시로서는 신개념의 사업이었다.

## 5. 에필로그

문명의 패러다임이 질적으로 변화하고, 세계질서가 속도감 있게 재편되고 있다. 그 과정에서 생존과 발전을 위해서 동아시아지역을 하나의 단위로 삼는 협력체의 필요성이 강해지고 있다. 2001년 11월 김대중 대통령은 아세안+3회의에서 경제공동체 결성을 거론했다. 필자는 2000년 여름 학회 세미나에서 머지 않은 장래에 동아시아 연방이 탄생할 것임을 발표했다.[15] 물론 이러한 단위들은 정치·군사적인 것이 아닌 경제·문화적인 성격이 강하다. 그리고 이런 단위를 형성하는 과정에서 우리 민족의 이익을 가능한 한 확보해야 한다.

20세기의 동아시아는 냉전질서로 인하여 유일한 연결통로인 바다가 아예 막혀버린 폐쇄회로였을 뿐만 아니라, 조정역할을 하는 균형자가 없었다. 다만 세계질서 속에

---

14 이러한 시각으로 본 연구는 金成勳, 「미래사 시각에서 본 장보고 해양경영」, 『장보고와 청해진』, 혜안, 1996 등이 있다.
15 「장보고의 해양활동과 국제정치」, 한국정치외교사학회 추계학술회의, 2000. 7.

서 소비에트를 맹주로 하는 대륙질서(continental-order)와 미국을 대형(大兄)으로 하는 해양질서(marine-order)가 격돌하는 폭발점이었다. 그러나 신질서는 냉전의 시대가 아니라 열전의 시대이고, 군사·정치의 시대가 아니라 경제·문화의 시대로 변화되었다. 해양의 중요성을 인식하고, 해양을 통해서 국가 및 지역의 발전을 꾀하려는 움직임이 있다. 해양이 해양자원으로 인한 영토의 개념이 강해지고, 무역 등을 하는 물류통로(物流通路)로서의 역할이 점차 강해지고 있다. 20세기와 달리 21세기는 해양을 매개로 국가와 국가, 지역과 지역이 만나고 있다.

이러한 시대적인 상황 속에서 필자가 설정한 동아지중해(東亞地中海) 이론과 개념을 토대로 모델을 삼는다면 동아시아 지역의 발전을 모색하고 협력체를 건설하는 데에 유효성이 있다. 뿐만 아니라 우리는 동아지중해의 중핵에 있다는 지리적 위치 때문에 주변 국가들보다 비교적 유리하다. 더구나 이러한 중핵(中核, core)위치를 활용하여 역사에서 성공한 경험을 갖고 있다. 고구려의 '동아지중해 중핵조정론' 이고, 또 다른 하나가 장보고에 의해 추진된 해양교류와 무역활동으로서 '동아지중해물류장(field & multi core)시스템' 이다.

장보고는 변화된 국제질서의 본질을 인식하고, 시대적인 상황을 통찰하여, 그 질서의 중심부에 뛰어들었다. 그리고 동아지중해를 연결하는 항선의 중핵에 항성인 청해진을 설치하고, 주변 연해지역에 포진한 범신라지대(凡新羅地帶)와 범신라인(凡新羅人)들을 행성과 위성으로 조직화하여 유기적으로 연결시키면서 역할분담을 부여하였다. 또한 자신은 중심부인 청해진에서 동아지중해의 무역·종족·문화·종교 등을 하나로 이어주는 네트워크를 완성시켰고 연동적으로 운영하였다.

장보고 시스템은 그 형식이나 내용에 있어서 해당 구역이 현재의 자유무역지대와 유사한 개념이 적용될 수 있다. 또한 청해진은 현재와는 차이가 있지만 모든 것을 무역에 초점을 둔 국제교역 중심형의 경제특구와 유사한 구조와 운영방식이 있는 것으로 볼 수 있다. 특히 장보고가 이동하거나 그 전권을 위임받은 대리인들이 이동하데 따라서 시스템의 중심 역시 이동하므로 어떤 면에서는 현재의 체계보다 더 탄력적인 모습도 있다.

장보고는 내용과 형식에서 기존의 경제양식과 고전적인 무역형태를 벗어나 해양력과 국가의 정치력을 토대로 한 조직적이고 다양한 형태의 국제무역을 추진한 무역왕이었고, 주민·문화·물자·종교 등의 자율적이고 자유로운 교류를 통해서 '동아지중해 물류장(field & multi core)시스템'을 완성시킨 전무후무한 사람이었다. 장보고는 무장력과 해양력을 바탕으로 무역을 통해서 상권을 장악하면서, 문화를 상품화시키고, 신앙으로 결속력과 공동체 의식을 강화시키면서 신라인의 저력을 동아지중해에 실현시켰다. 오늘날의 의미로 볼 때는 좁디좁은 신라 땅을 극복하고 바다를 매개로 NET(Natural Economic Territory, 자연스러운 영토)를 확대하였으며, 대(大) 한민족경제권을 실현시킨 사람이었다.

21세기라는 무겁고 우울한 과제를 짊어진 우리는 보다 적극적으로 장보고의 역사적 위치와 미래적 가치에 대하여 연구하고, 활용 가능성을 탐구해야 한다. 그리고 장보고 시스템을 중요한 모델로 삼아 실천할 수 있는 인적자원을 꾸준히 양성해야 한다. 등소평의 연해개방전략, 대중화경제권의 구상은 무엇을 모델로 하였을지에 대해서 심각하게 고민하는 자세가 필요하다.

# 참고문헌

「古代 韓中(江南)海洋交流와 21世紀的 意味」, 『中韓人文科學研究』3집, 中韓人文科學 研究會, 1998, 12.
「黃海文化圈의 形成과 海洋活動에 대한 연구」, 『先史와 古代』, 한국고대학회, 1998, 12.
「고구려의 東亞地中海 모델과 21세기적 意味」, 『아시아 文化硏究』, 『목포대학교 아시아문화연구』4, 2000, 2.
「濟州道를 거점으로 한 고대 동아지중해의 해양교섭에 관한 연구」, 『제2회 법화사지학술대회』, 제주불교사회문화원, 2000, 3.
「桓檀古記의 사회문화적 영향 검토」, 『단군학 연구』2호, 단군학회, 2000, 4.
「고려의 江華遷都와 對蒙抗爭의 해양적 성격」, 『고려시대 강화도읍사의 재조명』, 인천카톨릭대학 겨레문화연구소, 6회 학술발표회, 2000, 5.
「河南地域의 防禦體制 연구노트 1」, 『백제역사문화 자료집』창간호, 백제문화연구회, 2000, 5.
「고대 東北아시아의 海洋交流와 榮山江流域」, 『영산강유역 고대사회의 새로운 조명』, 국제학술심포지움, 목포대학교 역사문화학회, 2000, 6.
「沸流集團의 移動過程과 定着에 대한 검토」, 『상고시대 인천의 역사탐구』9회, 가천문화재단 학술발표회, 2000, 6.
「21세기 동아지중해의 新環境과 漢江의 未來的 意味」, 『한강하구수역과 서해 5도 문제에 대한 심포지움』, 민예총 평화의 배띄우기 행사위원회, 2000, 6.
「동아지중해모델과 21세기 동아시아의 국제관계」, 韓國政治外交史學會, 하계세미나, 2000, 6, 25.
「범신라인들의 해상교류와 중국강남지역의 신라문화」, 『8~9세기 아시아에 있어서의 신라의 허상』, 한국사학회, 2000, 10.
「후백제의 해양활동과 대외교류」, 『후백제견훤정권과 전주』, 전주시 후백제문화사업회, 2000, 11.
윤명철, 「고구려의 東亞地中海 모델과 21세기적 意味」, 『아시아 文化硏究』, 목포대학교 아시아문화연구』4, 2000.
윤명철, 「고구려 담론 1-그 미래모델의 의미」, 『고구려연구』9집, 학연문화사, 2000.

# 03 21세기 동북아시대와 한강의 의미*

## 1. 머리말

    우리는 지금 21세기라는 새로운 밀레니움을 맞아 엄청난 대변혁의 폭풍 가운데서 휩쓸려 다니고 있다. 강대국들은 민족주의시대를 넘었으며, 세계주의를 표방하고 있지만 실질적으로는 자기국가 혹은 자기민족의 이익을 극대화시키기 위한 전략적인 집단주의를 지향하고 있다. 세계의 각국들은 지금 지역의 공통성이나 문화의 유사성, 현재의 이익을 중심으로 뭉치는 이른바 광범위한 블록화의 실험을 숨가쁘게 추진하고 있다. 그 과정에서 이미 만들어진 EC · EU · NAFTA 등은 그 효용성이 한창 저울질되고 있다. 유럽의 국가들은 EU(유럽연합)를 뛰어넘는 보다 강제력을 지닌 유럽연방공화국을 창설하자는 논의를 진행하고 있다. 한편 동아시아(동북아와 동남아)지역 역시 공동체의 수립이 점차 현실화되고 있다. 그런데 일본의 뒤를 이어 중국이 급속도로 부상하고 있어 세계와 한국을 당혹스럽게 만들고 있다. 이러한 예측불허의 상황 속에서 남북한의 관계가 질적으로 변화하고 있다. 세계사적으로는 20세기 질서의 완전한 청산

---

* 「21세기 동북아 시대와 한강의 의미」, 『한국정부정책분야별 평가방법론 학술세미나』, 한국정책분석평가사학회, 2003.

을 의미한다. 동아시아적으로는 실질적인 힘의 변동이 생기고, 조절의 진통이 예상되며, 협력체의 모색이라는 주제에 현실적으로 접근할 수 있는 계기를 마련한 것이다. 그리고 무엇보다도 민족 내적으로는 통일의 실현과 주체적인 역사운용의 계기를 잡을 수 있다는 점이다. 우리로서는 이 모든 문제에 치열한 관심을 기울이고, 진지하게 해결방법을 모색하지 않으면 안 된다. 이때 신질서를 수립하는 과정에서 다양한 모델이 필요하다. 필자는 역사학자의 입장에서 '동아지중해(EastAsian-Mediterranean-Sea) 중핵조정론'을 설정하고 있다. 동아지중해 중핵조정론에서 모델로서의 실제 기능이나 상징물로서 한강이 차지하는 의미와 역할은 매우 크다. 특히 다양한 국지경제권을 설정하고 경제특구를 설치하며, FTA 등을 체결하면서 동북아 중심국가를 지향하는 현재의 입장에서 경기만이나 한강은 단순한 국내적 관점이 아닌 남북관계, 나아가서는 동아시아적인 관점에서 이해하고 활용하는 전략을 수립해야 한다. 이 글에서는 동아지중해 모델을 설정하고, 그 틀 속에서 한강의 성격과 의미를 살펴보고자 한다. 또한 한강이 역사적으로 어떤 위치에 있었으며 역할을 하였는가를 살펴 봄으로써 현재 및 미래의 전략을 수립하는 데 지표로 삼고자 한다.

## 2. 동아시아의 질서재편 시도

세계사의 흐름 속에서 동아시아 지역 역시 자국의 이익을 추구하는 것은 물론이지만, 세계 여타 강력한 블록에 대응하기 위해서도 협력체 내지 블록을 결성해야 할 필요성을 인식하고 있다. 각 나라들은 정치적이고 군사적인 것은 가능한 한 상대를 자극하지 않으면서, 최근에는 경제나 교역, 문화교류 등 보다 실질적인 이익을 전면에 내세우면서 협력체의 결성과 파트너십의 가능성들을 시험하고 있다.

일본은 이미 전쟁 전에 대동아 공영권을 구상하고, 군사력을 통해서 실천을 시도한 경험이 있다. 탈아론(脫亞論)의 전통을 이어받아 한동안 아시아를 등한시했던 일본은 점차 아시아 태평양경제라는 보다 광범위한 경제활동을 원하고 있으며 동남아를 포함한 거대한 엔화경제권의 구축에 힘써 왔다. 따라서 그동안 동북아에 대하여는 상대적으로 소극적이었다. 그러나 경제 외적인 필요에 의해서도 일본의 직접적인 관심 대상은 언제나 동북아시아이다. 그들은 이미 오래전부터 아시아 경제지도를 작성하여 왔다. 정치적 문제가 덜한 지역에 경제적으로 영향력을 강화시켜 배후를 안정시킨 후에 정치·군사적 이익이 걸린 본래의 전선을 전진배치하려는 시간차 전략이다.

일본은 1988년에 환일본해(동해)경제권을 주장하여 남·북한과 러시아를 자국의 경제영역에 끌어들이려 하고 있다. 최근에는 풍부한 자금력을 배경으로 동해와 연변한 니가타(新潟), 도야마(富山) 등 각 도시들이 남북한의 도시들, 중국과 러시아 등의 도시들과 자매결연을 맺고, 경제협력을 추진하고 있다.

한편 등소평의 정책으로 뒤늦게 출발한 중국은 사회주의 시장경제를 표방하며 현재로서는 가장 왕성한 의욕을 가지고 국지경제권을 적극적으로 추진하고 있다. 넓은 영토, 풍부한 원료공급지의 확보, 노동력과 소비자로서 구매력을 지닌 거대한 인구 때문에 어느 나라도 갖지 못한 단일시장으로서의 가능성이 풍부하다. 거기에 전 세계에 포진하고 있는 화교의 자본과 기술력, 자본주의체제에 대한 정확한 이해력 등은 향후 주도권을 잡기에 단연 가장 좋은 조건을 갖추고 있다고 보여진다. 더구나 홍콩을 반환받은 이후에 대중화(大中華)경제권의 몸체와 윤곽이 확실하게 드러나고 있다.

그래서 화교경제권을 비롯하여 환발해경제권, 복건성과 대만을 연결하는 양안경제권, 화남경제권 등 다양한 이론 및 국지경제권과 함께 산동성, 요녕성, 한국의 서해안을 연결하는 환황해경제권(1989년), 동북삼성, 내몽골, 산동반도, 몽골, 시베리아, 요동지역, 한반도, 일본열도를 모두 포함하는 거대한 동북아경제권의 구상까지 이루어지고 있다. 그리고 한국, 일본 등 지방자치단체와도 개별적인 교류를 추진하고 있다.

러시아는 1990년 블라디보스토크에서 '일본해 90'을 개최한 이후 동아시아지역에 관심을 기울이기 시작했다. 그 후 고르바초프가 1991년에 블라디보스토크 연설을 한후에는 태평양에 대한 관심을 공식적으로 표명했고, 1992년 1월 1일에는 군사항인 블라디보스토크를 개방하였다. 그 외에도 일본과 환동해경제권에 참여하고 유엔개발기구(UNDP)가 주도하여 러시아, 북한, 중국이 공동으로 참여한 동북아지역 협력프로젝트가 있다. 이 계획은 러시아의 크라스키노 등 핫산(KHASAN)지구와 중국(훈춘), 북한의 나진·선봉 등 두만강 하구지역을 자유무역경제지구로 선정한 것이다. 그러나 러시아는 복잡하고 불투명한 국내사정으로 인하여 아직은 동아시아지역의 이익과 활동에는 소극적인 편이다.

북한도 1991년 12월에 나진·선봉지역을 자유무역경제지구로 선포하고, 1993년에는 자유경제무역지대법을 제정하여 동해를 활용한 경제발전을 시도하고 있다. 그러나 아직까지는 권력승계를 둘러싼 내부문제가 많고, 정치논리가 경제논리를 압도하고 있기에 실질적인 개방과 협력이 이루어지지 않고 있으나 KEDO, 식량난문제 등이 겹쳐 조만간 공동의 테이블로 나올 전망이다. 더구나 근래에 이루어진 남북정상회담의 성공과 성명내용 그리고 추진과정을 보면 개방할 가능성이 높아지고 있다.

한국은 서해만 개발계획, 중국과의 황해경제권 등을 추진하고 있으며, 몇 년 전부터는 동경과 서울, 북경을 잇는 베세토(BESETO) 이론, 동해 중부와 일본의 쓰루가, 니가타 등을 연결하는 동해경제권 등 여러 가지 이론을 구상하고 있다. 그 외에 영종도 신공항 건설, 부산항만의 확장 건설 등 나름대로 대책을 세우고 있지만 역시 우왕좌왕하고 있을 뿐이다. 그리고 북한을 겨냥한 남북협력사업 등을 추진하고 있다.

위에서 살펴본 것처럼 동아시아 각국은 넓게는 국가 간, 좁게는 지역 간, 도시 간의 협력체를 결성하는 것을 전제로 많은 구상과 이론들을 내세우고 있다. 그러나 아직도 검증단계에 있으며 동아시아 각국은 산발적으로 추진하고 있을 뿐이다. 현재까지 나온 이론들은 정교하지 못한데다가 선언적 성격이 강하므로 실제적으로 국지경제권은 말할 것도 없고, 동아시아 전체를 아우르는 블록의 형성은 어렵다.

현실적으로 문제가 많고 성사가 어려운 동아지역에서의 협력체구성은 각국 간의 이익추구라는 기본적인 동기만 가지고는 부족하다. 그 외에도 동아시아 전체의 이익, EU · NAFTA 등 기타 다른 블록에 대한 방어 내지 자구책, 공동 전선의 구축이라는 적극적인 의미도 담고 있어야 한다. 그러므로 각 국지경제권을 설정하기 전에 먼저 동아시아 각 지역을 총체적으로 인식하고 동아전체의 이익에 대한 공감대를 이루어야 한다.

전체적으로 동아의 이익이라는 큰 원을 설정하고, 그 원 속에 소속된 작은 원들이 형성되면서 각 권들간의 연결을 유기적이고, 원활하게 이루어야 한다. 구속력은 없지만 억제력을 갖추고 그 테두리 안에서 지역 간의 발전을 도모하는 하나의 공동권을 설정해야 한다.

## 3. 신모델인 동아지중해론의 설정

주목하지 못했던 사실이지만 동아시아의 각국들은 대륙과 한반도, 일본열도 및 제도들에 둘러싸인 황해, 남해, 동해, 동중국해 등을 포함하고 있어 지중해적 형태와 성격을 띠고 있다. 지중해는 몇 가지의 특성을 가지고 있다. 지중해는 해양문화의 성격을 구비하고 있는 만큼 이동성(mobility)이 강하다. 각 나라들이 내해(inland-sea)를 공유하고, 긴 연안(沿岸)이 여러 나라로 갈라져 있으므로 국경이 불분명하고 변화가 심하다. 때문에 해양에 대한 이해(利害)도 대립되기 쉬워서 해역지배권(海域支配權)의 대립(對立)을 둘러싸고 국가 간의 다툼이 벌어지는 일이 많다. 해양력이 모든 것을 좌우하는 것이다. 지중해에서는 지속적인 힘의 균형(balance of power)이 질서구축의 축(軸)이 된다. 균형자의 역할이 항상 필요한 것이다.

한편 지중해는 정치 · 군사적인 것보다는 교역, 문화 등 구체적인 이해(利害)관계를 중시하는 경향이 있다. 항상 개방적이고 여러 가지의 다양한 문화를 전파하고, 수용할 수밖에 없다. 또 그렇기 때문에 자기문화의 차별성을 강화시키기고, 교역의 이익을 많이 남기기 위해서 문화창조활동을 활발히 하여 왔다. 따라서 국경이나 종족보다는 문화나 경제개념이 질서를 구축하는 데 중요한 인자로 작용하였다.

그런데 동아시아는 완전한 의미의 지중해는 아니지만 바로 다국간 지중해의 형태로서 모든 나라들을 연결시키고 있다. 이 지역에는 동아시아의 대다수 종족이 모여 있다. 한민족과 한족 그리고 일본열도의 교섭은 물론 북방족과의 교섭도 모두 이 지역의 해양을 통해서 교류를 하였다. 황해는 동이족이 개척하였으나, 고조선과 전한이 첫 대결을 벌인 이후 한민족과 한족은 계속해서 갈등을 벌이면서 황해를 공유하였다. 반면에 동아지중해에서 비교적 외곽인 남해와 동해는 한민족의 바다였다. 우리는 해양력을 바탕으로 일본열도를 개척하고 식민(settlement)하며 곳곳에 나라를 세웠다. 마치 그리스인들이 배를 타고 지중해의 연안을 따라가거나 바다를 건너 교역을 하면서 점차 식민지를 세우고, 도시국가(polis)들을 건설하는 것과 동일한 형태이었다.

또한 이 지역은 문화적으로도 지중해적 성격을 띠었다. 연해주와 시베리아에서 연결되는 수렵삼림문화, 몽골과 알타이에서 내려온 유목문화, 화북의 농경문화, 그리고 남방에서 올라오는 해양문화 등 지구상에서 가장 극단적인 자연현상과 다양한 문화가 만나 상호교류하고 혼재하면서 발전하였다. 다양한 자연환경 속에서는 필연적으로 경제형태나 교역방식 역시 다양할 수밖에 없었다. 이러한 것들은 해양을 통해서 교류되어 왔으며, 여기서 형성되는 문화는 다양성이라는 지중해 문화의 전형적 특성을 가질 수밖에 없었다. 전형적인 정착성(stability)문화와 이동성(mobility)문화가 이곳에서 만나 상호보완한 것이다.

○ 동아지중해의 특성

여기서 필자는 과거 동아시아 역사의 지중해적인 성격을 빌어 향후에 바람직한 공동권을 설정하기 위한 개념으로서 동아지중해(EastAsian-Mediterranean-Sea)란 모델을 제시한다. 이 모델을 적용하여 동아시아의 정치·경제적 성격을 규명할 경우 다음과 같은 장점이 있다.

첫째, 동아시아에서 중심부와 주변부를 명확하게 구분할 수 있다.

흔히 말하는 광범위하고 포괄적인 동아시아라는 범주 속에서 역동적인 동북아경제권(Dynamic North-East Asian Economies)은 중심부인 동아지중해가 된다. 뿐만 아니라 그 중심부를 대륙과 반도와 섬, 즉 중국과 한국, 일본으로 따로따로 파악하는 것이 아니라 해양질서와 육지질서를 공유하고 연결된 하나의 권역으로 본다. 그럼으로써 동아시아 역학관계의 본질을 분명히 이해할 수 있다. 한마디로 지도가 쉽게 그려지니까 지역의 특성이 분명해지고, 그에 따라 국가 간, 지역 간의 역할분담이라는 도식이 명확하게 드러난다.

둘째, 이 동아지중해 개념은 구성국들 간의 공질성을 구체적으로 확인시켜 준다. 동아시아 3국은 서로에 대한 정서적 이해와 공감이 필수적이다. 다른 권역과 효과적으로 대결하기 위해서는 지구상에서 어느 누구보다도 가까운 운명공동체라는 사실을 확실히 자각해야 한다. 사실 이 지역은 수천 년 동안 지정학적(geo-politics)으로 협력과 경쟁, 갈등과 정복 등의 상호작용을 통해 공동의 역사활동권을 이루어왔다.

예를 들면 한 국가나 왕조의 흥망은 그 당사국가들만의 문제가 아니라 이 지역의 국제질서 재편과 맞물려 일어났다. 고조선과 한의 전쟁, 고구려, 백제 등의 갈등이 그러하며, 고구려와 수·당 간의 전쟁은 동아지중해의 패권을 둘러싼 국제대전이었다. 그 결과로 발해와 일본국이 탄생한 사실은 이 지역의 질서를 이해하는 데 의미심장한 단서를 제공한다. 사실은 임진왜란 역시 지중해적 질서와 관련된 국제전적 성격이 강하다. 그러나 이러한 대전쟁 외에는 실질적으로 국가 간, 민족 간의 대결은 그다지 심한 편이 아니었다. 지중해국가들, 그리고 유럽대륙 내의 국가들이 심각하게 대결한 사실에 비하면 비교적 평화롭게 공존해온 편이다.

한편 이 지역은 지경학적(geo-economic)으로는 경제교류나 교역 등을 하면서 상호 필요한 존재로 인식하여 왔다. 왜냐하면 자연환경이 워낙 다르므로 생산물의 종류가 색달랐기 때문이었다. 농경문화권에서는 삼림문화나 유목문화, 해양문화권의 생산물이 필요했고, 상대적으로 유목이나 삼림문화권에서는 농경문화의 생산물들이 절대적으로 필요했다. 그러므로 정치적으로는 적대관계에 있더라도 교역을 할 수밖에 없었던 것이다. 아프리카 북안의 카르타고와 그리스 본토 그리고 흑해연안은 생산물이 서로 다르기 때문에 교환을 할 수밖에 없었던 것과 마찬가지이다.

지리문화적(geo-culture)으로도 이 지역의 국가들은 의외로 문화의 공유범위가 넓었다. 유교, 불교 등 종교현상뿐만 아니라 정치제도, 경제양식, 한자, 생활습관 등 유사한 부분이 많았다. 사실은 종족과 언어의 유사성도 적지 않았다. 비농경문화권이 중국의 영향을 많이 받았지만, 의외로 중국도 유목문화 등의 영향을 받았다. 이러한 문화의 유사성 때문에 외부세계에서는 이 지역을 하나의 문화공동체로 보기도 하였다.

셋째, 이렇게 동아지중해 개념을 설정하여 동아시아의 역사를 볼 경우, 이 지역은 과거에도 절박하게 현실성을 가진 공동의 활동범위였음을 확인할 수 있다. 그리고 동시에 다른 이질적인 지역에 대응하는 운명공동체 의식을 가질 수도 있다. 물론 각 국가 사이에, 민족들 사이에는 씻어버리기 힘든 경험들이 축적되어 있고, 역사의 잿빛앙금이 두껍게 깔려 있다. 특히 우리는 뼈아픈 식민지생활을 경험하고 민족적 패배를 당했으며, 남북분단과 한국전쟁이라는 1500여 년만의 동족상잔의 비극을 겪었다.

그러나 이젠 역사적 환경이 달라졌다. 사람들의 활동단위가 조그만 지역이나 국가가 아니라 보다 넓은 지역으로 확대되었다. 이제는 지방시대, 국가시대에 겪었던 사실들은 철저히 반성하고, 감정을 풀어야 한다. 뿐만 아니라 이젠 사람들이 추구하는 이익의 종류도 달라졌고, 경제행위도 달라졌다. 농경, 유목 등 땅을 매개로 한 생산양식의 시대가 흘러갔고, 영토의 크기가 전처럼 그다지 중요하지 않게 되었다.

이제는 여러 나라들이 국경의 제약을 넘어 하나의 경제권 혹은 무역권을 중시하는

'자연스런 경제적 영토(NET, National-Economic-Territories)' 개념이 중요해졌다. 따라서 예전처럼 영토 쟁탈전에 크게 신경을 쓸 필요가 줄어들었다. 그리고 인식을 세계로 확대하면서 동아시아 외에도 다른 종족들과 문화가 있으며, 그것들에 비하면 동아시아 내에서의 차이점은 이질성이 아니라 동질성 내에서의 고유성으로 받아들이게 되었다.

넷째, 이외에도 동아지중해 개념은 동아시아의 현실적인 상황과 조건을 이해하는 데 효율적인 도구가 된다. 현재 국지 경제권들이 한결같이 해양을 매개로 설정된 것은 시사하는 바가 크다. 동아시아는 결국 해양을 통해서만이 전체가 연결되며 교섭과 교역이 가능하기 때문이다. 20세기는 냉전질서로 인하여 유일한 연결통로인 바다마저 막혀버린 폐쇄회로였다. 세계질서 속에서 소비에트를 맹주로 하는 대륙질서(continental-order)와 미국을 대형으로 하는 해양질서(marine-order)가 격돌하는 폭발점이었다. 때문에 동아시아는 지중해적 성격을 가질 수가 없었다.

그러나 현재는 체제의 변화로 인하여 바다가 개방됨으로써 모든 지역이 연결될 수 있다. 각국의 해안도시와 항구도시들 간의 물류체계도 내해를 중심으로 원활해지고 있다. 따라서 지중해 개념의 설정은 현재 동아시아에서는 교류의 유일한 통로가 해양임을 명확히 해주고, 특히 경제교역에는 해양의 역할이 절대적이란 사실을 각인시켜줄 수 있다.

인류의 역사가 세계사적 규모로 확대되고, 지역 간의 갈등이 심각해지면서 이젠 동아시아가 하나로 뭉쳐야 할 시기가 절박하게 도래했다. 사실 역사적 필요성으로 보아 동아시아는 이미 19세기 말에 협력체를 추진했어야 하는데 실기한 것이다. 그 결과로 가해 당사자인 일본은 물론 동아제국들 모두가 피해자가 된 비극을 맞게 된 것이다. 하지만 이제 동아시아는 공존하며 협력을 해야 할 시기가 된 것이다. 결국 동아시아가 협력체 내지 연합체, 혹은 블록을 구성한다면 해양을 매개로 한 지중해적 질서 속에서 이루어질 수밖에 없다. 유럽지중해와 카리브 및 걸프지중해, 동남아지중해 등과 경쟁하고 대결하는 동아지중해의 형성이 절실한 것이다.

그러면 이러한 지중해적 질서 속에서 우리의 위치는 어떠하며, 어떠한 역할을 해야 할까?

중국·일본·러시아·남북한은 신질서의 재편과정에서 각각 자기의 역할을 극대화시키고 가능한 한 자국에게 유리한 입장에서 질서의 재편과 유도를 시도할 것이다. 그런데 우리는 남북통일이 불투명하며, 주변국의 방해로 인하여 민족힘의 결집 또한 매우 어렵다. 남북통일이 이루어진다 해도 향후 경제·정치·군사력에서 우리의 힘이 주변강국들에 비해 열세를 면할 가능성은 별로 없는 지극히 회의적인 처지이다. 그러나 신질서의 편성 과정에서 우리는 정말로 중요한 하나의 강점을 가지고 있다.

한반도는 지리적으로 동해, 남해, 황해, 동중국해로 이어진 동아지중해의 중핵에 위치하고 있다. 이것은 분단시대, 냉전시대에는 적대적인 양대 힘이 격돌할 수밖에 없는 부정적인 요인으로 우리에게 풀어버릴 수 없는 굴레를 씌웠다. 러시아나 중국과는 육로는 물론 해로로도 교섭이 불가능했다. 일본 역시 소비에트나 북한, 중국과는 바다가 아니면 교섭이 불가능했고, 또 바다로도 교섭할 수가 없었다. 한국은 일본을 통하지 않고서는 다른 외국과의 교섭이 전혀 불가능했다. 그러나 이제는 연결과 협력의 시대이다. 남북이 긍정적으로 통일될 경우, 한반도는 대륙과 해양을 공히 활용하며, 동해, 남해, 황해, 동중국해 전체를 연결시켜 줄 수 있는 유일한 나라이다. 특히 모든 지역과 국가를 전체적으로 연결하는 해양 네트워크는 우리만이 가지고 있다. 우리 바다를 통해서만이 동아시아의 모든 국가들이 본격적으로 교류할 수가 있다.

중요한 해로를 장악하고, 해양조정력을 가질 경우 각 국간의 해양충돌 및 정치갈등도 해결할 수 있다. 또한 인프라의 효율적인 건설과 활용만 뒷받침된다면 동아시아에서 하나뿐인 물류체계의 핵심로터리로서 교통정리가 가능하고 나아가서는 동아시아의 경제구조나 교역형태를 조정하는 가교역할까지 할 수 있다. 중국이 주장하는 D-N-U(D는 선진일본, N은 신흥한국, U는 중국·북한) 즉 횡향연합(橫向聯合)은 한반도의 그러한 가능성을 시사하고 있다. 이처럼 해양의 비중을 높이고 중핵연결지의 역할을 충실히 할 경우 동아시아에서 정치・군사적인 비중이 상승함은 물론 경제적이나 교역상에서도 이익이 높아진다. 군사적・경제적 열세를 극복하면서 최소한 중핵조정 역할은 가능해진다.

## 4. 한강의 역사적 성격

　　동아지중해 중핵조정론을 설정하고, 그 효율성을 추구하고자 할 때 한강은 실질적으로나 상징적으로 매우 중요하고 의미가 있는 역사적・미래적 공간이다. 필자가 설정한 동아지중해에서 가장 의미있는 역학관계의 핵(核)이고, 실제로 힘의 충돌과 각축전이 벌어진 곳이 경기만이다.
　　바다에는 길이 있고 그 길은 단순한 항로가 아니라 물류(物流)・문류(文流)・인류(人流)가 움직이는 실질적인 장이다. 따라서 동아시아 혹은 동아지중해에서 항로의 장악이란 모든 동선(動線)의 메커니즘을 장악하는 것과 동일한 의미와 비중을 지니고 있다. 고대에 한국지역과 중국 간에 사용되었던 항로는 대체로 3개로 구분하고 있다. 가장 용이하게 이용한 것이 환황해연근해항로(環黃海沿近海航路)이다. 당연히 경기만은 중간 경유지였다. 또 황해중부 횡단항로는 황해중부에 해당하는 한반도의 중부지방, 즉 경기만 일대의 여러 항구에서 횡단성 항해를 하여 산동반도의 여러 지역에 도착하는 항로이다. 신라 하대에 가장 많이 이용되었을 것으로 추정되는 항로이다. 한반도쪽의 출발지로서는 경기만의 여러 항구이다. 또 하나는 황해남부 사단항로 및 동중국해 사단항로이다. 고려시대에 경기만을 활용하여 이루어진 항로이다.
　　경기만은 한반도에서 가장 훌륭한 해류교통(海陸交通)의 요지이고, 중핵(core)에 있다. 경기만에는 대외항로의 기점이고 출발점이며 동시에 경유지로서 자격을 갖춘 곳이 여러 군데 있었다. 첫 번째는 인천만 지역이다. 인천해역은 조수간만(潮水干滿)의 차가 매우 심한 곳으로서 약 8.2m에 달하기도 한다. 해안선의 굴곡이 매우 심한 리아스식 해안으로 되어 있다. 그런가 하면 인천만의 안쪽에는 월미도, 작약도 등이 있고, 바깥에는 영종도, 영흥도 등 큰 섬이 있어 파도의 흐름을 안정시키고, 항구로서의 양호한 조건을 갖추게 한다. 반면에 물길이 매우 복잡하여 현지의 해양민들이 아니면 실상을 거의 알 수가 없다. 이곳에는 백제인들이 중국을 향하여 배를 출발시켰다는 한진(韓津)인 능허대(凌虛臺)의 유지가 지금도 남아있다. 신라시대에도 사용이 되었을 것이다.

두 번째는 강화도와 주변 지역이다. 강화도는 한강과 예성강이 바다와 만나는 거대한 경기만의 한가운데를 막고 있다. 그러면서 경기도의 서쪽지역과 개성 남쪽의 풍덕과 옹진, 해주 등 황해도의 남부해안 일대가 마주치는 북부경기만의 입구를 꽉 채우고 있다. 강화도는 한반도 서안의 연안항로를 이용하고자 할 때 반드시 거쳐가거나, 그 영향권을 통과할 수밖에 없다. 대외교섭을 하고자 할 때 출해구(出海口)로 사용할 수 있는 곳이 바로 강화도이다. 신라 하대의 왕건 등 집안은 개주(開州)·정주(貞州)·염주(鹽州)·백주(白州) 의 4개 주와 강화(江華)·교동(喬桐)·하음(河陰) 등 3개 현을 토대로 성장한 해상토호이다. 즉 황해도 남부와 경기도 서부, 강화도가 만나고, 황해와 한강하류와 예성강이 합쳐지는 이 소지중해 같은 곳에서 성장한 것이다.

세 번째는 남양만 일대이다. 남양반도는 해양교통을 고려할 때 경기만의 남쪽에 위치한 가장 중요하고 넓은 지역 가운데 하나이다. 내부에 몇 개의 작은 만과 곶(串)들을 포함하고 있으며, 북쪽으로는 안산만, 남쪽으로는 평택만이 있다. 삼국시대에는 중국을 오고 가는 교통로로서 중요했고, 삼국이 접전을 벌였던 지리적인 위치로 인하여 정치적으로는 물론 군사적, 경제적으로 매우 중요한 곳이었다.

이렇게 경기만은 동아지중해에서 일본열도를 출발하여 압록강 하구와 요동반도를 경유하여 산동까지 이어지는 남북연근해항로의 중간기점이고, 동시에 한반도와 산동반도를 잇는 동서횡단항로와 마주치는 해양교통의 결절점(結節點)이다. 뿐만 아니라 한반도 내에서도 경기만은 지정학적·지경학적·지문화적 입장에서 보아 필연적으로 분열된 각 국간의 질서와 힘이 충돌하는 현장이었다. 미래에도 물론 그렇겠지만, 과거에 경기만은 동아시아에서 가장 뛰어난 일종의 I.C.였다.

그 경기만의 가운데에 있으면서, 그 특성을 실질적으로 담보해주는 것 가운데 가장 중요한 것이 바로 한강이다.

한강은 사서에서 '대수(帶水)', '한수(漢水)', '아리수(阿利水, 광개토대왕릉비)' 등으로 불렸는데, 그 의미는 모두 큰 강이라는 뜻이다. 길이가 481km이고, 유역면적이 압록강 다음으로 넓다. 본고와 관련하여 한강이 가진 역할을 몇 가지로 정리할 수 있다.

첫째, 한강은 정치적으로 내륙 통합의 계기를 마련하고, 경제적으로 물류체계를 원활하게 하여 경제권을 형성한다. 한반도의 서쪽은 지형이 낮기 때문에 강들이 서해안으로 흘러 들어가는 하계망(河系網)을 구성하고 있다. 평양을 중심으로 대동강이 있고, 특히 남쪽으로는 예성강·임진강·한강이 하계망을 구성하면서 서해 중부로 흘러 들어가 경기만을 구성한다. 그러므로 한강 하류를 장악하면 중부해상권의 장악은 물론 직접 간접으로 이어진 그물 같은 하계망과 내륙수로(內陸水路)를 통해 한강 유역·임진강 유역·예성강 유역·옹진반도(熊津半島)·장연군(長淵郡)의 장산곶 등 내륙 통합의 계기를 마련할 수 있다. 이중환(李重煥)은 『택리지(擇里志)』에서 용산·마포·토정·농암 등 강촌마을들은 모두 서해와 통한다는 이점으로 팔도의 배들이 모인다고 하였다. 실제로 조선시대의 조운(漕運)은 이 한강을 절대적으로 활용하였다. 이러한 현상은 그 이전 시대인 고려나 남북국시대, 삼국시대에도 거의 유사했을 것이다. 그리하여 강변에는 많은 나루(津)와 포구 등이 있었으며, 내륙에서 내려온 산물과 바다에서 거슬러 온 물산들을 모아 놓고 서로의 교환을 성사시키는 장소와 기구들이 설치되었다.

둘째, 한강 하류는 경기만, 특히 김포 강화도와의 관련성 속에서 그 가치와 의미를 파악해야 한다. 남한강과 북한강으로 모여 흘러오다가 서울근처의 양수리에서 만나 한강 본류를 이룬다. 그리고 계속 흘러가다가 연천, 파주 등 경기도의 이북을 흐르는 임진강과 김포반도에서 만난다. 이 강이 최종적으로 흘러 들어가는 곳이 바로 강화도이다. 또한 연천·파주 등 경기 이북을 흐르는 임진강이 김포반도에서 한강과 합쳐져 다시 내려오다가 바다와 만나는 곳도 강화도이다. 특히 황해도 지역을 아우르며 개성과 이어진 예성강이 한강과 만나는 곳도 강화도 북부이다. 예성강뿐만 아니라 연안군(延安郡) 등을 통하면 재령강과 연결되고, 대동강과도 이어질 수가 있다. 결국은 강원도, 경상북도, 충청북도, 경기도, 황해남도, 서울을 한 물줄기 속에 포함하는 한반도 최대의 강이다. 지리적 위치와 지형으로 보아 한반도 중부의 전체지방을 하나로 이어주는 연결고리였다. 따라서 이러한 직·간접으로 이어진 하계망을 활용하면 한반도 중부 지역 전체에 강한 영향력을 행사할 수 있다. 즉 한반도 중부지역 전체에 강한 영향력을 행사하고, 하나의 공동체로 만들 수 있다.

한강이 가진 또 하나의 이점은 바다와의 관련성이다. 한강이 끝나는 지점은 경기만의 중심부를 이루고 있다. 경기만은 한반도 중부에서 가장 큰 만으로서 남북종단항로와 동서횡단 항로가 마주치는 해양교통의 십자로이다. 그런데 한강은 거대한 경기만의 한가운데를 막고 있으며, 경기도의 서쪽 지역과 옛 경기도의 일부인 개성 남쪽의 풍덕과 옹진, 해주 등 황해도의 남부해안 일대가 마주치는 북부경기만의 입구를 꽉 채우고 있다. 한강 하류를 장악하면 경기만을 장악하고, 경기만을 장악하게 되면 하계망 전체를 장악할 수 있다. 한강하류는 이른바 수륙(水陸)교통과 해륙(海陸)교통이 교차되면서 상호호환성을 지닌 중계지역이다. 이곳에 설치된 서울은 이른바 하항(河港)도시와 해항(海港)도시의 성격을 이중적으로 가진 것이다. 이렇게 모든 물길이 한강하류에서 만나기 때문에 한강은 가장 중요하고, 현실적으로 영향력이 강할 뿐 아니라 통일의 상징성이 강하다. 백두대간이 민족의 정신을 세워주는 이 땅의 등이었다면, 한강은 생활을 담아주는 배요, 배꼽역할을 한 곳이었다.

이러한 지리·지형적인 조건으로 인하여 정치세력들이 일찍부터 태동하였고, 강력하게 발전하였다. 양평·가평 등에서 구석기유적이, 미사동·암사동·풍납동에서 신석기유적지가 발견된 것으로 보아 한강변에는 이미 선사시대부터 인간이 집단적으로 거주하고 있었음을 알 수 있다. 또 가장 오래된 벼농사유적이 김포, 고양, 일산 등 한강변에서 발견되었고, 고인돌들도 한강변에 다수가 분포되어 있다.

한강유역은 특히 삼국시대에 이르러 고구려, 백제, 신라 간의 본격적인 갈등이 벌어지는 역동적인 무대가 되었다. 『삼국사기』에는 '온조(溫祖)가 하남위례성에 도읍을 정하고, 열 명 신하의 보좌를 받아 나라 이름을 십제(十濟)라고 하였다.' 하여 한강변에 건국했음을 알리고 있다. 전기의 수도였을 풍납토성은 일종의 하항도시였다. 비류는 현재 인천의 문학산성인 미추홀에 도읍을 정하였는데, 이는 물론 해항도시였을 것이다. 이후에 백제는 초기부터 한강을 통해서 서해로 진출하였다. 고이왕은 236년에 강화도인 서해대도에 직접 가서 사냥을 하기도 하였다. 중국지역과 외교교섭을 하고, 교역을 하기 위하여 한강하구와 경기만을 본격적으로 장악하였다. 백제는 한강유역을 중심으로 약 500여 년 동안 발전을 하였다.

고구려는 4세기 들어서면서 남진정책을 본격적으로 추진하였고, 경기만을 빼앗고자 하였다. 경제적 토대를 마련하고, 정치적인 통일을 실천하고, 대외교섭의 주도권을 확보하고자 한 것이다. 이른바 동아지중해 중핵국가로서 발돋움하려는 목적 때문이다. 광개토대왕은 등극하자 한강하류의 관미성을 함락시켰고, 이어 6년(396)에는 대규모의 수군(水軍)을 투입하여 백제의 58성과 700촌을 탈취하였다. 이때 대왕군은 아리수를 건너 한성을 직접 공격하였다.

제1로는 대동강 유역을 출발한 다음에 예성강 하구와 한강이 만나는 강화 북부에서 한강 하류를 거슬러 오면서 김포반도와 수도를 직공했다. 제2로는 인천상륙작전을 감행하여 한성으로 진입하였다. 제3로는 남양만으로 상륙하여 수원, 용인 등을 거쳐 한성의 배후를 친다. 수군을 동원하여 수도를 직공한 것이다. 475년에는 장수왕이 한성을 전면적으로 공격하였다. 양국은 치열한 공방전을 펼쳤으나 개로왕이 전사하면서 수도가 함락당하고, 결국은 황급하게 남천하였다. 이런 치열한 공방전을 치르면서 양국은 한강주변에 군사방어시설을 많이 구축하였다.

그 후에 고구려의 영토가 되었던 경기만 및 한강 하류지역은 553년에 2차 나제동맹이 깨지면서 다시 신라의 소유로 바뀌었다. 진흥왕은 이 지역에다 북한산주(北漢山州)를 설치하였고, 신라는 한강변이 가진 전략적인 이점을 최대한 활용하여 국가발전은 물론 통일의 토대를 마련하였다. 660년 나당연합군이 백제를 급습할 때 동원된 것은 태자 김법민이 이끄는 경기만의 수군 100척이었다. 그 후 고려시대에도 한강유역은 군사적, 경제적으로 긴요한 역할을 하였다. 이러한 국가 간의 갈등은 김포라는 지명에서도 나타나고 있다. 『대동지지』에 '本百濟黔浦新羅景德王十六年改金浦爲長堤郡領縣'라는 기록이 있다. 그러나 『삼국사기』에 따르면 김포(金浦)는 본래 고구려의 검포현(黔浦縣)이었다. 경덕왕 때 김포로 개명하였다.

왕건세력은 경기만과 한강하류의 주변지역인 4군(郡) 3현(縣)을 배경으로 성장하여 고려를 건국하였다. 수도인 개경의 바로 앞은 내해(inland-sea)로서 한강하류와 바다가 만나는 소지중해 같은 지역이다. 고려는 이 해역을 장악함으로써 한강, 예성강, 황강 등의 하계망을 이용해서 한성, 김포, 파주, 고양, 부천, 황해도의 연백군 일대와 개경지역까지 들어갈 수 있다. 이른바 수도권의 물류체계를 장악할 수 있었다. 또한 대외무역의 발착항구로 삼아 강남의 송나라, 서역(아라비아), 일본, 유구국(오키나와) 등과 교섭하면서 세계로 열린 나라가 되었다. 예성강의 벽란도는 당시 동아시아에서 가장 유명하고 물동량이 많고, 국제적으로 개방된 항구 가운데 하나였다.

한편 개방을 포기하고, 자주를 담보로 주고 쇄국정책을 썼던 조선조에도 한강은 조운체계를 이루는 중요한 역할을 하였다. 서해를 북상해온 조운선은 한강하류를 거슬러 올라왔고, 남한강, 북한강을 타고 내려온 조운선들도 역시 한강하류로 모여들었다. 한강이 조선을 먹여 살렸던 것이다. 육로교통이 발달하지 못했던 전근대에는 수로를 이용하여 사람들이 이동하고 문화를 교류하는 비중이 높았다. 서울의 영파·광나루·송파·마포·노량진·염창·공암·김포의 감암포·마금포·조강 나루, 일산의 이산포, 강화의 여러 지역 등은 그러한 만남의 공간이었다. 그래서 그 지역을 중심으로 크고 작은 시장이 발달하였고, 민중의식이 성장하였으며, 신문화가 발달하기도 하였다. 이렇게 가장 생명력이 흘러 넘치던 한강은 20세기 중반에 들어서면서 죽음의 강, 막힌 공간, 단절의 시간으로 변질된 역사의 강이 되어버렸다.

## 5. 한강의 미래적 의미

20세기 중반에 냉전 구도가 정착되면서 세계에서 가장 단단하게 얼어붙은 곳이 바로 한강하류와 경기만 해역이었다. 특히 한강하구는 정치·외교적인 장소로서뿐만 아니라 남북의 해군과 육군이 충돌하는 군사지역이었다. 몇 년 전에 벌어진 연평해전은 그러한 성격을 보여주고 있다. 뿐만 아니라 한강하류는 간첩이 오고 가는 치안지역이었다. 이러한 이유 때문에 통행이 제한되어 사람은 물론 접근이 불가능했고, 배들도 통과할 수 없었다. 그러나 소비에트가 붕괴하면서, 러시아가 개방되었고, 중국이 사회주의 시장경제를 표방하면서 개방을 본격화하여 동아지중해, 특히 황해가 다시 열린 바다가 되어가고 있다. 최근에는 남북이 만나 통일을 지향하려는 몸짓들이 어느 때보다도 구체적이고 현실성이 강해지고 있다.

앞에서 언급하였지만, 경기만은 동아지중해에서 일본열도를 출발하여 압록강 하구와 요동반도를 경유하여 산동까지 이어지는 남북연근해항로의 중간기점이고, 동시에 한반도와 산동반도를 잇는 동서횡단항로와 마주치는 해양교통의 결절점(結節點)이다. 또한 한반도 내에서도 경기만은 지정학적·지경학적·지문화적 입장에서 보아 필연적으로 분열된 각 국간의 질서와 힘이 충돌하는 현장이었다. 북한지역과의 교역은 물론 중국의 여러 지역 특히 산동 이북의 지역들과 교역하고자 할 때 그 중요한 포스트는 당연히 경기만지역이다. 즉 물류교통의 핵심로터리이다. 더구나 냉전의 시대가 종언을 고하고 열정의 시대, 군사의 시대가 끝나고 경제의 시대가 다가오면서 경기만은 이제 만남과 교류의 장이 되었고, 물류가 집산하고 거쳐가는 실질적인 중핵이 될 가능성이 높아졌다.

한국은 2002년 11월에 경기만의 중심인 인천에 송도신도시를 특구로 삼는 '경제자유구역법'이라는 특구관련법을 국회에서 통과시켰다. 북한은 2002년 9월 신의주에 경제특구를 건설하겠다고 전격적으로 발표했다. 현재까지는 행정장관으로 임명되었던 양빈(楊斌)이 중국 당국에 의해서 구속되는 등 해프닝으로 끝났지만, 아직도 가능성은 남아있다. 그런데 적어도 명분상으로는 특구 내지는 특구와 유사한 형태의 경제개발지역구를 설치하려는 데 적극적이다. 또 11월 20일에 개성공업지구법을 채택하였다. 현대와 토지개발공사측이 참여하여 개성공단을 개발한다는 계획이다.

이러한 최근의 움직임들은 서해안, 그리고 경기만과 관련이 깊다. 물론 신정부에서는 송도특구를 일반적인 경제특구가 아니라 IT 관련 국내기업들을 위한 공단으로 만들겠다고 다소 후퇴한 듯한 발언을 하고 있다. 하지만 결국은 본격적이 될 것이다. 또한 현재는 남북이 각각 인천과 개성을 중핵(core)으로 삼으려 하지만 적어도 특구에 관한 한 선배인 중국 등의 선례로 보아 불원간 그 범위와 지위는 확대될 것이 자명하다. 그렇다면 남으로는 평택항 지역, 인천의 해안지역, 강화도, 김포반도를 거쳐 북으로는 개성, 해주로 이어지는 해안벨트가 형성될 가능성이 높다. 이른바 경기만 해안경제특별구가 설치될 수도 있다. 즉 하나의 필드로 엮는 범경기만 경제특구를 설정할 필요가 있다. 그럴 경우에 한강하류를 통해서 서울과 이어지는 한강하류, 즉 김포반도와 강화, 파주지역은 매우 유리한 환경이다.

북한이 야심찬 계획으로 개발하는 개성과 세계적 도시인 서울을 연결할 때 중간에 있는 도시가 파주, 김포이다. 또 개성과 인천을 연결시키고자 할 때 반드시 거쳐 갈 수밖에 없는 것이 김포와 강화이다. 그렇다면 개성공단과 관련하여 물류 통로 및 기지 배후 도시로서, 수륙양면을 이용할 수 있는 적합한 곳은 김포이다. 이른바 수륙(水陸)교통과 해륙(海陸)교통이 교차되면서 상호호환성을 지닌 중계지역이다. 결국 한강하구를 개방, 개발하고 최대한 활용함으로써 범경기만 경제벨트와 한강하구벨트를 모두 유기적으로 연결시키면서 중추적인 역할을 해야 한다.

물론 여기에는 문제가 있다. 그동안 북한의 황해남도, 경기도 파주, 김포 그리고 강화도가 만나는 하류지역은 양 지역의 어떠한 선박이나 사람도 통항할 수 없었다. 뿐만 아니라 한강하류는 간첩이 오고 가는 치안지역이었다. 그런데 사실 정전협정의 제1조 제5항에 따르면 "한강 하구의 수역으로서 그 한쪽 강안(강 기슭)이 다른 일방의 통제 하에 있는 곳은 쌍방의 민간선박의 항행에 이를 개방한다. ……쌍방 민간선박이 항해함에 있어 자기 측의 군사통제하에 있는 육지에 배를 대는 것은 제한받지 않는다고 되어있다."라고 되어 있다. 형식적으로는 통행이 가능한 것이다. 하지만 그동안 현실은 그렇지가 못했었다.

그런데 지금 한강 하구를 둘러싼 정치·경제·군사적인 환경 등이 빠른 속도로 변하고 있다. 소비에트가 붕괴하면서, 러시아가 개방되었고, 중국이 사회주의 시장경제를 표방하면서 개방을 본격화하여 동아지중해, 특히 황해가 다시 열린 바다가 되어가고 있다. 최근에는 남북이 만나 통일을 지향하려는 몸짓들이 어느 때보다도 구체적이고 현실성이 강해지고 있다. 남북의 맹목적인 군사적 대치와 긴장이 부분적으로 해소되면서 법적근거가 희박한 한강하류 통항금지는 머지않아 유명무실화될 수 있다. 그렇다면 한강하구는 당연히 새로운 시대에 걸맞은 역할을 떠맡을 수가 있고, 경제적으로도 매우 유리한 입지를 확보할 수 있다.

또한 국내 자체에서의 물류망을 확대하는 데도 매우 유리하다. 과거에 조운에 활용했던 것처럼 현재도 그 가능성이 크다. 개성공단은 물론 해주 등과 이어지는 경기만 해안벨트가 형성된다면 또 다른 각도에서 한강하구는 물류의 통로기능을 할 수 있을 것이다. 남북의 경제특구 설치 등 국내외 환경의 변화와 경기만의 지리적 가치, 역사적인 선례로 고려할 때 경인운하의 추진이 보류된다면 한강하구는 다양한 측면에서 새로운 가치를 가진 지역으로 부상될 가능성이 높다. 한강수로 사용, 항구건설, 다리

건설, 도로신설, 단지조성, 문화관광특별지역 선포 등의 사업들을 적극적으로 추진할 수 있다. 또한 한강하류 강변에는 고대국가들이 축조한 성곽 등 방어시설들이 많이 있다. 각 나라들은 존속기간 내내 자국이 점유한 지역을 중심으로 치밀하고 복합적이며 다양한 하안방어체제를(河岸防禦體制) 구축하였다. 적 수군의 침입 방어와 국토의 보존이라는 원론적인 점 이외에 외교통로 및 교역로를 보호하며 수군활동을 양성하는 복합적인 의미를 가졌다. 경관이 아름다운 곳에 설치한 이러한 성들도 복원한다면 관광상품의 가치가 훌륭함은 물론 한강은 물론 한강과 관련된 역사의 정체성을 인식하는 효율적인 도구가 될 수 있다.

## 6. 맺음말

20세기에 들어와 동아지중해는 유일한 연결통로인 바다가 막혀서 단절의 바다로 변질되었으며, 열린공간의 기능을 상실하였다. 그러나 이제 다시 변화하고 있다. 동아지중해는 갈등과 폐쇄를 극복하여 모든 지역과 국가를 유기적으로 연결하는 유일한 네트워크가 되었다. 특히 한강은 동아지중해의 중핵 중에서도 핵에 해당하는 실질적이고 상징적인 공간이다. 경기만의 입구이면서 동시에 출구역할을 한 곳이 바로 한강하구이고, 바다로 이어진 한강하구의 가장 큰 하항도시가 서울이다. 즉 한강은 동아시아 나아가서는 세계로 열려진 입구이며 출구이다. 경기만과 한강하구에 평화가 깃들면 동아지중해도 평화로워지고, 경기만이 열려 있으면 동아지중해의 전 지역이 열린다. 이처럼 경기만과 한강하구는 실제적으로나 상징적으로 동아지중해의 상징적인 중심지역이다. 그리고 평화지역(PEACE ZONE)이다. 동아지중해질서 속에서 통일한민족은 중핵조정역할을 할 수 있고, 그래야 동아시아 3국은 균형과 조화 속에 제 역할을 담당하면서 동아시아 공동체를 구성할 수 있다. 그렇게 되면 초강대국화 블록화가 되어가는 엄연한 지구의 현실 속에서 유럽합중국, 미주세력 등과 자주적이고 능동적인 관계를 연출하는 동아시아가 될 수 있다.

한강 하구와 경기만 주변의 서울, 김포, 인천, 파주, 개성 그리고 강화, 해주 등의 도시와 지역들은 보다 주체적이고, 적극적인 자세로 역사적 정당성과 지리적 이점을 최대한 활용하여 좀 더 총체적으로 세계화라는 틀 속에서 국제질서를 인식하고 활용하는 발전전략이 필요하다. 특히 동아시아 중핵으로서의 위 지역들이 역할을 담당할 수 있도록 거시적이고 장기적인 발전모델을 모색하는 자세가 필요하다.

한강이 열릴 때 한반도가 통일되고, 황해가 실제적으로 살아나며 명실공히 동아지중해가 제 역할을 할 수 있다. 한강은 분단된 조국에게는 통일의 의미를, 통일된 조국에게는 생존과 발전전략을, 대결구도에 있는 동아시아에는 평화의 메시지를, 그리고 인간성을 상실하고 분열된 인류에게는 자아의 회복과 자연과의 일체감을 체득시킬 수 있다. 이제 한강은 생명의 강, 만남의 강, 생활의 강으로 변화되어 민족의 강, 인류의 강으로 거듭나야 한다.

## 04 東아시아의 相生과 東亞地中海 모델*

## 1. 들어가는 글

    21세기 들어서 전 지구적으로 낯선 문명이 해일처럼 밀어닥치고 있다. 헌생명들은 비명을 지르면서 죽어가고, 새생명들은 의미를 모른 체 탄생하고 있다. 우주(宇宙) 혹은 지구(地球)라는 대규모의 통일장(統一場)으로서는 소속된 존재물들의 단순한 위치 전환이나 역할의 변화라는 당연한 과정으로 여겨질 수 있고, 때로는 에너지의 교환을 위해서도 신선한 측면이 있을 수 있다. 그러나 미처 존재가치를 구현하지 못한 헌생명들은 신음 속에서 죽어가고 있다. 문명(文明)과 자유(自由)라는 점잖은 가면을 쓰고 교묘하게 폭력의 논리가 난무하며, 적자생존(適者生存)이라는 제국주의(帝國主義)의 검은 망령이 부활하여 광범위하게 유포되는 야만(野蠻)의 시대(時代)이다. 깨어있는 인간은 환멸과 절망감에 방황을 하고, 대다수 인간들은 원인을 모른 채 극심한 정서불안에 시달리고 있다. 인류는 전혀 예측(豫測)이 불가능(不可能)한 상황(狀況) 속에서 또 한 번 불

---

* 「동아시아의 상생과 동아지중해모델」, 『21세기 문명의 전환과 생명문화』, 세계생명문화포럼, 2003.
  이 글은 그동안 필자가 발표하였던 글을 토대로 작성하였으므로, 본문과 관련하여 일일이 주를 달지 않았음을 밝힌다.

확실성(不確實性)의 시대(時代) 속에서 미로(迷路)를 걷고 있다. 하이젠버그가 '불확정성 원리'로 20세기 물리학의 새 장르를 열었을 때, 그것이 21세기의 불확실성을 논리적으로 보완해줄 줄을 누가 알았겠는가?

월러스틴은 정당성의 상실과 체제의 위기를 극복할 수 있는 가능성의 대안, 즉 유토피스틱스(utopiaistics)를 찾아야 한다고 말하였다. 절박한 과제를 해결해야하는 인류는 과학적 지식을 생산해내는 과학자들과 미래학자들까지도 합세하여 미래에 대하여 불확실한 예견들을 하고 있다. 하지만 그것들은 보통인간들의 인식범위를 벗어난 것들일 뿐이라 별 의미가 없다.

한국인은 인류전체의 운명이나 우주의 패러다임에 관해서 논하는 우주담론(宇宙談論)을 적극적으로 펼칠만한 시간적 정신적 실질적 여유가 부족한 듯하다. 약소국, 아니 중진국이라해도 마찬가지이지만, 결국 우리가 지구사의 주역은 아니고, 또 단기간 내에 그렇게 될 가능성도 없기 때문에 더욱 그런 것이 아닌가 여겨진다. 그럼에도 불구하고 최소한 생존을 유지하기 위해서는 소용돌이처럼 밀려드는 다양한 변화 가운데에서 자기위치를 설정하고, 진행해야 할 방향을 찾지 않으면 안 된다.

생명(生命)은 유기체 무기체의 구분을 떠나서, 존재물과 사건과 의미 여부를 떠나서 모든 존재하는 것들의 가치구현(價値具現)을 의미한다. 21세기는 문명의 생명 뿐만 아니라 정치·경제·군사적으로도 생명(生命)의 파괴현상(破壞現象)이 일어나고 있다. 세계질서가 새롭게 재편되면서 세계화(혹은 지구화, globalizaion)가 속도감 있게 전개되고 있다. 세계화라는 아름다운 옷을 걸친 채 미주지역과 유럽지역을 양대 축으로 삼고 기타 세계를 종속시키려는 기도가 19세기와는 또 다른 형태로 탐욕스럽고 유치하게 진행되고 있다. 크고 강력한 힘을 가진 생명체들이 작고 소박한 생명체들을 억압하고 공포심을 불러일으키면서 먹이로 삼고 있다.

한편 물류통로(物流通路) 및 해양자원(海洋資源)으로서 해양의 경제적인 가치가 더욱 부각되고, 각국이 펼치는 세계전략 속에서 정치 군사적인 가치가 재인식되면서 해양영토를 더 많이 확보하려는 경쟁과 갈등이 일어나고 있다. 특히 최근에는 이러한 실제적인 갈등이 문명(文明)의 충돌(衝突)이라는 관념과 명분으로 외장을 한 채 이익을 최대한 확보하려는 자집단주의(自集團主義)가 열성적으로 확산되고 있으며, 그 주역은 미국과 유럽을 중심으로 한 서구백인 세력들이다. 이런 상황 가운데에서 동아시아는 자신의 생명을 지키려는 노력을 적극적으로 해야 하는 운명(運命)에 내던져졌다. 그 동안의 동아시아는 서구의 침략을 받아 상처입고 중병을 앓은 지역도 있고, 심지어는 영원한 죽음에 이른 지역도 있다. 그런가하면 각국가간, 혹은 각 지역간, 혹은 각 민족간에 갈등과 분열이 가득 채워졌다. 이제 그러한 상처들을 간신히 회복하고 재탄생한 지 불과 반세기 남짓하다. 그러나 또 다른 형태의 불안감이 엄습하고, 죽음의 그림자가 멀리서 어른거리고 있다. 보다 실리적인, 당장 우리의 운명에 심각한 영향을 끼치거나, 존재 자체에 대하여 간섭을 할 국제정치나 경제문제 등에 대하여 관심을 기울일 필요가 있다.

동아시아는 20세기 후반에 이르러 가장 역동적인 발전을 해온 지역이다. 일본을 비롯하여 한국, 대만, 싱가포르 등이 대표적이었으나, 느슨한 체제 속에서 후발주자인 동남아 각국들도, 특히 중국이 매우 속도감있게 외적인 성장을 하였다. 세계사적인 필요성 속에서 각 나라들은 정치적이고 군사적인 것은 가능한 한 상대를 자극하지 않으면서, 최근에는 경제(經濟)나 교역(交易), 문화교류(文化交流) 등 보다 실질적인 이익을 전면에 내세우면서 협력체(協力體)의 결성(結成)과 파트너쉽의 가능성들을 시험하고 있다. 하지만 각국간의 이해(利害)가 다르고 목표가 일정하지 않고, 또 한 살아온 역사적인 경험이 다르기 때문에 이러한 공동의 대응자세를 유지하고 서구로부터 생명을 지켜내려는 과정은 험난하다.

동(東)아시아가 생명(生命)을 유지(維持)하고, 지구의 공멸(共滅)을 막기 위해서는 사명감과 함께 각 지역들이 협력하고 상생해야 한다는 당위성을 진지하게 인식하고 그 해결방법론을 신속하게 모색해야 한다. 강소국인 우리는 속도감 있게 변화무쌍한 세계질서의 대양 속에서 동아시아적 입장과 작은 생명체인 민족적 입장을 동시에 고려하면서 갈등의 파도를 절묘하게 피해 생존의 항해를 하지 않으면 안된다. 이때 좌초를 면하고 성공적인 항해를 이룩하려면 훌륭한 나침반을 갖춘 성능 좋은 배와 항해도, 능력 있고, 삶의 의미를 이해하는 선장과 선원들의 공동체 의식을 지녀야 한다. 그리고 무엇보다도 항해의 목적과 목표지가 분명해야 한다.

　동아시아의 생명을 유지하고 건강하게 가꾸기 위해서는 구성원들 모두가 공존하는 상생의 모델을 가능한 한 많이 찾는 작업이 필요하다. 정치 경제 군사 문화 그리고 사상의 입장에서 상생의 구체적인 방법론을 모색하는 일이 중요하다. 필자는 역사학자의 입장에서 10년 전부터 동아시아는 궁극적으로는 연방형태를 지향하면서 공동체가 필요하다고 역설하였다. 또한 상대적으로 강소국인 우리민족의 생존과 발전을 위한 실제적인 모델들을 수없이 만들어야 한다고 역설하여 왔다. 그 다양한 모델 가운데 하나로서 동아지중해(EastAsian-Mediterranean-Sea)모델을 설정하였다. 즉 동아시아를 지중해적 형태와 성격을 지닌 역사의 장으로 파악하고, 다양하고 복잡하며 스케일이 큰 역사가 하나의 틀 속에서 움직여 온 공질성(共質性) 강한 역사로 이해하고 있다. 아울러 동아시아와 한민족의 미래를 동시에 충족시킬 수 있는 발전좌표(發展座標)를 찾고 있다. 이번 발표에서는 문명이 전환과 재편되는 세계질서 속에서 동아지중해(東亞地中海)라는 역사모델을 통해서 동아시아가 정치 군사 경제 문화적으로 상생할 수 있었던 방법을 찾아보고, 그것을 이 시대에 어떻게 적용할 수 있을까를 모색해 보고자 한다.

## 2. 세계의 변화와 동아시아의 적응

### 1) 문명의 전환과 동아시아

지구의 인류가 당면한 문제는 너무나 많다. 과거에는 거주지역을 중심으로 여겨지던 세계(世界)의 존속(存續)여부가 이제는 지구자체의 생명을 유지할 수 있는가 하는 문제로 비화되면서 근원적인 불안감은 더욱 깊어졌다. 특히 지구 내부에서 발생한 환경의 오염과 생태계의 파괴현상으로 인하여 곳곳에서 지구는 비명을 내지르고 불안에 떨고 있다. 지구와 상생하고 있는 인간들의 문제를 떠나 지구 자체의 생명이 위협받고 있는 것이다. 뿐만 아니라 우주와 관련해서 지구에게 다가오는 다양한 충격은 또 다른 형태에서 지구(地球)의 존속여부(存續與否)에 대하여 심각하게 고민을 하게 만든다. 또한 곧 다가올 우주시대를 맞이해서 우주계(宇宙系) 속에서 지구의 위치를 설정하고, 인간의 조절하는 일에 대한 고민을 넘어서, 우주인(宇宙人)의 존재를 구체적으로 확인할 날에 대비할 일도 있다. 관념적(觀念的)인 우주(宇宙) 혹은 자연적(自然的)인 우주(宇宙)가 아닌 역사적(歷史的)인 우주(宇宙), 실제적(實際的)인 우주(宇宙)와 직면할 시기를 대비해서 지구의 생명, 우주의 생명 등에 대한 거대담론(巨大談論)을 생산(生産)해야 한다.

이러한 거시적인 담론 외에도 인류의 문명과 관련해서도 우리가 고뇌할 일은 많다. 21세기는 인류 역사 이래 가장 극적인 문명의 전환기일 것 같다는 생각이 든다. 일반인들이 지니고 있는 기존의 통념을 뛰어넘는 일들이 발생하고 있으며, 발생할 가능성 또한 매우 높아지고 있다. 이 시대의 주역인 새로운 과학의 발견자들, 새로운 시스템의 운영자들도 알 수 없고, 예측할 수 없으며, 감당할 수 없는 변형과 변용들이 난무하고 있다.

생명공학(生命工學)의 놀랄만한 발전으로 이제 인간이 인간을 만드는 시대에 돌입했다. 신(神)의 의지(意志)와 의미(意味)가 개입할 여지가 없어졌다. 자신이 자신을 만드는 감당하기 어려운 현실에 직면해 있다. 전 세계에서 수 억 명의 인류가 본 영화 '매트릭스(matrix)'에서 나타나듯 이젠 이미지(image)와 기술(技術, technology)이 결합하여 프로그램이 인간의 삶에 직접 영향을 끼치고, 프로그램과 인간이 존재(存在)를 걸고 전투를 하는 시대가 다가오고 있음을 알리고 있다.

따라서 세계관이 질적(質的)으로 변화하고 있다. 인간존재의 근원, 의미, 가치에 대해서 위대한 성인(聖人)들의 가르침이 아닌 새로운 매개물(媒介物)을 이해(理解)하는 지혜(智慧)가 필요한 시점이다. 인간이 살아 가야할 행동양식이 극적으로 달라지고, 생활양식에도 엄청난 변화가 일어날 것이다. 그에 대한 적응자세와 방식을 추구하고 예습(豫習)하지 않으면 위험한 상황에 처해 있다. 인류가 오랫동안 발명하고 가꾸어 온 보편 윤리와 도덕도 이젠 갑자기 버려질 수 있다. 불안에 못 견딘 인류가 인간의 존재양식에 대하여 기본적인 질문을 받더라도 아무도 정확하게 자신있게 답변할 수 없는 시대에 다가가고 있다.

이러한 전면적인 변화 이 과정 속에서 어쩔 수 없이 다수의 인간들은 소외당하고 있고, 문명들 간의 갈등은 발생할 수밖에 없다. 실제로 세대간(世代間)·국가간(國家間)·민족간(民族間)·종족간(種族間)·인종간(人種間)의 충돌(衝突)들이 일어나고 있으며, 일어날 조짐을 보인다. 이는 대부분 지역간(地域間)·문명간(文明間)의 충돌(衝突)로 비화되었으며, 앞으로 당분간은 그럴 것이다.

그런데 21세기는 문화의 세기라고 할 만큼 문화의 비중이 점점 높아지고 있다. 특히 문명이 전환하는 과도기에는 문화력(文化力, culture power)이 정치 및 군사는 물론 경제질서의 방향과 위치에도 강한 영향력을 행사한다. 새뮤얼 헌팅턴은 『문명의 충돌(The Crash of Civilizations)』에서 의미있고 중요한 말들을 하였다. 즉 세계정치는 소비에트연방이 얼음성이 부서지듯 붕괴한 이후에 다극화(多極化)·다문명화(多文明化)하였으며, 문명에 기반을 둔 세계질서가 태동하고 있다고 하였다. 나아가 국가들은 자기 문명권의 주도국 혹은 핵심국을 중심으로 뭉친다고도 하였다. 그는 또 탈냉전세계에서 사람과 사람을 가르는 가장 중요한 기준은 이념이나 정치 경제가 아니라 바로 문화이며, 가장 중요한 국가군은 7개 내지 8개에 이르는 주요문명이라는 의미있고 심각한 말을 하였다.[1] 하랄트 뮐러(Harald Muller)는 『문명의 공존』(Das-Zusammenleben der Kulturen)이라는 역설적인 제목에서 보여 지듯이 헌팅턴의 반대이론을 주장하였다.

우리 동양인의 세계관과 역사를 볼 때는 뮐러가 펴는 문명의 공존이 더 설득력 있어 보이지만 서구인의 생각과 그들이 주도하는 지구의 현실은 아무래도 키플링에서 헌팅턴으로 이어지는 그런 류(類)의 주장에 더 가까운 것 같다. 21세기의 문턱을 막 넘은 지금 인류에게 문화란 정치권력을 포함한 현실적인 힘 외에 지구생명(地球生命), 우주문제(宇宙問題)까지 다 포괄한 거대한 잡식공룡이 되어버렸기 때문이다. 하여튼 세계는 문화의 비중을 높이고, 일종의 국가발전 전략으로서 문화를 배양하는 한편 적극적으로 수출을 하고 있다. 문화적(文化的) 제국주의론(帝國主義論)으로는 해결하거나 이해할 수 없는 또 다른 형태의 문명대결과 충돌이 일어나고 있다. 물론 이러한 거래와 교류에서 공격적이고 주도적 역할을 하는 것은 서구이다.

인류의 역사를 살펴보면 갈등의 본격적인 충돌은 공간(空間)을 매개로 발생한다. 인종간·문명간의 갈등 역시 지역간(地域間)의 충돌(衝突)로 귀결된다. 결국 지역간의 계급화와 일치되는 현상을 보인다. 21세기 전반은 20세기 후반을 뒤이어 미국 및 유럽세력과 중동지역을 토대로 삼은 아랍 여러 나라들은 각각 기독교와 이슬람을 배경으로 충돌하고 있다. 하지만 그들은 종교 이전에, 즉 기독교와 이슬람교가 본격적으로 성립되기 이전부터 경쟁과 갈등이 심각했다. 처음에는 동부지중해의 무역권과 패권을 둘러싸고 전쟁이 벌어졌다. 소위 트로이전쟁이나 페르시아와 그리스의 전쟁 등은 결과적으로는 지역간의 대결적인 성격을 지녔다. 그 후에 지중해 무역권을 둘러싸고

---

[1] 새뮤얼 헌팅턴(Samuel Huntington)은 『The Crash of Civilizations』.

사라센과 유럽세력이 충돌한 것도 마찬가지이다.

　인간활동의 공간적인 범위가 확대된 근대 이후에 특히 그런 현상이 나타나고 있다. 유럽에서는 백인들이 기독교문명을 바탕으로 경제적인, 군사적인 성공을 거두었다. 반면에 아시아를 비롯하여 특히 남아메리카나 아프리카 등은 유색인종이 자기들의 문명과 함께 유럽에게 격파 당하였다. 결국 유럽이라는 지역과 아프리카 아메리카 또는 아시아라는 지역의 대결 양상으로 나타났다. 그리고 이때 형성된 기본질서는 아직도 거의 변함이 없다.

　이제 지구는 더욱더 유기적으로 연결된 하나의 역사공간으로 확대되고 있다. 강대국을 중심으로 세계화 전략이 본격화되면 필연적으로 지역간의 갈등으로 나타날 것이다. Edward.W.said의 『ORIENTALISM』[2]에서 문제를 제기했듯이 서구에게 동양은, 비록 자이드의 동양이란 우리가 살고 있는 동양은 아니지만, 오랫동안 너무 종속되어 있었고, 문화는 교류가 아닌 비자발적인 이식(移植)이었다. 아시아의 동쪽 일부지역이 일방적인 종속상태에서 탈피하여 그 격차를 줄이려고 기를 쓰고 있지만 만족할 만한 성과는 못 내고 있다. 동양에 대한 경멸적인 인식은 이미 유럽중심의 서구문화의 초창기부터 배태되어 왔다. 그리고 헤겔을 거쳐 마르크스에 이르기까지 갖가지 논리로 화려하게 포장하며 기만해왔다. 결국 좌우를 막론하고 동양 또는 동아시아의 자의식을 마비시키는데 있어서는 똑같은 역할을 해왔다.

　문명의 전환이라는 시대적인 상황 속에서 동아시아는 실제는 물론 관념이나 명분 상으로라도 동아시아의 입장에서 인류의 문명은 물론이고, 동아시아문명에 대해서도

---

2　쟈이드는 오리엔탈리즘은 동양에 대한 서양의 사고방식, 지배방식이라고 학문적인 명확성을 부여했고 객관화 시켰다. 동양에 대한 서양의 사고, 인식, 표현의 본질을 규명함과 동시에 그것은 기본적으로 동양에 대한 서양의 지배와 직결된 것임을 밝혀 앎과 힘, 지성과 권력의 관계를 식민지적 상황에서 인식시키려고 한 것이다. 물론 쟈이드의 논리전개와 관점에도 적지 않은 문제가 있다. 특히 그가생각한 오리엔트가 아닌 極東(far east)의 역사와 문화입장에서.

진지하게 모색해야 한다. 즉 인류 전체는 물론 '타(他)'를 의식하면서 공동의 대응이란 차원에서도 '동아시아의 정체성(자아, identity)'을 생각하지 않으면 안 된다. 인간이 인간답게 살기 위하여, 사회가 사회답게 존재하기 위해서는 자신에 대한 자각(自覺), 집단에 대한 자각이 투철해야 한다. 역사에서 진보의 동력은 자아의식에서부터 나온다.[3] 자아의식이야 말로 사회를 밝게하고 민족과 역사를 진보시키는 에너지이다. 인류의 역사과정이 말해주듯이 자아의 상실은 사회와 역사발전의 왜곡을 가져오고, 내부의 인간들로 하여금 자유의지(自由意志)를 포기하고 비주체적(非主體的)인 삶을 살아가게 한다. 당연히 그 사회는 생명력(生命力)과 진실을 잃어버리게 되고 인간성은 오염되며, 다른 집단과의 경쟁에서 패배하고 만다. 정체성이란 Harald Muller의 말처럼 삶의 방향을 알려주는 대단히 중요한 의미를 갖는다.

이제 동아시아는 '무임승차(無賃乘車)한 근대(近代)'라는 허상(虛像)을 벗어던지고, 서구의 눈을 빌어서 세계와 인류를 보려하는 습성과 열등감을 극복해야 한다. 월레스타인은 유토피스틱스에서 체제가 정상적으로 작동할 때에 구조적인 결정력은 개인의 의지가 집단의 자유의지를 능가한다. 그러나 위기와 이행의 시기에는 집단의 자유의지의 요소가 중심적이 된다고 하였다. 전환과 위기의 시대를 맞이하는 동아시아인들에게는 경구로 받아들여야 말이다.

동아시아의 문명에 대하여 자기 보기와 평가가 있어야하고, 의미를 부여하여야 한다. 동아시아가 보고 제시하는 지구의 운명과 우주의 문제, 새롭게 다가온 시대의 인간에 관한 성찰 등에 대하여 인류에게 적극적으로 발언해야 한다. 인류와 함께 동아시아인들은 좀 더 자유로운 의지를 지닌 채 미래를 맞이해야 하지 않을까. 게놈(Gene과 Chromosome의 합성어)에서 22번 염색체가 말하는 의미를 되새기면서.

---

3 윤명철 『역사는 진보하는가』, 온누리, 1991 참고.

## 2) 국제질서의 변동과 동아시아

21세기는 국제질서라는 실제적이고 구체적인 측면에서도 질적인 변화가 일어났다. 정치와 군사를 위주로 하는 '단절(斷切)과 폐쇄(閉鎖)의 시대'에서 문화와 경제의 역할이 증대하는 '개방(開放)과 만남의 시대'로 변화하고 있다. 그리고 동시에 무차별적인 무역과 광범위한 통신을 활용한 경제행위를 통해서 세계화(globalizaion)와 지역화(regionalizaion)가 동시에 추진되는 시대이기도 하다.

엘빈 토플러는 1993년 말에 출판한 『권력이동(Power Shift)』에서 두 가지 중요한 예측을 하였다. 그 가운데 하나는 세계가 양극체제(兩極體制)에서 3극체제(極體制), 즉 워싱턴·베를린·도쿄를 중심으로 하는 미주 세력, 유럽세력 그리고 동아시아 세력으로 재편되리라는 것이다.[4] 국제질서의 변화와 축을 예측한 것이다. 그 말이 아니더라도 현재 세계의 각국들은 문명의 전환과 질서재편의 소용돌이 속에서 자국의 이익을 확보하려는 생존경쟁에 골몰하고 있다. 양대 적대세력이 대치한 군사적인 긴장이 완화되고, 국지전(極體制)의 형태로 전화되었으며, 국가나 체제간의 경쟁이 정치 군사가 아닌 경제나 문화의 형태를 띠우면서 국제환경은 새로운 양상을 보이고 있다.

강대국들은 혈통과 소지역에 바탕을 둔 민족주의 시대를 이미 오래전에 넘었으며, 이른바 지구를 하나의 단위로 생각하는 세계주의를 표방하고 있다. 이른바 '지구촌(地球村)', '지구인(地球人)', '세계시민(世界市民)' 등의 개념이 익숙해진지 오래이다. 『세계화의 덫』[5]에서 간파하였듯이 세계화는 물리적인 국경, 영토를 토대로 삼은 국경의 개념 자체를 극복했다는 점에서는 자국을 중심으로 다른 나라와의 관계를 발전시

---

[4] 이 시각은 다니엘 벨이 『이데올로기의 종언』을 쓴 이후에 맥루한의 지구촌 개념을 비롯하여 이미 신질서를 구상한 미국인들의 미국위주의 시각을 단적으로 드러낸다. 『POWER SHIFT』는 1993년에 미국에서 출판되었다. 그런데 현재는 중국이 예상보다 빠른 속도로 성장하고 있다.
[5] Hans P. Martin과 Harald Schuman이 함께 저술한 책이다.

켜 나가는 '국제화(Internationalization)' 보다 더 진보된 개념으로 오해 할 수 있다. 하지만 어떤 면에서는 더 공세적이고 강대국 중심의 전략적인 개념이다. 19세기의 제국주의 시대와는 비교할 수조차 없는 거대한 규모와 치밀한 시스템을 갖춘 세계경제의 출현, 그리고 이를 실현시키기 위한 세계시장의 확대가 숨 가쁘게 이루어지고 있다. 지구적인 규모의 세계화가 문화나 대중예술 같은 정치, 경제외적인 면에서 이루어지고 있고, 이미 세계화는 아시아의 국가 아프리카의 오지부족국가들에게서도 피할 수 없는 현실이 되어 갔다. 그들에게 유리하고 불리하고를 떠나서 강제적 혹은 비자발적으로 받아들일 수 밖에 없는 현실이다.

그러니까 진정한 세계화 즉, 지역이익을 보존하고 소외된 지역의 이익을 보장해주는 것이 아니라, 차별성이 심한 즉 세계 내에서의 지역간(地域間)의 계급화(階級化)라는 양상으로 변모될 조짐을 보이고 있다. 결국 세계화가 범지구적으로 확산되면 지구촌은 '20대 80의 사회' 라는 덫에 걸리고 말 것이다. 즉 20%만이 안정된 생활 속에서 자아실현을 할 수 있으며, 나머지 80%는 불안정한 고용상태에서 열악한 생활을 하게 된다는 "20대 80의 사회"의 덫에 걸리고 말 것이다. 라는 예측을 부정할 수 없게 되가고 있다. 물론 이대 80에 해당하는 사회는 지역적으로 보면 비서권임을 말할 필요조차 없다. 이러한 세계질서 속에서 미국이라는 초강대국 중심의 세계화(世界化)와 중간단계로서 넓은 범주의 지역화(地域化)가 추진되고 있다. 몇몇 강대국들을 중심으로 군사동맹을 맺은 외에도 나름대로 미국, EU(유럽연합), ASEAN 등 국가간의 결합을 매개로 광범위한 블록화를 추진하고 있다.

그런데 현대는 경제와 무역의 중요성이 더욱 커졌고, 무역을 통해서 국가를 발전시키고자 하는 정책들을 취했다. 그러다보니 역내(域內)의 경제교류 등을 활발하게 촉진시키고, 반면에 역외(域外)국가들에게 차별대우를 하는 경제권(經濟圈)을 만들어 가는 경향이 강하다. 일종의 지역주의인데, 경제적인 의미에서 말하는 지역주의(地域主義)는 자유무역협정(自由貿易協定, Free Trade Agreement) 같은 것이다.

유럽은 일찍부터 이러한 지역주의를 실현하고, 지역무역협정 등을 체결할 필요성을 감지하고 있었다. EEC(European Economic Community:유럽경제공동체)를 거쳐 1958년에는 EC(European Communities)를 출범시켰다. 그리고 이제는 정치적인 성격을 지닌 EU(유럽연합)로 질적인 비약을 하였다. 또한 지중해지역과도 상호 경제협력 등을 추구하였다. 유럽연합은 99년 1월 단일화폐 유로를 출범시켰다.

한편 미국은 1992년에는 북미자유무역협정(北美自由貿易協定, North American Free Trade Agreement), 즉 NAFTA를 발족시켜 94년 1월부터 발효시켰다. 최근에는 한층 더 나아가서 더 넓은 범위를 지닌 미주 자유무역지대(Free Trad Area of America)를 결성하려는 움직임을 갖고 있다. 2005년에 FTAA가 창설될 경우에는 중남미를 포함한 세계 최대의 경제블록이 탄생한다. 이렇게 세계는 경제와 무역을 매개로 해서 인접국가나 일정한 지역을 중심으로 이루어져 지역무역협정(Regional Trade Agreement)이 맺어지는데 이는 인류의 역사에서 보다 더 확대된 역사단위가 탄생하기 시작하는 것을 의미한다. Ghassan Salame는 지역화(地域化)는 새로운 영향권 형성을 위한 완곡한 위장술이 될 수 있다고 하였듯이 소위 유사한 문명권, 종족, 지역을 중심으로 이익을 극대화시키려는 '자집단주의(自集團主義)'를 실현하고 있다.

이러한 세계사의 흐름 속에서 동아시아 지역은 실제적이나 명분상으로라도 '타(他)'를 의식하면서 자국의 이익을 추구하는 것은 물론이지만, 공동의 대응이란 차원에서도 '동(東)아시아의 상생(相生)'을 생각하지 않으면 안 된다.

동아시아는 20세기 후반에 이르러 가장 역동적인 발전을 해온 지역이다. 일본을 비롯하여 한국, 대만, 싱가포르 등이 대표적이었으나, 느슨한 체제 속에서 후발주자인 동남아 각국들도 매우 속도감있게 외적인 성장을 하였다. 실제로 경제적으로 엄청난 진보를 이루어내었으며, 이것은 아시아인들 사이에 새로운 확신을 심어주었다. 라고 모리타 마사요시는 말하였다. 마이클 불리오스는 '이제 성년(成年)이 된 아시아는 세계최고라는 꿈을 꾸고 있다.' 라고 하였다.[6] 이러한 성공은 소위 아시아적 가치의 발견이라는 형태로 나타났다.

　동아시아인들은 헌팅턴이 지적하였듯이 '근대화가 낳은 비서구 사회의 자신감은 세계전역에서 비서구 문화의 부활을 낳고 있다. 그것은 이미 현실로 나타나 동아시아인들은 자기들의 눈부신 경제 발전이 서구 문화의 도입에 의한 것이 아니라 자기네 문화를 고수한 결과라고 이해한다.' 라고 말하게 하였다. 말레이시아 국제전략연구소장인 Noordin Sopiee는 동아시아혁명을 이야기하면서 서기 2000년이 되면 동아시아의 GNP가 북미나 서유럽보다 커질 것이라고 예측했다. 물론 이렇게 말하는 동아시아는 현재 동남아를 포함한 포괄적인 개념이다. 그리고 나머지 세계가 '황인종에 대한 두려움' 이 생겨나지 않도록 세계를 설득해야한다고 말했다.

　일본의 이시하라 신타로가 'no라고 말할 수 있는 일본' 이라고 한데 이어 감히 이러한 소리들을 내었던 것이다. 특히 소비에트가 붕괴하고, 중국이 사회주의 시장경제체제를 추구해온 등 정치환경이 변화한 이후에는 더욱 그러했다. 그러나 1997년 태국에서 외환위기가 발생하면서 곳곳에서 강타 당하였던(소위 IMF사태) 동아시아는 다시 한번 냉철하게 자신을 돌아볼 수 있었다. 이렇게 화려한 성장과 나락을 경험한 아시아인들은 다른 각도에서 좀 더 진지해지기 시작했다. 그리고 미국을 비롯한 서구의 생각과 행동, 그리고 현명한 태도들을 주목하기 시작했다.

　동남아시아는 이미 1967년에 아세안을 창설하여 지역주의의 토대를 쌓았다. 그리고 90년대 초에 동아시아경제협의체(EAEC)의 구성을 제의하였다. 싱가포르・말레이시아・인도네시아・필리핀・브루나이・태국으로 구성 된 동남아국가연합(ASEAN) 가맹 6개국은 1992년 1월 싱가포르에서 정상회담을 갖고 아세아자유무역지대(亞細亞自由貿易地帶, Asean Free Trade Area)를 만들자는 원칙에 합의했다. 얼마 전에는 2020년에 완벽한 경제공동체를 구성하겠다고 선언하였다.

---

6　조르쥬 V.바실리우, 「7장 아시아의 통합」, 『21세기 예측』(클라우스 슈밥 엮음, 장대환 감역), 매일경제신문사, 1996.

동남아 국가들은 소위 동북아국가들(동아시아)과의 협력을 원하고 있다. 아세안 +3 회의가 2000년 11월 24~25일 싱가포르에서 개최되었다. 이 때 각 나라들의 정상들은 동아시아 자유무역지대와 동아시아 정상회의를 정례화하자고 제안하고, 이 두 개의 주제에 대해 스터디그룹을 구성하기로 했고 연구결과를 2001년 부르네이의 정상회의에 제출하도록 결정했다. 가장 역동적인 발전을 하였고, 서구세력에 대응할 능력이 잠재해 있는 동아시아지역의 국가들은 보다 강하고 긴밀한 협력이 필요한 시기에 진입하였다. 동아시아의 국가들은 자신들이 원하든, 원하지 않던 지금보다는 상당히 진전된 형태의 역사체(歷史體)를 지니게 될 것이다.

## 3. 동아시아의 상생과 문제점

한국・중국・일본 그리고 러시아의 일부가 포함되어 있는 포함한 소위 넓은 의미의 동아시아의 핵(核, core)국가들은 세계 여타의 강력한 블록에 대응하기 위해서도, 또 동남아지역과의 경쟁 내지는 강고한 협력을 염두에 둔 중간과정을 위해서도 기존의 관계를 뛰어넘는 협력체를 구성할 필요가 있다. 나아가서는 이보다 더한 공속의식(公屬意識)과 결속력(結束力)을 지닌 공동체(共同體, 정치적・경제적・문화적 의미를 지닌)를 결성해야할 필요성이 증대되고 있다. 그리고 근원적으로는 문명의 문제에 관심을 지니고, 동아시아식의 해답을 모색해야 하며, 적극적으로 담론을 전개해야 한다.

그럼에도 각국들은 불구하고 미래의 구도에 대하여 확신을 못 가진 채 군사적인 역할과 영향력, 경제력의 향상과 체제의 개편, 정치적인 영향력의 확대 등 많은 면에서 서로 간에 경쟁을 하거나 갈등을 빚고 있다. 그래서 정치적인 것보다는 경제나 교역, 문화교류 등에 관심을 많이 갖고 있으며 보다 느슨한 형태로서 실질적인 이익을 전면에 내세우면서 협력체의 결성과 파트너쉽의 가능성들을 시험하고 있다. 이러한 노력에는 일본을 필두로 한국과 중국이 적극적으로 참여하고 있으며, 러시아와 북한 몽골도 참여하고자 한다. 현재 넓게는 국가간, 좁게는 지역간·도시간의 협력체제를 결성하는 것을 전제로 많은 구상과 이론들을 내세우고 있다.

일본은 아시아·태평양경제라는 보다 광범위한 경제활동을 원하고 있으며 동남아를 포함한 거대한 엔화경제권의 구축에 힘써 왔다. 따라서 그 동안 동북아에 대하여는 상대적으로 소극적이었다. 그러나 경제 외적인 필요에 의해서도 일본의 직접적인 관심대상은 언제나 동북아시아이다. 소위 '대동아전쟁(大東亞戰爭)'이란, 사실은 동북아의 완전한 지배를 목적으로 한 것이었다. 그들이 먼저 동남아 지역에 영향력을 강화한 것은 정치적 문제가 덜한 지역에 경제적으로 영향력을 강화시켜 배후를 안정시킨 후에 정치 군사적 이익이 걸린 본래의 전선을 전진배치를 하려는 시간차전략이다.

이제 일본은 동북아에 깊은 관심을 쏟고 있다. 1988년에는 소위 '환일본해(環日本海, 東海) 경제권(經濟圈)'을 주장하여 남·북한과 러시아를 자국의 경제영역에 끌어들이려 하고 있다. 이는 동해를 사이에 두고 공유하고 있는 남북한과 일본, 중국의 동북부, 극동 러시아(연해주)를 하나의 경제권으로 묶는다는 구상이다. 한국과 일본의 기술력과 자본, 극동러시아의 풍부한 지하자원, 중국 북동부와 북한의 노동력을 결합할 경우에는 EU나 NAFTA에 필적하는 동북아시아의 경제블록이 될 수 있을 것으로 기대감이 매우 컸었다. 물론 실현에는 제약점이 매우 많다. 일본은 최근에는 풍부한 자금력을 배경으로 동해와 마주보고 있는 니가타(新潟), 도야마(富山) 등 각 도시들이 동해시 등 남북한의 도시들, 중국과 블라디보스토크 러시아 등의 도시들과 자매결연을 맺고, 경제협력을 추진하고 있다.

한편 이러한 세계질서 혹은 동아시아의 격변 속에 혜성처럼 등장한 나라가 중국이다. 공산주의와 계획경제라는 죽의 장막 속에 갇혀있었던 붉은 중국은 1980년대에 이르러 지구인들에게 미묘한 놀라움을 선사하면서 혜성처럼 등장했다. 재등장한 등소평은 남쪽의 광동성과 복건성의 몇몇 도시들을 경제특구로 지정(1980)하였고, 이어서 1988년에는 황해와 맞닿은 연해지구의 대련, 옌타이, 청도, 연운항, 상해, 영파 등 14개 항구를 개방하였다. 중국은 비록 뒤늦게 출발하였지만 사회주의 시장경제를 표방하며 현재로서는 가장 왕성한 의욕을 가지고 국지경제권을 적극적으로 추진하고 있다. 중국은 지난 20년 동안에 매년 연평균 9.7% 정도로 성장하여 왔다. 1999년에 현재 국내총생산(GDP)은 세계 7위 규모이다. 2002년에는 7.5%의 성장을 목표로 삼고 있다. 그리고 2015년에는 세계 3위의 경제대국이 되려하고 있다.

전세계에는 화교들이 포진해서 붉은 네트워크를 구성하고 있다. 동남아 지역에는 2000만의 화교들이 살고 있다. 이들의 놀랄만한 자본과 기술력은 현재 중국에서 다소 무모해보일 정도로 추진되고 있는 각종 거대한 인프라 구축 등에 투자되고 있다. 홍콩을 반환받은 이후에는 '대중화(大中華)경제권'의 몸체와 윤곽이 더욱 확실하게 드러나고 있다. 홍콩과 대만, 중국의 경제는 점차 통합되어 가고 있으며, 이를 대중국(Greater China)이라고 부른다.

이러한 중국은 다양한 형태와 국지경제권을 설정하고 이를 실천하려고 하고 있다. 국제적으로는 산동성, 요녕성 한국의 서해안을 연결하는 환황해경제권(1989년)을 선언하였고, 또한 동북삼성·내몽고·산동반도·몽골·시베리아·요동지역·한반도·일본열도를 모두 포함하는 거대한 동북아경제권의 구상까지 이루어지고 있다. 전문가들은 21세기초까지 대중화경제권 국가의 GDP가 EU나 미국을 능가할 것이며, 이 지역이 세계 최대의 외환보유고를 가진 세계 교역의 중심지가 될 것이라는 전망을 내놓고 있다. 물론 그 맹주는 현재의 중국임을 부정할 수는 없다.

러시아는 1990년 블라디보스토크에서 '일본해90'을 개최한 이후 동아시아지역에 관심을 기울이기 시작했다. 1992년 1월 1일에는 군사항인 블라디보스토크를 개방하였다. 그 외에도 일본과 함께 환동해경제권(環東海經濟圈)에 참여하고, 유엔개발기구(UNDP)가 주도하여 러시아·북한·중국이 공동으로 참여한 동북아지역 협력프로젝트가 있다. 이 계획은 러시아의 블라디보스토크 이남의 크라스키노 등 핫산(KHASAN)

지구와 중국의 훈춘, 북한의 나진·선봉 등 두만강 하구 지역을 자유무역경제지구로 선정한 것이다.

　북한도 국제연합개발계획(UNDP)가 주관한 '제 1차 동북아지역 기술협력회의' 에서 '나진·선봉 개발계획'을 발표하였는데, 이는 자유무역지대로 개발한다는 구상이다. 그러나 아직까지는 정치논리가 경제논리를 압도하고 있고, 내부의 취약성과 경제난 등으로 인하여 실질적인 개방과 협력이 이루어지지 않고 있다. 근래에 김정일은 상하이의 푸동지구를 방문하고 난 이후인 2002년 11월에 신의주를 경제특구로 선포하고 행정장관에 화교인 양빈을 임명하였다. 이는 물론 내부의 준비부족과 중국측의 제동 때문에 당분간은 가동이 불가능하다. 그런데 북한은 적어도 명분상으로는 특구 내지는 특구와 유사한 형태의 경제개발지역구를 설치하려는데 적극적이다. 또 11월 20일에 '개성공업지구법'을 채택하였다. 현대와 토지개발공사측이 참여하여 개성공단을 개발한다는 계획이다.

　한국은 서해만 개발계획, 중국과의 황해경제권 등을 추진하고 있으며, 동해 중부와 일본의 쓰루가(敦賀)·니가타(新潟) 등을 연결하는 동해경제권 등 여러 가지 이론을 구상하고 있다. 그 외에 동북아의 허브 공항으로서 영종도에 신공항을 건설하였고, 부산항만의 확장건설, 광양만 양향체제를 구축하고자하며, 송도신도시를 경제특구로 만들려는 사업을 추진하였다. 그리고 북한을 겨냥한 남북협력사업 등을 추진하고 있다. 경의선을 복원하여 중국의 TCR과 연결하고, 동해선을 복원하여 러시아의 TSR과 연결하므로써 소위 '철의 실크로드'를 재현한다는 계획을 추진 중이지만, 알다시피 더디게 진행되고 있다. 김대중 대통령은 2001년 11월에 열린 아세안 + 3회의에서 동아시아 자유무역지대 출범을 제의하기도 하였다. 또 외국과의 자유무역협정을 적극적으로 추진하겠다고 하였다. 노무현 정부는 동북아 중심국가 전략을 내세우고 있다.

　앞에서 살펴본 것처럼 동아시아 각국은 넓게는 국가간, 좁게는 지역간·도시간의 협력체를 결성하는 것을 전제로 많은 구상과 이론들을 내세우고 있다. 그러나 아직도 검증단계에 있으며 동아시아 각국은 산발적으로 추진하고 있을 뿐이다. 즉 현재까지 나온 이론들은 정교하지 못한데다가 선언적 성격이 강하므로 실제적으로 국지경제권은 말할 것도 없고, 동아시아 전체를 아우르는 블록의 형성은 어렵다. 공존을 모색하기에는 아직 조건이 충분하게 성숙되지 못했다.

여기에는 몇 가지 이유가 있다. 먼저 내부적인 요인이 있다. 이 지역의 국가들은 군사 정치뿐만 아니라 경제·문화 등 모든 사업들이 국가의 정책 내지 지향하는 강한 영향을 받는다. 따라서 정치이념과 경제체제의 현격한 차이가 있는 현재의 상황으로서는 일정한 단계에 이르렀을 때 국가의 관리와 중앙의 통제를 받을 수밖에 없다.

대중화경제권은 아직 EU나 북미의 NAFTA 등과 같이 뚜렷한 조직과 일정한 체제를 갖춘것도 아니며, 향후 보다 구체적인 실체를 형성하는데 있어서 여러 장애요소가 있다. 무엇보다도 이 지역의 상이한 경제체제는 통합에 이르는 가장 큰 걸림돌이다. 북한과 한국·일본의 관계도 매우 복잡하다.

두 번째로, 이러한 현실적인 요인 외에 더 근본적이고 중요한 문제는 모든 이론들이 선언적이므로 중복되고 유기적이지 못한데다가 통일성마저 결여되어 있다는 것이다. 한마디로 모델이 없다. 이론들의 대부분이 국지경제권의 개념인데다가 지극히 지역주의형이다.

한 지역이 여러 지역과 동시에 관계를 맺고, 경제권이 중복될 뿐만 아니라 심지어는 개발프로젝트 마저 겹치는 양상을 띠우고 있다.

이러한 중첩은 국가내부에서 뿐만 아니라 지역과 국가의 사이에서도 나타난다. 예를 들면 중국의 각 성(省) 혹은 연안 도시들은 각각 따로 한국의 여러지역과 연결되고 있다. 한국 역시 마찬가지이다. 예를 들면 부산은 대한해협 경제권에 속하기도 하고 황해경제권, 환동해 경제권에 속하기도 한다. 인천의 경우는 환황해, 환발해 경제권에 같이 속하고 있다.

이같은 중복은 각 지역간의 이익을 고집하거나 조정이 안 될 경우가 많다. 그러면 국가간의 체제대결이 심해진다든가, 정치군사적 긴장이 높아지면 장애를 일으킨다.

이런 지역간에 나타나는 관리와 조정의 무정부적 현상은 국가와 국가 사이에서도 나타난다. 중국은 1989년 환황해경제권을 추진하면서 일본을 배제시켰다. 사업의 성공을 위해서는 일본의 참여가 절실했지만 국지경제권(局地經濟圈)을 다단계로 추진하면서 그 중간 단계에서는 일단 일본을 배제한 채 주도권을 장악하고자 하는 전략의 일환이었다. 그 외에도 중국과 러시아 및 북한이 유엔개발기구(UNDP)가 주도한 동북아 협력권을 둘러싸고 갈등을 벌인 것은 좋은 예이다.

이처럼 동아시아가 현재처럼 4개 내지 5개 국가가 개별적 관계로서 다른 협력체 혹은 경제권을 구성하므로써 유기적인 연결을 이루지 못한다면 국가와 국가 사이에 긴장이 유발되어 지역 협력체제의 구성은 깨어지고, 동아시아 전체의 이익이 손상될 가능성이 많다.

현실적으로 문제가 많고 성사가 어려운 동아지역에서의 협력체구성은 각국간의 이익추구라는 기본적인 동기만 가지고는 부족하다. 그 외에도 동아시아 전체의 이익, EU · NAFTA 등 기타 다른 블록에 대한 방어 내지 자구책, 공동 전선의 구축이라는 적극적인 의미도 담고 있어야 한다. 예를 들면, 이미 1990년대 초에 말레이시아의 마하티르 수상은 동아시아경제협력체(EAEC)의 창설을 주장했지만 실패했다. 이유는 미국이나 EU가 동아시아의 결속에 대해서 탐탁지 않게 생각했기 때문이다.

그런데 그보다 더 중요한 것은 동아시아 각 나라 간에 불신과 의심이 사라지지 않고 있다는 현실이다. 실제로 동아시아 각국들은 현재도 군사적인 강국일 뿐만 아니라 계속해서 군비를 확장하고 있다. 북한은 핵을 제조하겠다는 선언과 함께 위협을 하고 있고, 실제로 무기를 개발하고 있으므로 주변국들의 놀랄만한 군비확장의 구실을 제공할 뿐 아니라 관심과 감시기능을 독점하고 있다. 군사적인 긴장관계에 있는 남북한보다는 실제로 군사적인 기능을 강화시키고 있는 나라는 중국과 일본이다.

일본은 군사력을 급속도로 강화시키고 있다. 일(日) 국방비는 370억弗(98년 기준)로 세계 4위의 군사대국이며, 한국(129억 달러)은 비교의 대상이 안 된다. 특히 해양력은 2위이며, 해양영토의 개념을 적용할 경우에 일본은 세계 5위의 대국이다. 공군력도 마찬가지다. 세계4위다. 자위대는 지상군을 제외한 면에서 이미 한국과는 상대가 안 된다. 때문에 주변국들은 늘 일본을 의심하고 있다. 한편 중국의 군사력은 세계 3위에 달한다. 그들의 군사력은 미국이나 유럽을 대상으로 한 것은 아니다. 중국 군사전략의 변화는 대만 해협과 남중국해에서 자국 선박의 해상수송로(sea-lane)를 확보하고, 남중국해에 매장된 석유등 자국의 이익을 보호하려는 목적 외에, 동남아 지역에서 미국의 영향력 확대를 견제하려는 의도도 내포한 것으로 분석된다. 중국은 동남아 국가에 무기·장비 혹은 경제적 지원을 통해 영향력을 강화하고 있다. 이는 물론 인도양으로의 통로를 확보하고 미국과 인도를 견제할 수 있기 때문이다. 남중국해에 대한 작전능력을 강화하는 한편, 미얀마·라오스·베트남 등 인도차이나 반도에 대한 정치·경제적 영향력을 확대하고 있다.

 동아시아의 각 국가들은 이러한 군사적인 문제뿐만 아니라 경제적으로도 서로 간에 의심을 버리지 못하고 있다. 중국이 경제적으로 강국으로 성장하고 있는 현실에 대해서는 앞에서 언급한 바와 같다. 이러한 급속한 부상에 대해 우려하는 아세안을 달래기 위해서 중국은 자신이 미국시장이나 다른 선진국에서 아세안과 경쟁관계가 아니라고 주장했고 중국과 아세안이 장기적으로 자유무역지대를 창설할 수 있을 것이라고 했다. 그런가하면 일본에 대한 중국과 한국의 우려도 만만찮다. 또한 중국은 한국과 북한이 통일된데 따른 강국화의 가능성에 우려를 표명하고 있다. 특히 동북지방에 대한 역사적인 연고권 등은 매우 예민한 문제이다. 북한이 추진한 신의주 특구개발계획이 좌절된 것이나 최근 평양으로 천도하기 이전의 고구려 역사를 자국사로 편입시키려는 동북공정 계획 등은 이러한 우려를 반영한다. 즉 통일 후의 한국이 동북지방에 영향을 끼치면서 동북3성 개발계획에 차질이 생기고, 정치적으로도 부정적인 결과가 나올 것을 우려한 때문이다. 물론 그럼에도 불구하고 이들 나라들 간에는 점점 관계가 긴밀해지고 있다. 특히 한국에게 중국은 제2 수출대상국이며 최대투자대상국이고, 반대로 중국에게 한국은 4위의 교역 대상국 6위의 투자 대상국이 되었다.

이러한 실제적이고 구체적인 요인 외에도 동아시아의 상생을 방해하는 요소는 오해에서 비롯된 인식이다.

동아시아의 각국들은 20세기 내내 갈등과 전쟁, 지배와 종속 등의 관계를 연출하여 왔다. 일본의 조선침략과 식민지지배, 만주와 중국침략과 대학살, 소위 한국전쟁에서 중국이 한국을 침략한 일 등 크고 작은 사건들이 있다. 쉽게 치유할 수 없는 상처를 남긴 사건들이고, 그 후유증이 아직도 남아있다. 그러나 일정한 한 시대가 전제역사와 관계를 규정지을 수는 없다. 현재가 과거를 규정하거나 과거가 현재는 물론 심지어는 미래의 모습에 대하여 심각하게 간섭하기에는 무리가 있다.

최근에 이르러 정치적 통합의 기본틀을 거의 달성한 유럽은 근대에 이르러서만도 미증유의 피해와 학살을 낳은 제 1차 세계대전과 제 2차 세계대전을 겪었다. 그러한 유럽의 역사과정과 비교해보면 동아시아 지역은 특히 내부의 문제가 아닌 국가간의 전쟁 지역간의 전쟁은 빈도수나 규모가 상대적으로 적었다. 특히 현재 몽골 및 러시아 시베리아지역의 북방종족들과 중국지역의 종족들간의 갈등을 빼놓고는 소위 동아지중해지역에서는 대규모의 전쟁이 그리 많은 편이 아니다. 그러므로 노력 여하에 따라서는 오히려 유럽지역보다도 더 효율적으로, 무난하게 상생할 수 있는 노력을 할 수 있을 것 같다. 물론 여기에는 반드시 전제되어야 할 사실들이 있다. 가해 당사국들은 미래의 발전에 방해가 되는 과거의 잘못에 대해 적극적이고 솔직하게 반성해야 한다. 그리고 그에 대한 물적 정신적 보상을 충분히 해야 한다. 궁극적으로는 이러한 실수, 즉 어느 한국가가 패권을 지향하고, 실현시키기 위하여 다른 국가들을 억압할 수 없도록 제도적으로 장치를 마련해야 한다.

그런데 동아시아인들이 자기지역의 역사를 갈등과 반목의 역사로 인식하게 된 데에는 서구인들의 음모와 조작이 있었다.

서구인들은 오래전부터 황화론을 지니고 있었다. 이것은 비단 징키스칸의 대원정 이후가 아니라 그 기본인식과 태도는 역사시대의 초창기부터 있었다. 이미 동과 서는 기원 전부터 교류가 있었다. 뱃길을 통해서 그리고 사막의 길과 초원을 길을 통해서 양 지역은 어떠한 형태로든 영향을 주고받았다. 그 과정에서 초원의 유목민들은 동유럽을 공격하고 압박하였으며, 그 여파는 전 유럽으로 확대되었다. 이러한 역사적인 경험 때문에 동양을 보는 그들은 우호적이지 못했다. 그리고 아시아를 분열시키려는 의도를 숨기지 않았다.

최근에 새뮤얼 헌팅턴은 탈냉전세계에서 문화이 다름이 충돌의 원인이 될 수 있다고 말하였는데, 그는 가장 중요한 국가군은 7개 내지 8개에 이르는 주요문명이라고 분류하였으며, 놀랍게도 동아시아에서 중국문명과 일본문명을 각각 다른 것으로 평가하였다. 동아시아 내부에 있는 우리의 시각으로 보아도 중국문명과 일본문명은 크게 차별성이 있는 문명이 아니다. 다양한 면에서 유사하며, 일본인들이 인정하듯이 주민, 언어, 문자, 종교, 문화 등은 우리와 중국을 포함한 동아시아 문명을 모태로 탄생한 문화이다. 외부에 있는 서구인의 시각으로 보면 한 문명의 범주에 넣는 것이 당연한 일이다. 그럼에도 갈등과 충돌을 전제로 한 다른 문명으로 평가한 것은 서구인들의 심리를 표현한 것으로 볼 수밖에 없다.

이러한 잠재의식 혹은 노골적인 책략은 토플러의 시각에서도 확인할 수 있다. 그는 『권력이동』에서 향후 세계질서는 3개의 축으로 형성될 것으로 보았다. 즉 워싱턴 · 베를린 · 도쿄를 말한 것이다. 나아가 그는 일본신화에 등장하는 3종신기를 비유해서 미래세계의 중요한 3요소를 역설하였다. 이는 일본을 동아시아 혹은 아시아 세력의 맹주 혹은 대표로 인정하려는 시각이다. 1993년 당시에 중국은 이미 사회주의 시장경제체제가 어느 정도 연착륙하고 있었고, 중국의 부상과 향후 중국의 역할과 우려에 대해서도 연구보고서들이 나온 상태이다. 서구인들은 근대가 시작된 이후부터 일본을 지렛대로 삼아 동아시아를 흔들려하고, 공산주의 체제인 중국과 러시아를 견제하려고 하여왔다. 중국을 두려워하는 서구는 그 무렵 중국의 분열가능성을 염두에 두는 근거없는 시나리오들을 유포하기 까지 하였다. 이런 서구인들의 음모로 말미암아 동아시아인들은 자신들을 갈등과 반목의 역사로 오해하였고,

향후 공동의 역사체를 만드는데 확신을 갖지 못하였던 것이다.

이렇게 다양하고 복잡 미묘한 문제들 때문에 동아시아가 정치적공동체는 커녕 경제공동체, 문화공동체를 구성하다는 일이 용이하지 않다. 이를 위해서는 몇 가지 환경을 조성해야 한다.

기본적으로는 먼저 주민들 간의 정서적인 이해가 필수적이다. 해외여행과 각종 국제적인 행사를 개최해서 사람들이 서로 만나고, 애정을 지니고 이해하도록 해야 한다. 학자들을 비롯한 전문가들도 만남의 장을 자주 마련해야 한다. 최근에 들어서 활발한 학회활동이 이루어지고, 교환방문연구도 빈번해지고 있으며, 국제회의도 여러 지역에서 자주 열리고 있다. 특히 대중예술을 통해서 지역간에, 주민들 간에 공감대가 급속도로 형성되고 있다. 이는 부분적으로 문제점이 있지만, 이해의 폭을 넓히고, 그 실질적인 주체가 미래의 주역인 청년세대라는 점에서 바람직하다.

정치적으로도 이와 같은 움직임들이 활발해지고 있다. 아세안은 1997년부터 아세안정상회의에 한국, 중국, 일본 등 3국 정상들을 초청하기 시작했다. 역사적인 문제로 인해 미묘한 갈등상태에 있었기 때문에 지리적으로 인접해 있으면서도 공식대화채널이 없었던 동북아의 한중일 3국은 아세안 정상회의에 참여함으로써 자연스럽게 정상대화를 할 수 있게 되었고 이 회의는 비공식적이긴 하지만 아세안 + 동북아 3국 정상회의로 자리잡게 되었다.

이런 자연스러운 만남의 장을 적극적으로 마련하는 한편, 동아시아 각 지역을 총체적으로 인식하고, 동아전체의 이익이 무엇인가, 동아 전체에 골고루 돌아갈 수 있는 이익이 무엇인지에 관해서도 공감대를 이루어야 한다. 지난한 과정을 거쳐 이익의 최대공약수가 형성되면, 그것을 토대로 자주 중복되거나 불필요한 경쟁을 가급적 지양

하는 것이 필요하다.

  국가별로, 지역별로 유기적인 연결이 이루어져야 하고, 그것을 관리하고 조정하는 기능이 있어야 한다. 그렇게 해서 비록 구속력은 없지만, 법적인 제어장치는 없지만, 억제력을 갖추고, 그 테두리 안에서 지역간의 발전을 도모하는 하나의 공동권을 설정해야 한다.

  즉 전체적으로 '동아(東亞)의 이익(利益)' 이라는 큰 원(grand circle)을 설정하고, 그 원 속에 소속된 적은 원들이 형성되면서 각권들간의 연결을 유기적이고, 원활하게 이루어야 한다. 공동체의 결성은 역할분담과 상호협조로서 시너지(相生)효과를 창출시킬 수 있도록 해야 한다. 또한 적극적이고 바람직한 협력체제로 갖추기 위해서는 각국들은 동아시아권의 본질이 무엇이고, 추구하고자 하는 동아시아 신질서 내지는 동아시아협력체가 무엇을 매개로 형성되어야 하는가를 찾아야 한다. 그리고 서로 간의 역사적 경험을 이해하고, 어떠한 역할분담이 가장 바람직한가를 진지하게 탐구해야 한다. 그 근원을 설명하고, 관리기능까지 할 모델을 성정하는 일은 각 지역의 이익입장을 전제로 하되, 전체의 입장에서 자연환경과 역사적 경험 등 역학관계의 기본성격을 이해하는 자세가 필요하다. 국사 뿐만이 아닌 동아시아사, 동아시아 문명 가운데에서 동시에 보고 판단하는 자세가 필요하다.

  그런데 경제권의 개념이 크고 광범위하게 설정되며 세계가 생존전쟁을 벌이고 있는데, 이는 결국 무역과 이를 위한 물류체계의 확보가 승부의 중요한 관건이 되고 있다. 그리고 현재 인류의 기술문명 수준을 고려할 때 이는 앞에서 언급한 바처럼 해양과 불가분의 관계에 있다. 전 세계의 모든 나라들은 해양을 매개로 연결되어 있고, 특히 물류의 대부분은 바다를 통해서 이루어지고 있기 때문이다.

  그런데다가 동아시아 지역은 그 동안의 역사적 경험이나 지정학적(地政學的) 조건, 지경학적(地經學的) 조건, 지문화적(地文化的) 조건, 그리고 현실적인 필요로 보아 해양이 매우 중요하다. 해양으로만이 모든 나라들을 연결시킬 수가 있었고, 실제로 이 지역 전체를 이어주는 교역도 이러한 바다의 길을 통해서 이루어졌다. 현재도 무역은 한국경제의 71.2%를 담당하고 있으며, 무역품들의 대이동은 99.7%가 대규모의 선박을 이용하여 이루어지는 해양무역이다.

    동아시아에서 해양이 이렇게 중요한 의미를 지닌 것은 실로 여러 가지 이유가 있다. 필자는 그러한 이유를 찾고 그 본질을 규명하기 위하여, 그리고 동아시아의 미래와 직결된 동아시아 공동체 구성을 목표로 한 유효성이 높은 발전모델을 찾는 작업을 하였다. 그것은 동아시아 역사를 지중해적 틀 속에서 해석하는 동아지중해모델이다.

## 4. 동아시아의 상생과 동아 지중해(EastAsian-mediterranean-sea) 모델

### 1) 동아지중해의 성격

#### (1) 동아시아의 지리적 환경

    동(東)아시아는 중국이 있는 대륙(大陸), 그리고 북방(北方)으로 연결되는 대륙의 일부와 한반도, 일본열도로 구성이 되어있다. 때문에 북방과 중국에서 뻗쳐오는 대륙적 질서(유목문화, 수렵삼림문화를 공유하고 있다.)와 남방에서 치고 올라가는 해양적 질서가 만나는 곳이다. 해양적 질서란 해양을 매개로 영위되는 생활(生活)과 문화(文化)이고, 전파나 경로 역시 해양과 밀접한 관계를 갖고 있다. 한반도를 중심축으로 일본열도와의 사이에는 동해와 남해가 있고, 중국과 한반도 사이에는 황해라는 내해(內海, inland-sea)가 있다. 그리고 한반도의 남부 와 일본열도의 서부, 그리고 중국의 남부지역(양자강 이남을 통상 남부지역으로 한다.)은 이른바 동중국해를 매개로 연결되고 있다.

    지중해적 형태와 성격을 띠고 있다. 보통 지중해는 2~3개의 육지로 둘러싸여 해양(海洋)으로서는 독립성(獨立性)을 결여(缺如)한 것으로서 대륙지중해(大陸地中海)와 다국간지중해(多國間地中海)로 구분하고 있다. 우리가 아는 지중해는 유럽・아프리카・아시아・지중해(Afroeurusian-Mediterranean-Sea), 북극해지중해(Artic-Mediterranean-Sea), 호주아시아지중해(Ostralo-Mediterranean-Sea), 미주지중해(America-Mediterranean-Sea), 흑해지중해(BlackSea-Mediterranean-Sea) 등 대륙과 대륙에 둘러싸인 대륙지중해(Multicontinental-Mediterranean-Sea)를 말한다.

동아시아는 완전한 의미의 지중해는 아니지만 바로 다국간 지중해(多國間 地中海)의 형태로서 모든 나라들을 연결시키고 있다. 이 지역에는 동아시아의 대다수 종족이 모여 있다. 한민족과 한족(漢族) 그리고 일본열도의 교섭은 물론 북방족과의 교섭도 모두 이 지역의 해양을 통해서 교류를 하였다.

이 지역은 문화적으로도 지중해적 성격을 띠었다. 연해주와 시베리아에서 연결되는 수렵삼림문화, 몽골과 알타이에서 내려온 유목문화, 화북의 농경문화, 그리고 남방에서 올라오는 해양문화 등 지구상에서 가장 극단적인 자연현상과 다양한 문화가 만나 상호교류하고 혼재하면서 발전하였다. 다양한 자연환경 속에서는 필연적으로 경제형태나 교역방식 역시 다양할 수밖에 없었다. 이러한 것들은 해양을 통해서 교류되어 왔으며, 여기서 형성되는 문화는 다양성이라는 지중해 문화의 전형적 특성을 가질 수밖에 없었다. 전형적인 정착성(stability)문화와 이동성(mobility)문화가 이곳에서 만나 상호보완한 것이다.

따라서 동아시아의 역사는 국가와 국가간, 지역과 지역간의 관계라는 일국사적(一國史的), 일민족사적(一民族史的)인 관점과 육지적(陸地的)인 시각을 벗어나 동아시아 해양 전체라는 거시적(巨視的)인 관점과, 육지와 해양의 유기적인 관계 속에서 파악하는 것이 유효하다. 특히 국제질서재편과정의 교차로에 있고, 충돌하는 문명의 틈새에 있으며, 동아시아 해양의 한 가운데에 위치한 우리에게 기존의 역사해석과는 다른 이러한 접근은 유용성이 강하다. 특히 황해는 중국(中國)과 한반도(韓半島)의 서부해안(西部海岸) 전체, 그리고 만주남부(滿洲南部)의 요동지방(遼東地方)을 하나로 연결하고 인접한 각국 들이 공동으로 활동을 하는 장(場)의 역할을 하고 있다. 때문에 일찍부터 인간과 문화의 교류가 빈번했고 그러한 공통성을 토대로 문화권이 형성되었다.

(2) 동아지중해의 특성

필자는 과거에 이루어졌던 동아시아 역사의 지중해적인 성격을 빌어 향후에 바람직한 공동권을 설정하기 위한 개념으로서 동아지중해(EastAsian-Mediterranean-Sea)란 모델을 제시한다. 이 모델을 적용하여 동아시아의 정치 경제적 성격을 규명할 경우에는 다음과 같은 장점이 있다.

첫째, 동아시아에서 중심부와 주변부를 명확하게 구분할 수 있다. 흔히 말하는 광범위하고 포괄적인 동아시아라는 범주 속에서 역동적인 동북아경제권(Dynamic North-East Asian Economies)은 중심부인 동아지중해가 된다. 중심부 주변부 반주변부 변방의 등의 월레스타인의 '세계체제론(World System Theory)'식 분류가 아니다. 또한 정치군사적 영향력과 비례한 수직적인 관계가 아니다. 즉 불평등과 차별의 관계가 아니다. 전체가 중심부가 되어 평등하고 수평적으로 네트워크화한 관계이다.

뿐만 아니라 그 중심부를 대륙과 반도와 섬, 즉 중국과 한국, 일본으로 따로 따로 파악하는 것이 아니라 해양질서와 육지질서를 서로가 공유하고, 어떤 지역에서든 연결된 하나의 권역으로 본다. 그럼으로써 동아시아 역학관계의 본질을 분명히 이해할 수 있다. 지역의 특성이 분명해지고, 그에 따라 국가간·지역간의 역할분담이라는 도식이 명확하게 드러난다.

둘째, 동아지중해 개념은 구성국들 간의 공질성을 구체적으로 확인시켜 준다.

동아시아 3국은 서로에 대한 정서적 이해와 공감이 필수적이다. 지도를 보면 사실 이 지역은 수 천 년 동안 지정학적(Geo-politics)으로 협력과 경쟁, 갈등과 정복 등의 상호작용을 통해 공동의 역사활동권을 이루어왔다. 또한 지경학적(Geo-economic)으로는 경제교류나 교역 등을 하면서 상호필요한 존재로 인식하여 왔다. 농경문화권에서는 삼림문화나 유목문화, 해양문화권의 생산물이 필요했고, 상대적으로 유목이나 삼림문화권에서는 농경문화의 생산물들이 절대적으로 필요했다. 그러므로 전략적 제휴관계를 맺어 적대국이 아닌 경우에는 교통의 어려움을 무릅쓰고라도 교역을 하였다.

그리고 매우 중요한 것이지만 지리문화적(geo-cultural)으로도 이 지역의 국가들은 의외로 문화의 공유범위가 넓었다. 세계관의 기본을 이루는 유교, 불교 등 종교현상뿐만 아니라 정치제도 경제양식 한자 생활습관 등 유사한 부분이 많았다. 전쟁, 기아, 교류 등으로 인하여 주민들의 자발적 비자발적인 이동이 빈번했으므로 사실은 종족과 언어의 유사성도 적지 않았다. 특히 고대 한국지역과 일본지역의 관계는 주민 문화 언어 모든 면에서 관계가 깊었다.

셋째, 이렇게 동아지중해 개념을 설정하여 동아시아의 역사를 볼 경우, 이 지역은 과거에도 절박하게 현실성을 가진 공동의 활동범위였음을 확인할 수 있다. 다른 권역과 효과적으로 대결하기 위해서는 지구상에서 어느 누구보다도 가까운 운명공동체라는 사실을 확실히 자각해야한다. 자연환경과 문화, 역사적인 경험 등이 북방 아시아나 동남아와는 다르고, 더 나아가 인도 서역 및 유럽지역과는 확연히 다르다. 물론 근대 이후의 역사에서는 각 국가 사이에, 민족들 사이에는 씻어버리기 힘든 경험들이 축적되어있고, 역사의 잿빛앙금이 두껍게 깔려 있다.

넷째, 동아지중해 개념은 동아시아의 현실적인 상황과 조건을 이해하는데 효율적인 도구가 된다. 현재 국지 경제권들이 한결같이 해양을 매개로 설정된 것은 시사하는 바가 크다. 동아시아는 결국 해양을 통해서만이 전체가 연결되며 교섭과 교역이 가능하기 때문이다. 바다가 개방됨으로써 각국의 해안도시와 항구도시들 간의 물류체계도 내해(內海)를 중심으로 원활해지고 있다. 따라서 지중해 개념의 설정은 현재 동아시아에서는 교류의 유일한 통로가 해양임을 명확히 해주고, 특히 경제교역에는 해양의 역할이 절대적이란 사실을 각인시켜줄 수 있다. 아울러 해양을 둘러싸고 갈등이 유발되고 있다. 어업직선기선, 배타적경제수역, 어선들이 상호영역침범을 비롯하여 독도

조어도 북방 도서문제 등 영토분쟁이 일어나 있다. 이는 오히려 해양을 매개로 삼아 각 지역간에 공존가 상생을 모색하고 도모할 수 있다는 반증이기도 하다.

이제 인류의 역사가 세계사적 규모로 확대되고, 지역 간의 갈등이 심각해지면서 이젠 동아시아가 하나로 뭉쳐야할 시기가 절박하게 도래했다. 사실 역사적 필요성으로 보아 동아시아는 이미 19세기 말에 협력체를 추진했어야 하는데 실기(失機)한 것이다. 그 결과로 가해 당사자인 일본은 물론 동아의 제국들 모두가 피해자가 된 비극을 맞게 된 것이다. 하지만 이제 동아시아는 공존하며 협력, 즉 상생을 실현해야 할 시기가 도래했다.

국가들의 통합(統合, integration)이 현실적으로 불가능한 동아시아가 협력체 내지 연합체, 혹은 공동체를 구성한다면 해양을 매개로한 지중해적 질서 속에서 이루어지는 것이 바람직하다. 유럽지중해와 카리브 및 걸프지중해, 동남아지중해 등과 경쟁하고 대결하는 동아지중해의 형성이 절실한 것이다.

### 2) 동아지중해 모델의 活用

이러한 지중해적 질서 속에서 동아시아 각 국가들은 어떠한 위치에서 어떠한 역할을 해야 할까? 중국·일본·러시아 및 남북한은 신질서가 재편되는 과정에서 각각 자기의 역할을 극대화시키고 가능한 한 자국에게 유리한 입장에서 질서의 재편과 유도를 시도할 것이다. 당연한 일이다.

중국과 일본은 강대국으로서 서로 간에 경쟁의식을 지니고 있고, 상대방을 의심하고, 경계하고 있다. 실제로 두 나라 모두 역사적으로 보아 패권을 지향하는 속성과 현실적인 능력 그리고 불안한 욕심과 비극적인 경험을 지니고 있다. 한편 우리는 남북통일이 불투명하며, 주변국의 방해로 인하여 민족력(民族力)의 결집 또한 매우 어렵다. 남북통일이 이루진다해도 향후 경제·정치·군사력에서 우리의 힘이 주변강국들에 비해 열세를 면할 가능성은 별로 없는 지극히 회의적인 처지이다.

그런데 어느 한 국가의 힘이 상대적으로 강해서 패자위치에 대하여 유혹을 느끼고 실현하고자 움직일 경우에, 그리고 이를 견제하고 조정할만한 세력이 부재할 경우에는 동아시아의 상생과 공동체 구성은 힘들어진다. 동아시아는 지리멸멸해지고, 서구세력의 각개격파전략, 즉 'divide and rule' 전략에 말려들어 간다. 상처를 입고 힘을 잃어가는 동아시아는 서구인이 장악해가는 세계질서 속에 타율적으로 편입될 수밖에 없다. 그것은 곧 생명의 상실을 의미한다. 정치·경제적으로 종속되고, 문화적으로 예속되며, 전 세기와 마찬가지로 정체성을 상실한 채 혼돈과 갈등과 붕괴 속에서 왜곡된 삶을 살아갈 것이다.

통일한국(統一韓國)은 두 강대국의 갈등과 충돌의 개연성이 적지 않은 신질서의 편성 과정에서 중간역할(中間役割)을 해야만 하는 위치에 있다. 국제관계에서 두 강대국 사이에 낀 강소국(强小國)이므로 일단 객관적으로 매개자겸 조정자의 역할을 할 수 있다. 한국지역은 역사적으로도 중간역할을 훌륭하게 수행하여 양 지역이 직접 충돌하는 것을 예방하였던 경험이 있다. 특히 일진성(一進性)의 경향을 띠우고 있는 동아시아에서 북방 및 중국세력은 늘 한국지역에서 멈추고 일본열도를 직접공격한 일이 거의 없었다. 또한 비교적 대륙적인 성격을 지닌 중국지역의 문화와 해양적인 성격을 지닌 일본문화도 우리지역에서 만나 우리식으로 해석되고 조화되어 각각 상대지역으로 전파되었다.

우리에게 주어진 자연환경은 그러한 역할을 수행하기에 매우 적합하였다. 우리는 동해·남해·황해·동중국해로 이어진 동아지중해의 중핵(中核, core)에 위치하고 있다. 한반도는 대륙과 해양을 공히 활용하며, 동해·남해·황해·동중국해 전체를 연결시켜줄 수 있는 유일한 나라이다. 특히 모든 지역과 국가를 전체적으로 연결하는 해양 네트워크는 우리만이 가지고 있다.

우리 바다를 통해서만이 동아시아의 모든 국가들이 본격적으로 교류할 수가 있다. 일본열도가 근대 이전의 동아시아 역사에서 주변부적 존재였던 가장 큰 이유는 중국지역과 직접 연결이 어려웠기 때문이다. 왜(倭)와 위(魏)간의 교섭 및 교역, 왜와 중국지역과의 교섭은 백제의 도움으로 이루어졌다. 심지어는 후에 일본국이 성립된 이후에도 관리들은 물론 승려들, 상인들이 신라정부 혹은 장보고선단 그리고 발해의 도움으로 중국지역 및 동남아 서역과 교류하였다.

우리지역의 이러한 역할과 기능은 21세기 동아시아 신질서의 수립과 상생, 공동체 구성에 더욱 필요해지고 있다. 남북이 긍정적으로 통일되어 중요한 해로를 장악하고, 해양조정력을 가질 경우에는 교류의 주도권은 물론 각국 간의 해양충돌 및 정치갈등도 주도적으로 해결할 수 있다. 또한 인프라의 효율적인 건설과 활용만 뒷받침 된다면 동아시아에서 하나뿐인 물류체계의 핵심로타리(I.C)로서 교통정리가 가능하고 나아가서는 동아시아의 경제구조나 교역형태를 조정하는 역할까지 할 수 있다. 따라서 문화 또한 우리를 중간거점으로 삼아 공통의 문화를 창조해낼 수 있다.

이처럼 해양의 비중을 높이고 중핵연결지의 역할을 충실히 할 경우 동아시아에서 정치·군사적인 비중이 상승함은 물론 경제적이나 교역상 문화상에서도 이익이 높아진다. 군사적·경제적 열세를 극복하면서 최소한 중핵조정 역할은 가능해진다. 3국가 가운데 어느 한 국가의 유달리 힘이 강하거나, 한국이 두 강대국 간의 중간역할을 제대로 수행하지 못할 경우에는 동아시아 공동체의 구성은 불투명하다. 따라서 한국지역의 지렛대 역할은 동아시아의 단결과 상생에 중요하고 의미있다. 물론 한국지역의 이러한 중핵조정역할(中核調整役割)은 인식의 전환, 해양질서와 해양력의 강화만으로는 불가능하다. 대륙 역시 중요시하고, 정치 군사외적인 영향력이 있어야 한다.

그러한 동아지중해의 역학관계와 한반도의 중핵조정지로서의 바람직한 역할과 가능성을 우리는 지나간 고구려의 역사를 통해서 가늠할 수 있다. 해양력의 중요성을 간파한 고구려는 5세기 광개토대왕 대에 들어와 국가전략을 본격적인 국제전략으로 수정하고, 대륙과 한반도와 주변 해양을 한 틀 속에 넣고 조정할 수 있는 동아시아의 완전한 중핵자리를 확보하였다.

그 결과 장수왕 시대에는 다수(多數)의 선(線)이 동시(同時)에 연결(連結)되는 다중(多重) 혹은 다핵(多核) 방사상형(放射狀形)으로 되었으므로 대륙과 해양을 공유하면서 각 국들의 교섭을 관리하고 통제하고 조정했다. 즉 백제, 신라, 가야, 왜 등이 북중국정권과 교섭하는 것을 막는 것은 물론 때로는 남조정권과의 교섭마저 막았다. 뿐만 아니라 해양통로의 확보를 잇점으로 분단된 중국세력들 간의 복합적인 갈등을 등거리 해양외교로서 적절히 이용했다. 그 무렵 동아시아에는 평화가 도래했다. 전쟁 대신 외교가 빈번하였고, 교역과 문화의 교류 또한 활발하였다. 고구려는 동아지중해에서 중핵조정역할을 하면서 정치적으로 경제적으로 문화적으로 강국이 된 것이다.

후에는 장보고로 대표되는 통일신라가 황해와 남해를 이용하여, 발해는 동해를 이용하여, 고구려가 누려왔고, 운용하였던 '동아지중해 중핵조정역할'을 또 다른 각도에서 수행하여 나라의 발전을 이룩하였다. 세계가 세계화라는 미명 아래 자집단주의(自集團主義)를 추구하면서 거대한 경제블록, 정치공동체가 탄생되는 시점에서 동아시아의 바다가 평화로워야 함은 매우 중요하고 의미가 있다. 무역이 더욱 활발해지고, 공동체의식을 지니게 되며, 동아시아전체의 발전을 가져오는데 전략적으로 유리하기 때문이다.

장보고가 등장한 9세기 초에 동아시아의 바다는 평화로운 상태가 되었고, 당과 통일신라발해 일본을 연결시키는 환황해문화(環黃海文化)가 활발해졌다. 장보고는 해적들을 소탕하고, 바다를 관리하면서 완전한 평화구도 속에서 활발한 무역, 문화교류, 신앙의 전파 등을 동반하여 각 국가들 간의 문화충격 등을 해소하며 동아시아문화의 공질성(共質性)을 형성하는데 큰 토대를 이루었다. 또한 이들은 일본과 교섭하여, 신라정부와의 긴장을 완화시키는데 일조를 하였을 것이며, 발해상인들과 만났을 가능성은 동아시아의 평화구도를 완성하는 데에 커다란 의미를 지녔다. 더구나 장보고는 경제 문화적으로도 내용과 형식에서 기존의 경제양식과 고전적인 무역형태를 벗어나 다양한 형태의 국제무역을 추진한 무역왕이었고, 문화와 신앙을 활용하여 주민 문화 물자 종교 등을 자율적이고 자유롭게 교류하게 하므로서 '동아지중해 물류장(field & multi core)시스템'을 완성시킨 전무후무한 사람이었다. 동아시아의 상생이 절실하게 요구되는 시대적인 상황 속에서 이러한 방식들은 우리에게는 물론 동아시아 국가들에게 바람직한 모델로서 시사하는 바가 크다.

## 5. 맺음말

21세기를 목표로 세계가 질서를 전면 재편하는 과정에서 동아시아는 협력이든 동맹이든 어떤 형태로의 상생이 필요하다. 그러한 당위성에도 불구하고 앞에서 지적했던 대로 정치·군사적인 갈등 때문에 공동체를 형성하는데 어려움이 많고, 경제적으로도 국지경제권의 난립과 중복, 비효율성 등 문제가 많다. 문화적으로도 20세기 이데올로기의 잔재가 남아있고, 문화를 수용하고 향유하는 방식과 논리에서도 차이가 많다.

이러한 문제점을 해결하는 데는 그 동안의 역사적 경험이나 지정학적 조건, 지경학적, 지문화적 조건, 그리고 현실적인 필요로 보아 그 결속의 공통분모로서 해양을 매개로한 동아지중해적 형태는 매우 유효하다. 이 질서 속에서 통일한국, 중국, 일본 러시아 등 동아시아 각국은 이해가 잘 조정된 협력체 내지 공동체를 구성하여 세계사 속에서 동아의 이익을 지켜야 한다. 그럴 경우 모든 면에서 열세에 놓여있는 한반도는 지리적으로 중핵(中核)에 있는 조건을 잘 활용하여 조정역할(調整役割)을 하면서 정당한 자기 위치를 확보해야만 한다. 통일한국이 활발한 해양활동과 동아지중해적 인식을 토대로 동아질서의 재편을 유리하게 주도하고, '동아지중해중핵조정역할(東亞地中海中核調整役割)'을 수행한다면 동아시아의 발전과 상생이 신속하고 바람직하게 이루어질 것이다. 그리고 강소국인 우리민족은 21세기를 보다 긍정적으로 맞이할 수 있을 것이다.

# 05 榮山江 유역의 해양역사와 21세기적인 의미*

## 1. 들어가는 말

　　동아시아에서 각 나라들이 다양한 형태로 경쟁을 벌이고 있으며, 심지어는 군사적인 충돌도 불사하고 있다. 그런데 이러한 국가들 간의 경쟁은 해양과 밀접한 관련을 맺고 있다. 21세기는 무역을 통해서 나라의 부를 창출시키는 시대이다. 물론 전근대사회에서도 자급경제가 아닌 이상에는 외국과 무역을 하는 일은 중요했다. 심지어는 군사용 무기를 수입하기 위해서도 무역은 반드시 필요했는데, 무역이란 물류이다. 물론 현대에 있어서 물류는 단순한 물자의 이동이나 운송이 아니라 모든 과정에 참여하는 시스템을 이른다. 물류의 시스템을 어떻게 설정하고 관리하는가에 따라 경제권이 설정되기도 한다. 예를 들면 북미경제권, 유럽경제권, 동아시아 경제권 등은 결국 물류의 흐름과 직접적으로 관계가 있다. 결국 물류가 중요하고, 물류의 기본은 안전하고 가장 효율적인 항로의 확보이다. 그렇다면 이렇게 해양물류의 비중에 커지고, 해양력이 경쟁을 벌이는 세계사와 동아시아의 상황 속에서 한국은 어떻게 해야만 할까? 그리고 한국이라는 유기체 속에서 공동의 운명을 띠고 있는 서남해안지역은?

---

* 「영산강 유역의 해양역사와 21세기적인 의미」, 『영산강 학술심포지움』, 나주시·광남일보, 2006.

## 2. 동아지중해모델과 영산강 유역

### 1) 동아지중해모델

우선 한국을 포함한 동아시아의 역사와 현재를 이해하고, 우리 집단이 발전하는 데에 공헌을 할 수 있는 틀로서 동아지중해(EastAsian-Mediterranean-Sea)모델을 설정한다.

동아지중해는 흔히 말하는 광범위하고 포괄적인 동아시아라는 범주 속에서 특히 역동적인 동북아경제권(Dynamic North-East Asian Economies)의 중심부이며 현재 한국지역, 중국지역, 일본지역, 러시아의 연해주 일부가 만나는 터이다. 이러한 해석틀을 적용하면 과거에 이루어졌던 동아시아의 역사를 대륙, 그것도 중국 위주로 평가해왔던 것과는 다른 평가를 할 수 있다. 즉, 대륙과 해양을 따로따로가 아니라 하나의 체제 속에서 유기적으로 파악하는 '해륙(海陸)사관'으로 해석하고 이해할 수 있다. 그리고 우리, 중국, 일본 등 세 지역은 아주 오랜 고대부터 느슨하나마 그 시대에 걸맞은 하나의 역사권이었음을 확인할 수 있고, 앞으로 진행되는 세계화 속에서 동아시아는 하나라는 운명공동체 의식을 지닐 가능성이 높아진다. 필자는 1993년 이래 줄곧 동아지중해라는 틀을 만들어 놓고, 그 해석틀 속에서 동아시아의 국가들은 궁극적으로는 상생을 누릴 수 있는 느슨한, 혹은 결속력이 강한 연방형태(동아시아연방)를 지향해야 하고, 일을 실현해가는 중간단계로서 다양한 목적과 형태를 지닌 공동체가 필요하다고 주장해왔다.

그런데 동아지중해모델을 동아시아와 우리의 역사와 현실을 해석하는 데에 적용할 경우에는 다른 나라들보다 특히 우리에게 매우 유리하다. 육지 위주로 바라보는 틀 속에서는 수동적인 처지에서 약소국으로 해석될 가능성이 높은 데 반하여 오히려 중핵이라는 능동적인 위치를 차지한다. 동아시아의 모든 나라들과 지역들은 육로건 해로건 간에 우리 지역과 해역을 통해서만이 교류가 가능하기 때문에 동아시아를 하나로 이어줄 수가 있고, 나아가서는 협력관계도 만들어낼 수 있다. 우리 해양을 통해서 동아시아의 모든 지역을 연결할 수 있으므로 동아지중해에서는 경제권을 설정하거나 물류시스템을 만들 때 우리의 역할은 중요해진다. 동아지중해의 중핵(core)이라는 자연이 준 위치를 지정학적·지경학적·지문화적으로 활용하여 물류망을 네트워크화 시킨다면 충분히 동아지중해 허브가 될 수 있다.

한민족의 해양문화는 발달했고, 해양력을 경제발전에 활용했다. 동아지중해의 주변에서는 이미 기원을 전후한 시기부터 나라들 간에 공식적인 무역이 활발했고, 국제적인 무역상들이 활동하는 항로가 길게 발달되어 있었다. 기원전 5세기 무렵에 원(原)조선도 중국지역(齊)과 무역을 했고, 기원전 2세기경에 조선과 한나라 간에 벌어진 전쟁은 종주권뿐만 아니라 교역권을 쟁탈하기 위한 목적도 있었다. 고구려는 무역을 활발하게 전개하면서 경제적으로 강국이 된 대표적인 경우이다. 그리고 후에는 통일신라, 고려 등이 다 해양을 활용해서 강국을 이룩하였다. 그런데 동아지중해의 중요한 전략적 거점 가운데 하나가 바로 한반도 서남해안지역이고, 이는 영산강 하구 및 나주와 직결된다.

## 2) 영산강 유역의 자연환경-강해도시

영산강과 연결되는 곳은 일종의 만인데, 서남해안에서 가장 훌륭한 해륙교통(海陸交通)의 요지이고, 중핵(core)에 있다. 나주 및 영산강이 지닌 중요한 이점은 큰 바다와의 직접 관련성이다. 영산강은 본류가 89.7km이나 지류가 현재 322.5km가 된다. 지류는 황룡강, 화순천 등을 거쳐 문평천, 고막원천, 삼포천, 영암천 등이 영암천의 행정구역상으로는 담양군·장성군·광주시·나주시·화순군·함평·영암·무안 등 전남지역 전체를 관류하고 있다. 이렇게 하계망(河系網)이 발달한 영산강 하구를 장악하면 내륙으로 이어지는 물길을 장악할 수 있어 전남내륙 전체에 영향력을 행사할 수 있다.

| 그림 1 | 영산포 주변의 옛 지도(1888년 측도, 1911년 발행)

나주평야(羅州平野)가 있어서 농업경제를 활성화시키고, 경제력을 강화시키기 위해서도 반드시 장악해야 할 지역이었다. 영산강은 지류(支流)와 본류(本流)가 이어지는 수계(水系)의 결절점(結節点)을 차지한 세력들 간에 갈등이 빈번했을 것이다. 특히 삼포강 등 본류와 지류의 중요한 지점에서 많은 수의 고분들과 성 등의 유적들이 발견되는 것은 이러한 배경이 있기 때문이다. 이러한 몇 가지 특성을 지니고 있으므로 영산강 하구를 장악하면 하계망(河系網)과 내륙수로(內陸水路)를 통해서 영산강유역의 내륙을 통합할 수 있다. 그리고 남부의 해상권을 장악할 수 있다.

나주가 가진 이점은 바다와의 관련성이다. 영산강이 끝나는 영산만은 남부 최대의 만(灣)이고, 해양활동의 핵심지역이다. 한반도 남부에 있는 세력들과 제주도(濟州道) 그리고 일본열도(日本列島)를 오고 가는 경우에는 반드시 통과해야 하는 해양교통의 길목이었다. 한반도 북부를 통해서 내려오는 길과 중국(中國) 강남(江南)에서 들어오는 길, 그리고 제주도(濟州道)에서 올라오는 길, 한반도의 남부동안(南部東岸)에서 오는 길, 그리고 일본열도(日本列島)에서 오는 길, 이러한 모든 물길이 상호교차(相互交叉)하면서 반드시 거쳐야 할 곳이 이곳이다. 그래서 일찍부터 문화가 유입되었다. 영산강하류는 이른바 수륙(水陸)교통과 해륙(海陸)교통이 교차되면서 상호호환성을 지닌 중계지역이다. 이곳에 설치된 나주는 이른바 하항(河港)도시와 해항(海港)도시의 성격을 이중적으로 가진 '강해(江海)도시'이다. 한편 영산강유역은 해안선의 형태가 매우 복잡하므로 만(灣)과 포(浦), 곶(串) 등이 곳곳에 발달하였다. 연안(沿岸)을 따라 인간의 접촉이 용이하고, 섬들을 징검다리로 반대편에 있는 사람들과 직접(直接) 혹은 간접접촉(間接接觸)을 할 수 있었다. 이국선(異國船)들이 표류하였을 때 주로 신안군 내의 섬들에 표착하였다.[1] 한편 영산강유역은 물길이 매우 복잡하고, 조류의 흐름이 불규칙하다. 해류도 방

---

[1] 異國船의 이 지역 漂着에 관해서는 『備邊司謄錄』(신안군관계기사 자료집), 신안군, 목포대학교도서문화연구소, 1998에 상세하게 정리되어 있다.

향이 일정하지 않다. 따라서 익숙한 토착세력이 아니고는 연안항해는 물론 해양활동 자체가 불가능하다. 영산강은 넓은 하구가 내부로 들어오면서 좁아지고 내륙 깊숙이 이어진다. 외부에서 관측(觀測)이 불가능하다. 대규모의 수군기지(水軍基地)를 설치할 수 있으며, 곳곳에 해양방어체제를 구축할 수 있다.

해양방어체제의 주요 임무는 '관측(觀測)과 검문(檢問)', '제어(制御) 및 저지(沮止)', '공격(攻擊)과 격퇴(擊退)' 이다. 영산강 하구는 섬들이 많고, 해안선이 매우 복잡하므로 곶과 포가 많다. 따라서 방어시설을 설치할 필요성이 강하고 또 설치하기에도 유리한 조건을 갖추고 있다. 이러한 성들의 존재는 계속해서 밝혀지리라고 판단된다. 이 성들의 성격을 정확하게 규명하기 위해서는 해양질서와 해양환경을 염두에 두는 것이 필요하다.

또한 경제활동을 할 만한 안정된 상업기지를 만들 수 있다. 또한 영산강하구 유역은 연안어업(沿岸漁業)과 근해어업(近海漁業) 등을 통해서 경제적인 이익을 얻을 수 있고, 수륙교통(水陸交通)의 결절점(結節點)으로서 수로와 해로교통을 이용하여 물자를 교환하고, 다른 지역과의 교역 등에서 발생하는 이익이 크다. 내륙에는 나주평야가 있어 농경에 충분하다. 이러한 해양환경 속에서 성장한 영산강 세력은 한반도의 서남해안 전체를 장악할 수 있고, 남해서부인 강진, 해남, 진도까지도 영향력을 행사할 수 있는 환경을 지니고 있다. 나아가서는 동아지중해(東亞地中海)의 해양교통의 중요한 길목으로서 국가에 결정적인 영향을 끼칠 수 있다.

## 3. 영산강 유역의 역사와 항로

바다에는 길이 있고 그 길은 단순한 항로가 아니라 물류(物流) · 문류(文流) · 인류(人流)가 움직이는 실질적인 장이다. 따라서 동아시아 혹은 동아지중해에서 항로의 장악이란 모든 동선(動線)의 메커니즘을 장악하는 것과 동일한 의미와 비중을 지니고 있다. 고대에 서남해안지역은 모두 세 개의 항로를 갖고 있었다. 중국지역, 일본열도지역, 그리고 제주도를 경유하는 오키나와지역이다.

### 1) 중국지역과의 교류 및 항로

중국 황해동안 지역과 한반도 황해 서부지역이 교섭을 가진 흔적은 여러 가지 면에서 확인이 되고 있다. 최근에 다시 제기되고 있는 것이 쌀농사의 전파과정이다. 고인돌은 황해연안(黃海沿岸)을 따라서 환상형(環狀形)으로 분포되어 있는데, 절강에서 한반도로 직접 전파되었다는 주장도 있다.[2] 해양을 매개로 해서 하나의 문화권이 형성되어 가는 현상은 일본열도와 중국지역과의 교섭에서도 확인되고 있다.

황해를 통한 중국지역과의 교섭은 역사시대에 들어오면 더욱 빈번해진다. 고조선은 해양활동이 활발했다. 한(漢)나라 이후에 동아(東亞)의 문화권(文化圈)이 급격하게 확대되었다. 위만조선 역시 한과 일정하게 교섭을 가졌다고 판단된다.

이 무렵 왜(倭)라는 정치단위가 등장하고 중국(中國) 및 삼한(三韓) 각국과 교섭을 했다. 일본열도에서 중국의 한(漢)이나 위(魏), 대방(帶方) 등과 교섭을 할 때는 한반도 서해연안을 거슬러 올라가서 요동만을 거쳐 들어가는 길밖에 없다. 물론 중국지역과 직접 교섭을 주장을 하기도 한다. 그러나 당시의 항해술 수준으로 한반도 서안을 이용하는 길이 무난하다. 왜와 중국지역과의 교섭에서 한반도의 서해안은 중요한 길목의 역할을 하였다.

그 후에도 역시 동일하였을 것이다. 이렇게 영산강은 중국지역, 특히 남쪽 지역과

---

2 毛昭晰, 「浙江支石墓의 形態와 韓半島支石墓 比較」, 『中國의 江南社會와 韓中交涉』, 집문당, 1997.
　毛昭晰, 「선진시대 중국강남지역과 한반도의 해상교통」, 『한중문화교류와 남방해로』, 국학자료원, 1997.

교섭을 할 때에 매우 중요한 발착항구(發着港口)지역이었다.

그러면 영산강역이 고대에 중국지역과 교섭을 하였을 때 사용한 항로는 어떠했을까? 우선 황해중부(黃海中部) 횡단항로(橫斷航路)가 있다.

경기만과 그 이하에서 직횡단하면 역시 남풍계열 혹은 동풍계열의 바람을 이용하여 산동반도 남단 안쪽의 청도만으로 진입할 수 있다. 주로 밀주의 판교진(板膠鎭 : 당시에는 膠西)으로 들어갔는데 교주만(膠州灣)에 근접해 있어서 대외무역 교통의 주요한 항구가 되었다.³ 후에 후백제(後百濟)는 중원지방에 있었던 후당(後唐)과도 교섭을 하였다. 심지어는 남서해안의 지방호족에 불과한 왕봉규(王逢規)도 후당과 교섭하였다. 이들은 황해중부 횡단항로를 이용하였으며, 이것은 경기만 이하 충청도, 전라도지역에서 출발한 항로였을 것이다.

산동의 청도만(靑島灣) 지역에서 한반도 남단으로 직접 횡단항해가 가능하며, 반대로 한반도 남단에서 산동(山東)이나 회하(淮河)유역 해상으로 항해가 가능하다. 필자가 시도했던 1996년 항해는 흑산도에서 동풍(東風) 내지 남동풍(南東風)을 활용할 경우에 산동지역을 비롯한 중국동안의 어느 지역이든지 접안이 가능함을 보여주었다. 『대동지지(大東地志)』에 따르면 위도(蝟島)에서 바람을 이용해 배를 띄우면 중국으로 갈 수 있다고 하였는데, 이 역시 절강(浙江)·강소(江蘇)·산동(山東) 등 광범위한 지역이었을 것이다.

그 다음에는 황해남부(黃海南部) 사단항로(斜斷航路)가 있는데, 이는 전라도 등의 해안에서 출발하여 사단(斜斷)으로 항해하여 강소성, 절강성 등의 해안으로 도착하는 것이다. 양자강유역의 이남으로 가는 데 주로 사용이 되었다. 서남해안에서 항구로서 적

---

3 朱江, 손보기 엮음, 「통일신라시대 해외교통 述要」, 『장보고와 청해진』, 1996, 혜안, pp.122~123. 朱江은 우리가 통상 황해남부항로로 인식하고 있던 남부출발의 항로를 흑산도를 거쳐 밀주의 大珠山에 도착한 다음에 남쪽으로 내려가 海州·楚州·揚州 등에 도착하는 것으로 이해하고 있다.

합한 조건을 갖추고 있는 곳은 영광(靈光), 영산강 하구의 회진(會津), 그 아래인 완도(莞島), 해남(海南), 강진(康津) 등이 해당된다.

도착항구로서는 강소성의 연운(連雲)을 중심으로 한 해안지방, 절강성의 항주(杭州), 영파(寧波 : 明州), 주산군도(舟山群島)이다. 삼국시대에 백제는 주로 강소지역에 도착하였으나 절강지역도 백제인들과 관련이 있는 듯하다. 이 항로를 사용할 경우에 한반도 서남해안은 반드시 거쳐야 할 지역이었다. 남해서부의 해남을 포함한 화원반도(花源半島) 및 서해남부의 나주(羅州), 목포(木浦), 무안(務安) 일대, 그 위로 군산(群山) 서부지역이 이에 해당된다.

한편 중국과의 교섭에서 빼놓을 수 없는 것이 동중국해(東中國海) 사단항로(斜斷航路)이다.

절강 이남지역을 출발하여 동중국해와 제주도 해역, 황해남부를 거쳐 서남해안에 도착하는 항로이다. 이 항로의 일부는 남중국과 일본열도가 교섭하는 데에도 사용이 되었다. 후대에 일본의 견당사선(遣唐使船)들이 사용한 소위 남로(南路)가 그것이다. 동중국해 사단항로는 후대의 기록과 필자의 실험항해를 통해서 복원이 가능하다. 서긍(徐兢)이 『선화봉사고려도경(宣和奉使高麗圖經)』에서 기술한 항로이다.

이 항해는 늦봄에 남풍계열의 바람(남서풍이면 더욱 좋다)을 타고 해류의 흐름을 이용하여 항주만 혹은 양자강 하구에서 한반도 남부까지는 항해가 자연스럽게 이루어진다. 『송사(宋史)』에는 순풍일 경우에는 흑산도까지 건너는데 5일이 걸린다고 하였다. 필자는 1997년 6월 하순에 뗏목 '동아지중해호(東亞地中海號)'를 타고 이 항로를 답사하였다. 서긍의 기록과 항로가 일치하였고, 흑산도까지 17일이 걸렸다.

동중국해 사단항로는 원양항해를 해야 한다. 그러나 해조류와 바람 등의 자연조건과 항법상으로 보아 한반도 남부로 항해하기에 좋다. 반대로 한반도 남부지역을 출발하여 흑산도를 경유할 경우 초가을부터 초봄까지 북동계열의 바람을 이용해서 양자강 하구나 항주만 지역에 도착할 수 있다. 제주도 근해나 흑산도 근해에서 표류한 배들이 절강성과 복건성 지역에 도착하는 것은 다 이런 이유 때문이다.

## 2) 일본열도와의 교류와 항로

일본열도와의 교류는 선사시대(先史時代)부터 활발하였다. 특히 삼국시대에는 조직적으로 정치, 경제적인 목적을 지니고 일본열도로 진출하였다. 물론 일본열도에서도 교류민들이 오거나 군사적인 침략을 하기도 하였다. 양 지역의 교섭은 동아시아 및 한반도의 정치정세, 그리고 항해술의 영향을 받았다. 양 지역 간의 교섭은 군사력을 배경으로 하고 조직적이며 연속성을 가진 국가와 국가 간의 교섭보다는 비조직성(非組織性), 불연속성(不連續性), 다지역성(多地域性), 그리고 다목적성(多目的性)을 특징으로 하였다.

그러면 한반도 서남해안지역과 일본열도 간에 사용된 항로는 어떠했을까?

남해동부(南海東部)를 출발(出發)하여 대마도(對馬島)를 경유(經由)한 다음에 규슈북부(北部)에 닿는 항로(航路)이다. 이 항로의 출발지는 흔히 낙동강 하구지역을 가장 고대 대왜항로(對倭航路)의 기점으로 인식하고 있다. 그러나 물길의 이용문제에 대해서는 문제가 있다. 항해상으로 보아 적합한 도착지점은 규슈북서부의 요부코(呼子付)나 당진만이다. 이 지역은 벼농사가 발달되었고 소국가의 형성이 일찍부터 시작된 곳이다. 해양환경은 소국의 형성에도 영향을 끼쳤다. 『후한서(後漢書)』나 『삼국지(三國志)』「위지(魏志)」 등에 나오는 이도국(伊都國), 말로국(末蘆國) 등 입구국의 위치는 이토시마 반도, 마쓰우라 등 북부해안지대이다.

그런데 일본열도 내지 대마도에서 출발했을 경우에는 해조류 및 계절풍, 해양조건을 이용하여 자연스럽게 김해지역 등 남해동부 및 동해남부 지역에 도착한다는 것이다. 서남해안 혹은 남해서부 해안에서 출발하여 규슈 서북부로 직항하는 항로(航路)도 있다. 이 항로는 마한을 거쳐 4세기 이후에 백제계가 본격적으로 활용하였다. 백제게 세력들은 영산강, 해남, 강진 등 한반도의 서남 해안이나 남해 서안에서 출발하거나 혹은 경유 항구로 사용하였다. 남해안을 따라 연안항해(沿岸航海) 내지 근해항해(近海航海)를 하였을 것이다. 백제는 대마도를 경유하여 규슈 북부로 상륙하거나, 또는 제주도를 우현으로 바라보면서 해류와 바람 등을 이용하여 규슈의 서북쪽에 자연스럽게 도착했다. 고토(五島)열도에서 갈라져 북으로 동진하면 규슈북부에 있는 가라쓰(唐津)등의 육지에 닿고, 남쪽으로 해서 동진하면 아리아케해(有明海)라는 호수 같은 커다란 만과 만난다. 백제인들은 이곳에 많이 닿았다.

그들은 아리아케해(有明海)에서 강들을 역류하여 내륙으로 진입해 들어갔다. 현재 나가사키(長崎)·구마모토(熊本), 사가(佐賀)현의 서부 지역 등이 한반도의 서남해안을 출발한 세력들의 진출지였다. 특히 다마나(玉名)지역은 쓰쿠시(筑紫)평야와 기쿠치강(菊池川) 등 강을 끼고 있어 항해민들이 정착하기에 적합한 곳이다. 이 지역에서 후나야마고분(船山古墳) 등 전방후원분(前方後圓墳)과 장식고분들(裝飾古墳)이 많이 발견되는 것은 이러한 지정학적인 조건 때문이다. 후나야마(船山)고분에서 발견된 유물들은 백제 지역에서 발견된 것들과 유사한 점이 많이 있다. 백제인들은 일본열도에 조직적으로 진출을 하였다.

그런데 한 가지 중요한 사실이 있다. 전라도 해안에서 일본열도지역으로 항해하는 일은 가능하며, 어려운 일이 아니다. 그러나 일본열도에서 서남해안으로 항해하는 일은 쉬운 일은 아니다. 영산강 유역에서 발견된 유적들, 특히 전방후원분들은 이러한 다양한 양 지역 간의 해양환경을 고려하면서 해석되는 것이 바람직하다.

## 4. 맺음말-21세기적 의미

21세기는 경제의 세기, 무역의 세기이며 해양의 세기이다. 한민족은 한반도의 동아지중해 중핵 역할을 통해서 정치적으로 조정기능을 강화시키고, 물류의 허브로서 무역을 발전시킬 수 있다. 그리고 그러한 전략 가운데 서남해안의 역할과 위상이 있다.

살펴본 바와 같이 21세기 국제환경은 급박하게 질적으로 변화하고 있다. 서남해안과 영산강 하구의 중요성이 점점 커지고 있다. 21세기를 맞은 나주는 어떠한 위상을 지녀야 하고, 또 어떠한 역할을 담당해야 할까?

앞에서 언급한 바와 같이 한반도는 지리적으로 동해, 남해, 황해, 동중국해로 이어진 동아지중해의 중핵(core)에 위치하고 있다. 그리고 21세기는 무역을 중요시하는 연결과 협력의 시대이다. 남북이 긍정적으로 통일될 경우, 모든 지역과 국가를 전체적으로 연결하는 해양 네트워크는 우리만이 가지고 있다. 중요한 해로를 장악하고, 이를 지렛대로 삼아 해양조정력을 가질 경우에는 각국 간에 벌어지는 해양충돌 및 정치적인 갈등도 해결할 수 있다. 또한 인프라를 효율적으로 건설하고 활용하여 뒷받침만 된다면 동아시아에서 하나뿐인 물류체계의 핵심 로터리가 될 수 있다. 그래서 교통정리가 가능하고 나아가서는 동아시아의 경제구조나 교역형태를 조정하는 가교역할까지 할 수 있다. 이 동아지중해에서 중요한 전략적 거점 가운데 하나가 서남해안이다.

이른바 서남해안의 중요한 부분을 경제특별지구로 선포할 필요가 있다. 물론 영산강 등 중요한 하계망으로 이어지는 내륙의 몇몇 도시들을 엮어야만 한다. 나주는 매우 유리한 조건을 갖추고 있다. 영산강 수로를 이용해서 광주 및 목포와 이어질 수 있고, 해남이나 광양만으로도 이어질 수 있는 교통의 요지이다. 그렇다면 물류 통로 및 기지 배후 도시로서, 수륙양면을 이용할 수 있는 적합한 곳이다. 이른바 수륙(水陸)교통과 해륙(海陸)교통이 교차되면서 상호호환성을 지닌 중계지역이다. 결국 나주는 영산강하구를 개방·개발하고 최대한 활용함으로써 전남 내륙권과 유기적으로 연결시키면서 중추적인 역할을 해야 한다. 광주나 목포의 위성도시나 혹은 배후도시로 규정되는 소극적이고 수동적인 자세에서 탈피하여 좀 더 적극적으로 위상을 정립할 필요가 있다.

서남해안의 이러한 장점에 주목하고, 이를 실천함으로써 역사의 인물이 된 사람이 바로 장보고이다. 그는 21세기적인 관점에서 평가하면 국내외적인 상황 속에서 청해진을 일종의 경제특구(Special Economic Zone)나 유사한 개념의 역할을 하게 하고, 동아지중해의 요소요소에 포진해 있는 신라방 등 거점도시들을 일종의 자유무역지대(Free Trade Zone, Foreign Trade Zone), 자유무역항으로 삼아가면서 유기적으로 연결한 것으로 보인다. 이렇게 해서 동아지중해의 물류체계를 장악하였고, 황해 연안을 그들만의 자연스러운 영토(Natural Economic Territory)로 만들었다.

장보고 후에는 왕건 및 나주오씨 세력과의 관계에서 보듯이 이 지역은 역사적인 상징성도 높고, 또 성공한 모델로서의 유리함도 있다. 왕건은 수군을 거느리고 서해를 내려가 후백제의 금성군과 주변의 10여 군현을 점령하고, 나주로 삼았다. 6년이 지난 후인 909년에는 해군대장군으로서 나주를 지켰다. 이후 무역을 벌이는데도 서남해안은 중요한 역할을 담당할 수 없었고, 늘 역사의 주변부로 머물러 있었다. 물론 이러한 현상은 동아시아의 국제질서와 한반도 내의 정치·경제적인 상황들이 이 지역의 성장에 유리하지 못한 탓도 있다. 하지만 무엇보다도 서남해안의 정치·경제적인 가치와 역할을 충분히 인식하지 못한 채 적극적인 발전전략을 수립하지 못한 이 지역 자체에 책임이 크다고 할 것이다. 왕건과 나주오씨 간의 연합정책을 오늘날의 상황에 비추어본다면 나주 및 영산강하구는 인천 경제특구, 평택 등과 상생체제를 확립할 가능성이 있다는 선례를 보여준다. 경제특구 설치 등 국내외 환경의 변화와 경기만의 지리적 가치, 역사적인 선례로 고려할 때 영산강하구는 다양한 측면에서 새로운 가치를 가진 지역으로 부상될 가능아이 높다. 영산강 수로사용, 포구의 복원과 항구건설, 다리건설, 도로신설, 단지조성, 문화관광특별지역 선포 등의 사업들을 적극적으로 추진할 수 있다. 이렇게 하려면 나주는 도시의 성격과 위상에 변화가 불가피하다. 영산강, 서해 등 천혜의 자원을 적극적으로 활용한다면 환경도시, 관광도시로서 변모할 조건이 충분하다. 내부에 흐르고 있었던 자연수로나 인공으로 파놓은 농수로 등을 독자적으로 혹은 영산강 본류나 바다와 연결시켜 활용하는 방안도 모색해야 한다. 또한 문화도시의 성격도 많이 회복할 수 있다. 백제, 가야, 신라, 왜까지 관여한 경쟁이 치열하게 벌어진 전장이었으므로 강변에는 고대국가들이 축조한 성곽 등 방어시설들이 많이 있다. 경관이 아름다운 곳에 설치한 이러한 성들과 고분들을 유기적으로 복원한다면 관광상품의 가치가 훌륭함은 물론이고, 영산강의 정체성을 인식하는 효율적인 도구가 될 수 있다.

# 참고문헌

## ▶ 저서

『동아지중해와 고대일본』, 청노루, 1996.
『바닷길은 문화의 고속도로였다』, 사계절, 2000.
『장보고 시대의 해양활동과 동아지중해』, 학연문화사, 2002.
『한민족의 해양활동과 동아지중해』, 학연문화사, 2002.
『고구려 해양사 연구』, 사계절, 2003.
『장보고의 나라』, 정신세계사, 2003.
『한국 해양사』, 학연문화사, 2003.
기타

## ▶ 논문

「황해의 지중해적 성격 규명을 위한 한 접근(1)」, 『황해문화 국제학술회의』, 동국대학교, 1996.
「黃海의 地中海的 性格硏究」, 『韓中文化交流와 南方海路』, 국학자료원, 1997.
「西海岸 一帶의 海洋歷史的 環境에 대한 檢討」, 『扶安 竹幕洞祭祀遺蹟 硏究』, 국립전주박물관, 1998.
「古代 韓中(江南)海洋交流와 21세기의 意味」, 『中韓人文科學硏究』3집, 中韓人文科學硏究會, 1998, 12.
「黃海文化圈의 形成과 海洋活動에 대한 연구」, 『先史와 古代』, 한국고대학회, 1998, 12.
「고구려의 東亞地中海 모델과 21세기적 의미」, 『아시아 文化硏究』 목포대학교 아시아문화연구』, 2000, 2.
「고대 東亞地中海의 海洋交流와 榮山江流域」, 『지방사와 지방문화』3, 목포대학교 역사문화학회, 2000, 7.
「범신라인들의 해상교류와 중국강남지역의 신라문화」, 『8~9세기 아시아에 있어서의 신라의 허상』, 한국사학회, 2000, 10.
「장보고의 해양활동과 국제관계」, 『해양정책 연구』16, 한국해양수산개발원, 2001.
「범신라인들의 해양교류와 중국 강남지역의 신라문화」, 『신라인의 실크로드』, 백산자료원, 2002.
「한국의 고대문화 형성과 해양남방문화-소위 해양실크로드와의 관계를 중심으로」, 『국사관 논총』, 2004.
「東아시아의 海洋空間에 관한 再認識과 活用-동아지중해모델을 중심으로-」, 『동아시아의 공간관』, 제28회 동아시아 고대학회 국제학술대회, 대마도, 동아시아 고대학회, 2006, 8.
기타

# 06

# 변산반도의 해양사적 의미와
# 21세기적인 가치에 대한 모색*

## 1. 서 언

　　21세기는 인류 역사상 가장 극적인 전환기이다. globalization이라는 미명 아래 서구중심의 세계질서로 재편되고 있다. 그러한 가운데에서 동아시아가 공동체를 구성한다는 것은 선택의 문제가 아니라 필연의 영역이 되어버렸다. 단일 시장, 단일 경제권, 공동의 문화권을 거쳐 궁극적으로는 정치공동체인 동아연방이 탄생할 것이 자명하다. 이러한 과정에서 동아시아 모든 지역이 만나고, 역사상 중요한 역할을 담당해온 황해의 중요성은 더욱 커지고 있다. 황해주변의 거점도시들이 새로운 동아시아 질서에서 중요한 위치로 부상하고 있다. 그 가운데 하나가 전북지역이고 변산반도이다. 특히 새만금의 완공은 어떠한 형태로는 부안지역은 물론 크게는 동아시아의 경제에 영향을 끼칠 것이다. 이제 전북지역은 물론이고 특히 변산반도는 새로운 상황에 걸맞은

---

\* 「변산반도의 해양사적 의미와 21세기적인 가치에 대한 모색」, 『변산반도 해양문화』, 포럼, 부안군 지역혁신협의회, 2007.
　이 글은 필자가 여러 곳에서 발표한 내용을 토대로 재작성한 부분이 많다. 대부분 필자의 연구 성과를 이용하였으므로 특별한 경우를 제외하고는 상세한 주를 달지 않았다. 인용과정에서 몇몇 빠진 부분이 있는데 그것은 필자의 원논문들에는 표시하였음을 밝힌다.

대안을 제시해야 한다. 이곳에 가장 적합한 발전전략을 세우고 실현시킬 준비를 갖추어야 한다. 그 가운데 하나로서 이 지역의 본질은 물론 역사상을 이해해서 이 지역의 발전과 퇴보와 관련한 많은 정보를 획득해야 한다. 특히 해양이 중요성이 증대되고 있는 상황에서 이 지역의 해양활동과 관련한 이해는 필수적이다.

## 2. 동아시아 역사에서 해양의 역할-해양활동을 중심으로

### 1) '東亞地中海' 모델의 설정

한국의 역사상을 구체적으로 이해하기 위하여 먼저 지리적 특성을 살펴보자.

주목하지 못했던 사실이지만 동아시아의 각국들은 대륙과 한반도, 일본열도 및 제도들에 둘러싸인 황해, 남해, 동해, 동중국해 등을 포함하고 있어 지중해적 형태와 성격을 띠고 있다. 지중해는 2~3개의 육지로 둘러싸여 해양(海洋)으로서는 독립성(獨立性)을 결여(缺如)한 것으로서 대륙지중해(大陸地中海)와 다국간지중해(多國間地中海)로 구분하고 있다. 지중해는 나름대로 몇 가지의 특성을 가지고 있다.

지중해는 해양문화의 성격을 구비하고 있는 만큼 이동성(mobility)이 강하다. 각 지역 간의 이동이 비교적 자유롭고, 비조직적이므로 국가의 형성과정이나 정치집단들 간의 관계도 매우 복잡하다. 한편 지중해는 정치·군사적인 것보다는 교역, 문화 등 구체적인 이해(利害)관계를 중시하는 경향이 있다. 항상 개방적이고 여러 가지의 다양한 문화를 전파하고, 수용할 수밖에 없다. 또 그렇기 때문에 자기문화의 차별성을 강화시키고, 교역의 이익을 많이 남기기 위해서 문화창조활동을 활발히 하여 왔다. 따라서 국경이나 종족보다는 문화나 경제개념이 질서를 구축하는 데 중요한 인자(因子)로 작용하였다.

그런데 동아시아는 완전한 의미의 지중해는 아니지만 바로 다국간 지중해(多國間 地中海)의 형태로서 모든 나라들을 연결시키고 있다. 이른바 '동아지중해(東亞地中海, EastAsian-Mediterrean-Sea)'이다. 이 지역에는 동아시아의 대다수 종족이 모여 있다. 한민족과 한족(漢族) 그리고 일본열도의 교섭은 물론 북방족과의 교섭도 모두 이 지역의 해양을 통해서 교류를 하였다. 황해는 동이족(東夷族)이 개척하였으며, 고조선과 전한(前漢)이 첫 대결을 벌였다. 이후에 한민족과 한족은 계속해서 갈등을 벌이면서 황해를 공유하였고, 역동적이고, 활발한 교류를 하였다.

반면에 동아지중해에서 비교적 외곽인 남해와 동해는 한민족의 바다였다. 우리는 해양력을 바탕으로 선사시대부터 일본열도를 개척하고 점차 식민(settlement)하며 곳곳에 나라를 세웠다. 가야, 백제, 신라 등이 진출하였으며, 고구려도 동해를 건너갔다. 마치 그리스인들이 배를 타고 지중해의 연안을 따라가거나 바다를 건너 교역을 하면서 점차 식민지를 세우고, 도시국가(police)들을 건설하는 것과 동일한 형태이었다. 후에는 발해가 역시 동해를 통해 일본과 활발한 교류를 맺었다.

또한 이 지역은 문화적으로도 지중해적 성격을 띠었다. 연해주와 시베리아에서 연결되는 수렵삼림문화, 몽골과 알타이에서 내려온 유목문화, 화북의 농경문화, 그리고 남방에서 올라오는 해양문화 등 지구상에서 가장 극단적인 자연현상과 다양한 문화가 만나 상호교류하고 혼재하면서 발전하였다. 다양한 자연환경 속에서는 필연적으로 경제형태나 교역방식 역시 다양할 수밖에 없었다. 이러한 것들은 해양을 통해서 교류되어 왔으며, 여기서 형성되는 문화는 다양성이라는 지중해 문화의 전형적 특성을 가질 수밖에 없었다. 전형적인 정착성(stability)문화와 이동성(mobility)문화가 이곳에서 만나 상호보완한 것이다.

## 2) 황해중심의 역사활동-국제관계를 중심으로

황해는 중국과 한반도의 서부해안 전체, 그리고 만주남부(滿洲南部)의 요동지방(遼東地方)을 하나로 연결하고 인접각국(隣接各國)들이 공동으로 활동하는 장의 역할을 하고 있다. 황해는 해역과 지역에 따라 차이는 있지만 기본적으로는 얕은 바다와 복잡한 지형인 리아시스식 해안으로 이루어져 있다. 황해는 형성과정상 평균 44m로 일반적으로 수심이 낮고 해안선이 복잡한데다 발달된 만(灣)과 섬들이 산재해 있다. 이러한 조건 때문에 연안을 따라 먼 거리에 있는 사람들은 비교적 쉽게 접촉할 수 있었으며, 더욱이 발달된 섬들은 바다 멀리 진출할 수 있게 하여 활동범위(活動範圍)를 넓혀주었다. 뿐만 아니라 그것을 징검다리로 해양의 반대편에 있는 사람들과 직접 혹은 간접접촉을 할 수 있게 하였다.

항해에 영향을 끼치는 자연조건 중에서 기본적인 것은 해류(海流)와 조류(潮流), 바람이 있다. 해류는 항류(恒流)와 연안에 흐르는 연안반류(沿岸返流)가 있으며 또한 지역적인 조류가 있다. 해류의 흐름은 항해술, 조선술 등 인간의 문화발전과는 관련없이 인간을 일정한 장소에서 일정한 장소로 이동시켜 준다. 또한 때로는 인간의 의지와는 무관하게 인간과 문화의 이동을 가능하게 한다. 해류는 지역에 따라 조류의 영향을 받으며, 바람의 영향 또한 상당히 받는다. 따라서 대양항해가 아닌 근해항해인 경우 해류의 영향은 상대적으로 감소한다. 동아시아 해류에는 쿠로시오(黑潮)와 그 본류(本流)에서 갈라져 나온 지류(支流)들이 있다.[1] 황해, 동중국해의 해류는 바람의 영향, 중국대륙으로부터 하천수(河川水)의 유입량의 변화 등에 의하여 변화가 많다.[2] 한편 중국 연

---

[1] 黑潮를 가장 협의로 한다면 東中國海로 들어서면서부터라고 말하는 것이 된다. 동중국해의 흑조는 중국 연안에서 일본전역에 걸쳐 중요한 영향을 미치면서 일본 北陸外海에서 북태평양을 東方으로 흘러가는 暖流系의 해류이다. 흑조에 대하여 역사적 입장을 전제로 하면서 이론적 접근을 한 글은 茂在寅南의 「古代日本の航海術」, 『韓國の近海航路志』, 小學館, 1981, pp.88~90.

안을 남하하는 해류는 발해(渤海) 및 황해북부에서 기원하며 중국대륙 연안을 따라 남하하다 남중국해 방면으로 사라지는데 동계에는 수온이 낮다. 그런데 이 흐름이 7·8월에는 상해만쯤에서 동으로 방향을 틀어 한반도 남부방향으로 간다. 한편 항주만을 가운데 두고 밑에서 올라오던 해류는 동으로 돈 다음에 동남향하면서 일본열도의 서부인 고토(五島)열도 방면으로 사라진다.

해양조건, 특히 항해환경에 있어서 바람의 영향은 지대하다. 특히 계절풍(季節風)은 일정한 방향성이 있으므로 상시적으로 활용할 수 있다. 동아시아는 계절풍 지대이다. 황해나 동중국해는 동계(冬季)에는 북서풍이고, 때때로 편북(偏北)에서 편북동풍(偏北東風)이 된다. 하계(夏季)에는 편남(偏南) 또는 편남동풍(偏南東風)이 많고, 봄·가을에는 부정풍(不定風)이 많다. 그러나 때에 따라서 다르고 지역에 따라서 다른 것이 바다의 바람이다. 동아시아인의 해상 이동은 바로 이 계절풍의 방향에 따라 상당한 영향을 받게 된다. 봄에서 여름에 걸쳐 부는 남풍계열의 바람은 중국 남부해안과 한반도 혹은 일본열도와의 교류를 가능하게 한다. 반면에 가을에서 겨울에 걸쳐부는 북풍(北風)계열의 바람은 한반도 북부와 중국의 중부 혹은 남부해안과의 교류를 가능하게 한다. 한편 남풍(南風)계열의 바람은 일본열도에서 한반도로의 교류를, 북풍계열의 바람은 한반도에서 일본열도의 남부와 서부해안과의 교섭을 가능하게 한다. 이처럼 해류, 조류, 바람 등의 자연조건들은 동아시아의 해양문화환경에 영향을 미친다.

그 다음은 조류(潮流)이다. 항해에서 가장 중요한 것은 안전한 물길의 발견과 수로(水路)의 선택이다. 안전한 물길이란 바람, 해무(海霧) 등 해상상태의 여러 조건이 충족되어야 하지만, 섬들이 많고, 조류의 움직임이 복잡하면 항로의 선택이 매우 어려울 뿐더러 항해 자체가 불가능하다. 대양이 아니고 연안 혹은 근해이며, 근해항해(近海航

---

2 增澤讓太朗, 「日本 めぐる 海流」, 『MUSEUM KYUSU』 14, 1984. 博物館等建設推進九州會議에 東中國海 海流 등 다양한 자료가 있다.

海)를 할 경우에는 조류가 중요한 역할을 한다. 한반도 서해안과 중국의 동해안은 조류의 흐름이 매우 빠르고 방향의 지역적 편차가 심하다. 조류의 움직임이 얼마나 복잡한가는 주산만(舟山灣)·청도만(靑島灣)·맹골수도(孟骨水道)·흑산제도(黑山諸島)·고군산군도(古群山群島)·경기만(京畿灣) 등 몇몇 특정 지역의 조류를 보아서 알 수가 있다. 이러한 복잡한 지역은 지역조류에 익숙한 해양민이 아니면 항해가 불가능하다. 따라서 지역물길에 익숙한 집단이 그 지역의 해상권을 장악하고 세력화하는 것이다. 이러한 조류의 특성은 각 지역마다 개별적인 해상호족세력(海上豪族勢力)의 존재가능성을 암시한다. 선사시대(先史時代)와 고대(古代)사회에서 해안 근처에 집단분포의 흔적이 있는 것은 의미심장한 일이다.

항해환경에 있어서 중요한 또 하나의 조건은 각 지역 간의 항해거리와 항법이다. 황해(黃海)는 얕은 바다와 복잡한 지형인 리아스식 해안으로 이루어져 있다. 황해는 평균 44m로서 일반적으로 수심이 낮고 해안선이 복잡한데다 발달된 만(灣)과 섬들이 산재해 있다. 때문에 연안을 따라 먼 거리에 있는 사람들은 비교적 쉽게 접촉할 수 있었다. 더욱이 발달된 섬들은 바다 멀리 진출할 수 있게 하여 활동범위를 넓혀주었다. 뿐만 아니라 그것을 징검다리로 해양 반대편에 있는 사람들과 직접 혹은 간접접촉을 할 수 있게 하였다. 즉 근해항해(近海航海)의 가능성이 많다.

각 지역 간의 거리도 긴 편은 아니다. 산동에서 황해도 육지까지는 직선거리로 약 250km이다. 장보고 당시에 만 하루 정도도 안 되어서 황해도의 연안을 볼 수 있을 정도의 거리이다. 이처럼 황해는 거리가 짧은 내해(內海), 지중해(地中海)로서의 성격을 가지고 있기 때문에 대부분의 경우, 지문항법(地文航法)을 활용한 근해항해에 큰 난관은 없었을 것이다. 황해의 이러한 해양적 특성은 한국을 비롯한 동아시아의 역사상에서 다양한 분야에 걸쳐 영향을 끼쳤고, 특히 황해남부지역인 전북해안과 전남해안에는 더욱 심대한 영향을 끼쳤다.

## 3. 전북해양 및 변산반도의 해양사적 위치와 역할

### 1) 자연환경 검토와 국제항로

　전북해안 지역이 항해상에서 중요한 역할을 한 것은 해양환경 외에도 육지의 지형과 지리적 위치 때문이다. 다도해지역을 통과하여 북상한 선박들이 처음 부딪히는 곳이 변산반도와 군산 서부지역이다. 변산반도가 가진 항해상의 유리한 조건을 알기 위하여 시인거리를 계산하였다. 의상봉(義湘峯)은 시인거리가 52.38해리, 바닷가에 있는 쌍선봉(雙仙峯)은 50.02해리이다. 근해항해를 한 선박들이 물표(物標)로 삼을 수 있는 호조건이다. 즉 서남해안을 돌아온 선박은 물론 양자강 유역에서 출발하여 (寧波 부근의 해양) 황해를 사단해 온 선박들도 이곳을 목표로 항해할 수 있다.

　그런데 변산반도 앞에는 상왕등도(上旺嶝島), 하왕등도(下旺嶝島), 위도(蝟島), 계화도(界火島) 등의 조그만 섬들이 있었다. 북쪽에는 고군산도(古群山島) 등 몇 개의 조그만 섬들이 있는데 항해에 방해받을 정도로 많거나 복잡하지는 않다. 위도의 망월봉(望月峯)은 해발 255m이므로 오히려 지형지물의 구실을 하였을 것이다. 그리고 때로는 피항지 및 물 등 식수원의 공급처 구실도 하였을 것이다. 위도(蝟島)에는 조선시대에 상선(商船)들이 모이는 곳이었으며 진(鎭)이 있었다. 또한 황해를 건너와 흑산도를 지나온 선박이 군산도를 가기 직전에 통과한 섬으로서 항해에 중요한 지표(指標)역할을 하였음을 알 수 있다.

　서긍(徐兢)이 쓴 『선화봉사고려도경(宣和奉使高麗圖經)』에는 개경으로 가는 항해 도중에 군산도에 머무른 기록이 있다. 이 섬은 현재 선유도인데, 평균 지형이 150m이다. 따라서 시인거리는 30.96해리이다. 배를 감출만한 곳이 있어 조운(漕運)하는 자들이 여기서 순풍을 기다렸다고 한다는 기록도 있고, 이 섬 안에 왕릉(王陵)과 같은 큰 묘가 있었다는 기록도 있어 강력한 정치세력이 있었음을 추정하게 한다. 또한 중국으로 가는 길의 역할도 하였다. 『대동지지(大東地志)』에는 위도에서 바람을 이용해 배를 띄우면 중국으로 간다고 되어 있다. 북쪽에 있는 군산도 역시 동일한 기능을 하였을 것으로 판단된다.

변산반도는 수로(水路)를 통해서 내륙으로 연결되는 교통의 요지였다. 동진강(東津江)을 통해서 정읍(井邑)·김제(金堤)·고창(高敞) 등 내륙의 평야지대로 쉽게 연결된다. 한편 군산지역을 통해서는 금강하구로 연결된 수로를 통해서 전북일대 및 충남일대 전체까지 깊숙이까지 교통이 가능하다. 근래에 만경강의 하구 지역을 조사한 결과에 따르면 얼마전까지 사용한 항구가 많았다. 동진강 하구에도 포구들이 많았으며, 해창(海倉) 포구는 동진강과 만경강이 만나는 지역으로서 서해바다와 직접 연결되는 지역이다. 구전에 따르면 이곳은 옛날부터 일본과 당나라에 이르는 교역항로로서 반드시 이곳을 통과해야 했다고 한다. 부안 옆의 김제는 북으로는 만경강이 흐르고, 남으로는 동진강이 흐르고 있고, 앞은 바다였다. 비교적 빠른 시간에 바다와 연결될 수 있다. 또 현재의 지형과는 다르지만 금강하구의 군산, 김제의 서쪽 육지, 변산반도의 북쪽은 바다로 되어 있었다. 그렇다면 거대한 만이 있었던 것이 되며 김제는 만 내부의 돌기처럼 솟은 작은 반도가 된다. 당연히 양쪽으로 수로(水路)가 형성되며, 일종의 외항도시(外港都市)가 형성될 수 있다.

이렇게 변산반도 지역의 특성을 살펴보면 부안 지역이 정치·경제적으로 성장하였으며, 특히 해양문화와 관련하여 매우 의미있는 지역임을 알 수 있다. 부안처럼 해안 가까이에 위치한 도시는 몇 가지 경제상의 이점을 가지고 있다. 해안도시(海岸都市)는 반드시 해안가나 포구, 강 하구에 위치해 있으며, 대부분 강(江)과 자연스럽게 연결이 된다. 따라서 강의 수로를 통한 내륙지방과의 연결이 원활하므로 내륙지방에서 생산한 물품을 쉽게 운반하여 바다를 통한 교역에 활용할 수가 있다. 반면에 바다를 통해서 들어온 물품들은 강(江)·수로(水路)를 거슬러 올라가 내륙지방으로 효과적인 공급을 할 수 있다. 다시 말해서 수륙(水陸)교통과 해륙(海陸)교통이 만나므로 공급지와 수요지, 그리고 집결지를 연결시켜 주기에 적합한 곳이 해안도시이다.[3] 특히 외국과 교역을 할 경우에는 바다를 통한 팽창과 무역상의 이익을 얻을 수가 있다.

변산반도를 중심으로 한 전라북도 지역이 우리 역사에서 중요한 역할을 할 수 있었던 배경 가운데 하나는 국제항로상의 중간 거점에 위치하고 있기 때문이다. 고대에는 원양항해의 능력이 부족했으므로 황해를 직항횡단하는 일은 용이한 것이 아니었다. 육지에 근접하여 항해하는 연안항해와 근해항해의 범위를 크게 벗어나지 못하였다. 그러므로 서해남부해역은 한반도 남부에 있는 세력들과 제주도(濟州道), 그리고 일본열도를 오고 가는 경우에는 반드시 통과해야 하는 해양교통의 길목이었다. 또 한반도 북부를 통해서 내려오는 길과 중국 강남에서 들어오는 길, 그리고 제주도에서 올라오는 길, 한반도의 남부동안에서 오는 길, 그리고 일본열도(日本列島)에서 오는 길, 이러한 모든 물길이 상호교차(相互交叉)하면서 반드시 거쳐야 할 곳이 이곳이다. 그래서 일찍부터 문화가 유입되었으며, 전달통로가 되었다. 고인돌이 집중 분포하고, 청동기 문화가 발달한 사실은 이러한 해양적 배경이 있었기 때문이다.

변산반도지역을 대외교섭에 활용한 항로가 있었다.

가장 많이 사용되는 항로는 환황해(環黃海) 연근해항로(沿近海航路)이다. 환상형인 황해를 연근해를 이용하여 항해하는 것이다. 금강하구 유역, 영산강 하구, 해남 등이 출발지에 해당하고, 산동반도의 봉래(蓬萊 : 登州), 밀주(密州), 양자강 유역, 절강성의 항주만, 주산군도 및 영파지역 등이다. 일본열도의 경우는 대마도, 규슈북부의 하카다(博多)지역, 우사(宇佐)지역, 서북부의 지역 등이 항로상에 위치한다.

황해중부 횡단항로는 황해중부에 해당하는 한반도의 중부지방과 일부 남부지방의 여러 항구에서 횡단성 항해를 하여 산동반도의 여러 지역에 도착하는 항로이다. 한

---

3 필자는 이러한 도시를 河港도시나 海港도시가 아닌 江海도시로 부르자는 제안을 했다. (김포신도시 관련 국회공청회 발표문에서)

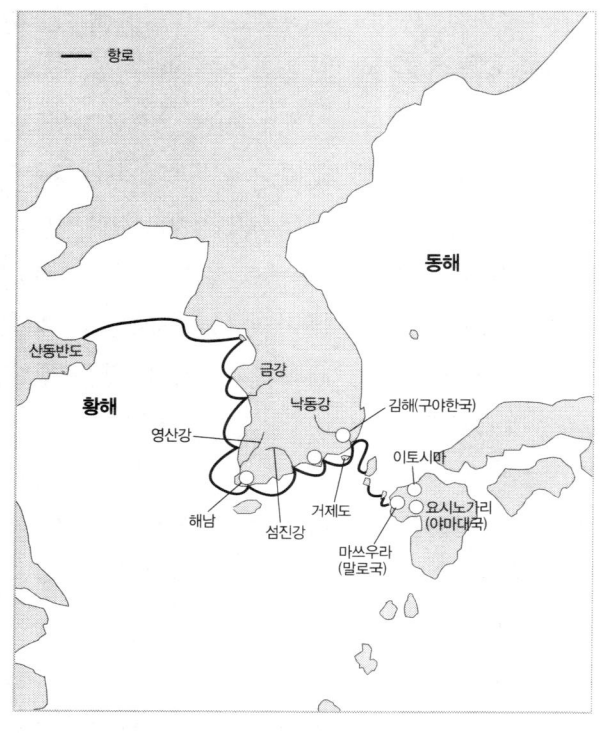

|그림 1| 기원 전후의 항로도

반도 쪽의 출발지로서는 경기만의 여러 항구가 있지만 그 이하에서 출발할 경우에는 직접 횡단하여 등주지역이나 그 아래인 청도만의 여러 항구로 도착하는 항로도 있다. 전라도 해안에서 곧장 바다로 나가 약간 사선(斜線)으로 항해하면 청도만이나 산동반도 남단의 여러 지역에 도착할 수 있다. 만약 봄과 여름에 동풍 내지 남동풍을 이용하여 서남해안에서 산동까지 항해가 가능하다. 주로 밀주의 판교진(板橋鎭 : 당시에는 膠西)으로 들어갔는데 교주만(膠州灣)에 근접해 있어서 대외횡단 있지통의 주요한 항구가 되었다. 필자가 시도했던 1996년 뗏목항해는 흑산도에서 동풍 내지 남동풍을 활용할 경우 산동지역을 비롯한 중국동안의 어느 지역이든지 접안이 가능함을 보여주었다('東亞地中海號'). 후백제는 후당과도 교섭을 하였다. 심지어는 출남서해안의 지방호족에 불과한 왕봉규(王逢規)도 후당과 교섭하였다. 후당은 중원지방에 있었던 나라이다. 그렇다면 이들은 황해중부 횡단항로를 이용하였을 것이다. 『대동지지(大東地志)』에 따르면 위도(蝟島)에서 바람을 이용해 배를 띄우면 중국으로 갈 수 있다. 반대로 산동지역에서도 자연환경만 적합하면 자연스럽게 한국의 서해안에

도착할 수 있다. 2003년에 시도한 필자의 뗏목탐험은 이를 입증하였다(張保皐號).

황해남부 사단항로가 변산반도와 관계가 깊다. 전라도 등의 해안에서 출발하여 사단으로 항해한 후에 강소성, 절강성 등의 해안으로 도착하는 것이다. 절강 등 남부지역으로 가는 데 주로 사용이 되었다. 항구로서 적합한 조건을 갖추고 있는 곳은 영광(靈光), 영산강 하구의 회진(會津)을 비롯하여 고창, 변산반도, 금강, 만경강 하구 등 전북의 몇 개 지역이다. 도착항구로서는 강소성의 연운을 중심으로 한 해안지방, 절강성의 항주, 영파(明州), 주산군도(舟山群島)이다. 견훤(甄萱)은 항주에 수도를 둔 오월국에 여러 차례 사신을 파견하였는데, 항로를 사용했을 것이다. 즉 군산이나 김제의 외항을 출발하여 남진성 횡단을 하여 상하이만 가까이 붙었다가 남진하여 항주만으로 진입한 다음에 전당강을 따라 올라갔을 것이다.

동중국해 사단항로는 서남해안에서 출발하여 중국 남부지역으로 들어가는 데 사용되기보다는 반대로 절강 이남지역을 출발하여 동중국해와 제주도 해역, 황해남부를 거쳐 들어오는 항로이다. 이 항로의 일부는 남중국과 일본열도가 교섭하는 데에도 사용이 되었다. 주요한 출발항구는 항주만과 안쪽의 염관(鹽管), 명주항(明州港:寧波)이다. 경유지는 주산군도, 흑산도 등이며, 주요한 도착지점은 전라도 해안의 항구들, 예를 들면 회진, 청해진, 해남, 영광, 부안, 옥구 등이다. 전북 옥구군 임피면(臨陂面)의 금강하구에 진포(鎭浦)가 있다. 김정언(金廷彦)이 찬술한 옥룡사(玉龍寺) 동진대사비명(洞眞大師碑銘)에 의하면 동진대사(洞眞大師) 경보(慶甫)는 921년 여름에 중국으로부터 임피현에 도착하였다고 한다. 개경 봉암사의 정진대사(靜眞大師) 경양(競讓)은 924년에 희안현(喜安縣) 연안의 항구를 통하여 중국으로부터 귀국하였는데, 현재의 부안군의 변산반도 남단이다.

절강지역에서 사단(斜斷)으로 직항하여 한반도 남부 혹은 일본열도로 가는 것은 기술적으로 매우 어려운 일이다. 항로의 출발점이기도 한 주산군도의 보타도(菩陀島)와 신라와의 관계에 대해선 이미 북송의 서긍이 『선화봉사고려도경(宣和奉使高麗圖經)』

에서 지적한 이후 많은 논자들에 의해 언급되고 있다. 당시 신라인들은 이곳에서 많이 출발하였다. 『당회요(唐會要)』에는 망해진(望海鎭 : 명주 정해현)이 일찍부터 신라원항 선박의 중요한 발착항포였다는 사실을 알려주고 있다. 『여지기승(輿地紀勝)』에도 명주 창국현(昌國縣)의 매잠산(梅岑山)은 고려, 신라, 발해, 일본 등의 선박이 바람을 기다리는 곳이라고 하고 있다. 엔닌의 『입당구법순례행기(入唐求法巡禮行記)』에도 신라 배들이 명주(明州) 또는 양자강 하구에서 출발했음을 알려주고 있다. 지금도 그곳에는 신라인과 관련된 신라초(新羅礁)가 있다. 신라 말의 보요선사(普耀禪師)는 두 번이나 오월(吳越)에 가서 대장경을 실어오는데, 역시 동중국해 사단항로를 이용한 것이다. 후백제나 고려인들이 귀국할 때 사용한 항로이다.

이 항로에 대해서 정확하고 구체적으로 알 수 있는 자료는 서긍이 『선화봉사 고려도경』에서 기술한 항로이다. 영파(명주)를 출발하여 진해(鎭海)의 초보산(招寶山)을 거쳐 배로 심가문(沈家門)에 도착한 다음 보타도로 가서 바람을 기

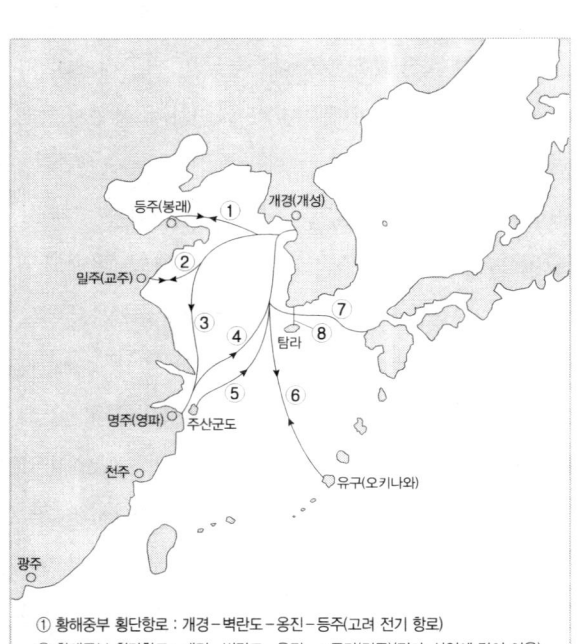

① 황해중부 횡단항로 : 개경-벽란도-옹진-등주(고려 전기 항로)
② 황해중부 횡단항로 : 개경-벽란도-옹진-교주만(밀주)(전기, 상업에 많이 이용)
③ 황해 사단항로(중기 이후 사용) : 개경-벽란도-황해 사단-절강의 명주(영파)
④ 동중국해 사단항로 : 영파-보타도-흑산도-인천-벽란도-개경
⑤ 1997년 동아지중해호 항로도 : 보타도-흑산도-인천
⑥ 고려 유구 항로 : 개경-제주도-유구(오키나와)
⑦ 일본 항로 : 개경-한반도 서남해안-쓰시마 경유-규슈
⑧ 고려(탐진)-탐라

| 그림 2 | 고려시대의 대외 항로

다린다. 만약 항주에서 직접 나오면 항주만을 벗어나 외곽의 승사(嵊泗)열도 부근에서 바람을 기다렸다가 해류를 이용하여 항해를 시작하면 된다. 동중국해 사단항로는 항해거리가 멀고 중간에 지형지물이 없어 고난도의 천문항법을 해야 하는 원양항해구역이 넓다. 이 항해는 늦봄에 남풍계열의 바람(남서풍이면 더욱 좋다)을 타고 해류의 흐름을 이용하여 항주만 혹은 양자강 하구에서 한반도 남부까지는 항해가 자연스럽게 이루어진다. 양자강유역에서 군산까지 수로(水路)로 435해리이고, 각도가 55도이다. 따라서 해류의 흐름을 자연스럽게 이용하고 바람만 제대로 받으면 빠른 시간 내에 연안을 벗어나서 원시적인 수단으로서도 3~4일 정도면 근해권에 진입할 수 있다. 『송사(宋史)』에는 순풍일 경우에는 흑산도까지 건너는 데 5일이 걸린다고 하였다. 필자는 1997년 6월 하순에 뗏목 '동아지중해호(東亞地中海號)'를 타고 이 항로를 답사하였다. 주산군도를 출발하여 승사열도에서 북동진 항해하여 흑산도에 도착하였다. 서긍의 기록과 항로가 일치하였고, 흑산도까지 17일이 걸렸다. 그런데 반대로 한반도 남부지역(제주도, 해남, 영암, 나주, 부안, 군산 등)을 출발하여 흑산도를 경유할 경우 초가을부터 초봄까지 북동계열의 바람을 이용해서 장강 하구나 항주만 지역에 도착할 수 있다. 제주도 근해나 흑산도 근해에서 표류한 배들이 절강성과 복건성(福建省) 지역에 도착하는 것은 다 이런 이유 때문이다.

남해항로는 남해(南海)의 어떤 해역을 출발하여 대마도(對馬島)를 경유하거나 통과물표로 삼으면서 규슈북부에 도착하는 항로이다. 이 항로의 출발지는 일반적으로 낙동강 이서지역의 항구에서 출항해야 한다. 이러한 항로들을 고려해보면 고대 서해남부 항해상에서 전북해안 지역의 역할은 상대적으로 비중이 높아진다.

이러한 조건과 환경을 고려할 때 변산반도 끝에 돌출되어 있는 격포지역은 전 시대를 막론하고 해안을 오고 가는 모든 선박의 움직임을 관찰하고 통제하기에 가장 적합한 장소로서 전략적으로 매우 중요한 지역이다. 또한 양자강 유역에서 산동반도, 요동반도를 거치거나 혹은 황해를 직항해서 한반도 일본열도로 이어지는 동아시아 황해동안항로의 중요한 몇 개 거점 중의 하나였을 가능성이 있다.

## 2) 해양활동의 실례와 역할

동아지중해의 역사상과 이러한 해양환경을 활용하면서 전북해안지역은 해양활동을 통해서 발전을 가져왔다. 고대에는 영산강 하구에 못지않게 커다란 만이 있다.『대동여지도(大東輿地圖)』를 보아도 현재의 지형과는 매우 달랐으며, 하구가 내륙 깊숙하게 들어왔음을 알 수 있다. 비교적 고대의 지형을 보존하고 있었던 조선 말기에 측도한 지도를 보고, 현장을 조사해보면 금강 하구가 만경강과 동진강 등이 모여 커다란 만을 이루고 있음을 알 수 있다. 거대한 해양세력들이 존재했을 가능성이 있었다고 생각된다.

고조선의 마지막 왕인 준왕(準王)이 남천하여 정착한 곳도 이 지역이고, 마한의 소국들도 이 지역에 있었다. 전남지역의 고인돌 조영집단이 한강유역이나 그 이북과 교섭하고자 할때, 또 신미국(新彌國) 등 전남지역의 마한 소국들이 중국 군현(郡縣)들과 교섭하고자 할 때[4] 전북해안지역은 반드시 거쳐야 할 길목이었다. 전북해안 지역으로 비정되는 몇개의 소국(小國 : 千寬宇설)은 정치적으로 해양세력이거나, 또는 교역을 주로 하는 특수한 성격의 정치집단이었을 가능성도 있다. 소국들은 필연적으로 해양문화가 발달했고, 만안이나 나루, 포구 등에서 교역을 통해서 성장한 해안 도시국가의 성격을 가지고 있었다. 필자는 소국들의 이러한 성격을 중시해서 나루국가란 용어를 사용한 바가 있다.

전북해안 지역의 중요성은 백제에서도 마찬가지이다. 근초고왕(近肖古王)이 마한을 멸한 이후에도 그 통치권이 전남해안 지역까지 완전히 미쳤을 것 같지는 않다. 그런데『일본서기(日本書紀)』오진조(應神條)에 의하면 백제와 일본열도와의 교섭은 3세기

---

4 盧重國,「馬韓의 成立과 變遷」,『마한 · 백제문화』10집, 1987, p.40.

부터 나타난다. 따라서 영산강(榮山江)·보성강(寶城江) 하구 등 전남해안을 장악하지 못했을 경우에는 백제로서는 전북해안에서 먼바다로 떠서 근해항로를 택해 남해(南海) 서부해양(西部海洋)으로 진입하는 수밖에 없다.

5세기 이후의 공주시대나 부여시대에는 금강하구가 대왜교섭의 출입항이었을 것이다. 물론 육로로 이동하여 강진이나 섬진강 장악 후에는 하동 등을 이용했을 가능성도 있다. 그러나 이것은 백제의 지방 정치체제와 관련해서 좀 더 생각해봐야 될 것 같다. 적어도 중앙정부의 대왜교섭 창구는 금강하구의 항구였을 것이다. 익산, 부안, 고창 등 전북해안 지역은 백제 전기 대왜항로(對倭航路)의 전초기지 내지 외항의 역할을 하였을 것이다. 특히 부안의 격포 지역은 출발 직후나 도착 직전 항해의례를 지내기에 아주 적합한 위치에 있다.

특히 죽막동 유적(竹幕洞 遺蹟)은 위에서 언급한 전북해안지역, 즉 부안의 끝부분인 바닷가에 있는 제사유적지다. 3~4세기의 단경호(短頸壺)를 비롯하여 5~6세기의 고배(高杯)·기대(器臺)·단경호(短頸壺)·대옹(大甕)·자라병(瓶)·중국청자(中國靑磁)·석제모조품(石製模造品)·대옹(大甕)·철모(鐵矛)·철도(鐵刀)·철검(鐵劍)·철족(鐵鏃)·안교(鞍橋)·행엽(杏葉)·철경(鐵鏡)·동경(銅鏡)·유리구슬·토제마(土製馬)가 다량으로 출토되었다. 그리고 8~9세기의 토기병(土器瓶)·단경호(短頸壺)와 고려시대의 청자병(靑磁瓶)·완(盌)·청자마(靑磁馬)·기와, 조선시대의 백자(白磁)대접·기와 등이 출토되었다. 중국 도자기는 각각 1개체분의 청자호와 흑갈유옹이 출토되었는데 모두 백제와 중국 왕조와의 국제적인 교류의 산물로 보인다. 그리고 석제모조품(石製模造品)은 전형적인 고대 일본의 제사유물로서, 이곳이 고대 일본인의 제장(祭場)으로도 이용되었음을 보여준다.[5] 유물로 보아 4세기 중반에서 삼국시대 전 시대를 망라하고, 그 이후까

---

5 제사유적에 대한 개념은 유병하, 「遺蹟의 性格」, 『扶安 竹幕洞 祭祀遺蹟』, 國立全州博物館, 1984, p.256에서 논한 것을 따른다. 이하 죽막동 유물·유적에 대한 편년 및 종류 성격에 대해서는 위의 보고서와 韓永

지 계속 사용되었다. 그러나 이제까지 알려진 유물이 편년대와 상관없이 오래전부터 항해상에서 중요한 기능을 하였을 가능성이 크다. 소국들 가운데서 죽막동 유적을 관장하는 소국은 해양적 성격과 함께 종교와 관련된 특별한 위치에 있었을지도 모른다. 이후 유물에서 보여지듯 백제가 이 지역을 영역화한 다음에는 본격적으로 중앙정부의 관리 아래서 제사(祭祀)의 기능을 담당하였을 것이다.

부안의 격포(格浦) 지역은 출발 직후나 도착 직전 항해의례를 지내기에 아주 적합한 위치에 있다. 격포(格浦)와 위도 사이의 해난사고를 방지하고, 부안지역 어민들의 안전을 위한 지역 제사용 당집의 성격은 넘었을 것이다. 황해전체 혹은 황해동안을 하나의 연결로(連結路)로서 사용하던 문화가 있었고, 그것을 담당하는 집단의 성격이 일련의 공통성을 유지하고 있었을 경우, 이 고대항로의 넓은 지역을 관장하는 몇 개의 동일한 성격을 가진 제사의례처(祭祀儀禮處) 가운데 하나일 가능성이 있다. 이런 논리에서 이 유적지가 오키노시마(沖島) 유적지와 같은 형태이며 일본의 전형적인 제사유물과 같은 사실은 의미있는 일이다. 죽막동 유적은 황해 동안의 몇 개의 항해요지에서 유사한 제사유적이 발견될 가능성을 시사하고 있다. 이 외에도 동아시아의 해양문화에서 제사유적지로 밝혀졌고, 또 밝혀질 가능성이 있는 지역은 매우 많다. 안산의 성곡동(城谷洞), 해남의 군곡리(郡谷里), 삼천포의 늑도(勒島), 제주도 용담(龍潭)동, 김해의 부원동(府院洞), 울산, 포항, 울릉도, 쓰시마의 사고(佐護), 시다루(志多留), 오키시마(和多都美) 신사, 豆酘. 규슈의 와타츠미(沖島), 이즈모의 出雲, 노토반도의 氣多신사, 산동의 적산(赤山), 절강의 보타도(寶陀島) 등의 지역은 특별한 의미와 기능을 지닌 신앙처가 있을 만한 곳이다. 이들 장소들이 동일한 시대인 것은 아니다. 하지만 이들을 포함한 여러 해양신앙처들 가운데에서 일부는 동일한 성격을 지닌 집단에 의해서 기원의 대상이 되었으

---

熙·李揆山·兪炳夏,「扶安 竹幕洞祭祀遺蹟 發掘調査進展報告」,『考古學誌』4집, 韓國考古美術研究所, 1992을 참고하고 따랐다.

며 특별한 연관성을 지니고 있었을 가능성도 있다. 특히 죽막동은 유적지의 규모와 위치를 고려할 때 황해와 남해로 해서 일본열도로 이어지는 해양신앙 내지 제사처의 가장 중요한 곳일 수도 있다.

　　전북해안지역의 중요성은 통일신라시대에 이르러 더욱 중요해졌고, 후삼국시대에는 더욱 중요해졌다. 견훤(甄萱)이 강한 세력으로 발돋음할 수 있게 한 환경 가운데 하나가 한반도 서남해안의 기본적인 성격과 해양활동능력이다. 견훤은 수도를 전주에 정하였는데, 물론 영토의 확장이라는 측면, 나주세력의 적대적인 태도를 강조하는 측면, 군사적인 기반을 염두에 둔 측면도 있다. 하지만 해양과 관련이 있다.

　　견훤은 건국 직후인 900년에 오월국으로 사신을 파견하였다. 북으로 후당과도 교섭을 하였으며 일본과도 교섭을 맺었다. 922년에는 휘함(輝喦)을 사신으로 보냈고, 그는 대마도에 도착하였다. 그때 물론 출발항구는 금강과 만경강 하구가 만나는 바다 근처의 항구였을 것이고, 이때 변산반도지역은 출항에 도움을 주는 다양한 역할을 했을 것이다. 물론 귀국해서 항구로 진입해 올 때도 마찬가지였을 것이다. 그 후에 고려가 중국지역, 특히 절강 등의 남방과 교섭할 때 이 지역은 더욱 중요했다. 풍속이 남쪽의 단자(蜑子)와 같다는 기록은 이를 말해준다. 고려와 송나라는 엄청난 규모의 무역을 했다. 문장가이며 관리였던 소동파(蘇東坡)는 이러한 고려와의 무역이 피해가 심하다고 매우 비판적이었다. 그만큼 황해를 사이에 두고 양 지역 간에는 활발한 교역이 있었던 것이다.


## 4. 21세기적 의미와 가치

　　우리가 살고 있는 21세기는 지나간 길고 긴 인류역사를 돌아볼 때, 어느 시대보다도 큰 격변기임에 틀림없다. 국제질서에서는 좀 더 구체적으로 질적인 변화가 일어났다. 1990년대에 들어서자마자 거의 1세기에 가깝게 지구의 반을 지배해 온 대형(big brother)인 소비에트 연방이 붕괴되고, 또 다른 쌍생아인 미국은 자연스럽게 초강대국으로 등장하면서 정치, 경제, 문화의 구분이 애매모호한 상태에서 세계화(globalizaion)가 본격적으로 진행되고 있다. 세계무역기구(WTO) 같은 거대한 규모의 시스템을 만들어 무역을 무차별적으로 행하며, 새롭고 다양한 매체들을 활용하여 경제행위를 세계적 규모로 만들면서 미국 중심으로 재편되고 있다. 북미자유무역협정(NAFTA)을 성공시킨 데 이어 2005년까지는 미주자유무역지대(FTA)를 추진해서 남북아메리카를 하나의 경제공동체로 만들겠다고 하면서 지구인들에게 놀라움과 두려움을 선사했다. 한편 유럽은 오랫동안 유지해 온 유럽공동체(EC)를 넘어 1991년의 마스트리히트조약을 계기로 유럽연합(EU, European Union)을 결성한 후에 이미 유로화를 발행하여 사용권을 넓혀가고 유럽대통령을 선출하고 유럽의회를 구성하며 유럽헌법을 만든다는 것이다. 뿐만 아니라 소위 '지중해공동체'의 구상과 실현을 통해서 북아프리카는 물론이고 중동의 일부지역까지도 그들의 경제권으로 편입시키려고 한다.

　이처럼 미국을 비롯한 서구의 몇몇 강대국들은 군사동맹 외에도 경제공동체에 해당하는 블록을 추진하고 있다. 이른바 세계화와 지역화(regionalization)를 동시에 추진하고 있는데, 이것은 과거 제국주의 시대에 유행했던 국제주의(internationalism)와 규모나 질에서 다른 점이 많다. 결국 세계화란, 규모가 더욱 커지고 신문명을 빙자하거나 혹은 계기로 삼아 눈에 드러나지 않는 권력을 무차별적으로 사용하는 또 다른 형태의 지역주의 혹은 민족주의이다. 용어는 다를지언정 '자집단주의'라는 면에서는 규모나 범위만 변했을 뿐 속 내용은 동일한 것이고, 결과적으로 다시 한 번 서구 백인중심주의를 노골적으로 실현해 가는 과정이다.

　동남아의 국가들은 일찍부터 모여 아세안(ASEAN, 동남아 국가연합)을 결성했었다. 그러다가 1997년부터 한국, 일본, 중국이 참여하는 것으로 확대하여 '아세안+3회의'를 결성하였고, 이어 아세안자유무역지대(AFTA)의 창설을 목표로 삼았다. 그리고 2020

년에는 완벽한 경제공동체를 구성하겠다고 선언하였다. 심지어는 IMF를 대체하는 아시아 통화기금(AMF)을 창설하고, 달러와 유로화에 대응하는 아시아 기축통화를 만들자는 움직임까지도 있다. 최근에 열린 동아시아정상회의(EAS)는 기존의 회원국가들 외에 호주, 뉴질랜드 그리고 인도를 참가시켰다. 그런데 동아시아 지역은 아직도 갈등과 경쟁체제를 고수하고 있다. 동아시아의 각 나라들은 정치적이고 군사적인 것은 가능한 한 상대를 자극하지 않으면서, 최근에는 경제나 교역, 문화교류 등 보다 실질적인 이익을 전면에 내세우면서 협력체의 결성과 파트너십의 가능성들을 시험하고 있다.

중국은 1980년 이래로 경제특구전략과 함께 왕성한 의욕을 가지고 국지경제권을 적극적으로 추진하고 있다. 화교경제권을 비롯하여 환발해경제권, 복건성과 대만을 연결하는 양안경제권, 화남경제권 등 다양한 이론 및 국지경제권과 함께 산동성, 요녕성, 한국의 서해안을 연결하는 환황해경제권(1989년), 동북삼성, 내몽골, 산동반도, 몽골, 시베리아, 요동지역, 한반도, 일본열도를 모두 포함하는 거대한 동북아경제권의 구상까지 이루어지고 있다. 그리고 한국, 일본 등 지방자치단체와도 개별적인 교류를 추진하고 있다.

그리하여 2003년 현재 국내 총생산(GDP)이 1조 4,123억 달러이다. 동남아를 비롯해 전 세계에 포진한 화교들을 네트워크화시켜 '화교합중국' 시대를 구가하고 있다. 최근에는 중국, 대만, 홍콩, 마카오에 싱가포르 등을 합쳐 '대중국(大中國, Great China)'을 건설하자는 주장도 심심치 않게 들린다. 중국은 우리와도 직접 관련된 또 다른 사업을 추진하고 있다. 중국은 북한을 경제적으로 강한 영향력 아래에 넣고자 힘을 기울여 최근에는 북한지역을 '동북(東北) 4성화(省化)'시킨다는 경계심을 불러일으킬 정도이다. 2006년 4월을 계기로 중국은 북한과 나진·선봉(나선시)을 50년 동안 공동관리하겠다는 발표를 했다. 이로써 동해로 연결되는 물류망뿐만 아니라 해군이 활동할 수 있게 되었다. 그래서 '조중연합함대(朝中聯合艦隊)'가 동해에서 결성될 것이라는 등의 여러 설과 함께 시나리오들이 난무하고 있다. 최근 들어서 중국과 일본은 대만의 서북쪽 해상에 있는 몇 개 암초인 센카쿠(중국명 釣魚島)를 놓고 일촉즉발의 상태를 벌이고 있다.

일본은 미국이 쳐 놓은 핵우산 밑에서 반세기 넘게 탈(脫)아시아적인 환상에 빠져 안주하다가 국민들의 민족주의적인 정서를 부추기면서 뒤늦게 황급히 대응책을 마련하고 있다. 1988년에 환일본해(동해)경제권을 주장하여 남·북한과 러시아를 자국의 경제영역에 끌어들이려 하고 있다. 최근에는 풍부한 자금력을 배경으로 동해와 연변한 니가타(新潟)·도야마(富山) 등 각 도시들이 남북한의 도시들, 중국과 러시아 등의 도시들과 자매결연을 맺고, 경제협력을 추진하고 있다. 이미 일본과 중국 간에는 경제 영역에서뿐만 아니라 정치력이나 군사적인 면에서 갈등과 충돌이 시작되었다. 더욱이 센카쿠 제도(釣魚島)영유권을 둘러싸고 벌이는 갈등은 독도와는 또 다른 형태의 영토분쟁으로서 물리적인 충돌이 가능하다. 일본은 미국과 동맹을 강화시키면서 반중전선을 펴면서 외곽포위전략을 시도하고 있다. 또한 러시아와는 남쿠릴열도(북방 4개 도서)를 놓고 영토분쟁을 벌이고 있다.

러시아는 1992년 1월 1일에 군사항인 블라디보스토크를 개방하였다. 그 외에도 일본과 환동해경제권에 참여하고 유엔개발기구(UNDP)가 주도하여 러시아, 북한, 중국이 공동으로 참여한 동북아지역 협력프로젝트가 있다. 이 계획은 러시아의 크라스키노 등 핫산(KHASAN)지구와 중국의 훈춘, 북한의 나진·선봉 등 두만강 하구 지역을 자유무역경제지구로 선정한 것이다. 푸틴 대통령은 대아시아전략의 틀 속에서 프리모르스키(沿海洲) 지역을 다시 중요하게 여기고 정책적으로 비중을 두고 있다. 비록 몇 년간에 걸쳐서 중국인들에게 연해주지역의 상권을 빼앗기고 있지만, 두만강 하구의 군사전략적 가치와 핫산 등의 경제적 가치, 그리고 일본을 활용할 수 있다는 지리적인 이점을 인식하고 나름대로 영향력을 회복하고 있다. 특히 시베리아의 이르쿠츠크에서 출발한 가스관이 통과하는 지점을 놓고 중국과 일본 사이에서 줄다리기외교를 하고 있다. 2001년에 중·러 선린우호조약을 맺은데 이어 2005년에는 중국과 합동군사훈련을 하는 등 우호적인 관계를 맺고, 국경지역에 자유무역지대를 설정하고 1조 원에 달하는 자금을 중국과 공동으로 투자하여 경제문화복합단지를 건설하고 있다.

북한은 1991년 12월에 나진·선봉지역을 자유무역경제지구로 선포하고, 1993년에는 자유경제무역지대법을 제정하여 동해를 활용한 경제발전을 시도하고 있으나 답보상태이다. 2002년에 신의주 경제특구전략을 발표했다가 중국의 압력을 받고 철회하였으며, '개성공업지구법'을 채택하여 개성공단을 개발하고 있다. 최근에 다시 압록강과 바다가 만나는 비단섬(단동시 외곽의 북한측 섬)을 중국과 공동으로 경제특구화시키겠다고 하였다. 물론 중국의 양해와 협조 아래 진행되는 것이다. 중국과는 간도문제, 백두산 천지 등의 문제가 있고, 러시아와는 녹둔도(鹿屯島) 문제가 있다.

한국은 서해만 개발계획, 중국과의 황해경제권 등을 추진하고 있으며, 몇 년 전부터는 동경과 서울, 북경을 잇는 베세토(BESETO) 이론, 동해 중부와 일본의 쓰루가, 니가타 등을 연결하는 동해경제권 등 여러 가지 이론을 구상하고 있다. 지금은 동북아의 허브 공항으로서 영종도에 신공항을 운영하고 있고, 부산신항, 광양항, 송도경제특구, 제주도 특별자치구 등을 설치 혹은 운영하고 있으며, 북한을 겨냥한 남북협력사업 등을 추진하고 있다. 특히 황해를 이용해서 오고 가는 물류시스템 가운데에서 항로의 확보와 항만의 선점을 놓고 사활을 건 경쟁을 벌이고 있다. 중국은 최근 상하이의 양산항 1부두를 완성했다. 물동량 처리 세계 3위인 상하이를 세계 1위로 끌어올리는 대역사이다. 이로서 한국의 입지는 더욱 줄어들고, 부산신항과 광양항을 건설해도, 또 인천항과 울산항을 포함시켜도 경쟁인 양산항과 심천항에 비하면 여전히 불리하다.

위에서 살펴본 것처럼 동아시아 각국은 넓게는 국가 간, 좁게는 지역 간, 도시 간의 협력체를 결성하는 것을 전제로 많은 구상과 이론들을 내세우고 있다. 그러나 현재까지 나온 이론들은 정교하지 못한데다가 선언적 성격이 강하므로 실제적으로 국지경제권은 말할것도 없고, 동아시아 전체를 아우르는 블록의 형성은 어렵다.

그런데 동아시아에서 신질서가 편성되는 과정에서 우리는 정말로 중요한 하나의 유산을 물려받았다. 지금은 무역의 시대이다. 무역을 통해서 나라의 부를 창출시키는 시대이다. 세계는 경제와 무역을 매개로 삼아 인접국가나 일정한 지역을 중심으로 지역무역협정(Regional Trade Agreement)이 맺어지고 있다. 그리고 이러한 경제권을 설정하거나 무역을 위해 물류시스템을 만들 때 물류 통로 및 해양자원으로서 해양의 경제적인 가치가 더욱 부각되고 있다.

현실적으로 문제가 많고 성사가 어려운 동아지역에서의 협력체구성은 각국 간의 이익추구라는 기본적인 동기만 가지고는 부족하다. 각 국지경제권을 설정하기 전에 먼저 동아시아 각 지역을 총체적으로 인식하고 동아전체의 이익에 대한 공감대를 이루어야 한다. 그것을 토대로 중복되거나 불필요한 경쟁을 지양하고, 각 국가와 지역, 도시 간의 관계를 조절해야 한다. 그러기 위해서는 각 권들 간의 연결을 유기적이고, 원활하게 이루면서 무정부적인 현실을 해결할 수 있는 큰 원으로서 하나의 모델이 필요하다. 동아시아는 중국이 있는 대륙, 그리고 북방으로 연결되는 대륙의 일부와 한반도, 일본열도로 구성이 되어 있다. 때문에 북방과 중국에서 뻗쳐오는 대륙적인 질서와 남방에서 치고 올라가는 해양적인 질서가 만나는 곳이다. 앞에서 언급한 동아지중해(東亞地中海) 모델이 유효성을 발휘할 수 있다.

동아지중해 가운데 우리 한민족이 있고, 전북이 있는 것이다. 역사의 발전과정과 동아지중해의 지연환경을 고려하면 부안은 전주를 배후도시로 삼고 주변의 군산, 김제, 정읍 등과 네트워크화시키면서 중요한 역할을 담당할 수 있다.

역사의 발전과정을 고려한다면 머지않은 장래에 동아시아에는 전통적인 의미의 국가가 사라지고 세계화(globalization)과정과 신문명에 걸맞은 정치체제로 전환될 것은 자명하다. 그때는 현재 국가가 중심이 돼서 하던 일들을 몇몇 대도시들이 대체할 것이다. 일종의 도시국가들이 형성되면서 도시의 이익을 일차적으로 추구하지만, 주변 지역, 나아가 보다 친연성이 강한 국가나 민족에게 도움을 주는 역할을 할 것이다.

예를 들면 국가단위와는 별도로 아시아에서 유력한 도시들과 관계를 맺을 필요가 있다. 한국과 중국, 한국과 일본, 한국과 몽골, 한국과 인도라는 관계를 뛰어넘어 인천, 부산, 목포, 전주 그리고 부안 등이 중앙정부의 정치적인 간섭을 벗어나 직접 여러 나라의 도시들과 관계를 맺으면서 이익을 창출할 수 있다. 일종의 해양도시국가연맹이다. 과거처럼 청도만, 상해만, 항주만, 주산만, 천주만과 연결될 수 있고, 나아가서는 선전, 홍콩 등과도 함께 상생을 추구하면 실현할 수 있다.

## 5. 맺음말 – 제언

인류문명과 세계질서, 동아시아 질서 그리고 한민족과 전북해안지역에게 새로운 상황이 도래하고 있다. 동아지중해라는 터 속에서 변산반도의 부안은 현실을 직시하고, 자신의 역할을 명확하게 규명해야 한다. 역사의 경험을 통해서 보거나 해양환경을 비롯한 자연환경을 보거나, 그리고 다가오는 동아시아의 상황을 고려한다면 변산반도에 위치한 부안에게 해양이 어떠한 의미를 지니고 있는지 확연하다. 필자가 제시한 '해양도시국가연맹(海洋都市國家聯盟)'이라는 시스템은 과거의 역사상을 바탕으로 앞으로 변산반도의 나아갈 바에 대한 시사를 한다.

1980년을 전후로 해서 등소평이 지휘하여 추진한 사회주의 시장경제체제의 핵심이 경제특구전략이다. 경제특구란 일종의 중국식 자유무역지대인데, 일반적으로는 자유무역지대보다 더 집중적이고, 조직적인 지원시스템으로 이해된다. 1979년 중국은 외자 도입을 목적으로 일단 선전(深圳)·주하이(珠海)·산터우(汕頭)·샤먼(廈門) 등에 경제특구를 설치하였다. 그리고 1984년에는 양자강 하구의 과거 조계지였던 상하이에 경제 기술 개발구를 설치하여 성공하였고, 1991년에는 내부에 푸동지구를 본격적이고 대규모적인 경제특구로 지정하였다. 물론 1997년에는 홍콩 특구기본법을 제정하여 특별행정구를 만들었다. 그런데 등소평은 1992년에 남방순회강화(南方巡廻講話) 후 효율적인 전략을 입안하면서 우선 연해지대의 몇 개 구역을 점으로 개방하여 발전시키고, 다시 선으로 해안지역을 발전시킨 다음에 면인 내륙으로 점차 이동하는 '점선면(点線面) 발전전략'을 채택하였다. 이때 점에 해당하는 지역이 이미 성공을 거둔 경제특구(special economic zone)였다. 그런데 이러한 경제특구를 설치하고 운영하는 방식은 놀랍게도 역사상을 모델로 삼았다. 이들 발전의 견인차 역할을 한 연해개방지구가 거의 역사상에서 항구도시였다는 사실은 결코 우연이 아니다. 그 개방도시들은 주변의 여러 지역과 무역하고 외자유치를 하고, 산업을 발전시켰다.

## 토론자 질문에 대한 답변

金明成(한국방송공사 전주총국 보도국장)

Q : 해양사관이라는 용어를 사용했는데, 어떤 의미가 있습니까?
A : 그동안 동아시아 역사는 육지중심으로 해석해왔습니다. 특히 우리역사는 정체가 불분명한 한반도라는 용어와 개념 속에서 일본이 만들어 유포한 반도사관에 매몰되어 있었습니다. 하지만 동아시아는 대륙과 해양이 만나는 터로서 자연과 인간의 모든 활동에 영향을 끼쳐왔습니다. 특히 우리역사의 터는 한반도와 대륙의 일부 그리고 동아시아의 모든 바다를 포함한 터, 즉 해류입니다.

발표자는 해양사를 공부하면서 동아지중해라는 모델을 설정하여 역사를 해석하면서 해양사관이라는 용어를 사용했습니다.

혹시 오해가 생길지 몰라서 다시 한번 설명하는데, 제가 주장하는 동아지중해(東亞地中海)는 황해, 동해, 남해 외에 동중국해 그리고 동해북부에 있는 타타르해협까지 포함합니다. 자연환경을 보거나 역사과정을 살펴볼 때 동아지중해의 이 지역과 해역들은 상호 긴밀한 연관관계를 맺고 있습니다.

하지만 5~6년 전부터는 그 개념을 보완, 확대하여 해양과 대륙을 포함한 유기체적인 개념으로 역사를 해석하는 이른바 '해류사관(海陸史觀)'을 제창했습니다. 즉 대륙과 반도, 해양을 별개의 '터' 개념과 용어로 보는 것을 지양하고 하나로 연결된 '역사유기체(歷史有機體)'로 보는 것입니다. 이 터 안에서 일어난 사건들은 상황과 사건 주도 집단의 차이에 따라 정도의 차이는 있지만 해양과 육지의 영향을 동시에 받을 뿐 아니라, 서로의 영향과 간섭을 염두에 둔 채 발전해가는 것입니다. 이 해류사관은 '해류국가론'으로 발전하여 고구려 같은 국가들을 해류국가라고 정의하고 있으며, 앞으로 우리가 지향해야 할 목표 가운데 하나로 설정하고 있습니다.

Q : 현재 한국에서 추진하고 있는 해양정책의 문제점은 무엇이라고 생각합니까?
A : 첫째, 해양을 단순한 활동이 아니라 민족의 정체성을 찾고 확립하는 계기로 삼아야 하고, 세계관을 확장시키는 도구로 삼아야 합니다. 해양문화가 가진 세계성, 개방성, 상호교류성, 경제문화우위성, 공존성 등은 한민족의 발전은 물론이고 세계화를 추진하는데 매우 효율적입니다.

둘째, 국가발전, 전략, 국토발전계획을 수립하거나 경제특구 등 물류망을 설정할 때도 해양의 메커니즘과 동아시아 및 우리 영토의 해륙적인 성격을 토대로 하는 것이 바람직합니다.

동해와 남해, 서해, 동중국해 등을 각각 별개의 해양으로 파악하지 않고 이어진, 연관성깊은 존재로 인식하면서 전략을 짜는 것이 필요합니다.

셋째, 해양정책 또는 발전전략의 하나로서 역사상에서 모델을 찾아내서 활용하는 자세가 필요합니다. 예를 들면 고구려의 동아지중해 중핵조정역할, 장보고의 동아지중해 물류장 역할 등입니다.

## 조상진 위원

Q : 발표자는 앞으로 전북해안지역이 추진해야 할 발전전략 가운데 하나로서 해양도시 국가 연맹이란 개념을 제안했는데 어떤 의미를 지니고 있습니까?
A : 한강이남 지역은 고대에 백제, 신라, 가야로 통일되기 이전에는 소위 삼한에 78국이라는 소국들이 연맹체를 이루고 있었습니다. 그런데 이 소국들의 위치를 비정해보면 거의 대부분이 큰 강의 하구나 바다의 포구에 있었습니다. 저는 1995년 바로 이 지역

을 주제로 삼은 죽막동 학술회의에서 이런 소국들을 '나루국가' 즉 하항(河港)도시국가 나 해항(海港)도시국가로 부르자고 주장했습니다.

그 시대에는 국가권력이 중앙이나 거대해진 국가로 집중되지 않았고, 상대적으로 자율성을 지녔습니다. 오늘날의 지방자치단체와는 다르지만 유사한 점이 많습니다.

그런데 앞으로의 세계 및 동아시아는 중앙정부의 독점체제에서 탈중심화 현상이 일어나고 있습니다. 더욱이 유럽, 미주와 마찬가지로 동아시아도 공동체를 실현해가면서 중앙정부의 간섭을 벗어난 각 지방도시들 간에 교류와 협력이 강해질 것입니다. 그렇게 되면 동아시아공동체의 중간단계로서 도시체 연맹이 형성될 것입니다. 여기서 제가 도시국가연맹이라는 용어를 사용한 것 같은데, 도시국가라는 말은 고대세계에 해당하는 단어이고, 도시체연맹이라는 표현이 적합할 것 같습니다. 지금 80년대 중반부터 시도되고 있는 지역경제권의 설정이나 도시 간의 협력체결 등은 그 과정의 하나라고 생각합니다. 그것이 진정한 지역화(regionalization)가 라고 생각합니다.

## 제안

변산반도를 환경, 마음, 산업, 역사가 만나는 새로운 터 개념을 창안할 필요가 있다. 동아지중해 모든 지역의 문화가 시대별로 골고루 모여 있으며, 관음신앙과 연관되어 있으므로 문화지역으로 거듭날 수 있는 역사적인 근거와 토대를 갖추고 있다.

해양제사유적지인 죽막동을 새롭게 조명해서 21세기 동아지중해의 상징적인 지역으로 재구성할 필요가 있다.

해양문화가 가진 공존, 교류, 개방, 문화경제우위 등의 성격을 동아지중해의 신질서를 구축하는 데 핵심사상과 실례로 활용할 수 있다.

## 07 역사 현재 미래, 동해권의 설정*

## 1. 서 언

　인류가 지구라는 행성에서 탄생한 이후에 어느 누구도 겪어보지 못했던 낯선 문명들이 해일처럼 밀어닥치고 있다. 국제질서에서는 보다 더 구체적으로 우리의 피부에 와닿는 질적인 변화가 일어났다. 1990년 대에 들어서자마자 소비에트 연방(USSR)이 붕괴되고, 그 후에 미국(USA)은 자연스럽게(?) 초강대국으로 등장하면서 정치 · 경제 · 문화의 구분이 애매모호한 상태에서 세계화(globalization)를 본격적으로 진행시키고 있다.
　세계무역기구(WTO) 같은 거대한 규모의 시스템을 만들어 무역을 무차별적으로 행하며, 새롭고 다양한 매체들을 활용하여 경제행위를 세계적 규모로 만들면서 역시 미국중심으로 재편하고 있다. 유럽은 유럽공동체(EC)를 넘어 1991년의 마스트리히트 조약을 계기로 유럽연합(EU, European Union)을 결성한 후에 이미 유로화를 발행하여 사

---

* 「역사 현재 미래, 동해권의 설정」, 『역사 속의 동해, 미래속의 동해』, 삼척시 강원도민일보, 2008, 11.
역사학자를 포함한 지식인들이 혼란스러운 시대에 반드시 해야할 사명은 곧 닥치는 미래 상황에 대한 통찰이다.
본고를 작성하면서 다른 연구자의 연구성과를 인용한 것이나 특별한 경우가 아니면 각주를 생략하였다. 이미 필자가 다른 기회를 통해서 발표한 내용이 많기 때문이다.

용권을 넓혀가고 있다. 궁극적으로는 유럽연방을 목표로 삼았다. 뿐만 아니라 소위 '지중해공동체'의 구상과 실현을 통해서 북아프리카는 물론이고 중동의 일부지역까지도 그들의 경제권으로 편입시키려고 한다.

이처럼 세계화와 지역화(regionalization)를 동시에 추진하고 있는데, 이것이 과거 제국주의 시대에 유행했던 국제주의(internationalism)와 다른 점이다. 가산 살레임(Ghassan Salame)이 "지역화는 새로운 영향권 형성을 위한 완곡한 위장술이 될 수 있다."고 하였듯이, 소위 유사한 문화권·종족·지역을 중심으로 이익을 극대화하려는 '자집단주의'를 실현하고 있다. 결국 세계화란, 규모가 더욱 커지고 신문명을 빙자하거나 혹은 계기로 삼아 눈에 드러나지 않는 권력을 무차별적으로 사용하는 또 다른 형태의 지역주의 혹은 민족주의이다.

동아시아는 1997년에 태국부터 시작된 IMF사태(국제금융환란)로 인하여 걷잡을 수 없는 혼돈과 공포감을 맛보았다. 현실을 절감한 그들은 동아시아의 정체성을 자각해 가면서 공동체의 필요성을 자각했다. 아세안+3 회의를 결성하였고, 아세안자유무역지대(AFTA)의 창설을 목표로 삼았으며, 2020년에는 완벽한 경제공동체를 구성하겠다고 선언하였다. IMF를 대체하는 아시아 통화기금(AMF)를 창설하고, 달러와 유로화에 대응하는 아시아 기축통화를 만들자는 움직임도 있다.

오랜 역사, 강력한 국가를 경영해 본 경험과 능력을 갖춘 전통적인 동아시아는 세계라는 큰 틀 속에서 두 가지 숙제를 동시에 해결해야 한다. 즉, 하나는 우선 미국을 중심으로 한 강력한 몇몇 블록들과 치열하게 경쟁하고, 다른 하나는 앞으로 협력하거나 통합을 이루어야 할 동남아 지역과 중간과정으로서 경제공동체와 정치공동체를 모색해야만 한다. 이러한 복잡하고 심각한 상황에서 한국 중국 일본이 서로 간에 협력을 모색하고 단결을 다짐하는 일, 그리고 상생을 목표로 삼는 일은 생존과 직결된 필연의 문제이다.

그런데 안타깝게도 나라들 간에는 균열의 조짐들이 색다른 형태로 심각하게 나타나고 있다. 특히 한국은 문명사적(패러다임의 변화), 지구사적(생태계), 세계사적 동아시아적인 변동과 함께 남북문제와 내부의 사회붕괴현상 등의 문제들 속에 내동댕이쳐졌다. 혼란(disorder)은 아니지만 혼돈(chaos)의 판(field)에서 우왕좌왕하고 있다. 이러한 극심한 혼란과 재편의 시기에 사람들은 과거와 미래를 동시에, 한 곳에서 지향하려 한다. 전 지구적으로, 동아시아적으로, 민족사적으로 모든 면에서 불확실성과 불가측성, 불안정성으로 가득 찬 시대에 역사학에서 역사학이란 무엇(what)의 문제이고, 왜(why)라는 해석작업이기도 하지만 궁극적으로 어떻게(how)라는 방법론의 문제이다.

그 가운데 하나로서 오늘 발표의 주제인 동해권의 성격과 지향점의 제언이 있다. 동해 또는 동해권의 거점 지역은 현재에 전개되는 동아시아의 정치·군사적인 상황만으로, 또 황해중심으로 무게이동이 이루어진 경제적인 상황만으로는 그 가치와 역할을 평가할 수 없다. 동해는 황해나 남해에 비하여 상대적으로 역사의 주변부로만 인식하였다. 더욱이 민족 내적인 문제로서 서울 중심의 변방적인 사고와 육지 중심적인 인식, 그리고 이에 기반해서 구축한 사회시스템은 발전의 계기마저 약화시키고 있다. 그러나 모든 것은 환류하고, 또 중심부에서 멀리 떨어져 있거나 한시적으로 역할이 미비했더라도 하나의 통일된 역사체의 일부분인 것은 틀림없다.

동해권(東海圈)을 설정하고, 발전시키는 일은 비단 동해지역 뿐만 아니라 한민족의 발전 전략, 나아가서는 동아시아의 질서재편은 물론이고, 동아시아 세계를 세계화에 대응하는 또 하나의 공간으로서 변신시킬 수 있는 국제적인 관점에서 살펴볼 필요가 있다. 일본은 이미 오래전부터 소위 일본해문화권을 설정하고 심도 깊은 연구를 진행해왔다.

본고는 이러한 문제의식을 갖고 동해를 동아지중해라는 큰 모델 속에서 이해하고, 다시 2차적으로 동해와 접촉하는 모든 지역을 연결되는 하나의 유기체 내지는 필드로서 이해하면서 동해의 역사적인 정체성을 살펴보고, 그 구조적인 특성을 이해한 다음에 신질서에 걸맞는 몇 가지 안을 제언하고자 한다.

## 2. 동해를 바라보는 관점의 제시

역사의 기본성격을 이해하는데 역사공간에 대한 정확한 이해를 토대로 구체적인 사건들을 해석하는 접근이 필요하다. 우리 역사와 동아시아[1] 역사를 해석하는 데는 몇 가지 전제가 필요하다. 각론적으로 미시적으로 분석하면서 본질을 이해하는 것에 비중을 두었던 방식을 교정하여 동시에 총체적으로 거시적으로 파악하면서 상호보완해야 할 필요가 있다.

우선 하나의 공간, 동일한 공간, 유사한 공간, 관련성 깊은 공간은 지리의 개념과 틀을 뛰어넘는 역사의 개념으로 보아야 한다. 즉 자체(自體)의 완결성(完結性)과 재생력을 지닌 유기체(有機體)로 보아야 하고, 당연히 통일체(統一體)로 볼 필요가 있다. 물론 통일된 역사공간이란 모든 부분의 성분이 균질(均質)하고, 동일한 역할을 담당하는 상태는 아니다. 하나의 공간에서도 중심부와 주변부를 구분하고, 시대와 역할에 따라 모습이 달라져야 한다. 그래서 역사공간은 영토나 영역, 정치장소로서가 아니라 총체적인 연결망, 즉 네트워크의 개념으로 접근할 필요가 있다. 또한 본고와 관련해서 직접적인 것은 동아시아라는 역사의 '터'[2]를 대륙과 바다가 만나는 해륙적 환경(海陸的 環

---

[1] 동아시아라는 말은 실로 애매모호하다. 동아시아를 동쪽 아시아라는 서아시아에 대비되는 개념으로 해석하면 동북아시아와 동남아시아지역을 포함한 넓은 지역이다. 싱가포르의 전 수상이었던 리콴유가 말했듯이 실제로 그렇게 변해가고 있다. 그러나 아직은 동아시아라고 하면 한국, 중국, 일본 그리고 러시아의 일부가 포함된 극동(far-east)지역을 가리키며 넓은 범위의 동아시아 중에서도 핵심(core)지역을 말한다. 이 지역은 몽골, 티베트, 베트남, 위구르 등 주변부 국가들의 운명과도 관계가 깊을 뿐만 아니라 적지 않은 영향을 끼쳤다.

[2] 터이론의 정식명칭은 터와 다핵(field & multi core)이론이다. 줄인다는 의미에서 또 터는 다핵을 포함한 개념이므로 약칭 터이론이라고 한다. 그동안 발표했던 내용은 윤명철, 「東아시아의 海洋空間에 관한 再認識과 活用 동아지중해모델을 중심으로」, 『동아시아고대학』제14집, 동아시아고대학회, 경인문화사, 2006, 12 ; 「동해문화권의 설정 검토」, 『동아시아 역사상과 우리문화의 형성』, 한국학 중앙연구원, 민속원, 2005, 9 참조. 사학사학회.

境)의 지역으로 보는 것이다.

동아시아는 아시아 대륙의 동쪽 하단부에 위치해 있으면서 대륙적(大陸的) 성격과 함께 해양적(海洋的) 특성을 가지고 있다. 그런데 우리 역사는 적어도 고대사에 관한 한 한반도와 만주일대를 포함하는 대륙, 그리고 바다를 역사의 터로 삼았다. (原)조선, 부여, 고구려, 발해가 성립하고 성장한 중심은 대륙 가운데에서도 남만주 일대였다. 따라서 대륙의 자연환경과 경제양식, 그곳에 거주하였던 종족들과 그들의 문화, 정치질서, 통치방식, 전쟁방식, 세계관 등을 고려하고, 부분적으로 차용하고 적용하면서 우리 역사를 해석하는 접근자세가 필요하다.

또한 '한반도'를 중심축으로 일본열도와의 사이에 남해와 동해가 있고, 중국 사이에는 황해라는 내해(內海, inland sea), 그리고 한반도의 남부와 일본열도의 서부, 중국의 남부지역(長江 이남을 통상 남부지역으로 한다)을 연결하는 동중국해가 있다. 그리고 연해주 및 북방, 캄차카 등을 연결하는 타타르해협 등이 있다. 일종의 다국간 지중해해(多國間 地中海海, Multinational-Mediterranean-Sea)의 형태로서 대륙적(大陸的) 성격과 함께 해양적(海洋的) 특성을 가지고 있었고, 역사가 발전하는 데에 큰 역할을 하였다. 따라서 동아시아의 역사는 땅과 초원, 바다를 함께 고려하여 모두를 포괄하는 지중해적인 틀 속에서 해석해야 성격을 이해할 수 있다. 필자는 이러한 인식과 사실을 바탕으로 1994년 이래 '동아지중해(EastAsian-Mediterranean-Sea)'란 모델을 설정하여 제시하였다.[3]

---

3 일본에서는 근래에 들어서 동해(일본해)에 관심을 갖고 지중해라고 불렀으나, 1990년대 말에 와서 동아시아 해양전체를 동아지중해라고 부르면 연구를 진행하고 있다.
千田稔, 『海の古代史-東アジア地中海考-』, 角川書店, 2002. 그는 서문에서 1996~98년까지 국제일본문화연구센터가 '동아시아지중해세계에 있어서의 문화권의 성립과정에 대해서'라는 연구를 수행하고 그 보고서로서 이 책을 출판한다고 쓰고 있다. 그리고 그들의 동아지중해는 남지나해, 동지나해, 일본해, 황해, 발해를 가리키는 용어라고 규정하고 있다. 또한 이미 오래전부터 남방해양문화에 관하여 연구를 해 온 國分直一의 예로 들면서 그는 동아지중해를 4개의 지중해로 구성한다고 하면서 오호츠크해, 일본해, 동지나해, 남지나해라고 하였다. 동아시아를 동아지중해라고 부르고 연구를 진행하는 독일 뮌헨대학의 중국

동아지중해 개념의 설정은 한민족의 위치와 향후 역할을 파악하는데 유효하다. 동아지중해의 중핵(中核, core)에 위치했으므로 모든 지역과 국가를 전체적으로 연결하는 해양 네트워크가 있다. 그 때문에 대륙에 부수적인 반도적 존재가 아니며, 주변부가 아닌 중핵에서 역사발전을 자율적으로 진행시켜왔다. 동해는 황해나 남해에 비하여 상대적으로 활동이 미약했고, 소외되었지만, 역사에서 중요한 역할을 담당하였다. 그리고 다가오는 미래에는 어느 때보다 더욱 중요성이 실감되며, 국제질서에서 비중이 높아진다.

동해권을 매개로 벌어진 역사의 기본적인 성격을 이해하려면 우선 자연환경, 특히 해양환경에 대한 이해가 필요하다. 동해해역의 역사에 영향을 미치는 주 해류 가운데 리만해류는 연해주의 연안을 통과해서 한반도 동안에 접근해서 남하하고, 서남쪽에서 북상해온 대한난류와 동해의 중남부 해상에서 만난다. 이어 원산의 외해와 울릉도 부근에 이르러 일부는 동으로 움직여 횡단하다가 올라간다. 노토(能登) 반도의 외해에서 쓰시마해류(난류)의 주류와 합류한다.[4] 때문에 한반도의 동남부를 출발하면 산인(山陰) 지방의 해안에 도착할 수 있다.

한편 동해의 계절풍은 4월 중순에 동남풍이 시작하여 8월에 들어서면 제일 강성해지며, 반면에 서북풍이 주풍(主風)인 북풍계열의 바람은 9월 하순부터 시작하여 11월에 최강이 된다. 때문에 신라에서 일본으로 갈 때는 북풍계열의 겨울 계절풍을 주로 이용하고, 반면에 일본에서 신라로 향하는 경우에는 역시 봄에서 초여름, 가을에 걸쳐 남풍계열의 바람을 이용했다.[5] 고구려인들도 주로 겨울철에 동해 연안을 내려오는 남류(南流)에 편승하여 북서풍계열의 바람을 활용하면서 일본에 갔고, 귀국할 때는 반대

---

사전공자인 Angela Schottenhammer 교수는 동중국해, 황해, 일본해를 "동아시아 지중해"라고 설정하고 있다.
4 『근해항로지』, 대한민국 水路局, 1973, p.46.
5 吉野正敏, 「季節風と航海」(『Museum Kyushu』14號, 1984.) p.14 도표 참조.

가 된다. 발해(渤海)항로는 특히 바람의 영향을 많이 받았다.

동해는 지형 면에서도 서해, 남해와 몇 가지 다른 점이 있다.[6] 해안선이 단조롭고 평지가 부족하므로 인구가 집중되지 못했다. 또한 섬들이 적고 해안이 원양에 노출되었으므로 파도의 영향이 커서 항해하기에 불편하다. 조석간만의 차이가 거의 없어 어장이나 인간이 거주하는 생활영역이 적고, 이를 이용하는 해상세력도 크게 존재하지 않는다. 따라서 다른 해역에 비하여 주민과 문화의 교류(交流)와 만남이 적었고, 문화가 활발하지 못했다. 하지만 황해・남해와 마찬가지로 우리의 해양문화라는 시스템 속에 연결되었고, 한반도와 대륙이라는 육지와 유기체를 이루면서 역사를 만들어왔다. 특히 고대에는 우리 역사체의 중요한 범위였고, 그 시스템의 영향을 직접 간접으로 받았다. 필자는 이를 주목해서 동해 뿐만 아니라 타타르해협을 포함하여 '동해문화권(東海文化圈)'의 설정을 주장한바 있다.[7]

## 3. 역사 속의 동해

동아시아 역사에서 해양을 매개로 활발한 교통이 이루어졌고, 공통의 문화권이 형성되었다는 주장들이 있다. 언어의 공통,[8] 또는 신화나 설화의 유사성을 근거로 삼는다.[9] 사사키 코우메(佐々木高明) 등은 소위 조엽수림문화(照葉樹林文化)가 양자강 유역

---

6 이 부분에 대해서는 윤명철, 「동해문화권의 설정 검토」, 『동아시아 역사상과 우리문화의 형성』, 한국학 중앙연구원, 민속원, 2005, 9에서 언급하였다.
7 윤명철, 「동해문화권의 설정 검토」, 『동아시아 역사상과 우리문화의 형성』, 한국학 중앙연구원, 민속원, 2005, 9.
8 村山七郎, 「言語學から見た古代 環東シナ海文化圈」, 『東アジアの古代文化』14號, 大和書房, 1978 참조.
9 金在鵬, 「古代 南海貿易ルートと朝鮮. 上」, 『東アジアの古代文化』25號, 大和書房, 1980에서 대마해류와 난생신화의 분포를 비교하여 하나의 문화권, 즉 동해문화권을 설정하고 있다.

에서 동중국해를 건너 일본열도로 전파되었다고 주장한다.[10] 그러면 동해도 고대에 인간과 문화가 활발하게 움직이고, 교류가 있었을까?

동해권 가운데에서도 특히 소외되었으며, 우리와 깊은 문화적 종족적 연관성을 지닌 곳은 연해주(沿海洲) 일대이다. 아무르강 유역은 기원 전 2000년 전반기부터 농경을 개시하였다. 연해주 및 그 이북의 바다와 면한 지역에 지금도 거주하는 나나이족, 우데게족, 축치족, 에벤키족 등등의 소수종족들은 동해문화권 내지 우리문화와 관련하여 살펴볼 필요가 있다. 1947년에 발견된 함경도의 서포항 패총유적지는 구석기시대, 신석기시대, 청동기시대의 문화층이 함께 있다. 제3기, 제4기의 토기가 연해주나 흑룡강성 지역에 까지 넓게 분포된 것은 확실하고, 아무르강 중류와 깊은 관련이 있다고 한다.(각주 생략) 양양군 오산리(鰲山里)유적은 기원 전 6,000년~4,500년 사이의 유적이다. 융기문토기는 중국 흑룡강성과 일본 규슈지방에서 출토되는 유물과 일치하는데 요동반도 지역, 압록강, 두만강 지역의 신석기 문화와 관련있는 것으로 나타난다. 다량으로 출토된 결합식조침(結合式釣針)은 부산의 동삼동, 상노대도 등의 유적지에서도 발견되었다.[11] 청동기시대에 무문토기도 동해안을 따라 확산정착된 것으로 나타난다.[12] 속초시 조양동 2호 집자리에서는 어망추가 발견되었고, 강릉 등 동해중부 해안가에서는 패총유적들도 많이 발견되었다.

동해권의 전파로와 관련하여 중요한 것은 암각화이다. 영일만지역의 칠포리, 울주(蔚州) 대곡리의 반구대 암각화가 있는데, 전파론의 입장에서 연구성과를 정리하면 시베리아의 미누신스크, 예니세이강, 아스키스, 아무르강 유역과 우리나라의 함북웅

---

荒竹淸光,「古代 環東シナ海 文化圈と對馬海流」,『東アジアの 古代文化』29號, 大和書房, 1981은 뱀신앙 등과 관련시켜 그 범위를 확대하고 있다.
10 照葉樹林文化에 대해서는 佐々木高明,『照葉樹林文化の道』, 日本放送出版協會, 1988 외.
11 任孝宰, 앞 논문, p.17, p 21.
12 江原道,『江原道史』(歷史編), 1995, p.220.

기, 강원도 양양의 오산리, 경남 울주군 대곡리 반구대, 천전리, 부산 동삼동과 일본 규슈지방까지 연결되는 하나의 분포대로 규정하고 있다.[13]

이러한 연안의 길뿐 아니라 바다를 횡단해서 교류가 이루어졌다. 동해안은 해안선이 직선에 가까운 데다가, 수심이 깊고 온도가 차며, 파도가 거칠뿐만 어 정박하기에 적합한 항구가 부족하고, 원거리 대양항해도 힘들었다. 하지만 동해를 건너 일본열도나 혹은 그 이북의 여러 지역과 교류가 있었다. 북으로는 하바로브스크와 비교적 가까운 항구인 그로세비치로부터 남으로는 울산 등의 해안에서 바다를 건너 북으로는 사할린부터 남으로는 규슈의 하카다지역에 이르는 항로가 있었다.

일본의 승문도기(繩紋陶器)와 대륙의 승문도기는 문화의 연원이 유사하며, 대륙과 사할린(高項島)은 선사시대부터 교섭이 있었다고 한다.[14] 에가미 나미오(江上波夫)는 동북아시아의 석도문화, 특히 세석기문화가 홋카이도, 혼슈로 전래를 하였고, 더우기 특이한 석도촉이 홋카이도로 전파 되었다고 주장하였다.[15] 7, 8세기에는 북해도에 대륙문물이 많이 들어왔다. 주석(錫)제품 등 연해주로부터 반입된 것으로 생각되는 유물이 출토되었다.[16] 『삼국지』 동이전에 따르면 동해에서 노인에게서 들은 동쪽 바다의 한 섬에 대한 이야기가 기록되어 있다. 이 동쪽 섬이 울릉도라는 이병도(李丙燾)나 이케우치(池內宏)[17]등의 견해가 있으나 일본열도의 사도섬을 가리킨다는 주장도 있다. 니가타현 마키마치(卷町) 아카사카(赤坂)유적에서는 5세기 초의 흙구덩이에서 토기들이 검출

---

13 송화섭, 「한국 암각화의 신앙의례」, 『한국의 암각화』, 한길사, 1996, p.264.
14 王健群, 「古代日本北方海路的形成和發展」, 『博物館研究』 55期, 3期, 1996, pp.51~52 ; 江上波夫, 「古代日本の對外關係」, 『古代日本の國際化』, 朝日新聞社, 1990, pp.52~53.
15 江上波夫, 「古代日本の對外關係」, 『古代日本の國際化』, 朝日新聞社國際 심포지엄, 1990, p.52.
16 동해북부와 타타르해협에서 이루어진 해양활동은 윤명철, 「渤海의 海洋活動과 東아시아의 秩序再編」, 高句麗研究 6, 학연문화사, 1998, 12. 윤명철, 『張保皐 時代의 海洋活動과 東亞地中海』, 학연, 2003 참조.
17 池內宏, 「伊刀の賊」, 『滿鮮史研究』 中世 第 1, 1933, p.316. 이 글에서 여진 해적과 울릉도문제에 대해서도 다루고 있다.

되었는데 러시아 남부의 연해주지방과 관련이 있다. 이 유물은 『일본서기』 欽明5년 (544) 조에 기록된 숙신인이 사도에 머물면서 봄과 여름에 고기를 잡는다고 하는 이야기와 관련이 있다는 견해도 있다.[18]

고구려는 동해항로를 사용하여 왜와 교섭을 하였다. 일본서기에는 오진(應神) 28년, 닌도쿠(仁德) 12년(324), 58년(369) 등에 계속해서 왜와 교섭한 기록이 있다. 이때의 항로는 정확하게 알 수 없다. 하지만 시마네현 지역의 이즈모(出雲) 등에 고구려문화의 흔적이 있는 사실,[19] 해류의 흐름 등을 감안하면 동해 남부 또한 고구려의 해양활동 범위였을 가능성이 있다. 게이타이천황(繼體天皇) 10년 조, 긴메이천황(欽明天皇) 원년 31년 조. 비다쓰천황(敏達天皇) 2년, 3년 조에 월국(越國) 혹은 월(越)의 해안에 도착했다고 되어 있다.[20] 긴메이 때에는 고구려 사신과 도군(道君)이라는 지방호족이 밀무역을 했다고 다른 호족이 조정에 밀고하는 사건이 벌어졌다.[21]

장수왕은 남진정책을 적극적으로 추진하여 481년에 말갈병을 함께 거느리고 금성(金城)근처인 미질부(彌秩夫 : 지금의 興海)까지 공격하였다. 이는 내륙 동쪽에 대한 영향력의 확대라는 측면도 있지만, 동해남부까지 해양력을 확대시키려는 의도였다.[22] 이때 신라는 백제 등의 힘을 빌어 니하(泥河 : 강릉)까지 추격하였다. 법흥왕은 본가야를 병합하여(532) 남해동부 및 동해남부의 해양문화 전반을 흡수하는데 유리한 환경을 조성하였고, 이어 진흥왕은 경기만으로 나가는 출해구(出海口)를 확보하고, 동해안으로 북진을 계속하여 동해중부지역을 안정되게 확보하였다. 이렇게 신라와 고구려가 동

---

18 小嶋芳孝, 「古代日本と渤海」, 『考古學 ジャナル』 411, 1996, p.20.
19 조희승, 초기조일관계사 (하), 사회과학출판사, 1989, pp.303~304.
20 齊藤 忠, 「高句麗と日本との關係」(金達壽 外, 『古代の高句麗と日本』, 學生社, 1988.), pp.22~23의 도표 참조. 越 지역과 고구려와의 관련성은 高瀨重雄「越の海岸に着いた高句麗使」(『東アジアと日本海文化』, 森浩一 編, 小學館, 1985, p.217.) 小嶋芳孝, 「潮の道 風の道」, 『松原客館の謎にせまる』, 氣比史學會, 1994.
21 森浩一, 古代史 津津浦浦, 小學館, 1993, p.65.
22 윤명철, 「長壽王의 南進政策과 東亞地中海 力學關係」, 『고구려 남진경영연구』, 백산학회, 1995, 4.

해중부연안을 놓고 갈등을 벌이는 이유 가운데 하나는 바로 일본열도로 진출하는 항로의 확보와 연관이 깊다.

발해 또한 동해에서 해양활동이 활발했다. 존속했던 220여 년 동안에 거의 35회 이상의 공적인 교섭이 있었다. 뿐만 아니라 민간인들 간의 대규모 교역도 기록에 나타나고 있다. 혼슈의 북쪽인 出羽國인 秋田, 能代에서 남으로 北陸지방인 越前, 加賀, 能登, 若狹 등, 또 혼슈 남단의 鳥取縣의 但馬, 伯耆, 島根縣의 出雲, 隱岐, 그 아래 山口縣의 長門 등이다. 그런데 주목할 사실은 홋카이도는 물론 사할린지역도 그들이 활동했을 가능성이다. 포시에트 혹은 블라디보스토크, 그 위 지방에서 타타르해협을 건너 사할린 또는 홋카이도의 오타루까지는 항해가 가능하다. 블라디보스토크와 오타루는 동일한 위도상에 있고, 6·7·8월에는 편남풍이 불고 천기(天氣)도 좋아[23] 바람을 이용하면 쉽게 북상할 수 있다. 동해를 한겨울에 횡단하는 것보다 훨씬 수월하다.

연해주의 해안가 일대는 말갈 여러 부족의 근거지였다. 9세기가 되어서는 흑수말갈이 독자적으로 오호츠크해역과 접촉하는 것이 점차 규제되었으며,[24] 이 항로를 발해가 장악하여 연해주의 여러 해안과 항구를 거점으로 북해도 혹은 사할린에 도착하였을 것이다. 하바로프스크까지 발해의 영향력이 끼쳤다면 해양활동범위도 더욱 북상한다. 연해주 북부는 거의 사할린과 붙어있다. 연해주와 북해도의 교류는 늘 개연성이 있음을 확인시켜 준다. 주석(朱錫)과 철(鐵) 교역을 중심으로 민간교섭(民間交涉)을 벌였다고 하는 견해도 있다.[25] 오호츠크문화의 유적지, 예를 들면 온고로마나이패총에서 송나라 희종중보(熙宗重寶)가 출토되고, 모요로패총 유적에서도 경우원보(景祐元寶)

---

23 『근해항로지』 대한민국 水路局, 1973, p.22.
24 酒寄雅志의 「日本と渤海靺鞨との交流」, p.104.
25 小嶋芳孝, 「日本海の島々と靺鞨 渤海の交流」, p.36 및 참조, 「環日本海交流史から見渤海と北陸道」, 『波濤をこえて』, 石川縣立歷史博物館, 1996, 「古代日本と渤海」 참조.

가 출토되었다. 그런데 연해지방 남부의 여진문화유적에서는 샤이가 성채(城砦)에서 대관통보(大觀通寶)가 발견되었다.[26] 이를 본다면 타타르해협을 항해하여 양 지역 간에는 직접적이건 간접적이건 교류가 있었다고 보여진다. 북해도의 오호츠크문화[27]의 유적에서는 대륙으로부터 전해진 물건들이 적지 않은데 그것들은 연해주지방에서 아무르강유역 및 사할린을 경유하여 들어온 것이다.[28] 연해주 남부항로 뿐만 아니라 북부항로도 있었을 것이다.

고려는 해양활동능력이 뛰어났고, 해양활동을 국가발전의 중요한 요인으로 인정하고 활용했다. 하지만 동해에 크게 주목하지 않았다. 다만 울릉도 및 동해해적과 연관하여 몇가지 사건이 있었다. 930년(태조13년)에 우릉도(지금의 울릉도)는 백길(白吉), 토두(土頭) 두 사람을 고려에 사절로 보내어 공물을 바쳤다. 고려는 백길에게는 정위(正位), 토두에게는 관등 12위의 정조(正朝)라는 벼슬을 내렸다. 현종 때에 이르러 여진의 침략에 따라 관계가 더욱 깊어졌다. 동여진은 1005년에 등주(강원도 안변 일대)에 침입, 이어 1011년에는 100여 척의 배를 타고 경주까지 침범하였고, 다음해에도 경상도해안을 노략질하였다. 1015년(현종 6년)에 20여 척의 배로 침범하였고, 1019년(현종 10년)에도 해적선들이 고려를 침범하였다. 1018년(현종9년)에 울릉도가 동여진의 침략을 받아 항복하였을 때 고려 조정은 피난민을 우산국으로 돌려보내고 농기구와 물품을 전달하였다.

11세기 내내 여진해적들은 극성스럽게 고려의 해안을 침범하여 막대한 피해를 입혔다. 이러한 상황 속에서 고려는 수군활동을 강화하고 병선을 건조하였으며, 해안방위체제를 보다 견고히 하기 시작했다. 1008년(목종 11년)에는 과선(戈船)을 75척 만들었

---

26 菊池俊彦 著, 『北東アジアの古代文化の研究』, 北海道大學 圖書刊行會, 1995, p.66.
27 오호츠크문화란 북해도 문화 및 사할린 문화를 말한다.
28 菊池俊彦 著, 앞의 책, p.28.

다. 해상전을 벌이면서 여진해적들을 물리쳤다. 1050년에는 전함 23척을 이끌고 초자도의 여진해적들을 공격하였으며, 1107년에는 육군과 협동작전으로 동북지방의 여진 본거지를 공격하였다. 고려는 곳곳에 수군기지를 두었는데 대표적인 곳은 원흥진(元興鎭 : 함경남도 정평)과 진명진(鎭明鎭 : 원산)으로서 선병도부서를 설치하였다. 그 외에 예하 부대로서 진(鎭)과 수(戍)에 수군을 두었다.

일본과는 특별한 관계가 없었다. 그런데 1019년 4월에 도이적(刀伊賊)이라는 여진족이 대마도와 이끼섬, 그리고 규슈북부의 해안지대인 하카다를 습격하였다. 일본조정은 이를 고려해적의 소행이라고 의심하였는데, 해적선을 고려수군이 동해에서 소탕하고 259명의 일본인들을 구해내 돌려보낸 일이 있었다. 조선시대에는 동해를 매개로 정치 외교 무역등의 활동은 없었다. 다만 민간인의 표류와 연관하여 몇 몇 사건들이 있었다. 또한 울릉도 및 독도와 연관하여 사건이 있었다. 그리고 조선말에 이르러 일본 제국주의의 침략과 더불어 역사의 전면에 부각되기 시작했다.


## 4. 현재 속의 동해

근대에 들어오면서 동해는 다른 각도에서 부상되어 서구 열강 및 일본 등에 의해서 주목 받았다. 물론 이는 수산자원의 생산지로서의 바다가 아니라 당시 제국주의 질서 속에서 만주에 대한 영향력 강화나 군사적인 우월성을 확보하려는 수단 혹은 매개로서 인식한 측면이 강하다. 서구인들이 항해하는 과정에서 울릉도와 독도의 존재가 확인되었고, 이는 곧 전략적인 가치의 인식으로 이어졌다. 러시아는 1860년의 북경조약을 체결하면서 연해주를 손에 넣었으며, 이는 동해를 전략적으로 이용하여 동아시아 지역에서 자국의 패권을 확장할 수 있게 된 것을 의미한다. 1905년 러·일 전쟁이 일어나자 동해는 전장이 되었고, 울릉도 해전을 끝으로 승리는 일본이 가져갔다. 이러한 과정 속에서 일본은 만주와 관련시켜가면서 동해에 대한 관심을 높이고, 소위 '일본해문화권'을 설정하고 심도 깊은 연구를 진행해왔다.[29] 그 후 2차 세계대전이 끝나자 미소 양극체제가 성립되면서 냉전질서가 수립되었고, 동해는 황해와 마찬가지로 얼어붙은 바다가 되었다. 다만 군사적으로 이용되어 러시아는 남진과 태평양으로 진출하는 통로역할로 이용하였고, 미국과 일본은 이를 억제하는데 총력을 기울였다.

그러나 20세기 말에 오면서 동해의 위상에 변화가 생겼다. 우선 근래에 들어서 동해와 관련하여 각 나라들이 추진한 발전 전략들을 검토하고, 이해할 필요가 있다. 일본은 '아시아·태평양경제'라는 보다 광범위한 경제활동을 원하고 있으며, 아시아에서는 동남아를 포함한 거대한 엔화 경제권을 구축하는데 힘쓰고 있다. 그리고 한편으론 1988년에 환일본해(동해)경제권을 주장하여 동아지역에 관심을 기울이면서 남북한과 러시아를 끌어들이고 있다. 이는 동해를 사이에 두고 공유하고 있는 남북한과 일본, 중국의 동북부, 극동 러시아(연해주)를 하나의 경제권으로 묶는다는 구상이다. 풍부한 자금력을 배경으로 동해와 연변한 니가타(新潟)·도야마(富山) 등 각 도시들이 남북한의 도시들, 중국과 러시아 등의 도시들과 자매결연을 맺고, 경제협력을 추진하고 있다. 한국과 일본의 기술력과 자본, 극동러시아의 풍부한 지하자원, 중국 북동부와 북

---

29 古厩忠夫 編, 『東北アジアの再發見』, 有信社, 1994, p.5에서 環日本海라는 개념은 일본이라고 하는 바다를 중심으로 하는 지향도 갖고 있지만, 그 외연은 어느 지역까지 포함하고 있느냐에 대해서는 각각의 의견이 있다. 현재 일본해로 출구가 없는 중국은 과거역사에 대한 비판 때문에 '환일본해'라는 호칭은 그다지 사용하고 않고, 다만 '동북아시아'라는 호칭을 사용하고 있다. 일본해라는 호칭은 1602년 마테오리치가 작성한 『坤輿萬國地圖』에서 포괄적으로 사용되었다. 그런데 일본해로 통일된 것은 근대 일본의 부국강병 제국주의화 아시아 침략의 과정과 궤를 같이하고 있는 것은 확실하다. 그는 일본해를 지중해세계나 동아시아아 세계로 부르는 것 같은 정치적 경제적 내지는 문화적으로 하나의 자기완결적인 지역을 상정하는 것은 곤란하다.는 의견을 개진하고, 8쪽에서 동아시아 세계와 외연으로서 동북아시아라는 시점에서, 즉 동아시아의 서브시스템으로서 환일본해 지역을 보고 있다. 한편 일본열도에 있는 바다는 지중해와는 달리 교통로가 아니었고, 대륙으로부터 떨어져 있게 한 장벽이었다는 견해도 있다. 와쓰지 데쓰로우 저, 박건주 역, 『풍토와 인간』, 장승, 1993, pp.80~81.

한의 노동력을 결합할 경우에는 EU나 NAFTA에 필적하는 동북아시아의 경제블록이 될 수 있을 것으로 기대되고 있으나 물론 제약점이 매우 많다.

1994년에 유엔에서 해양법이 발효된 이후로 바다도 영토가 되어버린 현실 속에서 일본은 1996년에 배타적 경제수역(EEZ) 선포와 함께 1997년 1월 1일 직선기 제도를 시행했다. 북방 4개 도서를 둘러싸고 러시아와 영토분쟁을 일으키고, 한국과는 독도에 대한 영유권을 주장하면서 동해를 전략적으로 활용하고 있다. 중국과는 동중국해에서 센카쿠(조어도) 분쟁을 벌인다.

중국은 뒤늦게 출발했으나, 가장 역동적으로 국지경제권을 적극적으로 추진하고 있다. 대부분 바다와 관련한 정책이다. 사회주의 시장경제체제와 경제특구정책이 성공을 거두면서 최근에는 '대중화경제권', '중화연방론', '신중화제국주의' 등의 우회적인 단어들이 국제사회에서 난무할 정도로 성장했다. 그런데 중국은 동해로 진출하거나 동해를 이용하여 국가나 경제의 발전을 시도하고자 할 때 치명적인 한계가 있다. 만주로서는 매우 중요한 출해구인 두만강하구를 북한과 러시아가 장악하고 있다. 또한 동해북부인 타타르해협 등과 접한 연해주지역을 1860년 이후에 러시아에게 할양했으므로 바다로 나갈 수가 없어졌다. 이러한 상태에서 중국은 만주 일대, 특히 동해와 연변한 지역과 그 지역을 장악한 나라들에 대하여 독특한 관심을 갖고 있다. 정치적 군사적으로 뿐만 아니라 경제적으로도 이 지역의 수복을 원하고 있다. 연해주 땅을 되찾는다면 육지의 자원은 물론, 바다의 자원들까지 가질 수 있다. 특히 타타르해협까지 차지한다면 북태평양으로도 진출할 수 있다. 동북공정(東北工程)은 연해주 문제와도 깊은 관련이 있다.

한편 중국은 2006년 4월을 계기로 북한과 나진·선봉(나선시)을 50년 동안 공동관리하겠다는 발표를 했다. 이로써 중국은 동해로 연결되는 물류망뿐만 아니라 해군이 활동할 수 있게 되었다. 그래서 '조중연합함대(朝中聯合艦隊)'가 동해에서 결성될 것이라는 등 여러 설과 함께 시나리오들이 난무하고 있다.

러시아는 고르바초프가 1991년 블라디보스토크 연설을 한 후, 1992년 1월 1일에 개방하였다. 태평양에 대한 관심을 공식적으로 표명했고, 일본과 함께 환동해경제권에 참여하고 있다. 또한 유엔개발기구(UNDO)가 주도하여 북한·러시아·중국이 공동으로 참여한 동북아지역 협력프로젝트에 참여했다. 이 계획은 러시아의 크라스키노 등 핫산(KHASAN)지구와 중국의 훈춘, 북한의 나진·선봉 등 두만강 하구 지역을 자유무역경제지구로 선정한 것이다. 그 후 러시아는 한동안 복잡하고 불투명한 국내사정으로 인하여 동아시아지역의 이익과 활동에는 소극적인 편이었다. 하지만 2000년에 푸틴(Vladimir Putin)정부는 출범하면서 '강력한 러시아 재건'을 표방했다. 프리모르스키(연해주) 지역을 다시 중요하게 여기고 정책적으로 비중을 두고 있다. 중국인들에게 연해주지역의 상권을 빼앗기고 있지만, 두만강하구의 군사전략적인 가치와 핫산 등의 경제적 가치, 그리고 일본을 활용할 수 있다는 지리적인 이점을 인식하고 나름대로 영향력을 회복하고 있다. 특히 시베리아의 이르쿠츠크에서 출발한 가스관이 통과하는 지점을 놓고 중국과 일본 사이에서 줄다리기를 하고 있다. 중국·한국·일본을 노골적으로 의식하면서 TSR(시베리아횡단철도)과 TKR(한반도종단철도)을 연결시키고 동해를 이용하여 일본열도와도 이으려는 계획을 추진하고 있다. 현재는 한국의 속초·부산등과 항로를 개설하여 교류와 무역량이 증가하고 있으며, 중국과는 우스리스크 지역 등을 거점으로 무역활동을 벌이고 있다. 한편 2001년에는 중·러 선린우호조약을 맺었다. 2005년에는 중국과 합동군사훈련을 하는 등 우호적인 관계를 맺고, 국경지역에 자유무역지대를 설정하고 1조 원에 달하는 자금을 중국과 공동으로 투자하여 경제문화복합단지를 건설하고 있다.

　　한국은 동해와 관련해서는 동해중부의 여러도시들과 일본의 혼슈 중부인 쓰루가, 니가타 등을 연결하는 동해경제권 등 여러가지 이론을 구상하고 있지만 항로 개설하나 없이 우왕좌왕하고 있을 뿐이다. 다만 속초항에서 자루비노항으로 여객선이 들어가고, 또 북한이 아닌 러시아의 자루비노나 포시에트 등을 거쳐 훈춘으로 들어가 연길, 백두산으로 이어지는 해륙로(海陸路)를 열었다.

　북한은 1991년 12월에 나진·선봉지역을 자유무역경제지구로 선포하고, 1993년에는 자유경제 무역지대법을 제정하여 동해를 활용한 경제발전을 시도하고 있다. 신의주 특구, 경의선복원 등을 선언하고, 개성공단개발 등 서해안개발에도 관심을 기울이지만, 내부사정으로 인하여 전망이 불투명하다.

　동아시아에서 이렇게 전개되는 질서재편기에 경제·정치·군사를 둘러싸고 해양력의 대결이 벌어질 것은 자명하다. 특히 항로의 '배타적 관리권'을 놓고 해양력의 시위가 불가피하다. 최근에는 북방 4개도서인 남쿠릴열도를 둘러싸고 일본과 러시아가 영토분쟁을 일으키고, 일본은 독도에 대한 영유권을 주장하면서 동해를 전략적으로 활용하고 있다.

　또한 북한은 러시아정부와 두만강 하구의 녹둔도(鹿屯島)를 놓고 영토분쟁이 일어날 수 있다. 또한 중일 간에는 센카쿠(尖角)제도(중국에서는 釣魚島)의 영유권을 놓고 국제적으로 분쟁이 일어나며, 또한 중국과 동남아 국가 간에도 남사군도를 놓고도 역시 심상치 않은 갈등이 일어난다. 이러한 충돌은 심지어는 '제 2차 남해대전(南海大戰)'이라는 가상 시나리오가 유포될 지경으로 비화되고 있다. 이러한 갈등과 충돌 등은 해양영토라는 면적의 의미와 함께 sea-lane이라는 선(線)의 권리와 확보를 둘러싼 성격이 강하다.

## 5. 제언-미래 속의 동해와 동해권의 형성을 제언하며

　서문에서 언급한 대로 세계화가 급박하게 진행되는 단계에서 각 지역들은 블록을 추진하고 있으며, 세계의 한 지역으로 변화된 동아시아는 이러한 세계화에 적응하거나 대응하지 않으면 안 된다. 적어도 명분이나 이론상으로는 한민족 중국 일본을 주축으로 삼은 동아시아 공동체를 수립하는 일이 시급하다. 미주공동체 유럽공동체, 심지어는 비약하는 동남아 공동체와 경쟁하려면 불가피한 선택이다. 그런데 동아시아는 동아시아 신질서의 틀과 내용을 놓고 각각 장기, 단기의 국가발전전략을 수립하는 한편 시행해가고 있다. 하지만 협력보다는 경쟁 혹은 갈등에 더 골몰하고 있다.

　동아시아는 역사를 모델로 삼고, 자연환경의 성격을 중시할 필요가 있다. 전체를 육지와 대륙의 힘이 동시에 작용하는 동아지중해라는 하나의 터(field)로 삼고 전략적인 특성을 정확하게 이해하고, 해류에서의 중핵역할을 확보하는 보다 거시적인 정치와 외교정책을 수립할 필요가 있다. 동아지중해는 흔히 말하는 광범위하고 포괄적인 동아시아라는 범주 속에서 특히 역동적인 동북아경제권(Dynamic North-East Asian Economies)의 중심부이며 현재 한국·중국·일본·러시아의 연해주 일부가 만나는 터(field)이다.

　이러한 해석틀을 적용하면 동아시아의 역사를 정치·군사적인 영향력에 따른 불평등과 차별적인 관계가 아니다. 중심부를 대륙(중국)이나 반도(한국)나 섬(일본)으로 나누어 별도로 파악하지 않는다. 그 동안의 육지 중심의 관점에서 보면 각 지역은 따로따로 존재하는 개별적인 존재이고, 특히 섬나라 일본은 고립된 주변부에 그칠 뿐이다. 하지만 동아지중해 모델에서는 해류사관의 입장에서 모든 나라들은 해양질서와 육지질서를 서로가 공유하고, 어떤 지역에서든 서로 연결된 하나의 권역으로 본다. 또 실질적으로도 연결되어 있다. 그러면 역학관계의 본질을 분명히 이해할 수 있다. 한마디로 지도가 쉽게 그려지니까 지역의 특성이 분명해지고, 그에 따라 국가 간, 지역 간에는 역할분담이라는 그림이 명확하게 드러난다. 전체가 살아있는 하나의 중심부(field)가 되어, 역할분담으로 평등하고 수평적으로 네트워크한 관계이다.

　뿐만 아니라 고대부터 느슨하지만 하나의 역사권이었음을 확인할 수 있어, 세계화 속에서 동아시아는 하나라는 운명공동체 의식을 지닐 명분을 찾을 수 있다. 특히 약소국이며, 불리한 위치에서 시작할 수밖에 없는 처지인 우리의 문제도 있다. 우리

민족은 미국이나 중국, 혹은 일본처럼 강대국은 아니지만 그렇다고 동남아국가들이나 아프리카의 국가들처럼 약소국도 아닌, 애매모호한 표현이지만 강소국이다. 이러한 단계와 위상에 놓여 있는 우리가 급변하는 세계질서와 재편될 수 밖에 없는 동아시아의 역학관계 속에서 유효적절하고 성공의 가능성이 높은 실제적인 모델로 삼을 수 있는 것 가운데 하나로서 '동아지중해(東亞地中海) 중핵(中核 : 허브)조정역할론'이 있다.[30]

필자는 1993년 이래 줄곧 동아지중해라는 모델을 만들어 놓고, 그 해석틀 속에서 동아시아의 국가들은 궁극적으로는 상생을 누릴 수 있는 느슨한, 혹은 결속력이 강한 연방형태(동아시아연방)를 지향해야 하고, 일을 실현해가는 중간단계로서 다양한 목적과 형태를 지닌 공동체가 필요하다고 주장해왔다.

특히 러시아의 극동정책이 본격화되고, 북한이 개방된다면 동해경제권의 성장 등 매우 빠른 속도로 부상할 수 있다. 그럴 경우에 동해안지역(韓·日·러시아·中)은 매우 중요한 역할과 위상을 지니게 된다. 이러한 국제질서의 관점에서 동해안의 발전을 필수적이며, 그에 걸맞는 발전전략을 모색하고 실천해야 한다. 또 민족 내부의 입장에서도 한민족이 능동적이고, 주체적으로 동아시아 신질서에 참여하려면 다양한 발전전략을 수립해야 한다.

그러한 면에서 동아지중해권의 부분이며 전체로서 동해권을 설정하고 발전시킬 필요가 있다. 그리고 그 중간단계로서 해양도시 연합체를 구성할 필요가 있다. 세계화의 과정에서 승리하려면 전장(field)의 특성을 파악해서 최대한 활용해야 하며 전장의 목(項, point), 즉 전략적 거점(foothold)을 확보해야 한다. 중국이 심천, 상해, 천진, 대련 등을 택하고, 러시아가 블라디보스토크와 핫산 등을 선택했으며, 일본이 도쿄, 오사

---

[30] 특히 윤명철,『광개토태왕과 한고려의 꿈』, 삼성 경제연구소, 2005. 윤명철,『장수왕 장보고 그들에게 길을 묻다』, 포럼, 2006 참조.

카, 니가타, 쓰루가, 하카다 등을 선택해야 하듯이 우리는 경기만을 핵심전략거점으로 삼고, 부산과 목포를 중요한 부(副)거점(sub foothold)으로 선정해야 한다. 하지만 일본을 염두에 두면서 동해에서 영향력을 끼쳐가는 중국을 의식한다면 동해시나 삼척 또한 부거점으로서 중요하다. 그리고 가정이지만 통일을 이룩할 경우에는 압록강하구와 두만강하구를 실효적으로 지배하고, 나아가 요동반도의 남부와 연해주 남부에 대하여 간접적이나마 영향력을 강화시키면 더욱 좋다. 지금 당장 현실성 여부를 판단하고, 무조건 포기하는 태도보다는 경제영토(N.E.T)란 개념을 보다 확연하게 드러내면서 영향력을 강화시켜가고, 앞으로 다가올 혹은 추진할 목표를 염두에 두는 정책을 입안할 필요는 있다.

중국의 경제적인 부상과 군사력의 팽창, 해군력의 확대 등이 동해진출과 상승작용을 일으킨다면 동해에는 파고가 높아질 것이 틀림없다. 중국의 동해진출을 저지하려는 움직임이 러시아·일본·미국에서 일어날 것은 분명하다. 그러한 과정에서 동해를 활성화시키는 전략들이 추진될 것이며, 이는 수순대로 주춤했던 '동해경제권'의 부활로 나타날 것이다. 그러면 당연히 러시아 일본의 몇몇 거점도시와 상대할 수 있는 동해중부지역에도 이러한 역할을 담당한 거점도시가 있어야 한다.

필자는 여러 글과 발표에서 발표했고, 본고에서 다시 한 번 언급하였다. 추후에 전개되는 동아시아의 국제환경, 동아지중해의 자연환경, 역사적인 경험을 고려할 때 거점도시는 현재 동해시 일대가 될 수 밖에 없다. 다만 동해시 단독이 아니라 동아지중해의 중핵이라는 '터(field)에서 서울·경기·부산·목포 등의 핵들을 하나의 시스템 속에 연결시키고, 특히 서울 인천과는 하나의 유기적인 벨트를 구축해야 한다. 그러한 의미에서 가칭 '동해특구시'(동해·삼척·강릉포함)는 지역과 주민의 정체성을 찾는 당위성 뿐 만 아니라 실질적인 지역발전과 역사발전의 능동적인 참여자가 되기 위해서도 미리 예측하고 대비하는 자세가 필요하다.

# 참고문헌

### ▶ 저서

『역사는 진보하는가?』, 온누리, 1992, 12.
『동아지중해와 고대일본』, 청노루, 1996.
『장보고 시대의 해양활동과 동아지중해』, 학연문화사, 2002.
『한민족의 해양활동과 동아지중해』, 학연문화사, 2002.
『고구려 해양사 연구』, 사계절, 2003.
『한국 해양사』, 학연문화사, 2003.
『역사전쟁』, 안그래픽스, 2004.
『광개토태왕과 한고려의 꿈』, 삼성 경제연구소, 2005.
『장수왕, 장보고 그들에게 길을 묻다』, 포름, 2006.
기타

### ▶ 논문

「고구려 말기의 해양활동과 동아지중해의 질서재편」, 『국사관논총』제52집, 국사편찬위원회, 1994.
「장수왕의 남진정책과 동아지중해 역학관계」, 『고구려 남진경영연구』, 백산학회, 1995, 4.
「황해의 지중해적 성격 규명을 위한 한 접근(1)」, 『황해문화 국제학술회의』, 동국대학교, 1996.
「黃海의 地中海的 性格硏究」, 『韓中文化交流와 南方海路』, 국학자료원, 1997.
「渤海의 海洋活動과 東아시아의 秩序再編」, 高句麗硏究 6, 학연문화사, 1998, 12.
「독도와 해양정책-울릉도와 독도의 해양 역사적 환경검토」, 『1회 해양정책세미나 논문집』, 2001, 5.
「장보고를 통해서 본 경제특구의 역사적 교훈과 가능성」, 『경제특구』, 남덕우 편, 삼성경제연구소, 2003, 6.
「동해문화권의 설정 검토」, 『동아시아 역사상과 우리문화의 형성』, 한국학중앙연구원 동북아고대사연구소, 2005, 6.
「고구려 문화형성에 작용한 자연환경의 검토- '터와 多核(field & multi-core)이론'을 통해서」, 『한민족』4호, 2008.
한국사학사학회발표, 「한국사를 이해하는 몇 가지 틀을 모색하면서 -터와 다핵(field & multi-core) 이론의 제기-」, 2008, 6, 28.
기타

# 08 金異斯夫, 于山國 정복의 역사적 가치와 21세기적 의미*

## 1. 들어가는 글

　　김이사부(金異斯夫)는 512년에 우산국(于山國)을 정복하여, 신라의 영토로 편입시킨 인물이다. 이후 신라는 해양활동능력이 확대되었으며, 이를 국가가 발전하는 데 중요한 요인으로 활용하였다. 그리고 신라의 대일본활동과 삼국통일에도 적지 않은 기여를 하였다. 이는 우산국인 울릉도(鬱陵島) 해역이 동해상에서 차지하는 해양전략적인 가치와 함께 신라가 추진한 국가발전전략에 활용도가 높았기 때문이다. 그럼에도 그동안 신라의 해양정책 및 능력에 대한 관심이 소홀할 뿐 아니라 김이사부의 우산국 정복이 지닌 역사적인 가치와 의미에 대해서도 저평가되었다. 21세기는 '해양의 세기'라고도 한다. 해양의 가치와 중요성이 여러 면에서 부각되고, 특히 동해의 전략적 가치는 이루 말할 수 없을 정도로 중요해지고 있다. 이러한 상황 속에서 일본에 의한 독도문제까지 불거져 우리를 당혹스럽게 만들고 있다. 독도는 울릉도의 부속도서이다.

---

* 「김이사부, 우산국정복의 역사적 가치와 21세기적 의미」, 『이사부 그 다이나믹한 동해의 기억, 그리고 내일』, 삼척시·강원발전연구원, 2008.
　이 글은 그동안 발표했던 글들을 주제에 맞게 선택해서 보완하였으므로 꼭 필요한 경우가 아니면 주를 달지 않았음을 밝혀둔다.

따라서 이 글은 우산국 정복이라는 사건의 재해석을 통해서 몇 가지 내용을 살펴보고, 결론과 제언을 하고자 한다.

우선 동해의 성격과 울릉도 독도의 역사적인 위상을 해양과 연관시켜 가면서 구체적으로 살펴본다. 이어 신라의 국가발전 전략 및 해양력을 확대하는 과정을 통해서 동해 및 울릉도 해역이 끼친 영향을 살펴보고, 이어서 이사부의 우산국 정복이 21세기 동아시아에 어떤 의미를 지니고 있으며, 우리에게 어떤 모델이 될 수 있는지 모색해보고자 한다.


## 2. 동해 및 울릉도 · 독도의 해양환경과 역사적 의미

### 1) 동해의 해양환경[1]

동해해역에 영향을 미치는 주 해류는 대한해협에서 분지된 제3분지류로 동해연안을 따라 북상하면서 한류세력과 만나 동쪽으로 방향을 바꾸게 된다. 리만해류는 북한 근해에서 북한해류로 형성되어 함경도 연안을 따라 남하하면서 동해해역 남부까지 영향을 주게 되며, 경상북도 연안에서는 침강되어 영일만 이남에서는 저층수나 연안용승으로 나타난다.[2] 리만해류가 연해주의 연안을 통과해서 한반도 동안에 접근해서 남하하고, 서남쪽에서 북상해온 대한난류와 동해의 중남부 해상에서 만나 원산의 외해와 울릉도 부근에 이르러 그 일부는 방향을 동으로 움직여 횡단하다가 올라간다. 노토(能登) 반도의 외해에서 대마해류의 주류와 합류한다.[3] 때문에 한반도의 동남부를 출

---

[1] 이 부분에 대해서는 필자가 오래전부터 다수의 논문과 책을 통해서 언급한 바 있으므로 특별한 것이 아니고서는 주를 달지는 않았다.
[2] 김복기 외 10인, 『한국해양편람』 제4판, 국립수산진흥원, 2001, p.53.
[3] 『근해항로지』, 대한민국 水路局, 1973, p.46.

발하면 산인(山陰) 지방의 해안에 도착할 수 있다. 이 해류의 유속은 계절과 지역에 따라 약간의 차이가 있으나 평균 1km 내외이며 물의 방향은 항상 북동으로 향하는 항류(恒流)이다. 항류가 북동방향으로 진행하는 것은 이 지역 항해의 기본방향을 북동향으로 결정짓는다.

한편 동아시아는 계절풍으로 인하여 해류의 방향이 영향을 받는다. 여름에는 풍력(風力)이 약하고 남풍계열의 바람이 분다. 동남풍은 4월 중순에 시작하여, 8월에 들어서면 제일 강성하며, 9월 이후에는 쇠퇴하기 시작한다. 반면에 서북풍이 주풍(主風)인 북풍계열의 바람은 9월 하순부터 시작하여 11월에 최강이 되고, 다음해 3월까지 계속된다. 삼국시대의 대외사행(對外使行)이 계절풍과 해류의 영향을 받으며 이루어졌다. 백제와 중국과의 관계,[4] 신라와 왜(倭)의 관계[5]는 물론이고 이러한 현상은 신라와 일본의 관계에서도 동일하게 나타난다. 신라에서 일본으로 갈 때는 북풍계열의 겨울 계절풍을 주로 이용하고, 반면에 일본에서 신라로 향하는 경우에는 역시 봄에서 초여름, 가을에 걸쳐 남풍계열의 바람을 이용했다.[6] 일본과 당의 관계에서도 유사하게 나타난다. 고구려인들은 주로 겨울철에 동해연안을 내려오는 남류(南流)에 편승하여 북동계열의 바람을 활용하면서 항해를 한다. 돌아올 때는 반대가 된다. 발해(渤海)항로는 특히 바람의 영향을 많이 받았다. 일본에 갈 때는 늦가을부터 초봄에 걸쳐 부는 북풍계열의 바람을 이용하였다. 귀환할 때에는 늦봄부터 여름에 걸쳐 부는 남서풍계열을 이용하였다.

동해는 지형 면에서 서해, 남해와 몇 가지 다른 점이 있었다.[7] 홍적세에는(2백만 년

---

[4] 鄭鎭述, 「韓國先史時代海上移動에 관한 硏究」, 『忠武公 李舜臣 硏究論叢』, 해군사관학교, 1991, p.45 도표 참조.
[5] 申瀅植, 『新羅史』, 이화여자대학교 출판부, 1988, p.212 도표 참조.
[6] 吉野正敏, 「季節風と航海」(『Museum Kyushu』14號, 1984.), p.14 도표 참조.
[7] 이 부분에 대해서는 윤명철, 「동해문화권의 설정 검토」, 『동아시아 역사상과 우리문화의 형성』, 한국학

| 그림 1 |  표류도
1692~1840년간 조선에서 일본에 표류한 선박들의 길(시바다 게이시·손태준 작성).
울산, 포항, 울진 등에서 출발한 배들은 야마구치현과 시마네현에 집중적으로 닿고 있다.

전~1만년 전) 빙하로 인하여 한반도와 중국 일본열도가 연결됐다. 그러다가 지금부터 1만 년을 전후인 충적세에 들어와 빙하가 녹고 수면의 상승이 이루어졌다. 8000년 전경에 들어와 대한해협과 황해, 동해가 형성되었고,[8] 현재 동해의 해안선은 약 8000년 경부터 4000년경 사이에 형성되었다. 6000~4000년 전에는 현재보다 온난한 기후였으므로 수면이 4~5m 높다는 주장도 있다. 더 구체적으로는 단조롭고, 해안선으로부터 서쪽으로 해발 1000m 이상의 태백산맥 능선이 발달하고 있어서 일반적인 해안지형과는 다르다. 특히 평지가 부족해서 농경이 발달하지 않고, 인구가 집중되지 못했다. 또한 대륙붕이 짧아 수심이 갑자기 깊어진다. 섬들

---

중앙연구원, 민속원, 2005, 9에서 언급하였다.
[8] 박용안 외 25인, 「우리나라 현세 해수면 변동」, 『한국의 제4기 환경』, 서울대학교 출판부, 2001, pp.117~155.

이 적고 원양에 노출되어 있으므로 파도의 영향이 커서 무동력으로 항해하기에 불편하다. 또한 조석간만의 차이가 거의 없어 어장이나 인간이 거주하는 생활영역이 적고, 이를 이용하는 해상세력도 크게 존재하지 않는다. 이러한 해양환경에서 일부지역을 제외하고는 인간이 거주하기에 좋은 환경은 아니었다.

동해는 해양환경의 열악한 조건으로 인하여 다른 해역에 비하여 상대적으로 주민과 문화의 교류(交流)와 만남이 적었고, 문화가 활발하지 못했다. 그러나 황해, 남해와 마찬가지로 우리의 해양문화 속에 포함되어 있었고, 한반도와 대륙이라는 육지와 하나가 되어 우리 문화를 이루어 왔다. 특히 고대에 이르면 우리 역사의 중요한 활동범위였고, 그 시스템의 영향을 직접, 간접으로 받으면서 움직였다. 필자는 이를 주목해서 동해뿐만 아니라 타타르해협(Tatar strait)을 포함하여 '동해문화권(東海文化圈)'의 설정을 주장한바 있다.[9]

### 2) 울릉도의 역사적 위상과 지정학적 의미

울릉도에는 이미 선사시대부터 사람이 거주하고 있었다. 도리이 류조(鳥居龍藏)를 비롯한 연구자들이 석기시대의 흔적을 주장하였다. 최근에 토기들이 발견되었는데, 본토의 철기시대 전기 말경(기원전 300년경), 아무리 늦어도 서력기원 전후의 전형적인 무문토기이다.[10] 또 최근의 조사(1998년)를 통하여 고인돌을 비롯하여 선돌 제사유적지들이 발견되었다.

동아지중해의 일반적인 상황을 고려한다면 충분히 가능성이 있다. 해양민들이 동

---

9 윤명철, 「동해문화권의 설정 검토」, 『동아시아 역사상과 우리문화의 형성』, 한국학 중앙연구원, 민속원, 2005, 9.
10 鬱陵島 地表調査 報告書 1, 서울대학교 박물관학술총서 6, 1997, p.48.

해에서 바다를 매개로 우연이나 의도적으로 교섭을 했던 사례가 있다. 『삼국지(三國志)』 위지 동이전(魏志 東夷傳)에는 동해가에서 노인에게서 들은 동쪽바다의 한 섬에 대한 이야기가 기록되어 있다. 이 동쪽섬이 울릉도인 우산국이라는 이병도(李丙燾)나 이케우치(池內宏)[11]등의 등의 견해가 있다. 물론 울릉도보다 더 먼 곳인 일본열도의 섬을 가리킨 것일 수도 있다. 읍루(挹婁)는 나중에는 말갈이라는 이름을 얻었는데, 바다에서 물고기도 사냥하였으며 조선술도 뛰어났다.[12]

이 울릉도는 6세기 들어서면서 역사에 정식으로 등장한다. 500년에 이르러 신라는 지증왕(智證王)이 등극하면서 국호를 신라(新羅)라고 정하고, 국가를 발전시키는 정책을 추진하였다. 그는 고구려의 영향력에서 벗어날 의도로 북진정책을 취하였다. 특히 505년에는 현재의 삼척에 실직주(悉直州)를 설치하였다. 그리고 512년에 이찬(伊湌)인 이사부를 하슬라주(河瑟羅州)의 군주(軍主)로 삼아 우산국을 정벌하게 하였다. 당시에 벌어진 전쟁과정을 살펴보면 우산국은 단순한 어민거주지가 아니라 군사력과 경제력을 보유한 해상세력집단 내지는 소국(小國)이었음을 알 수 있다. 거의 유사한 시기에 독립국이었던 탐라도 백제의 공격을 받고 그 영향권 아래에 들어갔다.

울릉도에 대하여 『삼국사기』는 지증왕(智證王) 13년 조에 '지경(地境)의 면적은 100리인데, 지세가 험하고……' 라고 당시의 지형을 비교적 정확하게 기술하고 있다. 삼국유사에는 '하슬라주(河瑟羅州 : 今 溟州)의 동해 가운데 바람을 맞아 2일 정도면 우릉도(于陵島 : 今作羽陵)가 있는데, 주변이 2만 6천7백30보이다' 라고 되어 있다. 또 울릉도를 가리켜 '우릉도(于陵島)는 금 우릉(今 羽陵)이다' 라고 하였다. 울릉도에는 100기의 적석총이 분포되어 있는데, 경상도에서 만들어졌던 횡구식석곽묘(橫口式石槨墓)와 유사

---

11 池內宏, 「伊刀の賊」, 『滿鮮史硏究』中世 第 1, 1933, p.316. 이 글에서 여진 해적과 울릉도문제에 대해서도 다루고 있다.
12 松山利夫, 「ナラ林の文化」, 『季刊考古學』15호, 雄山閣出版社, 1986, p.44.

하다. 현재는 약 87기 정도가 남은 고분들에서 발견된 유물들은 대체로 상한 연대를 6세기 중엽으로 추정하고 있다.[13] 신라의 영향을 받으면서 토착민들이 조성한 것으로 추정되며, '울릉도식'으로 명명되고 있다.[14]

울릉도는 고려가 통일하기 전에 백길은 정위(正位), 토두는 관등 12위의 정조(正朝)라는 벼슬을 받았다. 현종 때에 이르러 여진의 침략을 받으면서 관계가 더욱 깊어졌다. 1018년(현종 9년)에 울릉도는 동여진의 침략을 받아 항복하였다. 고려 조정은 이원구를 시켜 피난민을 우산국으로 돌려보내고 농기구와 물품을 전달하였다. 1022년(현종 13년)에 동여진의 침입으로 납치되었다가 도망 나오는 울릉도인도 있었다. 독립성을 유지하면서 독자적인 생존을 유지하기가 힘들어진 우릉성주(羽陵城主)는 덕종(德宗) 원년인 1032년에는 아들을 파견하여 토산물을 바쳤다. 울릉도는 고려에게 여러 가지 이점을 주었는데, 그 가운데 하나가 자원이다. 고종(高宗) 30(1243)년에도 울릉도에 파견한 관리는 다음처럼 보고했다. '토질은 기름지고, 진목(珍木)과 해산물이 많이 산출되고……', 이때 진목(珍木)이란 대장경을 만드는 목재들이다. 고려는 직목사를 파견하여 조선에 쓰일 나무를 이곳에서 구하였다.

근대에 이르러 1905년 러·일 전쟁이 일어날 때 전장이 되었다. 일본은 울릉도와 독도를 연결하는 해저전선을 10월 8일에 개설하였고, 독도와 시마네현의 마쓰에항(松江港)을 연결하는 일본해군의 해저 통신선과 감시망루도 완성하였다. 그 후 2차 세계대전이 끝난 이후에 동해는 러시아가 태평양 및 동남아시아로 나가는 통로이며, 일본과 미국 해군이 활동하고, 한국과 북한이 일부를 관리하는 해역이다.

---

13 최몽룡 외, 「울릉도 지표조사보고서 1」, pp.49~50. 정영화 및 이청규, 「鬱陵島의 考古學的 硏究」, 울릉도 독도의 종합적 연구.
14 曺永鉉, 「嶺南地方 橫口式古墳의 硏究 1」, 『伽倻古墳의 編年硏究 2-墓制』, 영남고고학회, 1994, pp.53~74.

### 3) 울릉도 독도와 연관된 동해항로

동해안은 해안선이 직선에 가까운데다가, 수심이 깊고 온도가 차며, 파도가 거칠어 정박하기에 적합한 항구가 부족하고, 원거리 대양항해도 힘들었다. 하지만 동해를 건너 일본열도나 혹은 그 이북의 여러 지역과 교류가 있었다. 일본의 조몬도기(繩紋陶器)와 대륙의 조몬도기는 문화의 연원이 유사하며, 대륙과 사할린(高頂島)은 선사시대부터 교섭이 있었다고 한다.[15] 7, 8세기에는 북해도에 대륙문물이 많이 들어왔다. 주석(錫)제품 등 연해주로부터 반입된 것으로 생각되는 유물이 출토되었다.[16] 『삼국지』 동이전에 따르면 옥저사람들은 고구려에 어염(魚鹽)과 해중식물을 바쳤다. 동예 사람들은 반어피(斑魚皮)를 바쳤으며, 먼바다까지 항해하였다. 항해와 조선술에 능한 집단이며 원양항해를 할 정도의 높은 수준에 올라 있었다.

『일본서기』에는 오진(應神) 28년, 닌도쿠(仁德) 12년(324), 58년(369) 등에 계속해서 고구려와 왜가 교섭한 기록이 있다. 물론 이때의 항로에 대해서는 정확하게 알 수 없다. 그러나 시마네현 지역의 이즈모(出雲) 등에 고구려 문화의 흔적이 있다.[17] 게이타이(繼體)천황 10년과 긴메이(欽明)천황 원년에도 고구려에서 사신이 왔다. 월국(越國)에 도착하므로 동해항로를 사용했음이 틀림없다. 긴메이 때에는 고구려 사신과 도군(道君)이라는 지방호족이 밀무역을 했다고 다른 호족이 조정에 밀고하는 사건이 벌어졌다.[18] 발해 또한 동해에서의 해양활동이 매우 활발했다. 존속했던 220여 년 동안에 거

---

15 王健群, 「古代日本北方海路的形成和發展」, 『博物館研究』 55期, 3期, 1996, pp.51~52 ; 江上波夫, 「古代日本の對外關係」, 『古代日本の國際化』, 朝日新聞社, 1990, pp.52~53.
16 동해북부와 타타르해협에서 이루어진 해양활동은 윤명철, 「渤海의 海洋活動과 東아시아의 秩序再編」, 『高句麗研究』 6, 학연문화사, 1998, 12. 윤명철, 『張保皐 時代의 海洋活動과 東亞地中海』, 학연문화사, 2003 참조.
17 조희승, 『초기조일관계사(하)』, 사회과학출판사, 1989, pp.303~304.
18 森浩一, 『古代史 津津浦浦』, 小學館, 1993, p.65.

의 35회 이상의 공적인 교섭이 있었다. 뿐만 아니라 민간인들 간의 대규모 교역도 기록에 나타나고 있다.

그런데 고구려와 발해는 반드시 원양항해를 할 수밖에 없었다. 여러 항로 가운데 우선 동해북부 사단항로가 있다. 원산 이북의 여러 지역을 출발하여 연안항해 내지 근해항해를 해서 내려온 다음에, 삼척 혹은 그 아래에서 먼바다로 나가 사단(斜斷)으로 일본열도 혼슈(本州)중부의 이북지방으로 항진했을 것이다. 후대에 발해인들도 무려 35회 항해 가운데에서 12번이나 이 항로를 이용하여 도착하고 있다.

또 하나 사용된 것이 동해종단 항로이다. 동해북부의 여러 항구를 출발해서 연안을 타고 남으로 종단해서 내려오다가 먼바다로 떠서 동진해야 한다. 이때 울릉도와 독도를 지형지물이나 항로설정의 목표물로 삼으면서 혼슈의 남단의 돗토리(鳥取)현의 다지마(但馬), 호키(伯耆), 시마네(島根)현의 이즈모(出雲), 오키(隱岐), 그리고 그 아래 야마구치(山口)현의 나가토(長門) 등에 상륙하였다. 이 지역은 해양조건상 신라계와 관계가 깊었으며, 가야는 물론 고구려도 진출하였다. 이즈모(出雲) 등에 고구려 문화의 흔적이 있고,[19] 해류의 흐름 등을 감안하면 동해 남부를 출발한 고구려인들은 이곳으로 진출하였을 것이다. 발해인들도 오키제도에 한 번 도착하였고, 이즈모에 4번 등 수차례 도착하였다. 또한 신라인들도 도착하였다. 울산이나 포항지방과 위도가 북위 35.5도로 거의 비슷하다. 때문에 동해남부나 남해에서 리만한류를 타고 항해를 하다, 북위 30도 부근에서 대한난류를 횡단하여 본류에 올라타면 시마네현 앞에 있는 오키(隱岐)제도를 경유하여 비교적 자연스럽게 도달할 수 있다. 거기다가 북서 계절풍을 활용한다면 항해는 크게 어렵지 않다.

하지만 항해결과에서도 나타나듯 기술적으로 매우 어려운 항해이다. 그래서 발해

---

19 조희승, 위의 논문.

선에는 천문항법을 담당하는 천문생(天文生)이 타고 있었다.[20] 그런데 중간에 위치한 섬이 울릉도와 독도이다. 독도는 울릉도의 부속도서이다. 육지인의 시각으로 이해할 때 이 두 섬은 매우 멀리 떨어져 있고, 바다를 항해해야 하는데다가 주민이 상주하지 않으므로 울릉도와 무관한 것으로 생각할 수 있다. 하지만 울릉도에서 87.807km 떨어진 섬이다. 해양환경이나 고대부터 현대에 이르기까지 이루어진 해양활동을 감안한다면 해양민들에게 울릉도와 독도는 교섭을 단념하게 할 정도로 먼 거리가 아니다.[21] 해양문화의 시각이나 해양민(항해자와 어민들 모두를 포함한다)의 입장에서 볼 때는 울릉도와 불가분의 관계를 맺고 있는 일종의 생활공동체이다. 어업을 주업으로 삼는 울릉도인들의 삶과 직결되는 생산활동의 영역이고, 항해민들에게는 피항(避港)이나 항로를 관측하는 데에 절대적으로 필요한 공간이다.

울릉도와 독도는 중간 정거장 구실은 물론이고, 원양항해를 하는데 자기위치(自己位置)를 파악할 수 있게 해주고, 항로를 설정하는 유일한 지표의 역할을 할 수 있다. 물론 일본측 해안에도 오키제도를 비롯하여 크고 작은 섬들이 있지만 그것은 일본 연근해에서 유용한 것이지 실제 항해가 이루어지는 대양에선 의미가 없다. 필자가 동해에서 원양항해로서만 항해할 수밖에 없는 범위를 계산해낸 적이 있다.[22] 그 결과에 따라 작성한 지도에 따르면 전근대 시대 동해항로에서 울릉도·독도의 역할은 거의 절대적 의미가 있음을 알 수 있다.[23] 1997년 12월 31일 '발해 1300호' 라는 뗏목이 러시아

---

20 『日本三代實錄』권21, 淸和天皇 14년 5월.
21 1986년에 한국탐험협회는 독도가 울릉도 주민들의 생활권역임을 입증하기 위하여 '가산도' 라는 뗏목을 만들어 독도까지 항해하였다. 윤명철과 장철수가 기획하고 이경남이 대장이었던 이 탐사는 한국탐험협회와 외국어대 독도연구반이 주관하였다. 이때 대원이었던 장철수와 이덕영은 1998년 1월 24일 발해 뗏목탐험대를 조직하였다.
22 윤명철, 「渤海의 海洋活動과 東아시아의 秩序再編」, 『高句麗硏究』6, 학연문화사, 1998, p.12.
23 윤명철, 「독도와 해양정책-울릉도와 독도의 해양 역사적 환경검토」, 『1회 해양정책세미나 논문집』, 2001, 5.

| 그림 2 | 발해항로

의 블라디보스토크를 출발하여 종단항해하면서 울릉도 해역을 거쳐 남진하였으나 풍랑에 밀려 동진하다가 1월 24일 새벽 6시 30분경 오키제도의 고토(島後)섬 고가무라(五個村)앞에서 좌초하여 전복되었다. 이들의 항로는 울릉도·독도가 동해상에서 중요한 항로의 한 지점이었음을 알려준다.[24] 따라서 울릉도와 독도는 동해를 매개로 이루어지는 모든 해상교통의 유일한 정거장이며 중심지 역할을 할 수 있었을 것이다. 뿐만 아니라 이 지역의 해상세력들은 이들의 항해에 어떠한 형태로든 영향을 끼쳤을 것이다. 따라서 신라에게 우산국은 매우 효율적인 해양전략적인 가치가 있었다.

## 3. 신라에서 우산국의 존재와 가치

신라는 초기부터 해양활동이 활발했다. 진한(秦韓)사람들은 왜인들과 교역을 했고, 그 지역 주민들은 일본열도로 다양한 목적을 지닌 채 진출하였다. 일부는 적극적으로 정치세력을 형성하였으며 때로는 소국가를 세우기도 하였다. 712년에 쓴『고사기(古事記)』와 720년에 쓰여진 정사인『일본서기(日本書紀)』에는 신라와 관계된 기록들이 유달리 많이 나타난다. 특히 연오랑(延烏郞)과 세오녀(細烏女)의 설화[25]는 영일만 근처의 신라세력이 진출하여 일본 소국가의 왕이 되는 당시의 양 지역의 정치적인 상황을 의미한다. 일본신화와 직결되어 있는 이즈모시 근처인 고진다니(荒神谷)에서는 358여 개의 청동검과 동모(銅矛)·동탁(銅鐸) 등이 발견되었다. 특히 오쿠지역은 신라적인 요소가 강하다. 스키야마 고분에서 나온 말자갈, 행엽 등의 말장식품은 경주에서 나온

---

24 윤명철,「발해의 해양활동과 발해 1300호 탐험의 민족사적 의의」, 발해 1300호 추모계승사업회 1회 학술발표회, 1999, 5 및 기타.
25 『삼국유사』권1, 기이 2.

것들과 매우 유사하다. 또 이 근처인 구로야마 2호분에서는 초기 신라계 토기들도 많이 출토됐다.[26]

그럼에도 불구하고 신라는 가야 및 왜를 비롯하여 심지어는 고구려에게 동해지역을 공격받는다. 5세기 이후에 고구려는 남진정책을 본격적으로 추진하고 있었다. 이미 서쪽에서는 백제를 대상으로 전쟁을 벌이면서 영토를 확대하는 등 적극적인 남진을 추진하였다. 그러다가 고구려는 광개토대왕 때인 410년에 백제, 가야, 왜의 연합군에게 공격을 받은 신라를 구원하기 위하여 보기 5만을 파견하였다. 광개토대왕 이후 남진한 고구려는 동해 남부나 남해 동부해안을 통해서 일본열도로 진출했을 가능성이 있다. 조희승은 고구려인들이 동해를 건너 이즈모 일대에 정착하였다가 다시 척량산맥을 넘고 쯔야마 분지일대에 정착한 것으로 생각한다고 하였다.[27] 시마네(島根縣) 지역의 이즈모(出雲) 등에는 고구려 문화의 흔적이 있다.[28]

이후에 신라는 고구려의 강력한 영향력 아래에 있었다. 특히 장수왕이 남진정책을 적극적으로 추진한 이후에는 중원(中原)의 고구려비, 순흥(順興)의 고분 등에서 보이듯 고구려 세력은 신라를 압박하였다. 하지만 신라도 때때로 반격을 가하였다. 그 가운데 하나가 바로 변장습격 살해사건이다. 450년에 고구려의 변장(邊將)이 실직원(悉直原, 삼척)에서 사냥을 하였는데, 하슬라(河瑟羅)의 성주인 삼직(三直)이 군사를 내어 죽여 버렸다. 이렇게 발생한 긴장은 신라의 사과로 곧 마무리되었지만 고구려의 남진정책과 신라의 반격이 있었음을 알려주고 있다.

그 후 481년에 장수왕은 말갈병을 함께 거느리고 금성(金城)근처인 미질부(彌秩夫: 지금의 興海)까지 공격하였다. 이는 내륙 동쪽에 대한 영향력의 확대라는 측면도 있지

---

26 윤명철, 『동아지중해와 고대일본』, 청노루, 1996 등은 해양적인 관점에서 한일고대 관계사를 해석하고 있으며, 이는 일부이다.
27 조희승, 『초기 조일관계사』상, p.303.
28 조희승, 『초기조일관계사』하, 사회과학출판사, 1989, pp.303~304.

만, 이미 해양활동을 활발하게 전개하였고, 해양활동을 통해서 국가를 발전시키려는 전략을 가진 당시의 상황을 고려할 때 이 작전은 동해남부까지 해양력을 확대시키려는 의도도 있었을 것이다.[29] 이때 신라는 백제 등의 힘을 빌어 니하(泥河 : 강릉)까지 추격하였다. 이곳을 빼앗기면 고구려가 해안을 따라 공격을 하거나, 수군을 동원하여 신속한 급습작전을 감행할 때 속수무책이 되기 때문이다.

이렇게 신라와 고구려가 동해중부연안을 놓고 갈등을 벌이는 상황 속에서 동해중부의 해안과 해양은 매우 중요했다. 만약 고구려와 신라의 대결이 수군도 동원된 전쟁이었다면 울릉도의 해양전략적인 가치는 매우 높았을 것이다. 더구나 5세기 중반 무렵부터 왜병들은 병선을 동원하여 신라를 극성스럽게 자주 침공하였는데, 이 또한 신라로 하여금 이 지역에 대한 전략적 가치를 인식하게 만들었을 것이다. 후대인 조선시대의 기록에서 나타나듯이 울릉도는 해양세력이 동해연안지방으로 침입하는 데 교두보 역할을 할 만한 전략적 요충지이다.

신라는 6세기 들어서자 동해지역에 대한 적극적인 정책을 추진하기 시작했다. 504년에는 12성을 축조하였는데 일부는 홍해, 삼척 등 동해지역이다. 505년에는 실직주(悉直州)를 설치하고 군주(軍主)를 이사부(異斯夫)로 삼았다. 512년에는 이사부를 하슬라주(何瑟羅州)의 군주로 삼아 마침내 우산국을 정벌하게 하였다. 이사부는 나무로 만든 목우사자(木偶獅子)를 이용한 계략으로 우산국을 정복한 뒤 6월에 신라에 복속시켰다. 그 뒤 우산국은 신라에 매년 토산물을 바쳤다. 신라는 우산국에 관심을 기울인 것으로 보이는데,『삼국사기』지증왕 13년 조에 '지경(地境)의 면적은 100리인데, 지세가 험하고……' 라고 당시의 지형을 비교적 정확하게 기술하고 있다. 『삼국유사』에는 '하슬라주(河瑟羅州 : 수 溟州)의 동해 가운데 바람을 맞아 2일 정도면 우룽도(于陵島 : 今作羽

---

29 윤명철,「長壽王의 南進政策과 東亞地中海 力學關係」,『고구려 남진경영연구』, 백산학회, 1995. 4.

陵)가 있는데, 주변이 2만 6천7백30보이다' 라고 되어 있다. 또 울릉도를 가리켜 '우릉도(于陵島)는 금 우릉(今 羽陵)이다' 라고 하였다.

이어 등장한 법흥왕 또한 해양과 관련있는 정책을 펼쳤다. 즉 본가야를 병합하여 (532) 낙동강 하류지방을 장악하였는데, 이는 남해동부 및 동해남부의 해양문화 전반을 흡수하는 데 유리한 환경을 조성하였다. 진흥왕은 신라를 결정적으로 발전시킨 중흥군주이며, 영토를 가장 크게 넓힌 정복군주이기도 하다. 그는 신라의 해양능력이 발달하는 데에 결정적인 역할을 한 군주였다. 나제동맹의 추진과 배신을 통해서 한강유역 전부를 차지하였고, 경기만으로 나가는 출해구(出海口)를 확보하였다. 가장 빠르고 효율적인 대중국항로와 물류체계를 획득한 것이다. 또한 가야를 완전하게 병합하였다. 이어 동해안을 이용하여 북진을 계속하여 황초령비, 마운령비 등의 순수비에 보이듯 영향력을 확장하였다.

우산국을 정벌한 이후에 동해중부지역을 안정되게 확보하였으며, 진흥왕은 북진정책을 성공적으로 완수하였다. 만약 울릉도 지역이 신라에 적대적이거나 고구려가 정복했다면 신라는 중부연안지대는 물론이고, 배후 역습의 우려 때문에 북진을 할 수도 없었을 것이다. 그런데 우산국을 정벌한 목적으로 외적방어-여진족 침략을 차단하기 위한 수단-라고 이해하는 견해도 있다.[30] 이러한 상황 등은 이 시대에 우산국의 해양전략적 가치가 심대했음을 반증하며, 우산국은 신라의 동해정책, 나아가서는 대외정책의 일환으로 정벌된 것임을 알려준다.

---

30 金潤坤,「于山國과 신라 고려의 관계」,『울릉도 독도의 종합적연구』, 영남대학교 민족문화연구소, 1998, p.31.

## 4. 우산국 정복의 21세기적인 의미

　근대에 들어오면서 동해는 과거와는 달리 서구 열강 및 일본 등에 의해서 주목받았다. 물론 이는 수산자원의 생산지인 바다가 아니라 당시 제국주의 질서 속에서 만주에 대한 영향력 강화나 군사적인 우월성을 확보하려는 수단 혹은 매개로서 인식한 측면이 강하다. 동해의 섬들을 둘러싼 갈등이나 몇몇 해전들이 그러하다. 이러한 과정 속에서 일본은 만주와 관련시켜가면서 동해에 대한 관심을 높이고 연구를 진행시켰다. 그 부수물 가운데 하나가 발해역사에 대한 깊은 관심이었다.

　21세기에 들어와 해양은 더욱 중요해지고 있다. 근래에 들어서 동해와 관련하여 각 나라들이 추진한 발전 전략들을 검토하고, 이해할 필요가 있다. 일본은 1988년에 '환일본해(동해)경제권'을 주장하여 남북한과 일본, 중국의 동북부, 극동 러시아(연해주)를 하나의 경제권으로 묶고자 한다. 중국은 동해로 진출하거나 동해를 이용하여 국가나 경제의 발전을 시도하고자 할 때 치명적인 한계가 있다. 중요한 출해구인 두만강 하구를 북한과 러시아가 장악하고 있으므로 동해로 진출할 수가 없다. 또한 동해북부인 타타르해협 등과 접하고 있는 연해주지역을 1860년 이후에 러시아에게 할양했으므로 바다로 나갈 수가 없어졌다.

　러시아는 고르바초프의 1991년 블라디보스토크 연설 후에 일본과 함께 환동해경제권에 참여하고 있다. 또한 유엔개발기구(UNDO)가 주도하여 북한, 러시아, 중국이 공동으로 참여한 동북아지역 협력프로젝트가 있다. 2000년에 푸틴(Vladimir Putin) 정부는 출범하면서 '강력한 러시아 재건'을 표방했다. 그 가운데 하나가 중국, 한국, 일본을 노골적으로 의식하면서 TSR(시베리아 횡단열도)과 TKR(한반도종단철도)을 연결시키고 동해를 이용하여 일본열도와도 이으려는 계획을 추진하고 있다. 현재는 한국의 속초, 부산등과 항로를 개설하여 교류와 무역량을 증가시키고 있으며, 중국과는 우스리스크 지역 등을 거점으로 무역활동을 벌이고 있다.

한국은 동해와 관련해서는 중부의 여러 도시들과 일본의 혼슈 중부인 쓰루가(敦賀), 니가타(新潟) 등을 연결하는 동해경제권 등 여러 가지 이론을 구상하고 있지만 항로 개설 하나 없이 우왕좌왕하고 있을 뿐이다. 다만 속초항에서 자루비노항으로 여객선이 들어가고, 또 북한이 아닌 러시아의 자루비노나 포시에트 등을 거쳐 훈춘으로 들어가 연길, 백두산으로 이어지는 해륙로(海陸路)를 열었다. 북한도 1991년 12월에 나진·선봉지역을 자유무역경제지구로 선포하고, 1993년에는 자유경제무역지대법을 제정하여 동해를 활용한 경제발전을 시도하고 있다.

동아시아에서 이렇게 전개되는 질서재편기에 경제, 정치, 군사를 둘러싸고 해양력의 대결이 벌어질 것은 자명하다. 특히 항로의 '배타적 관리권'을 놓고 해양력의 시위가 불가피하다. 최근에는 북방 4개 도서인 남쿠릴열도를 둘러싸고 일본과 러시아가 영토분쟁을 일으키고, 일본은 독도에 대한 영유권을 주장하면서 동해를 전략적으로 활용하고 있다. 특히 이미 오래전부터 소위 '일본해문화권(日本海文化圈)'을 설정하고 심도 깊은 연구를 진행해왔다.[31] 중국에게도 동해는 중요하다. 동북공정(東北工程)에서 연해주(沿海洲)지역과의 관련성을 주목할 필요가 있다.[32] 연해주(沿海洲)는 청나라가 말기인 1860년에 북경조약을 맺으면서 강제적으로 현재 연해주 일대를 러시아에 강제

---

[31] 古廐忠夫 編, 『東北アジアの再發見』, 有信社, 1994, p.5에서 일본해라는 호칭은 1602년 마테오 리치가 작성한 『坤輿萬國地圖』에서 포괄적으로 사용되었다. 그런데 일본해로 통일된 것은 근대 일본의 부국강병, 제국주의화, 아시아 침략의 과정과 궤를 같이하고 있는 것은 확실하다. 그는 일본해를 지중해세계나 동아시아 세계로 부르는 것 같은 정치적, 경제적 내지는 문화적으로 하나의 자기완결적인 지역을 상정하는 것은 곤란하다는 의견을 개진하고, p.8에서 동아시아 세계와 외연으로서 동북아시아라는 시점에서, 즉 동아시아의 서브시스템으로서 환일본해 지역을 보고 있다. 한편 일본열도에 있는 바다는 지중해와는 달리 교통로가 아니었고, 대륙으로부터 떨어져 있게 한 장벽이었다는 견해도 있다(와쓰지 데쓰로우 저, 박건주 역, 『풍토와 인간』, 장승, 1993, pp.80~81).

[32] 연해주 관련성은 필자가 동북공정과 관련하여 첫 발표부터 꾸준히 제기해온 주장으로 아직도 심각성을 인식하지 못하는 분위기이다. 윤명철, 「동북공정의 배경과 21세기 동아시아 신질서의 구축」, 『단군학 연구』 10호, 단군학회, 2004. 6 및 윤명철, 『역사전쟁』, 안그라픽스, 2004 등 참조.

할양당했다. 그 결과로 중국은 동해로 진출할 수 없었으므로 자국의 발전과 동아시아 패권을 회복하는 데 걸림돌이 되었다. 중국은 정치적, 군사적으로뿐만 아니라 경제적으로도 이 지역의 수복을 원하고 있다.

한편 2006년 4월을 계기로 중국은 북한과 나진·선봉(나선시)을 50년 동안 공동관리하겠다는 발표를 했다. 이로써 중국은 동해로 연결되는 물류망뿐만 아니라 해군이 활동할 수 있게 되었다. 그래서 '조중연합함대(朝中聯合艦隊)'가 동해에서 결성될 것이라는 등 여러 설과 함께 시나리오들이 난무하고 있다. 또한 러시아정부와는 두만강 하구의 녹둔도(鹿屯島)도 추후에 역사와 관련하여 영토분쟁이 일어날 수 있다. 또한 중일 간에는 센카쿠(尖角)제도(중국에서는 釣魚島)의 영유권을 놓고 국제적으로 분쟁이 일어나며, 또한 중국과 동남아 국가 간에도 남사군도를 놓고도 역시 심상치 않은 갈등이 일어난다. 이러한 충돌은 심지어는 '제2차남해대전(南海大戰)'이라는 가상 시나리오가 유포될 지경으로 비화되고 있다.

이러한 갈등과 충돌 등은 해양영토라는 면적의 의미와 함께 sea-lane이라는 선(線)의 권리와 확보를 둘러싼 성격이 강하다. 일본은 군사비 지출이 세계 4위이고, 해군력은 2위이며 해양영토는 5위이다. 더구나 일본은 북쪽으로는 타타르 해협의 일부에서부터 남쪽은 대만해역에 이르기까지 해양으로 동아지중해와 한반도를 완벽하게 포위하고 있다. 중국도 해군비를 급작스럽게 증액하고 4~5년 전부터 항공모함을 건조하는 등 해양력 강화에 박차를 가하고 있다.

21세기는 문명의 전환기이고, 세계질서가 전면적으로 재편되는 시기이다. 특히 러시아의 극동정책이 본격화되고, 북한이 개방된다면 동해경제권의 성장 등 매우 빠른 속도로 부상할 수 있다. 그럴 경우에 동해안지역(韓·日·러시아·中)은 매우 중요한 역할과 위상을 지니게 된다. 이러한 국제질서의 관점에서 동해안의 발전을 필수적이며, 그에 걸맞은 발전전략을 모색하고 실천해야 한다. 또 민족 내부의 입장에서도 한 민족이 능동적이고, 주체적으로 동아시아 신질서에 참여하려면 다양한 발전전략을 수립해야 한다. 그 가운데 하나로서 필자는 '동아지중해(東亞地中海) 중핵(中核 : 허브)조정역할론'을 주장해왔다.[33]

　남북한이 통일에 연착륙할 경우, 한반도야말로 대륙과 해양을 공히 활용하여 동해, 남해, 황해, 동중국해 전체를 연결해줄 수 있는 유일한 지역이다. 특히 모든 지역과 국가를 전체적으로 이어주는 해양 네크워크(Sea Network)는 우리만이 가지고 있다. 우리 바다를 통해서만 동아시아의 모든 국가들이 본격적이고 온전히 교류할 수가 있다. 그런데 이 역할을 원활하게 실현하려면 상대적으로 소외된 동해안 지역의 발전은 필수적이다. 또 하나는 해양력을 강화시켜야만 한다.

## 5. 맺음말

　신라는 국제질서가 재편되는 국제질서의 상황을 유효적절하게 활용하였다. 동해안으로 북상하여 고구려의 남진을 저지하면서, 김이사부(金異斯夫)로 하여금 우산국(于山國)을 정복하여 일본열도로 가는 항로를 제어하였다. 이 과정에서 일본열도 내부의 사정도 작용했을 것이고, 이미 필자가 발표한바 있어서[34] 생략하였지만 또 다른 해상국가인 대마도(對馬島)와의 복잡한 관계도 작용했다. 신라는 우산국을 자국 영토로 확보한 이후에 더욱 북진정책을 추진하여 경기만, 남해안, 동해중부해안을 하나로 잇는 해양연결망을 구성하여 신라의 해양능력을 더욱더 확대하였다. 신라가 삼국통일

---

33 특히 윤명철, 『광개토태왕과 한고려의 꿈』, 삼성 경제연구소, 2005. 윤명철, 『장수왕, 장보고 그들에게 길을 묻다』, 포름, 2006 참조.
34 윤명철, 「독도와 해양정책-울릉도와 독도의 해양 역사적 환경검토」, 『1회 해양정책세미나 논문집』, 2001. 5.

을 이룩하는데, 외교적으로나 군사적으로 해양력은 절대적인 역할을 하였음은 이 시대 우산국 정복을 비롯한 해양정책이 얼마나 실효성있는 정책이었는가를 알려준다.

 21세기 세계질서가 급변하고 있으며, 동아시아는 새로운 질서의 편성을 앞두고 협력과 경쟁, 갈등과 충돌을 반복하고 있다. 더구나 동아지중해의 특성상 이러한 갈등은 해양을 둘러싸고 벌어지는 경향이 강하다. 이러한 시대에 신라의 해양정책과 김이사부의 우산국정복정책은 동해와 독도문제에 직면한 우리에게 시사하는 바가 크다.

**Abstrat**

# The chracteristics of Samchuck as an oceanic area and Review of Kim Isabu fleet's outport

East-Asia is located at the point where the ocean and the continent meet. The historical territory of Korean people includes the continent, the Korean peninsula, and the ocean, and they had an organic relationship together. The East-Sea did not play a significant role in Korean history because it was far from the center of it compared to the South-sea or the West-sea.

However, the central area of the East-sea and the oceanic territory became more important as Shilla initiated its oceanic policies. Thus, it developed Samchuk and Kangreung area as logistical bases under the scope of their power while it was in a war with Kokuryu. Samchuk area was suitable for the oceanic city historically, economically, militarily, culturally, and religiously as well as structurally with its port, defense, and transportation system.

In the 6th century, it was necessary for Shilla to subjugate Usan-kuk. More advanced shipbuilding, more accurate navigation, and more powerful naval forces were the foundation of Shillla to cross the East-Sea and win over the oceanic nation.

Furthermore, it was essential for Shilla to obtain geographically advantaged spot that could be prepared for the war as well as the naval port that could be used to sail thousands of troops off.

Samchuk was in adequate conditions for the spot and the naval port which Kim Isabu would search for and it had the greatest potential of being the outport. However, the possibility of the role sharing with Kangreung in the North and Uljin in the South through an organic relationship should be considered.

**Key word**   Silla, Kim Isabu, Samchuk, Usan-kuk, the East-sea, the oceanic sea, the army, the naval force

# 09 여수세계박람회의 성공적 개최와 시민들의 역사인식*

## 1. 서 언

    2012 여수세계박람회(International Exposition Yeosu Korea 2012, EXPO 2012 YEOSU KOREA). 앞으로 우리 모두가 치루어야 할 행사의 명칭이다. 여수엑스포의 주제는 "살아있는 바다, 살아 숨쉬는 연안 'The Living Ocean and Coast'"이다. 모든 것을 생명으로 귀일시키려는 사상이 엿보인다.

    여수는 온 국민의 바램과 여수 및 남해안 주민들의 적극적인 노력을 기울인 결과 몇 번의 시도와 좌절 끝에 결국은 개최지로 확정되었다. 2007년 4월 9~13일에는 BIE 대표단의 서울·여수 현장실사 실사단의 실사가 시작되었고, 6월에 열린 프랑스 파리 BIE총회에서 후보 도시별 계획이 발표되었고, 이어 결정되었다. 이제 남에게 선택받기 위해 눈치보면서 지루하게 움직이던 단계를 넘어 이젠 스스로가 능력껏 신명나게 준비하고 평가받는 단계로 변했다.

    21세기는 해양의 세기이다. 해양은 인류에게 자원을 선사할 수 있는 마지막 남은

---

\* 「여수세계박람회의 성공적 개최와 시민들의 역사의식」, 『2012 여수세계박람회의 성공적인 개최와 남중경제권 개발전략 세미나』, 한국지역학회·여수신문사, 2008.

보물창고이고, 세계를 이어주는 물류의 통로이다. 모든 나라들은 해양의 가치를 새삼 인식하고 해양을 차지할 목적으로 해양력 강화에 열중하고, 곳곳에서 영토분쟁이 일어나고 있다. 그런가 하면 해양은 인간이 각종 공해로부터 끝까지 지켜야할 환경이며, 역으로 인간을 보호해주는 보호막으로서 매우 중요하다. 이러한 관점에서 본다면 여수가 세계박람회의 주제를 해양으로 삼고 어젠다로 '살아있는 바다'로 설정한 것은 문명사적으로 보면 매우 시의적절하고, 인류의 진보에 큰 공헌을 할 수 있는 계기가 될 수도 있다.

이 행사는 역사적으로나 현재로, 국가의 미래전략적인 차원에서 보나 한개 시(市)나 도(道)의 문제가 아니라 국가전체의 문제이다. 또한 현재만의 문제가 아니라 미래의 문제이며, 해양만의 문제가 아니라 모든 분야의 문제이다. 또한 인류 및 신문명과 연관된 것이다. 그런 의미에서 여수세계엑스포를 바라보는 시선과 마음 자세, 그리고 실천방략 등에 대해선 모두가 끊임없이 자기점검을 해가면서 발전시켜야 한다. 그러한 인식에서 본고는 역사학자·해양사학자로서 해양역사와 정체성과 관련하여 몇 가지 견해를 피력하고자 한다.

## 2. 여수엑스포의 문명 및 세계사적 의미

21세기는 인류가 가꾸어온 역사의 대지에서 가장 큰 격변기임에 틀림없다. 정보기술(IT)·생명공학기술(BT)·나노기술(NT) 등 놀랄 만한 과학의 발달로 인하여 전혀 다른 세상이 만들어지고 있다. 이제 인간이 인간을 만드는 시대의 문턱을 막 넘으려하고, 언제 기계가 인간을 만들어낼지 모르며, 머지않은 장래에 ET(외계생명체)와의 조우가 확인될 것이라는 불안감을 느끼며 사는 시대에 들어섰다. 이러한 상황에서 새로운 성격과 형태의 사상·종교 등 예측하지 못했던 신문명이 탄생할 것은 자명하다. 또한 환경의 오염과 생태계의 파괴 현상으로 인간 뿐 아니라 지구 자체가 생명을 위협받고 있다. 무정부상태에 가까운 바다의 관리로 인하여 환경오염은 극심한 상태이다. 남획으로 말미암아 물고기들이 살기 힘든 환경으로 변화하고 있다. 그런 의미에서 '바다와 연안은 인류에게 자원과 식량을 제공해주고, 지구의 대기 및 열의 순환조절을 통해 지구의 기후를 조절하는 기능을 가지고 있습니다. 이러한 점에서 "살아있는 바다와 숨쉬는 연안"은 인류 모두가 지향해야 할 과제라고 판단됩니다.' 라는 대회의 표방은 시의적절하다.

21세기는 이른바 세계화와 지역화(regionalizaion)를 동시에 추진하고 있는데, 과거 제국주의 시대에 유행했던 국제주의(internationalism)와 다른 점이다. 무역이 무차별적으로 이루어지고, 광범위한 도로망과 초고속의 통신망을 활용한 경제행위를 통해서 세계화(globalizaion)와 지역화(regionalizaion)가 동시에 추진되는 시대이기도 하다. 세계무역기구(WTO) 같은 거대한 규모의 시스템을 만들고, 새롭고 다양한 매체들을 활용하여 경제행위를 세계적 규모로 만들면서 미국중심으로 재편하고 있다. 유럽은 1991년의 마스트리히트조약을 계기로 유럽연합(EU European Union)을 결성한 후에 궁극적으로는 유럽연방을 목표로 삼고 있다.

이러한 세계사적 현실 속에서 결국 물류가 중요해지는데, 물류의 기본은 안전하고 가장 효율적인 항로의 확보이다. 1994년 유엔 신해양법이 발효된 이후에 명실공히 해양영토시대에 접어들면서 더욱 중요한 의미를 지니게 되었다. 해양은 물류통로 및 해양자원으로서 경제적인 가치가 더욱 부각되고 있다. 세계 교역양의 75%에 달하는 화물이 매년 바다를 통해 배로 수송된다. 한국의 수출입 물동량은 99.7%가 바닷길(sea-lane)을 통해서 운반되고 있다. 무역은 물론이고 한국의 운명이 항로의 확보에 달려 있다고 말해도 과언이 아닐 정도이다. 각 나라들이 펼치는 세계전략 속에서 해양의 정치, 군사적인 가치가 재인식되면서 해양영토를 더 많이 확보하려는 경쟁과 갈등이 일어나고 있다.

과거의 해양은 15세기 이후에 전세계적으로 진행된 서구인들의 식민지 확보와 약탈에서 보이듯 갈등과 정복 투쟁의 어두운 그림자로 점철되어 있다. 현재는 그와는 다른 형태지만, 이 또한 우리 남해안의 물색깔처럼 밝고 맑지는 못하다. 동아시아는 20세기 후반에 가장 화려하게 역동적으로 발전해 온 지역이다. 하지만 IMF사태를 통해서 절망적인 나락을 경험한 아시아인들은 아시아인의 진정한 자각과 동아시아의 협력이 절실함을 깨달았다. 세계라는 큰 틀 속에서 두 가지 숙제를 동시에 해결해야 한다. 즉, 하나는 우선 미국을 중심으로 한 강력한 몇몇 블록들과 치열하게 경쟁하고, 다른 하나는 앞으로 협력하거나 통합을 이루어야할 할 동남아 지역과 중간과정으로서 경제공동체와 정치공동체를 모색해야만 한다. 이러한 복잡하고 심각한 상황을 맞이한 운명의 갈림길에서 통일한국, 중국, 일본, 러시아 등 동아시아 각국에게 이해가 잘 조정된 협력체 내지 공동체를 구성하는 일은 선택이 아닌 필수의 문제이다. 그런데 중국과 일본의 현재 인식과 행동을 보면 동아시아의 상생과 공동체 구성은 불가능하다. 서구세력의 각개격파전략, 즉 '분할통치(divide and rule)' 전략에 말려들어 19세기, 20세기와 마찬가지로 정치 경제적으로 종속되고, 문화적으로 예속되며, 정체성을 상실한 채 혼돈과 갈등 속에서 왜곡된 삶을 살아갈 가능성이 크다.

　지나친 경쟁과 갈등, 충돌의 소용돌이 휘말린 동아시아는 신민족주의의 발흥이라고 우려할 만한 상태로 치닫고 있다. 심지어는 정체성과 직결된 역사문제에서도 이러한 양상이 나타나고 있다. 중국은 동북공정·서북공정·서남공정을 통해서 주변 국가들의 역사왜곡을 일삼고, 일본은 야스쿠니신사 참배 역사교과서 왜곡, 독도영유권에 대한 시비, 중국과 영토분쟁(센카쿠, 조어도) 등을 벌이고, 북한은 주체사관을 통해서 남한사회의 반미감정을 유도하는 한편 일본, 미국을 적대국으로 삼고 있다. 이른바 동아시아에서는 다시금 팽창적 배타적인 민족주의가 부활하고 있다.

　거기에 동아시아의 해양이 관련되고 있다. 20세기의 동아시아는 냉전체제와 남북분단으로 바다가 막혔었고, 교통로로서, 물류의 운송로로서 제구실을 하지 못했었다.

그러나 이제는 바다가 열리고 있다. 바다는 동아시아 모든 나라들을 이어주는 유일한 연결로서의 과거 기능을 회복하고 있다. 해양력의 강화에 따라 국가의 위상이 영향을 받고, 해양정책의 집행능력에 따라 국가의 부가 영향받는 시대가 되고 있다. 각 나라들이 추진하고 있는 환(環)황해경제권, 환(環)동해경제권, 유엔개발기구(UNDP)가 주도한 동북아지역협력프로젝트, 베세토이론, 각종 국지경제권의 설정도 모두 해양을 매개로 하고 있다.

그러는 한편 지나칠 정도로 해양력 경쟁이 일어나고 있다. 이미 영토로 인정되기 시작한 해양을 둘러싸고 일중(日中) 간에 센카쿠제도(釣魚島)분쟁, 일 러 간에 북방 4개 도서(남쿠릴열도)분쟁, 한 일 간에 독도문제, 한중(韓中)간에 이어도(離於島) 문제 등이 있다. 또한 어업직선기선 문제, EEZ(배타적 경제수역)문제 등과 석유수송로확보 등을 놓고 각 나라들 간에 경쟁이 심각해지고 있다.

군사력의 충돌도 역시 해양에서 이루어지고 있다. 중국의 일부지역에서는 제2차 남해대전, 즉 남중국해의 해상권을 놓고 두 나라 간에 전쟁이 발발할 가능성을 염두에 둔 채 그에 대한 예상 시나리오를 만들어 유포하고 있을 정도에 이르렀다. 한국과 일본은 독도문제를 놓고 갈등을 본격적으로 시작했다. 일본은 세계 4위의 군사대국이며, 특히 해양력은 2위이며, 1994년 이후에 발효된 해양영토의 기준을 적용할 경우에는 세계 5위에 달하는 대국이다. 중국도 해군비를 급작스럽게 증액하고 항공모함을 건조에 들어가는 등 해양력 강화에 박차를 가하고 있다.

이러한 21세기 초엽의 상황 속에서 해양은 실질적인 역할들을 할 수 있으며, 가치관 세계관을 변화시키는 데에도 유효한 역할을 할 수 있다. 해양에서는 역동성을 지닌 채 다른 지역이나 나라, 문화 간에 교류가 빈번하기 때문에 주변 문화와 공통성(共通性)이 많다. 피부색이 다르고, 언어도 다르고, 종족도 다르고, 종교도 다른 사람들과 쉽게 교류한다. 또한 모두 동일한 해양을 공유하므로 육지에 비해 정치적으로 제약이 덜하고, 교류가 비교적 자유로운 편이다. 특히 동아시아의 황해나 남해 같은 지중해적 혹은 내해적인 성격을 가진 바다에서는 각 연안지역들 간의 교류가 육지보다도 더 활발할 수밖에 없다. 이러한 개방성, 다양성, 공존, 교류성 등의 해양문화는 당면한 여러문제들을 해결하고 신문명을 맞이할 수 밖에 없는 인류에게 미리 희망의 메시지를 전달할 수 있다.

## 3. 여수엑스포의 한민족사적 의미와 역할의 모색

동아시아는 한반도를 중심축으로 일본열도의 사이에는 동해와 남해가 있고, 중국과의 사이에는 황해라는 내해(內海, inland sea)가 있다. 한반도의 남부와 일본열도의 서부, 그리고 중국의 남부지역(長江 이남을 통상 남부지역으로 한다)은 이른바 동중국해를 매개로 연결되고 있다. 그리고 현재 연해주 및 북방, 캄차카 등도 동해연안을 통해서 우리와 연결되고 있으며, 타타르해협을 통해서 두만강 유역 및 북부지역과 사할린 홋카이도 또한 연결되고 있다. 즉 완벽하지는 않지만 비교적 지중해적 형태를 띠우고 있다. 다국간 지중해해(多國間 地中海海, Multinational-Mediterranean-Sea)의 형태로서 모든 나라들을 연결시키고 있다. 이른바 동아지중해(東亞地中海, EastAsian-Mediterranean-Sea)이다.

이러한 자연공간 속에서 대륙적(大陸的) 성격과 함께 해양적(海洋的) 특성을 가지고 있었고, 역사가 발전하는 데에 큰 역할을 하였다. 이러한 해석틀을 적용하면 과거에 이루어졌던 동아시아의 역사를 대륙, 그것도 중국 위주로 평가해왔던 것과는 다른 평가를 할 수 있다. 즉, 대륙과 해양을 따로따로가 아니라 하나의 틀 속에서 유기적으로 파악하는 '해륙(海陸)사관'으로 해석하고 이해할 수 있다. 그리고 우리, 중국, 일본 등 세 지역은 오랜 고대부터 비록 느슨하지만 그 시대에 걸맞은 하나의 역사권이었음을 확인할 수 있고, 앞으로 진행되는 세계화 속에서 운명공동체 의식을 지닐 지닐 이 높아진다. 필자는 1993년에 이어서 동아지중해라는 틀을 놓고, 그 해석틀 속에서 동아시아의 국가들은 궁극적으로는 상생을 누릴 수 있는 느슨한, 혹은 결속력이 강한 연방형 태(동아시아연방)를 지향해야 하고, 일을 실현해가는 중간단계로서 다양한 목적과 형태를 지닌 공동체가 필요하다고 주장해왔다.

    그런데 이러한 동아시아의 상황에서 한민족의 역할과 위상이 드러나고, 특히 해양의 중요성이 절실해진다. 한민족은 원래가 해류지향적인 국가였다. 다만 조선시대에 들어와 쇄국적이고 수동적인 반도국가로 전락했고, 분단시대에 이르러 일종의 섬으로 변화되었다. 다행히 남한은 적극적으로 해양문화를 추구해서 발전을 이룩했다. 더 도약하고 온전한 발전을 위해서는 해류을 동시에 지향해야 한다. 분단시대나 냉전시대에는 적대적인 양대 힘이 격돌할 수 밖에 없는 부정적인 요인으로 우리에게 풀어버릴 수 없는 굴레를 씌웠다. 하지만 남북이 긍정적으로 통일될 경우에는 한반도야말로 대륙과 해양을 공히 활용하며, 동해 남해 황해 동중국해 전체를 연결시켜줄 수 있는 유일한 나라이다. 특히 모든 지역과 국가를 전체적으로 연결하는 해양 네트워크는 우리만이 가지고 있다.

    만약 한민족이 사회나 국가의 발전전략에서 해양의 비중을 높이고, 해양조정력을 가질 경우에는 각국 간의 해양충돌 및 정치갈등도 해결할 수 있다. 또한 인프라를 효율적으로 건설하고, 활용만 뒷받침된다면 동아시아에서 하나뿐인 물류체계의 핵심허브(hub)로서 교통정리가 가능하고, 나아가서는 동아시아의 경제구조나 교역형태를 조정하는 가교역할까지 할 수 있다. 경제영토를 많이 확보하고 무역을 활성화시키면서 나라의 부는 증가한다. 또한 문화적으로 동아시아 문명이라는 큰 틀 속에서 중국문명의 일방적인 독주를 견제하고, 문명들 간의 균형감을 갖게 할 수 있다. 우리문화가 핵으로 삼은 동방문명은 이질성이 강한 동아시아 세계의 문명들이 공존하고, 상호발전 할 수 있는 기회와 힘을 제공하는 통로와 터의 역할을 하였다. 다른 문화를 통과시키는 가교(bridge)역할이나 여러 종류의 문화들을 단순조합하는 것을 넘어서 모든 문명을 융합시키는 교차로성격을 지녔기 때문이다. 동아시아 문명의 중요한 한 축이면서 상생을 지향하는 논리를 낳고 실천하는 터(인터체인지, I.C)로서의 역할을 하였다.

이제 한민족은 다시 '해류국가', '해류문화', '해류정신' 을 복원하여 능동적 주체적으로 동아시아문명 및 정치질서에서 조정역할을 할 필요가 있다. '2012 여수 엑스포'는 이러한 역사적인 상황과 시대정신에도 걸맞고 앞으로 추진해야할 국가의 발전전략과도 일치한다. 그런 의미에서 국가가 전략과제로 지원하는 것은 너무나 당연하다.

중국은 2008년 베이징 올림픽과 연계하여 2010년 상하이 엑스포를 개최할 목적으로 국가의 발전전략으로 지원하였다. 그리고 실사 등이 이루어지던 그 무렵 세계최고의 양산항이 그 모습을 드러내기 시작했다. 상하이시에서 양산항으로 무려 32.5km에 이르는 동해대교(東海大橋)를 건설하고 컨테이너부두의 1단계를 거의 마무리해가는 단계였다. 엑스포가 개최되는 2010년에는 30개 선석을 갖춘다. 누가 뭐래도 동북아의 물류는 중국, 그리고 상하이를 경유할 수 밖에 없다.

여수를 비롯한 남해안의 위상과 역할이 한동안 약화되었고, 국가발전과정에서 소외된 부분이 있었다. 이는 물론 국가정책의 문제이지만, 지역민들의 문제이기도 하다. 시대의 흐름과 정신의 변화를 정확하게 읽지 못했기 때문이다. 한 시대마다 주도하는 시대정신이 있고, 시대를 이끌어가는 선도적인 기술이 있고, 이를 해석하고 지도해가는 논리가 있다. 여수는 과거 일정한 기간동안은 미래비전과 앞길을 제시한 사람들이나 운동이 부족했음을 인정할 필요가 있다. 여수는 2010 세계 엑스포 개최를 놓고 중국의 상하이와 벌인 대결에서 패배했다. 중국을 우습게 보는 미망에서 채 덜 깬 한국사회의 분위기 속에서 비전을 제시하지 못한 탓이었다. 상하이항은 1981년부터 용틀임을 시작했고, 푸둥항은 동방명주라는 이름에 걸맞은 규모와 질을 지녔다.

여수 엑스포를 성공시키려면 전략과 전술을 적절하게 변화시킬 필요가 있다. 국가뿐만 아니라 서울을 비롯한 인천 · 평택 · 목포 · 부산 · 동해 같은 다른 해양도시들과도 능동적으로 연계하여 도움을 청하고, 함께 상생할 수 있는 전략적 카드를 제시해야 만 한다. 후삼국시대에 경기만의 해양세력인 왕건은 전남의 해양세력인 나주 오씨 세력과 연합했고, 전북의 후백제는 순천만의 박영규세력과 연합했다. 이렇게 상생관계를 도모하는 것이 원래 해양정신의 특성이다.

## 4. 여수의 정체성과 시민들의 역사인식

여수 엑스포가 표어로 삼은 '살아있는 바다' 의 '살아있는' 이라는 개념 속에는 깨끗한 자연환경만으로는 부족하다. 중요한 건 또 하나의 자연인 인간이다. 그렇다면 인간들과 역사도 당연히 '살아있는' 이라는 개념 속에 포함되어야 한다.

역사에서 진보의 동력은 자아의식에서 부터 나온다. 자아의식이야 말로 사회를 밝게하고 민족과 역사를 진보시키는 에너지이다. 정체성이란 Harald Muller의 말처럼 삶의 방향을 알려주는 대단히 중요한 의미를 갖는다. 인류의 역사과정이 말해주듯이 집단자아의 상실은 사회와 역사발전의 왜곡을 가져오고, 내부의 인간들로 하여금 자유의지(自由意志)를 포기한 채 비주체적인 삶을 살아가게 한다. 당연히 그 사회는 생명력(生命力)과 진실을 잃어버리게 되고, 인간성은 오염되며, 다른 집단과의 경쟁에서 패배하고 만다. 그래서 일제는 조선을 멸망시킨 후, 조선의 영원한 지배를 획책하기위하여 식민사관을 만들어 강제적으로 적용한 것이다.

많은 이들이 정체성을 쉽게 유행처럼 말하고 있다. 정체성이란 바닷가에 서면 저절로 불어와 땀을 식혀주는 바람같은 것이 아니다. 늘 푸른물을 찰랑거리면서 마음에 기운을 돋게하는 바다가 아니다. 우리는 정체성을 거리에서 외쳐대는 구호로 생각하는 경향이 있지만, 거기에는 눈물겨운 노력이 뒤따라야 한다. 심지어는 집단의 생명을 담보로 하면서 만들거나 되찾거나 한다.

우리 민족자아와 정체성을 회복하고 성숙시키는 과제 가운데 하나가 해양을 이해하는 일이다. 물론 이는 남해안 및 여수의 정체성과 직결되며, 엑스포를 성공적으로 개최하는 일과도 직결되어있다. 넓은 세계에서 해양이 아름답고, 풍광이 수려하며, 문화가 발달한 곳은 적지 않다. 지중해의 크고 작은 도시들을 비롯해서 아메리카의 해안도시들, 아시아의 그림같이 아름다운 도시들이 수 없이 많다. 여수만은 비록 한국인이나 여수사람들은 그 가치를 충분히 인식하고 있지 못하지만 세계해양에서 보기 드물만큼 독특하고 아름다운 곳이다. 리아스식 해안이 발달해서 수십 개의 만과 수백 개가 넘는 크고 작은 섬들, 복잡하지만 예쁜 수로들이 맑은 물 속에서 제자리를 차지하고 있다. 거기에 한반도 남부에서 가장 높고 골이 깊으며 아름답고 후덕한 지리산에서 흘러나온 섬진강물이 모여 드는 곳이다. 하지만 이렇듯 뛰어난 풍광과 '살아있는 바다'도 여수가 엑스포를 꼭 개최해야만 하는 당위성을 설명하는 데는 부족함을 느낀다.

또 하나 필요한 부분은 문화이다. 21세기는 문화의 세기라고 할 만큼 문화의 비중이 점점 높아지고 있다. 특히 문명의 패러다임이 전환하는 과도기에는 문화력(culture power)이 정치나 군사는 물론이지만 경제질서의 방향과 위치에도 강한 영향력을 행사한다. 이 특성을 간파한 새뮤얼 헌팅턴(Samuel Huntington)은 『The Crash of Civilizations』에서 의미 있고 중요한 말들을 하였다. 즉, 세계정치는 다극화, 다문명화 했으며, 문명에 기반을 둔 세계질서가 태동하고 있다고 하였다. 또 탈냉전세계에서 사람과 사람을 가르는 가장 중요한 기준은 이념이나 정치 경제가 아니라 바로 문화이며, 가장 중요한 국가군은 일곱 내지 8개에 이르는 주요문명이라는 의미 있고 심각한 말을 하였다. 사실 21세기의 문턱을 막 넘은 지금 세계에서 문화란 현실적인 힘등 모든 것을 다 포함하는 거대한 공룡이 되어버렸다. 그렇다면 세계적 행사인 여수 엑스포에서는 당연히 해양과 함께 문화가 비중을 차지해야 한다.

여수에서는 바다와 인간이 어떤 형식으로 만났을까? 아프리카 북안의 지중해의 도시인 탕헤르나 중국의 상하이와는 또 다른 감동적인 해양의 역사를 어떻게 이룩해 왔을까? 여수가 아시아의 바다에서 어떤 중요하거나 의미있는 역할을 해왔고, 앞으로 어떤 역할을 할 것인가? 즉 여수만의 정체성, 역사성을 설명해야하고, 나아가 여수의

'인류문화 역할론' 혹은 '동아시아 역할론'을 세계인에게 어필해야만 한다. 최소한의 자존심이 남아있다면 말이다.

정체성의 기본을 이루는 내용 가운데 하나가 역사이다. 여수가 설정한 어젠다는 '살아있는 바다'이다. 세계사적으로 보면 매우 시의적절하고, 인류의 진보에 큰 공헌을 할 수 있는 계기가 될 수도 있다. 마침 이와 관련된 국제회의도 열어 성공리에 끝나고 많은 호평을 받았다. 그런데 정작 중요한 것이 하나 빠져있다. 왜 하필 개최지가 유럽이 아닌 아시아이어야 하며, 그것도 유럽지중해의 탕헤르가 아닌 한반도 남해안의 중소도시인 여수여야 하는가에 대한 명분과 설명이 부족하다. 여수만의 정체성, 역사성을 설명하고 있지 못하다.

주제 가운데 하나가 창의적인 해양활동이란다. 하지만 그 활동의 내용이며 결과물인 우리의 해양역사상을 얼마나 이해하고 또 전달하는 노력을 기울이는지 궁금하다. 동아시아에서 살아가는 사람들은 다른 지역으로 이동을 하건, 외교를 하건, 전쟁을 벌이건, 그리고 무역과 문화를 주고받건 간에 해양을 매개로 이어질 수밖에 없었다. 그 가운데에서도 한반도 남해안 지역은 중국의 북부해안지역과 만주지역을 거쳐 서해안을 경유하여 일본열도로 이어지는 해양교류의 거점이었다. 이미 7,000년 전부터 한국의 부산·울산 등의 남해안과 일본열도의 규슈에서는 서로 간에 오고간 흔적들이 많이 나타난다.

여수는 남해안의 가운데에서 주변의 사천·순천·영암·해남 등의 해양도시들과 함께 먼 선사시대부터 해양문화가 발달했으며, 동아시아 세계에서 역사가 발전하는 데 큰 역할을 해왔다. 최근에 여수 앞의 안도에서 2기의 인골(人骨)과 조개로 만든 팔찌 등 유물들이 발견됐다. 6,000년 전부터 한·일 간에 무역을 했다는 사실을 입증한다. 기원을 전후한 시기에는 동아시아 세계를 연결하는 매우 복잡한 항로가 개설되어 숱한 물건들이 오고간 무역 네트워크의 거점이었다. 심지어는 중국의 남부지역, 즉 2010년 세계엑스포가 개최되는 상하이 주변지역과도 기원전부터 교류가 있었다. 고구려 · 백제 · 통일신라 · 발해 · 고려 등은 바다를 최대한 활용하여 무역입국으로 국가의 부를 확장했을 뿐 아니라 정치외교의 수단으로 삼기도 했다. 그래서 인천을 비롯한 서울 · 평양 · 김해 · 나주 · 부여 · 익산 같은 고대국가의 수도, 심지어는 경주와 전주조차도 바다와 직결되는 해양도시국가였다.

동로마제국시대나, 사라센인들이 지중해를 주름잡고 있을 때 여수가 위치한 남해안은 그야말로 동아지중해의 번성한 해양도시들이 있었고, 동아시아의 무역왕(Merchant Prince)이라는 장보고(張保皐)로 대표되는 뛰어난 항해가들과 국제적인 상인들의 자취가 남아 있다. 그 후에도 여수 · 순천 · 광양 · 사천을 비롯한 남해안의 해양은 국제교류의 중심에 있었으며, 중요하고 의미있는 역할을 담당하였다. 16세기 말에는 임진왜란이라는 동아시아국제대전의 주전장이기도 하였다. 한반도의 해양, 특히 여수 등 남해안의 해양이 조용하면 동아시아는 교류와 평화의 시대였고, 반대로 시끄러우면 동아시아는 갈등과 전쟁의 시대였다. 이러한 역사 과정속에서 여수의 정체성이 형성되었고, 역할의 내용이 구체화되었다.

여수시민들은 이 지역에 살았던 조상들과 그들이 엮어낸 역사에 한없는 고마움과 애정을 표해야 한다. 그래야 주인의식을 지니고 자긍심을 가진채 엑스포를 성공시키기 위한 노력들을 기울인다. 행위의 근거와 명분에 대한 확신이 없는데 적극적이고 올바른 행위를 할 수는 결단코 없다. 흉내는 낼지언정.

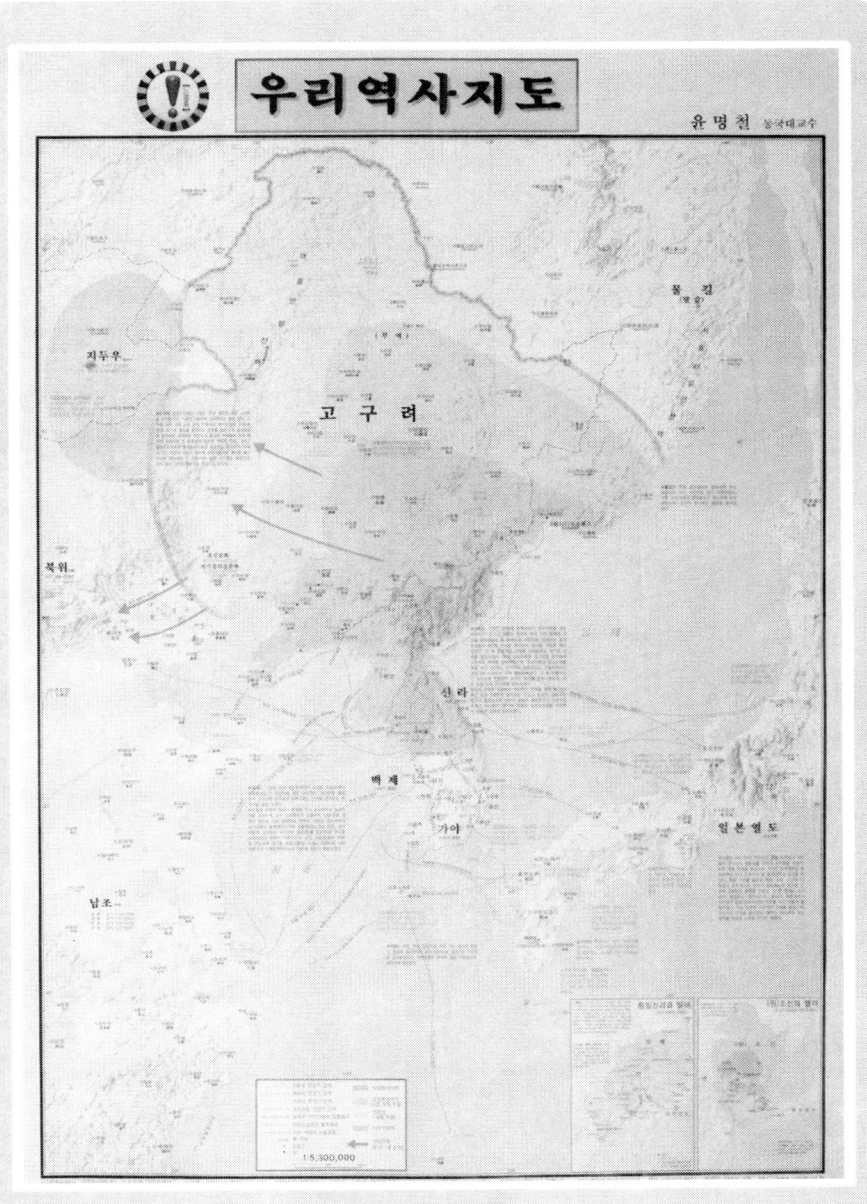

## 5. 맺음말

21세기 초반 동방의 시종(始終)이며, 대륙문명과 해양문명이 만나는 남해안에서 벌어지는 여수세계 엑스포는 다양한 의미를 지니고 있다. 인류 문명의 문제, 세계화의 문제, 동아시아의 문제 그리고 주최국인 한민족의 문제와 여수를 비롯한 남해안의 문제가 함께 있다. 따라서 좀 더 거시적인 안목, 큰 스케일, 그리고 미래지향적으로 대할 필요가 있다. '여수 세계엑스포'는 인류의 평화와 동아시아의 공존을 지향하는 시대적인 욕구에 걸맞는 성격과 역할을 찾아내는 노력을 기울여야 한다. 지나치게 실용적이고 기능적인 접근을 강조하고, 자기위주로만 치장하면 유치하고 속이 들여다 보인다. 지금 화려함·공격적·자기중심적·국가주의적으로 치장한 베이징올림픽을 반면교사로 삼아야 한다. 그리고 2010년에 열릴 상하이 엑스포 보다는 질적으로 성숙한 모습을 보여야 한다.

여수가 가진 문화상징성도 충분히 활용해야 하고, 그에 걸맞은 역사적인 사실의 확인과 함께 설득력 있는 이론도 계발해야 한다. 나아가 한민족은 해양활동이 활발했으며, 해양문화의 발전을 통해서 동아시아의 경제와 평화증진에 기여했다는 사실을 세계에 알려주어야 하다.

미래문명을 위한 제안, 인류와 자연을 향한 호소, 아시아의 공존과 평화, 한민족의 통일 등을 비전으로 제시하면서, 이에 걸맞는 인식과 내용을 구체적으로 채워넣는 노력이 필요하다.

# 10

# 동아시아의 미래를 위한 韓國 浙江省의 役割 모색[*]

## 1. 서 론

　21세기에 들어서면서 전지구적(全地球的)으로 예측하지 못했던 신문명(新文明)이 몰려들고 있다. 정보기술(IT)·생명공학기술(BT)·나노기술(NT) 등 놀랄 만한 과학의 발달로 인하여 전혀 다른 세상이 만들어지고 있다. 또한 환경의 오염과 생태계의 파괴현상으로 인하여 지구 자체가 생명(生命)을 위협(威脅)받고 있다. 거기다가 소위 지구화(地球化) 혹은 세계화(世界化, globalizaion)의 문제가 있다. 미국을 필두로 서구제국들은 현재보다 더 큰 단위의 정치체를 만들고, 이른바 세계를 단일시장(單一市場)으로 만들어가고 있다. 이러한 자집단주의(自集團主義)라는 상황에서 동아시아의 위상(位相)과 역할(役割), 그리고 자체(自體)의 질서재편(秩序再編) 등은 심각하고 무거운 주제로 우리를 힘겹게 한다. 머지않은 장래에 동아시아를 일개단위(一個單位)로 하는 정치체(政治體)의 탄생(誕生)은 불가피하다. 문제는 이러한 단위가 탄생하는 과정과 그 과정에서 발생하는 문제점들을 어떻게 합리적으로 해결하는가이다. 현재의 각종 경쟁과 충돌과정에

---

[*] 「동아시아의 미래를 위한 한국 절강성의 역할 모색」, 『제 9회 한국전통문화국제학술토론회』, 절강대학한국연구소, 2008.

서 보이듯 동아시아 각국들은 미국 주도의 세계화와 동아시아 공동의 생존전략을 현명하게 대응하지 못하고 있다. 이러한 상황에서 주제로는 해양, 지역적으로는 한국과 중국의 절강지역은 이러한 문제점들을 해결할 수 있는 실마리를 제공할 가능성이 높으며, 나아가 해결의 중요한 역할을 담당할 수도 있다. 이 글은 궁극적으로는 바람직한 '동아공동체(東亞共同體)'를 이룩해야 하며, 그 방법론으로 '동아지중해(東亞地中海)모델' 과 '해양도시연맹체(海洋都市聯盟體)'를 제시하고, 그것을 실현시켰던, 또 실현시켜야 할 장으로서 한국(韓國)과 중국(中國) 절강(浙江)지방의 다양한 모습들을 살펴보고자 한다.

## 2. 韓國 浙江 지역의 해양환경과 역사 문화적인 위상

역사에서 공간(空間)이란 기하학적인 공간 혹은 자연적인 공간, 또 평면을 의미하지는 않는다. 자연지리의 개념과 틀을 뛰어넘는 역사(歷史)와 문명(文明)의 개념으로 보아야 한다. 동아시아의 공간은 일민족사적(一民族史的)인 관점, 일지역적(一地域的)인 관점을 포함하면서 일문명사적(一文明史的)인 관점에서 파악하려는 시도도 필요하다. 예를 들면 소지역문명 혹은 국가문화 등도 범(凡)아시아라는 관점에서 파악해야 한다. 불교교류(佛敎交流), 실크로드교섭, 스텝로드교섭, 마린로드교섭 등은 '범(凡)아시아'라는 큰 터(場, field) 속에서 이루어진 행위로 인식해야 한다. 그리고 나서 동아시아라는 보다 작은 혹은 공간적인 특성이 압축된 터(場)로 축소해서 유형화시키고, 그 속에서 파악해야 한다.

그런데 동아시아는 한반도를 중심축으로 일본열도의 사이에는 동해(東海)와 남해(南海)가 있고, 중국과의 사이에는 황해(黃海)라는 내해(內海, inland sea)가 있다. 한반도의 남부와 일본열도의 서부, 그리고 중국의 남부지역(揚子江 以南을 통상 남부지역으로 한다)은 이른바 동중국해(東中國海)를 매개로 연결되고 있다. 그리고 현재 연해주(沿海洲) 및 북방(北方), 캄차카(Kamchatka Peninsular) 등도 동해연안을 통해서 우리와 연결되고 있으며, 타타르해협(Tatar Strait)을 통해서 두만강 유역 및 북부지역과 사할린, 홋카이도 또한 연결되고 있다. 이렇게 해서 동아시아는 완전한 의미의 지중해는 아니지만 이른바 다국간 지중해해(多國間 地中海海, Multinational-Mediterranean-Sea)의 형태로서 모든 나라들을 연결시키고 있다.[1] 이러한 역사의 터인 만큼 해양활동은 매우 활발했을 뿐 아니라, 그 능력과 메커니즘에 따라 지역 또는 국가의 발전이 영향을 받았다. 그러므로 해류(海陸)의 통일된 개념, 각개 요소들의 유기적인 시스템으로 보는 것이 합리적이다.

우선 역사적인 환경을 이해할 수 있도록 해양환경을 구체적으로 검토할 필요가 있다.

해양환경에서 가장 중요한 요소로는 해류(海流)가 있다. 동아시아는 쿠로시오(黑潮)라는 해류가 필리핀 북부에서 발생하여 북동진(北東進)한다. 그 한 지류가 제주도로 북상을 하다 양쪽으로 갈라져 한 흐름이 서해연안을 타고 올라오면서 문물과 역사의 이동로가 된다. 또 한 갈래는 남해를 통과하여 대마도(對馬島)를 가운데에 둔 채 동수도(東水道)와 서수도(西水道)로 나뉘어진다. 서수도를 통과한 대한난류(大韓暖流)는 동해안을 타고 북상(北上)하다가 남하(南下)하는 리만한류와 만난다.[2] 이러한 해류대(海流帶)를 이용하면 수월하게 이동할 수 있다. 그러나 거대한 해류도 지역에 따라서는 조류의 영향을 받으며, 바람의 영향을 상당히 받는다.

다음은 조류(潮流)이다. 내해(內海), 육지 사이의 해협(海峽), 리아스식 해안이 발달

---

1 동아지중해의 자연환경에 대한 검토는
윤명철,「海洋條件을 통해서 본 古代韓日 關係史의 理解」,『日本學』14, 동국대 일본학연구소, 1995 및 「黃海의 地中海的 性格硏究」,『韓中文化交流와 南方海路』, 국학자료원, 1997, 기타 논문 참고.
2 黑潮에 대하여 역사적 입장을 전제로 하면서 이론적 접근을 한 글은 茂在寅南의『古代日本の航海術』, 小學館, 1981, pp.88~90.

한 곳, 즉 한반도의 남서 및 서남해안과 대한해협, 그리고 중국의 동해안(특히 절강의 舟山群島 해역) 같은 곳은 진행방향의 지역적 편차가 심하다.[3] 조류는 항해에 매우 큰 영향을 끼칠 뿐만 아니라 선박들이 난파하거나 방향을 상실하고 표류하게 만드는 주요한 원인이 된다.

항해환경을 이루는 데 가장 중요한 것이 바람이다. 동아시아는 특정한 계절에 일정한 방향성을 가지고 부는 계절풍지대이다. 봄에서 여름에 걸쳐 부는 남풍계열의 바람은 중국 남부해안과 한반도 혹은 일본열도 간의 교류를 가능하게 한다. 반면에 가을에서 겨울에 걸쳐 부는 북풍계열의 바람은 한반도 북부와 중국의 중부 혹은 남부해안 간의 교류를 가능하게 한다. 한편 남풍계열의 바람은 일본열도에서 한반도로의 교류를, 북풍계열의 바람은 한반도에서 일본열도의 남부와 서부해안과의 교섭을 가능하게 한다. 여름에는 바람이 거의 없는 무풍지대이나 때때로 바람이 불어오며, 그 해역에 특별한 바람을 이용하면 항해가 가능하다.

고대 항해에는 바람의 영향을 절대적으로 이용하였다.[4] 삼국시대의 대외사행(對外使行)은 계절풍의 영향을 받으며 이루어졌다. 백제의 대중교섭(對中交涉),[5] 고구려,[6] 신라의 진출과 왜의 침입(侵入), 통일신라의 대일교류(對日交流),[7] 발해(渤海)의 견일본사

---

3 바트 T. 보크·프란시스 W. 라이트 지음, 정인태 역, 『基本航海學』, 대한교과서주식회사, 1963, pp.178~219 참조.
이석우·김금식 共著, 『海洋測量學』, 집문당, 1984, pp.329~374 참조. 특히 pp.350~356에는 우리나라 潮汐에 대한 설명이 나와 있다.
4 尹明喆, 「海洋條件을 통해서 본 古代韓日 關係史의 理解」, 『日本學』15, 동국대 일본학연구소, 1995.
尹明喆, 「渤海의 海洋活動과 동아시아의 秩序再編」 『고구려연구』6, 학연문화사, 1988 등에 도표 등이 자세하게 나와 있다.
5 鄭鑛述, 「韓國先史時代海上移動에 관한 硏究」, 『忠武公 李舜臣 硏究論叢』 해군사관학교, 1991, p.45 도표 참조.
6 尹明喆, 「高句麗 發展期의 海洋能力에 대한 검토」, 『阜村 申延澈敎授 停年退任紀念史學論叢』, 일월서각, 1995.
7 吉野正敏, 「季節風と航海」, 『Museum Kyusu』14號, 博物館等 建設推進九州會議, 1984, p.14.

(遣日本使),[8] 일본의 견발해사(遣渤海使)・견당사(遣唐使), 중국의 선박이 동남아로 가거나, 서역 및 동남아의 선박들이 중국지역에 입항하고 출항하는 일은 계절과 직접 관련 있다.

그 외에 항해거리도 항해와 표류에 중요한 요소로 작용한다. 동아시아의 해양활동에는 지리적 환경도 중요한 영향을 끼쳤다. 바다를 사이에 둔 육지 간의 거리, 즉 항해거리가 중요하고, 그에 따른 항법도 중요했다. 그런데 황해, 남해의 전 해역은 해안 간에도 간격이 넓지 않은 내해로서 근해항해의 대상지역이다. 최단거리는 250여km에 불과하다. 하지만 이 항해도 육지에 접안하고 상륙할 장소를 선정해야 하므로 항로 주변환경을 숙지한 안내자가 필요하다.[9]

### 1) 항로

동아지중해 해역에서는 초기에

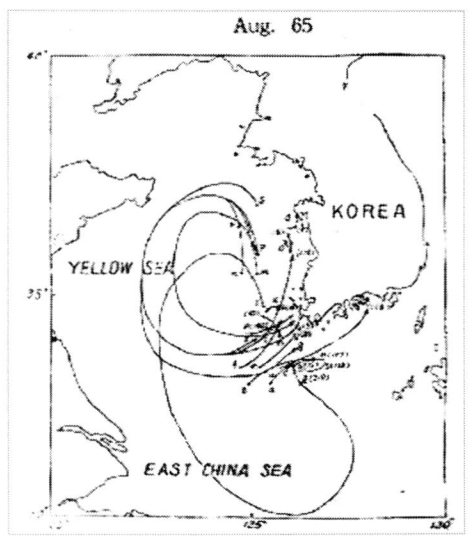
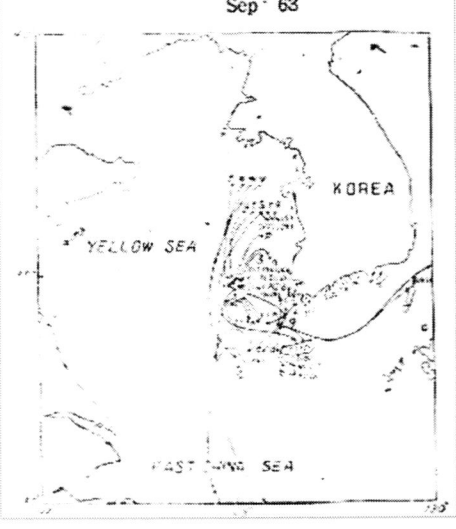

| 그림 1 | 황해 해조류 표류병조사

---

8 吉野正敏, 앞의 책, pp.16~17 도표 참조.

는 연안항해나 그에 따른 연안표류가 주를 이루었으나, 점차 근해항해가 발달하고 부분적으로 원양항해를 추진하였다. 그런데 전근대 시대에는 전적으로 자연의 흐름을 활용했기 때문에 항로들은 자연환경과 일치했다.

동아시아에서 일반적으로 사용된 항로는 환황해연근해항로(環黃海沿近海航路)이다. 중국의 남쪽인 절강성 해안을 출발하여 산동반도를 거쳐 요동반도로 북상한 다음, 동으로 방향을 틀어 압록강 유역인 서한만(西韓灣)에 진입한다. 이어 대동강 하구와 경기만을 지나 계속 남항한 다음에 서남해안, 남해안의 일부, 대마도, 규슈 북부로 이어진 긴 항로이다. 황해남부 횡단항로는 영광(靈光), 영산강 하구의 회진(會津), 그 아래인 청해진, 해남, 강진 등 전라도 등의 여러 해안에서 출발하여 사단으로 항해한 다음, 강소성·절강성 등의 해안으로 도착하는 것이다. 당나라 남부지역으로 가는 데 주로 사용되었다.

동중국해 사단항로는 절강 이남지역을 출발하여 동중국해와 제주도 해역, 황해남부를 거쳐 한반도로 들어오는 항로이다. 고려시대에는 이 항로를 이용하여 승려, 상인, 사신, 유학생들이 도착하고 출발하였다. 이 항로의 일부는 남중국과 일본열도가 교섭하는 데에도 사용됐다. 일본의 견당선(遣唐船)들이 사용한 소위 남로(南路)가 그것이다. 황해를 사단(斜斷)으로 북상하다가 흑산도 등을 경유하며, 주요한 도착지점은 전라남도 해안의 항구들, 예를 들면 회진, 강진, 청해진, 강진, 해남, 영광, 부안 등이다. 반대로 한반도 남부지역(제주도, 해남, 영암, 나주, 군산 등)을 출발하여 초가을부터 초봄까지 북동계열의 바람을 이용하면 양자강 하구나 항주(杭州)만 지역에 도착할 수 있다. 제주도 근해나 흑산도 근해에서 표류한 배들이 절강성과 복건성 지역에 도착하는 것은 다 이런 이유 때문이다. 전남 다도해의 사람들이 바다에서 북동풍을 만나 표류하면 남쪽으로 밀리다가 쿠로시오(黑潮)의 저항을 받아 대체로 주산군도(舟山群島) 해역에 표

---

9 이들은 엔닌이 쓴 『入唐求法巡禮行記』에서는 暗海者라고도 불렀다.

류한다.

　필자는 1996년에 절강성 영파 앞의 주산(舟山)군도를 출항하였는데, 태풍을 맞아 북상을 계속하다 장보고가 세운 법화원이 있는 산동성의 석도(石島)만에 표착하였다. 이는 황해서안의 근해항로였는데, 고구려, 백제 및 장보고를 비롯한 재당신라인들, 고려인들이 활용한 항로였다.[10] 1997년에도 절강성 영파 앞의 주산(舟山)군도를 출항하였는데, 17일째에 흑산도 서북해안에 표착하였으며, 다시 서남해양으로 접근한 후에 북상해서 인천만으로 들어갔다. 이때 GPS를 이용하여 항적을 추적하였는데, 동아지중해의 항로는 북송(北宋) 말에 서긍(徐兢)이 쓴『선화봉사고려도경(宣和奉使高麗圖經)』권 34 '해도(海道)'에서 상세하게 기록한 항로부분과 일치했다. 2003년에는 주산군도의 주가첨에서 '장보고호'를 건조하여 산동의 성산 앞바다를 출항하여 인천만, 서천, 완도를 거쳐 제주도에 기착한 후에 다시 일본열도의 규슈를 목표로 항진하다 결국은 고토열도 남쪽 나루시마(奈島) 표착하였다. 이 항로는 일찍부터 동아시아의 3지역을 연결해주는 항로였다. 이는 장보고선단을 비롯하여 백제선, 일본의 견당사선, 탐라국의 배들, 신라 상인들이 표착한 항로와 거의 동일하였다.

　이 지역에는 동아시아의 대다수 종족들이 모여 있다. 한민족과 한족(漢族), 명멸했던 소수의 북방종족들, 동방의 종족들, 그리고 일본열도의 여러 종족들 간의 교섭은 모두 이 지역의 해양을 통해서 교류를 하였다. 이 지역은 문화적으로도 지중해적 성격을 띠었다. 연해주(沿海洲)와 시베리아에서 연결되는 수렵삼림문화(狩獵森林文化), 몽골과 알타이에서 내려온 유목문화(遊牧文化), 화북(華北)의 농경문화(農耕文化), 그리고 남방(南方)에서 올라오는 해양문화(海洋文化) 등 지구상에서 가장 극단적인 자연현상과 다양한 문화가 만나 상호교류하고 혼재하면서 발전하였다. 다양한 자연환경 속에서는

---

10 윤명철,「황해의 지중해적 성격탐구」(조영록 편,『한중문화교류와 남방해로』), 국학문화사, 1997 참조. 96, 97년 두 해에 실행한 표류탐험의 항해일지와 항적 등의 자료가 있다.

필연적으로 경제형태나 교역방식 역시 다양할 수밖에 없었다.

이러한 것들은 해양을 통해서 교류되어 왔으며, 여기서 형성되는 문화는 다양성(多樣性)이라는 지중해 문화의 전형적 특성을 가질 수밖에 없었다. 전형적인 정착성(stability)문화와 이동성(mobility)문화가 이곳에서 만나 상호보완한 것이다. 특히 황해는 중국(中國)과 한반도(韓半島)의 서부해안(西部海岸) 전체, 그리고 만주남부(滿洲南部)의 요동지방(遼東地方)을 하나로 연결하고 인접한 각국들이 공동으로 활동을 하는 장(場)의 역할을 하고 있다. 때문에 일찍부터 인간과 문화의 교류가 빈번했고 그러한 공통성을 토대로 문화권이 형성되었다. 일본학자들은 근대 역사학의 초창기부터 이러한 인식을 지니고 있었고, 지금도 그러하다.[11]

하지만 보다 적극적으로 동아시아의 역사공간을 육지와 해양이란 두 가지 관점에서 동시에 접근해 들어가는, 특히 소외되었던 해양의 위치와 역할을 재인식하는 '해류사관(海陸史觀)'이 필요하다. 그리고 해석의 틀로서 동아지중해(EastAsian-Mediterrean-Sea)란 모델을 제시해왔다. 동아지중해는 단순하게 지리와 지형, 바다의 구조라는 물리적인 틀뿐만 아니라 담고있는 내용인 자연현상과 그 생산물, 문화 또한 다양하다. 따라서 정치, 군사, 경제, 문화 등 모든 분야에서 활발한 교류를 통해서 상호연관성을 깊게 할 수밖에 없는 역사의 터이다. 필자는 동아시아 역사의 공간을 이해하는 해석모델로서 '터와 다핵(多核, field & multi-core)이론'을 전개하고 있다.[12]

---

11 安田喜憲은 鳥居龍藏의 『東部シベリアの以前』에서를 인용하고 있다. 즉 일본인의 본거지, 일본문화의 고향으로 보여지는 것은 동부 시베리아에서 흑룡강 유역 연해주, 그리고 만주에 이어지는 일본해의 대안이다. 그리고 이것에 조선을 잇고, 樺太(사할린), 북해도, 그리고 사도, 노토 등 일본해 일대의 지방을 일괄해서 볼 필요가 있다. 그는 이러한 논리 속에서 졸참나무숲문화권을 소개하고, 사사기 고메이의 남방문화론, 에가미 나미오의 기마민족설까지 소개하면서 소위 일본해문화권에 대한 다각적인 연구의 필요성을 제기하고 있다. 安田喜憲, 「日本海 めぐる 歷史の 胎動」, 『季刊考古學』5號, 雄山閣出版社, 1986, pp.14~16.
12 윤명철, 「동해문화권의 설정 검토」, 『동아시아 역사상과 우리문화의 형성』, 한국학 중앙연구원, 민속원,

일본에서는 1970년대 동아시아론에 대한 논쟁이 벌어지더니 점차 해양과 동해(일본해)에 관심을 갖고 지중해라고 부르고 있었다. 물론 일본열도에 있는 바다는 지중해와는 달리 교통로가 아니었고, 대륙으로부터 떨어져 있게 한 장벽이었다는 견해도 있다.[13] 그러다가 1990년대 말에 와서 새삼 동아시아의 지중해적인 성격에 주목하고, 국가전략의 입장에서 바라보는 정치학자들뿐 아니라 일반 역사학자들도 이에 대한 연구를 시작했다.[14]

황해를 둘러싸고 한민족과 한족은 갈등과 협력의 변증법 속에서 공유하였다. 반면에 동아지중해의 비교적 외곽인 남해와 동해는 중국과 관련이 없는 탓에 한민족의 바다였다. 정치력과 해양력을 바탕으로 남해와 동해를 건너 문화의 수준이 비교적 낮고 정치도 발전하지 못한 일본열도를 개척하였고, 곳곳에서 식민활동을 하면서 소국들을 세웠다.

---

2005, 9 및 「東아시아의 海洋空間에 관한 再認識과 活用-동아지중해모델을 중심으로-」, 『동아시아 고대학』 14집, 동아시아 고대학회, 경인문화사, 2006, 12 등에서 터이론을 설명하고 역사상 해석에 적용하고 있다.
13 와쓰지 데쓰로우 저, 박건주 역, 『풍토와 인간』, 장승, 1993.
14 千田稔, 『海の古代史-東アジア地中海考-』, 角川書店, 2002. 그는 서문에서 1996~98년까지 국제일본문화연구센터가 '동아시아지중해세계에 있어서의 문화권의 성립과정에 대해서' 라는 연구를 수행하고 그 보고서로서 이 책을 출판한다고 쓰고 있다. 그리고 그들의 동아지중해는 남지나해, 동지나해, 일본해, 황해, 발해를 가리키는 용어라고 규정하고 있다. 또한 이미 오래전부터 남방해양문화에 관하여 연구를 해 온 國分直一의 예로 들면서 그는 동아지중해를 4개의 지중해로 구성한다고 하면서 오호츠크해, 일본해, 동지나해, 남지나해라고 하였다. 동아시아를 동아지중해라고 부르고 연구를 진행하는 또 다른 학자는 독일 뮌헨대학의 중국사전공자인 Angela Schottenhammer 교수이다. 그는 동중국해, 황해, 일본해를 '동아시아 지중해' 라고 설정하고 있다. 2005년 1월 하순 국립민속박물관에서 발표할 때 토론을 맡았다.

## 3. 동아시아의 현재상황 이해

　1990년대에 들어서자마자 거의 1세기에 가깝게 지구의 반을 지배해 온 대형(big brother)인 소비에트 연방이 붕괴되고, 또 다른 쌍생아인 미국은 자연스럽게 초강대국으로 등장하면서 정치, 경제, 문화의 구분이 애매모호한 상태에서 세계화(globalizaion)가 본격적으로 진행되고 있다. 세계무역기구(WTO) 같은 거대한 규모의 시스템을 만들어 무역을 무차별적으로 행하며, 새롭고 다양한 매체들을 활용하여 경제행위를 세계적 규모로 만들면서 미국 중심으로 재편되고 있다. 북미자유무역협정(NAFTA)을 성공시킨 데 이어 2005년까지는 미주자유무역지대(FTA)를 추진해서 남북아메리카를 하나의 경제공동체로 만들겠다고 하면서 지구인들에게 놀라움과 두려움을 선사했다. 한편 유럽은 오랫동안 유지해 온 유럽공동체(EC)를 넘어 1991년의 마스트리히트조약을 계기로 유럽연합(EU, European Union)을 결성한 후에 이미 유로화를 발행하여 사용권을 넓혀가고 유럽대통령을 선출하고 유럽의회를 구성하며 유럽헌법을 만든다는 것이다. 뿐만 아니라 소위 '지중해공동체'의 구상과 실현을 통해서 북아프리카는 물론이고 중동의 일부 지역까지도 그들의 경제권으로 편입시키려고 한다.
　이처럼 미국을 비롯한 서구의 몇몇 강대국들은 군사동맹 외에도 경제공동체에 해당하는 블록을 추진하고 있다. 이른바 세계화와 지역화(regionalization)를 동시에 추진하고 있는데, 이것은 과거 제국주의 시대에 유행했던 국제주의(internationalism)와 규모나 질에서 다른 점이 많다. 결국 세계화란, 규모가 더욱 커지고 신문명을 빙자하거나 혹은 계기로 삼아 눈에 드러나지 않는 권력을 무차별적으로 사용하는 또 다른 형태의 지역주의 혹은 민족주의이다. 용어는 다를지언정 '자집단주의'라는 면에서는 규모나 범위만 변했을 뿐 속내용은 동일한 것이고, 결과적으로 다시 한 번 서구 백인중심주의를 노골적으로 실현해 가는 과정이다.
　동남아의 국가들은 일찍부터 모여 아세안(ASEAN, 동남아 국가연합)을 결성했었다.

그러다가 1997년부터 한국, 일본, 중국이 참여하는 것으로 확대하여 '아세안+3회의'를 결성하였고, 이어 아세안자유무역지대(AFTA)의 창설을 목표로 삼았다. 그리고 2020년에는 완벽한 경제공동체를 구성하겠다고 선언하였다. 심지어는 IMF를 대체하는 아시아 통화기금(AMF)을 창설하고, 달러와 유로화에 대응하는 아시아 가축통화를 만들자는 움직임까지도 있다. 최근에 열린 동아시아정상회의(EAS)는 기존의 회원국가들 외에 호주, 뉴질랜드 그리고 인도를 참가시켰다. 그런데 동아시아 지역은 아직도 갈등과 경쟁체제를 고수하고 있다. 동아시아의 각 나라들은 정치적이고 군사적인 것은 가능한 한 상대를 자극하지 않으면서, 최근에는 경제나 교역, 문화교류 등 보다 실질적인 이익을 전면에 내세우면서 협력체의 결성과 파트너십의 가능성들을 시험하고 있다.

중국은 1980년 이래로 경제특구전략과 함께 왕성한 의욕을 가지고 국지경제권을 적극적으로 추진하고 있다. 화교경제권을 비롯하여 환발해경제권, 복건성과 대만을 연결하는 양안경제권, 화남경제권 등 다양한 이론 및 국지경제권과 함께 산동성, 요녕성, 한국의 서해안을 연결하는 환황해경제권(1989년), 동북삼성, 내몽골, 산동반도, 몽골, 시베리아, 요동지역, 한반도, 일본열도를 모두 포함하는 거대한 동북아경제권의 구상까지 이루어지고 있다. 그리고 한국, 일본 등 지방자치단체와도 개별적인 교류를 추진하고 있다.

그리하여 2003년 현재 국내 총생산(GDP)이 1조 4,123억 달러이다. 동남아를 비롯해 전 세계에 포진한 화교들을 네트워크화시켜 '화교합중국' 시대를 구가하고 있다. 최근에는 중국, 대만, 홍콩, 마카오에 싱가포르 등을 합쳐 '대중국(大中國, great china)'을 건설하자는 주장도 심심치 않게 들린다. 중국은 우리와도 직접 관련된 또 다른 사업을 추진하고 있다. 중국은 북한을 경제적으로 강한 영향력 아래에 넣고자 힘을 기울여 최근에는 북한지역을 '동북(東北) 4성화(省化)'시킨다는 경계심을 불러일으킬 정도이다. 2006년 4월을 계기로 중국은 북한과 나진·선봉(나선시)을 50년 동안 공동관리하겠다는 발표를 했다. 이로써 동해로 연결되는 물류망뿐만 아니라 해군이 활동할 수 있게 되었다. 그래서 '조중연합함대(朝中聯合艦隊)'가 동해에서 결성될 것이라는 등의 여러 설과 함께 시나리오들이 난무하고 있다. 중국과 러시아는 기본적으로 갈등 혹은 경쟁관계인데, 한시적으로 우호관계를 맺고 있지만 동북공정에서 드러나듯 연해주 영유권과 두만강 하구를 놓고 갈등이 불가피하다. 최근 들어서 중국과 일본은 대만의 서북쪽 해상에 있는 몇 개 암초인 센카쿠(중국명 釣魚島)를 놓고 일촉즉발의 상태를 벌이고 있다.

　일본은 미국이 쳐 놓은 핵우산 밑에서 반세기 넘게 탈(脫)아시아적인 환상에 빠져 안주하다가 국민들의 민족주의적인 정서를 부추기면서 뒤늦게 황급히 대응책을 마련하고 있다. 1988년에 환일본해(동해)경제권을 주장하여 남·북한과 러시아를 자국의 경제영역에 끌어들이려 하고 있다. 최근에는 풍부한 자금력을 배경으로 동해와 연변한 니가타(新潟)·도야마(富山) 등 각 도시들이 남북한의 도시들, 중국과 러시아 등의 도시들과 자매결연을 맺고, 경제협력을 추진하고 있다. 이미 일본과 중국 간에는 경제영역에서뿐만 아니라 정치력이나 군사적인 면에서 갈등과 충돌이 시작되었다. 더욱이 센카쿠 제도(釣魚島)영유권을 둘러싸고 벌이는 갈등은 독도와는 또 다른 형태의 영토분쟁으로서 물리적인 충돌이 가능하다. 일본은 미국과 동맹을 강화시키면서 반중 전선을 펴면서 외곽포위전략을 시도하고 있다. 또한 러시아와는 남쿠릴열도(북방 4개 도서)를 놓고 영토분쟁을 벌이고 있다. 한국과는 독도를 사이에 놓고 문제를 일으키고 있다.

　러시아는 1992년 1월 1일에 군사항인 블라디보스토크를 개방하였다. 그 외에도 일본과 환동해경제권에 참여하고 유엔개발기구(UNDP)가 주도하여 러시아, 북한, 중국이 공동으로 참여한 동북아지역 협력프로젝트가 있다. 이 계획은 러시아의 크라스키노 등 핫산(KHASAN)지구와 중국의 훈춘, 북한의 나진·선봉 등 두만강 하구 지역을 자유무역경제지구로 선정한 것이다. 푸틴 대통령은 대아시아전략의 틀 속에서 프리모르스키(沿海洲) 지역을 다시 중요하게 여기고 정책적으로 비중을 두고 있다. 비록 몇 년

간에 걸쳐서 중국인들에게 연해주지역의 상권을 빼앗기고 있지만, 두만강하구의 군사전략적 가치와 핫산 등의 경제적 가치, 그리고 일본을 활용할 수 있다는 지리점인 이점을 인식하고 나름대로 영향력을 회복하고 있다. 특히 시베리아의 이르쿠츠크에서 출발한 가스관이 통과하는 지점을 놓고 중국과 일본 사이에서 줄다리기외교를 하고 있다. 2001년에 중·러 선린우호조약을 맺은 데 이어 2005년에는 중국과 합동군사훈련을 하는 등 우호적인 관계를 맺고, 국경지역에 자유무역지대를 설정하고 1조 원에 달하는 자금을 중국과 공동으로 투자하여 경제문화복합단지를 건설하고 있다.

북한은 1991년 12월에 나진·선봉지역을 자유무역경제지구로 선포하고, 1993년에는 자유경제무역지대법을 제정하여 동해를 활용한 경제발전을 시도하고 있으나 답보상태이다. 2002년에 신의주 경제특구전략을 발표했다가 중국의 압력을 받고 철회하였으며, '개성공업지구법'을 채택하여 개성공단을 개발하고 있다. 최근에 다시 압록강과 바다가 만나는 비단섬(단동시 외곽의 북한측 섬)을 중국과 공동으로 경제특구화시키겠다고 하였다. 물론 중국의 양해와 협조 아래 진행되는 것이다. 중국과는 간도문제, 백두산 천지 등의 문제가 있고, 러시아와는 녹둔도(鹿屯島) 문제가 있다.

한국은 서해만 개발계획, 중국과의 황해경제권 등을 추진하고 있으며, 몇 년 전부터는 동경과 서울, 북경을 잇는 베세토(BESETO) 이론, 동해 중부와 일본의 쓰루가, 니가타 등을 연결하는 동해경제권 등 여러 가지 이론을 구상하고 있다. 지금은 동북아의 허브 공항으로서 영종도에 신공항을 운영하고 있고, 부산신항, 광양항, 송도경제특구, 제주도 특별자치구 등을 설치 혹은 운영하고 있으며, 북한을 겨냥한 남북협력사업 등을 추진하고 있다. 특히 황해를 이용해서 오고 가는 물류시스템 가운데에서 항로의 확보와 항만의 선점을 놓고 사활을 건 경쟁을 벌이고 있다. 중국은 최근 상하이의 양산항 1부두를 완성했다. 물동량 처리 세계 3위인 상하이를 세계 1위로 끌어올리는 대 역사이다. 이로써 한국의 입지는 더욱 줄어들고, 부산신항과 광양항을 건설해도, 또 인천항과 울산항을 포함시켜도 경쟁인 양산항과 심천항에 비하면 여전히 불리하다.

위에서 살펴본 것처럼 동아시아 각국은 넓게는 국가 간, 좁게는 지역 간, 도시 간의 협력체를 결성하는 것을 전제로 많은 구상과 이론들을 내세우고 있다. 그러나 현재까지 나온 이론들은 정교하지 못한데다가 선언적 성격이 강하므로 실제적으로 국지경제권은 말할 것도 없고, 동아시아 전체를 아우르는 불록의 형성은 어렵다.

이처럼 동아시아가 현재처럼 4개 내지 5개 국가가 개별적 관계로서 다른 협력체 혹은 경제권을 구성함으로써 유기적인 연결을 이루지 못한다면 국가와 국가 사이에 긴장이 유발되어 지역 협력체의 구성은 깨어지고, 동아시아 전체의 이익이 손상될 가능성이 많다. 현실적으로 문제가 많고 성사가 어려운 동아지역에서의 협력체구성은 각국 간의 이익추구라는 기본적인 동기만 가지고는 부족하다. 그 외에도 동아시아 전체의 이익, EU · NAFTA 등 기타 다른 블록에 대한 방어 내지 자구책, 공동 전선의 구축이라는 적극적인 의미도 담고 있어야 한다. 그러므로 각 국지경제권을 설정하기 전에 먼저 동아시아 각 지역을 총체적으로 인식하고 동아전체의 이익에 대한 공감대를 이루어야 한다.

그것을 토대로 중복되거나 불필요한 경쟁을 지양하고, 각 국가와 지역, 도시 간의 관계를 조절해야 한다. 그러기 위해서는 국가별로, 지역별로 유기적인 연결이 이루어지고 관리와 조정기능이 있어야 한다. 구속력은 없지만 억제력을 갖추고 그 테두리 안에서 지역 간의 발전을 도모하는 하나의 공동권을 설정해야 한다. 즉 전체적으로 동아의 이익이라는 큰 원을 설정하고, 그 원 속에 소속된 작은 원들이 형성되면서 각 권들 간의 연결을 유기적이고, 원활하게 이루어야 한다. 따라서 무정부적인 현실을 해결할 수 있는 큰 원으로서 하나의 모델을 설정한다. 그 근원을 설명하고, 관리기능까지 할 모델을 설정하는 일은 이익의 입장보다는 1차적으로 지리적 조건과 역사적 경험 등 역학관계의 기본성격을 이해해야 한다.

## 4. 대안모델의 제시와 해양의 의미

　동아시아에서 신질서가 편성되는 과정에서 우리는 정말로 중요한 하나의 유산을 물려받았다. 지금은 무역의 시대이다. 무역을 통해서 나라의 부를 창출시키는 시대이다. 세계는 경제와 무역을 매개로 삼아 인접국가나 일정한 지역을 중심으로 지역무역협정(Regional Trade Agreement)이 맺어지고 있다. 그리고 이러한 경제권을 설정하거나 무역을 위해 물류시스템을 만들 때 물류 통로 및 해양자원으로서 해양의 경제적인 가치가 더욱 부각되고 있다. 그런데 동아시아는 중국이 있는 대륙, 그리고 북방으로 연결되는 대륙의 일부와 한반도, 일본열도로 구성이 되어 있다. 때문에 북방과 중국에서 뻗쳐오는 대륙적인 질서와 남방에서 치고 올라가는 해양적인 질서가 만나는 곳이다. 앞에서 언급한 동아지중해(東亞地中海) 모델이 유효성을 발휘할 수 있는 시대적인 상황이 도래한 것이다.

　이 모델을 적용하면 동아시아의 정치·경제적 성격을 규명할 경우에는 다음과 같은 장점이 있다.

　첫째, 동아시아에서 중심부(中心部)와 주변부(周邊部)를 명확하게 구분할 수 있다. 뿐만 아니라 그 중심부를 대륙과 반도와 섬, 즉 중국과 한국, 일본으로 따로따로 파악하는 것이 아니라 해양질서와 육지질서를 서로가 공유하고, 어떤 지역에서든 연결된 하나의 권역(圈域)으로 본다. 불평등과 차별의 관계가 아니라 전체가 중심부가 되어 평등하고 수평적으로 네트워크화한 관계이다. 지역의 특성이 분명해지고, 그에 따라 국가 간, 지역 간의 역할분담이라는 도식이 명확하게 드러남으로써 동아시아 역학관계의 본질을 분명히 이해할 수 있다.

　둘째, 동아지중해 개념은 구성국들 간의 공질성(共質性)을 구체적으로 확인시켜 준다. 동아시아 3국은 서로에 대한 정서적 이해와 공감이 필수적이다. 지도를 보면 사실 이 지역은 수천 년 동안 지정학적(地政學的, Geo-politics)으로 협력과 경쟁, 갈등과 정복 등의 상호작용을 통해 공동의 역사활동권을 이루어왔다. 또한 지경학적(地經學的, Geo-economic)으로는 경제교류나 교역 등을 하면서 상호필요한 존재로 인식하여 왔다. 농경문화권에서는 삼림문화나 유목문화, 해양문화권의 생산물이 필요했고, 상대적으로 유목이나 삼림문화권에서는 농경문화의 생산물들이 절대적으로 필요했다. 그러므로 전략적 제휴관계를 맺어 적대국이 아닌 경우에는 교통의 어려움을 무릅쓰고라도 교역을 하였다. 그리고 매우 중요한 것이지만 지문화적(地文化的, geo-cultural)으로도 이 지역의 국가들은 의외로 문화의 공유범위가 넓었다. 세계관의 기본을 이루는 유교, 불교 등 종교현상뿐만 아니라 정치제도, 경제양식, 한자, 생활습관 등 유사한 부분이 많았다. 전쟁, 기아, 교류 등으로 인하여 주민들의 자발적·비자발적인 이동이 빈번했으므로 사실은 종족과 언어의 유사성도 적지 않았다. 특히 고대 한국지역과 일본지역의 관계는 주민, 문화, 언어 모든 면에서 관계가 깊었다.

셋째, 동아지중해 개념을 설정하여 동아시아의 역사를 볼 경우, 이 지역은 과거에도 절박하게 현실성을 가진 공동의 활동범위였음을 인식할 수 있다. 또한 동시에 다른 이질적인 지역에 대응하는 운명공동체 의식을 가질 수도 있다. 물론 각 국가 사이에, 민족들 사이에는 씻어버리기 힘든 경험들이 축적되어 있고, 역사의 잿빛앙금이 두껍게 깔려 있다. 특히 우리는 뼈아픈 식민지생활을 경험하고 민족적 패배를 당했으며, 남북분단과 한국전쟁이라는 1500여 년만의 동족상잔의 비극을 겪었다. 그러나 이젠 역사적 환경이 달라졌다. 사람들의 활동단위가 조그만 지역이나 국가가 아니라 보다 넓은 지역으로 확대되었다. 이제는 지방시대, 국가시대에 겪었던 사실들은 철저히 반성하고, 감정을 풀어야 한다. 뿐만 아니라 이젠 사람들이 추구하는 이익의 종류도 달라졌고, 경제행위도 달라졌다. 농경·유목 등 땅을 매개로 한 생산양식의 시대가 흘러갔고, 영토의 크기가 전처럼 그다지 중요하지 않게 됐다. 이제는 여러 나라들이 국경의 제약을 넘어 하나의 경제권 혹은 무역권을 중시하는 '자연스런 경제적 영토(NET, National-Economic-Teritories)' 개념이 중요해졌다. 따라서 예전처럼 영토 쟁탈전에 크게 신경을 쓸 필요가 줄어들었다. 그리고 인식을 세계로 확대하면서 동아시아 외에도 다른 종족들과 문화가 있으며, 그것들에 비하면 동아시아 내에서의 차이점은 이질성이 아니라 동질성 내에서의 고유성으로 받아들이게 되었다.

넷째, 그리고 이렇게 개념화시키는 것은 동아시아의 현실적인 상황과 변화조건을 이해하는 데 효율적인 도구가 된다. 현재 국지경제권들이 한결같이 해양을 매개로 설정된 것은 시사하는 바가 크다. 동아시아는 결국 해양을 통해서만이 전체가 연결되며 교섭과 교역이 가능하기 때문이다. 20세기는 냉전질서로 인하여 유일한 연결통로인 바다마저 막혀버린 폐쇄회로였다. 세계질서 속에서 소비에트를 맹주로 하는 대륙질서(continental-order)와 미국을 대형으로 하는 해양질서(marine-order)가 격돌하는 폭발점이었다. 때문에 동아시아는 지중해적 성격을 가질 수 없었다.

그러나 현재는 상황과 체제의 변화로 인하여 바다가 개방됨으로써 모든 지역이 연결될 수 있다. 각국의 해안도시와 항구도시들 간의 물류체계도 내해를 중심으로 원활해지고 있다. 따라서 지중해 개념의 설정은 현재 동아시아에서는 교류의 유일한 통로가 해양임을 명확히 해주고, 특히 경제교역에는 해양의 역할이 절대적이란 사실을 각인시켜 줄 수 있다. 동아시아에는 배타적경제수역(EEZ), 어선들의 상호영역 침범을 비롯하여 독도문제, 센카쿠(Senkaku)제도(釣魚島), 북방4개 도서문제(쿠릴열도) 등의 영토분쟁이 있다. 이는 오히려 해양을 매개로 삼아 동아시아의 공존과 상생을 모색할 수 있다는 반증이기도 하다. 결국 동아시아가 협력체 내지 연합체 혹은 블록을 구성한다면 해양을 매개로 한 지중해적 질서 속에서 이루어질 수밖에 없다. 유럽지중해와 카리브 및 걸프지중해, 동남아지중해 등과 경쟁하고 대결하는 동아지중해(東亞地中海)의 형성이 절실한 것이다.

그리고 필자는 이를 실현시키기 위한 중간단계로서 일종의 해양도시연맹체의 구성이 필요하다고 생각한다.

역사의 발전과정을 고려한다면 머지않은 장래에 동아시아에는 전통적인 의미의 국가가 사라지고 세계화(globalization)과정과 신문명에 걸맞은 정치체제로 전환될 것은 자명하다. 그때는 현재 국가가 중심이 돼서 하던 일들을 몇몇 대도시들이 대체할 것이다. 일종의 도시국가들이 형성되면서 도시의 이익을 일차적으로 추구하지만, 주변 지역 나아가 보다 친연성이 강한 국가나 민족에게 도움을 주는 역할을 할 것이다.

예를 들면 국가단위와는 별도로 아시아에서 유력한 도시들과 관계를 맺을 필요가 있다. 한국과 중국, 한국과 일본, 한국과 몽골, 한국과 인도라는 관계를 뛰어넘어 인천, 부산, 목포, 전주 그리고 부안 등이 중앙정부의 정치적인 간섭을 벗어나 직접 여러 나라의 도시들과 관계를 맺으면서 이익을 창출할 수 있다. 일종의 '해양도시연맹체(海洋都市聯盟體)'이다.

이러한 실례는 이미 고대부터 있어 왔다. 소위 유럽지중해지역에서는 물론이고, 동아지중해지역 또한 유사한 시스템이 있었다. 고대부터 해안 가까이에 위치한 도시는 몇 가지 경제상의 이점을 가지고 있다. 해안도시(海岸都市)는 반드시 해안가나 포구, 강 하구에 위치해 있으며, 대부분 강(江)과 자연스럽게 연결이 된다. 따라서 강의 수로를 통한 내륙지방과의 연결이 원활하므로 내륙지방에서 생산한 물품을 쉽게 운반하여 바다를 통한 교역에 활용할 수가 있다. 반면에 바다를 통해서 들어온 물품들은 강(江)·수로(水路)를 거슬러 올라가 내륙지방으로 효과적인 공급을 할 수 있다. 다시 말해서 수륙(水陸)교통과 해륙(海陸)교통이 만나므로 공급지와 수요지, 그리고 집결지를 연결시켜 주기에 적합한 곳이 해안도시이다.[15] 특히 외국과 교역을 할 경우에는 바다를 통한 팽창과 무역상의 이익을 얻을 수가 있다.

이러한 역사의 모델을 현대에 적용시킨 실례가 있다. 1980년을 전후로 해서 등소평이 지휘하여 추진한 사회주의 시장경제체제의 핵심이 경제특구전략이다. 경제특구

---

15 필자는 이러한 도시를 河港도시나 海港도시가 아닌 江海도시로 부르자는 제안을 했다. (김포신도시관련 국회공청회 발표문에서)

란 일종의 중국식 자유무역지대인데, 일반적으로는 자유무역지대보다 더 집중적이고, 조직적인 지원시스템으로 이해된다. 1979년 중국은 외자 도입을 목적으로 일단 선전(深圳)·주하이(珠海)·산터우(汕頭)·샤먼(廈門) 등에 경제특구를 설치하였다. 그리고 1984년에는 양자강 하구의 과거 조계지였던 상하이에 경제 기술 개발구를 설치하여 성공하였고, 1991년에는 내부에 푸동지구를 본격적이고 대규모적인 경제특구로 지정하였다. 물론 1997년에는 홍콩특구기본법을 제정하여 특별행정구를 만들었다. 그런데 등소평은 1992년에 남방순회강화(南方巡廻講話) 후 효율적인 전략을 입안하면서 우선 연해지대의 몇 개 구역을 점으로 개방하여 발전시키고, 다시 선으로 해안지역을 발전시킨 다음에 면인 내륙으로 점차 이동하는 '점선면(点線面) 발전전략'을 채택하였다. 이때 점에 해당하는 지역이 이미 성공을 거둔 경제특구(special economic zone)였다. 그런데 이러한 경제특구를 설치하고 운영하는 방식은 놀랍게도 역사상을 모델로 삼았다. 이들 발전의 견인차 역할을 한 연해개방지구가 거의 역사상에서 항구도시였다는 사실은 결코 우연이 아니다. 그 개방도시들은 주변의 여러 지역과 무역하고 외자유치를 하고, 산업을 발전시켰다.

그렇다면 과거와 마찬가지로 21세기 지금도 동아지중해의 압록강 하구, 대동강 하구, 경기만, 서남해안, 남해안, 동해안의 대도시들, 나선시, 핫산, 블라디보스토크, 황해 서쪽해안의 대련만 청도만, 상해만, 항주만, 주산만, 천주만과 연결하고, 나아가서는 선전, 홍콩, 일본열도의 여러 도시들과 함께 상생을 추구하면서 실현할 수 있다.

그리고 여기에 동아지중해의 중핵에 위치한 한민족의 역할이 드러나고 중요해진다. 중국과 일본 가운데 어느 한 국가의 힘이 강해서 패자가 되고자 시도할 때 이를 견제할 만한 세력이 없다면 동아시아의 상생과 공동체 구성은 불가능하다. 동아시아는 지리멸렬해지고, 서구세력의 각개격파전략, 즉 '분할통치(divide and rule)' 전략에 말려들고 말 것이다. 19세기, 20세기와 마찬가지로 정치·경제적으로 종속되고, 문화적으로 예속되며, 정체성을 상실한 채 혼돈과 갈등 속에서 왜곡된 삶을 살아갈 것이다. 그런데 통일한국은 활발한 해양활동과 동아지중해의 중핵에 있는 조건을 잘 활용하여 정치적, 경제적 문화적, 군사적으로 조정역할을 하면서 동아질서의 재편을 주도하고, 정당한 자기 위치를 확보할 수 있다.

더욱이 정치, 문화, 경제, 사상 등 모든 면에서 극단적인, 20세기 구질서(냉전질서)의 양극단인 남과 북이 만나 통일을 이룬 경험과 역량이 있으므로 적지않은 차별과 충격을 흡수하고, 대립과 갈등 등을 조정하면서 역할분담을 유효하게 할 수 있다. 그렇게 되면 동아시아는 견제와 균형 속에서 평화와 협력구도를 연출할 수 있다. 우리는 동아시아 신질서 혹은 동아연방이라는 단위 속에서 3분의 1을 차지할 수 있다. 더불어 동아시아도 지구라는 대단위 속에서 영향력 있는 중간단위가 될 수 있다. 한국지역의 이러한 중핵 역할과 조정기능은 21세기 동아시아 신질서의 수립과 상생, 공동체 구성에 더욱 필요해지고 있다. 이러한 한민족의 동아지중해 중핵조정역할을 주변국가들도 인식하고, 이를 인정하면서 우리의 통일을 적극적이고 자발적으로 도와주도록 설득해야 한다. 결국 동아시아 국가들에게 있어서 세계화(世界化)와 민족주의(民族主義) 혹은 동아주의(東亞主義)는 서로 괴리되는 것이 아니다. 결국 이 의미있는 작업은 역사의 과정을 통해서 통찰력을 얻고, 사회발전에 일정한 책임을 질 수밖에 없는 지식인들이 참여해서 이끌어나갈 수밖에 없다. 특히 소규모나 지역주의, 단기적인 관점에 매몰되지 않는 능력을 지닌 선각자들은 선도할 수밖에 없다. 지식인들은 인적 네트워크를 구성해서 이론과 논리를 개발하고, 역량을 비축하며 상생하면서 현재 다음의 단계를 미리 준비해야 한다.

## 5. 맺음말

서문에서 말했듯이 이 글은 추후 다가올 세계질서와 동아시아의 질서재편을 어떻게 대응할 것인가에 대한 자세와 방법론을 모색하는 목적으로 작성되었다. 특히 역사적으로나, 지리적으로 특별한 친연관계를 맺고 있는 한국과 절강지방이 새로운 시대에 영향력을 지닌 해양이라는 매개체를 공유하면서 어떤 역할을 해야 할까를 모색한 글이다. 동아시아인들이 어떤 방식으로 생각하고 맞이하든 세계화의 막강한 힘은 더욱 적극적으로 타격을 가할 것이 틀림없고, 이 과정에서 현명한 전략을 구사하지 못한다면 다시 또 19세기 말의 경험을 반복할 것이다. 이제 21세기 동아시아인들은 서구인들에 의해 각개 격파되서 불우한 역사를 반복하는 우를 범해서는 안 될 것이다. 특히 중국은 지역의 헤게모니 장악에 집착해서 더 큰 이익과 명분을 상실하는 우를 반복해서는 안 된다고 생각한다. 앞으로 변화하는 세계질서에서 중국의 유일한 우방이 될 가능성이 높은 나라는 한국이라는 사실을 잊지 말길 바란다.

# 11

# 손원일(孫元一) 제독의 해군 창건정신의 현대적인 의미*

## 1. 서 론

그는 누구인가?

해군을 창건했고, 해군참모총장을 지냈고, 국방장관과 외무장관을 거친 다음에 주서독 대사를 지냈다. 그 후 해군과 연관된 일들을 하다가 1980년 2월 15일 오전 9시 20분, 71세의 나이로 가족들이 지켜보는 가운데 조용히 눈을 감았다.

한 개인을 역사적 인물로서 평가하는 일은 결코 쉬운 작업은 아니다. 기술적인 문제도 있지만, 평가결과에 대한 책임감과 함께 그 파장 때문이다. 또한 객관성을 상실할 가능성이 상대적으로 높으며, 인정에 이끌려 너무 긍정적인 평가를 할 우려도 있다. 그리고 무엇보다도 현재의 사건과 시스템 조직과 직결되어 있는 인물은 정보의 왜곡 등으로 인하여 오류의 위험성이 클 수밖에 없다.

그럼에도 해군과 맺어온 크고 작은 인연들과 해양사를 전공한 역사학자라는 입장에서 이 작업을 맡았다.[1] 하지만 더 중요한 명분이 있었다. 대다수의 사람들은 우리역

---

* 「손원일(孫元一) 제독 해군 창건 정신의 현대적 재조명」, 『손원일 제독 해군 창건 정신과 한국해군력 발전』, 해양전략연구소 · 한국해로연구회, 2009.
[1] 윤명철, 『동아지중해와 고대일본』, 청노루, 1996.

사의 가치와 위상을 제대로 알지 못한 상태에서 정체성의 혼란을 느끼고 있다. 이러한 상황에서 역사발전의 모델, 정책모델 등을 우리 역사에서 찾고, 소위 위인이라고 불려 왔던 인물모델 또한 우리 역사에서 찾는 작업은 역사학자의 입장에서 당연하고, 필수적인 일이기도 했다. 특히 현재와 호흡하고, 미래에 직접 영향을 끼칠 자격이 있는 인물모델을 찾고, 표방하는 작업은 시급하기조차 하다.

알지 못했던, 통념 때문에 오해했었던, 필요성을 인식 못해서 빠뜨리고 지나쳤던 그 인물이 지닌 여러 특징들을 복원하고, 나아가서는 현재의 바람이나 혹은 미래의 희망을 투사하여 어느 정도로 재창조하는 것도 필요하다. 그렇게 해서 자연스럽게 역사상의 모델을 찾아낼 수 있다.

인간들은 현실에서도 모델들을 갈구하고, 그것에 맞춰 자기의 삶을 수정하거나 개조하는 위험한 행위까지도 한다. 거기에 반하여 역사상의 모델들은 개인이나 소수집단의 편협한 이익이나 짧은 시대의 목적 때문에 탄생한 것도 아니다. 다수의 인간들에게 공통된 이익을 제공할 수 있고, 보편적인 가치를 반영할 뿐 아니라, 또 성공과 실패의 과정이 오랜 세월에 걸쳐 냉정하게 검증된 대상이다. 우리 역사를 돌이켜보면 길고 역동적이고 영광과 고난을 반복해왔던 만큼 그 주인공들인 특별하고, 의미 있는 인물모델들이 무수히 많다. 비록 많은 기록들이 연기처럼 사라졌음에도 불구하고, 환웅, 단군, 해모수, 주몽, 광개토태왕, 장수왕, 을지문덕, 양만춘, 연개소문, 온조, 계백, 원효, 김춘추, 김유신, 장보고, 왕건을 거쳐 조선에 이르면 이순신, 권율, 허균, 김좌진, 신채호, 김구 등에 이르기까지 하늘의 뭇별만큼 많다. 그 가운데에 우리가 미처 깨달

_____, 『바닷길은 문화의 고속도로였다』, 사계절, 2000.
_____, 『장보고 시대의 해양활동과 동아지중해』, 학연문화사, 2002.
_____, 『한민족의 해양활동과 동아지중해』, 학연문화사, 2002.
_____, 『고구려 해양사 연구』, 사계절, 2003.
_____, 『한국 해양사』, 학연문화사, 2003 등.

지 못한, 발굴하지 못한 인물들도 있다.

또 하나, 내가 이 작업에 참여한 명분이 있다. 어떤 사건이나 조직이든 정통성과 역사적인 계승성은 필요하다. 그런 의미에서 우리 군, 특히 해군이 얼마나 정통성을 갖고 있으며, 역사적으로 계승성을 표방하는가는 존립과 성장에 중요했기 때문이다. 결과적으로 이 작업을 통해서 그 이유와 명분에 합당한 결론을 내릴 수 있어서 다행이면서, 동시에 보람을 느꼈다.

손원일은 여러 가지 점에서 특별한 인물이다. 이러한 인물을 조명하는 것은 개인의 역사화 작업뿐만 아니라 그가 속했던 한 사회의 시대적 환경과 조류, 정신 등을 이해하는 데 매우 필수적인 작업이다. 이 논문은 1980년에 작고한 그를 역사상의 인물로 조명하고 자리매김하기 위한 작업의 일환으로서 시도되는 작업이다. 그의 행적을 더듬어서 밝히고, 사건이나 업적을 찾아내고 평가하는 작업은 이미 여러 분야에서 추진되어 왔다.[2] 필자는 이러한 성과를 토대로 그의 행위와 실천을 이루었던 세계관, 가치관, 삶의 양식 등을 살펴보면서 현재 및 미래의 우리 민족 또는 해군에게 인물모델로서의 가능성 여부를 살펴보고자한다.

---

[2] 이 글은 오진근·임성채 공저, 『손원일 제독』 상·하, 한국해양전략연구소, 2006, 5를 참고로 작성되었다. 글의 성격이 정신의 추출이라는 해석의 측면이 강했고, 필자는 해군과 관련된 자료와 정보들을 습득하기 힘든 한계로 인하여 해군 및 손원일의 활동에 대해서는 이 책을 참고하거나 대폭 인용할 수밖에 없었다. 따라서 저자들의 견해가 특별하게 드러난 경우와 저자들이 자료를 활용하여 인용한 부분(" ")등의 특별한 경우에는 인용한 페이지를 기술했으나, 나머지는 표기하지 않았다. 저자들의 양해를 바라마지 않는다.
또한 이 책의 뒷부분 부록에는 손원일과 연관된 인용도서들의 목록이 있다. 참고하기 바란다.

## 2. 탄생과 성장과정의 검토

### 1) 家系와 성격

삶이란 주어진 활동의 무원칙한 덩어리가 아니다. 각개의 고유한 인자들이 상황과 주어진 조건에 따라 인과관계를 맺어가는 것이다. 인간이 주체가 되어 실제 효용성을 지닌 채, 인간답게 살기 위해 충족될 기본조건 가운데 하나는 관념적이지만 정체성(자아)에 대한 자각이다. 정체성은 자기동일성(自己同一性, identity)으로 이해하는데, 존재의 근거이며, 이유이다. 따라서 존재의 본질을 확신하고, 시간의 변화나 공간의 이동에 영향을 받지 않고, 변함없이 유지할 수 있는 근거와 힘을 제공한다. 개별존재들은 정체성에 충실하지 못하면 자기 삶에 대해 구체적으로 인식하는 힘이 부족하다. 늘 불확실하고 애매모호한 상태 속에서 자유의지(自由意志)를 포기한 채 생명력(生命力)과 진실을 잃어버리게 되고 비주체적(非主體的)인 삶을 살아가게 된다.[3]

○ 탄생과 성장기의 시대상황

정체성을 이루는 가장 기본적인 요소는 자기존재의 원(原)근거이다. 국가인 경우에는 건국과정과 시조의 탄생 등이 중요하다. 마찬가지로 개인에게도 탄생과정과 가계가 매우 비중이 높다. 손원일은 1909년 음력 5월 5일, 평양에서 셋째아들로 태어났다. 그는 다소 독특한 환경 속에서 태어났고, 그 환경은 그 무렵에 전개된 시대상황이 다양한 모습으로 응축된 것이었다. 자신의 의지와는 별도로 시대의 중심에서 시대적

---

[3] 정체성의 이론에 대한 필자의 견해는 윤명철, 「고구려 담론1-그 미래 모델의 의미」, 『고구려연구』9집, 2000, 12 ; 윤명철, 「고구려의 고조선 계승성에 관한 연구 1」, 『고구려연구』13, 고구려연구회, 2002, 6 등 참조.

인 인물이 될 수밖에 없었다. 첫 번째는 태생적인 요인인 가계(家繼) 때문이다. 그의 아버지인 손정도(孫貞道, 1872~1931)는 한국의 독립운동사에서 지울 수 없는 족적을 남겼다. 평안남도 강서에서 출생한 손정도는 평양의 숭실전문학교를 졸업하였다. 이승만(李承晩), 이동녕(李東寧), 이시영(李始營), 최남선(崔南善) 등 당시 한국을 대표하는 선각자들과 친분을 쌓았다. 또한 1910년 봄, 서울 남문 밖에서 도산 안창호(安昌浩)와도 첫 대면을 했다. 그리고 목사가 되었다. 이러한 일들은 후에 손원일에게 사상적으로뿐만 아니라 해군 창건 등의 실천작업에도 음으로 양으로 영향을 끼쳤다.

손정도는 1910년에 선교사로 만주에 파견된 후 독립운동에 참여하기 시작했다. 이어 1912년에는 하얼빈에서 소위 가쓰라 태프트 밀약의 당사자인 가쓰라 일본 수상을 암살하려는 모의에 가담하였다는 혐의를 받아 일본경찰의 조사를 받고, 전라남도의 진도로 유배갔다. 1914년에 석방되었지만, 이에 굴하지 않고 3·1운동에 참여하였다. 이 시기를 전후해서 정동교회에서 활동을 하였는데, 그 무렵 유관순은 이 교회에 나갔다고 한다.

상해로 망명한 그는 1919년 4월에 제1회 '대한민국 임시의정원회의'를 개최하였으며, 자신은 부의장에 선출되었고, 그 후 임시의정원의 의장이 되었다. 이 시기에 박은식, 신채호 등과 교유하였으며, 1920년 1월에는 김구, 김철 등과 함께 의용단을 조직하였고, 1922년에는 김구, 여운형 등 16명과 같이 한국노병회(韓國勞兵會)를 발기하였다. 임시정부 초기 활동에 적극적으로 참여한 핵심이었던 그는 만주의 길림(吉林)으로 가서 활동을 계속했다. 특히 안창호와 의견을 모으고 오랫동안 생각해왔던 이상촌, 즉 농민합작사(農民合作社)를 설립하기로 했다. 그는 만주에서 독립과 관련한 활동 등을 하다가 1931년 2월 19일 밤 12시에 49세라는 젊은 나이로 세상을 떠났다. 고문 후유증과 과로로 인한 위궤양 때문이었다.

손원일은 이러한 아버지와 함께 산 날이 그리 길지 않았다. 통틀어서 경성에서 4년, 그리고 평양에서 지낸 한 달이 전부였다. 그는 22세인 1931년 2월 19일, 인도양을 항해하던 상선에서 아버지의 부음을 들었다. 임종도, 산소 참배도 못했지만, 아버지의 기질과 성품을 생물학적으로 물려받았을 것이다. 뿐만 아니라 아버지가 실천한 독립운동가와 인도주의자로서의 삶과 죽음의 과정은 그의 가치관과 삶의 구체적인 방식에도 지대한 영향을 끼쳤을 것이며, 실제로 그러했다.

다른 하나는 시대적인 상황이다. 손원일이 태어나던 1909년은 조선이 일본에 합병되기 직전으로서 긴박하고 복잡한 상황이 연출되고 있었다. 3·1운동이 일어나기 전후한 시기까지가 그의 유년시절이었다. 어느 겨울날 밤늦게까지 놀다 들어온 원일을 기다리던 아버지는 머리를 쓰다듬으며 이렇게 말했다, "내 잠깐 어디 좀 다녀올 테니 잘들 있거라." 그리고 어둠 속으로 사라져 버렸다. 그렇게 아버지는 가족들을 떠나 망명길에 올랐고, 어머니는 즉시로 일본경찰에 끌려가 무수한 고문을 당했으며, 원일은 이러한 상황들을 체험하며 성장했다.

20세기 초의 조선이라는 시대적인 상황 속에서도 중심에 있었던 집안에서 겪었던 경험들이 손원일의 미래에 어떠한 영향을 끼쳤을까는 어렵잖게 짐작할 수 있다. 3·1운동이 일어나자 광성소학교 2년생인 그는 담임인 송선생님의 권유로 태극기를 제작하는 일에 참여하였고, 평양시내의 대동문 앞에서 벌어진 시위에 참여하였다. 그 후 12세인 1921년 평양을 떠나 기차를 타고 길림(吉林)으로 갔다. 거기서 아버지를 3년 만에 재회했다. 그는 유원학교에 다녔는데, 그 과정에서 학생들과 어른들 할 것 없이 조선인들이 중국인들로부터 겪는 차별과 멸시, 민족적 수모를 절감했다. 이러한 상황에서 민족의식이 발생하고 강화되는 일은 당연한 일이다. 길림은 고구려의 옛 땅이었고, 부여의 왕성이 있었다고 알려진 곳이었다. 그 무렵 독립군들은 고구려의 유적근처에서 활동했다. 신흥무관학교는 길림에서 가까운 유화(柳花)현에 있었다. 만주에서의 다양한 경험들은 아버지의 독립운동, 간접적이나마 자신의 독립운동, 일본 및 중국인들과의 갈등, 김병일 등의 교우관계, 당시 길림지역의 민족적 풍토 등과 작용하여 그를 민족주의자로 만들어갔다.

그의 성격에 영향을 미친 사람들 가운데 가족들이 있다. 어머니 박신일은 독립운동가인 아버지를 내조하면서 온갖 고초를 겪었다. 손정도가 상해로 망명한 후에는 일본 경찰에 끌려가 무수한 매질과 함께 협박을 당했지만 끝끝내 굴하지 않았던 강한 정신의 여인이었다. 누나인 진실과 성실이 있었다. 서울에서 이화 중등교육과정을 마친 진실과 정진소학교 졸업을 앞둔 성실은 독립군 연락원을 따라 아버지가 있는 상하이로 갔다. 진실은 상해에서 여학교를 마친 후에 미국으로 유학을 떠났다. 그녀와 결혼한 윤치창은 애국가를 작사한 것으로 알려진 윤치호의 동생이었다. 윤치창은 후에 여러모로 처남인 손원일을 도왔다. 특히 그가 1934년에 종로경찰서에 끌려가 고문을 받을 때에 석방되도록 힘을 쓰다가 구속되기도 하였다. 작은누이인 성실은 1932년 로스앤젤레스 올림픽 대회에 중국 대표단 단장을 맡은 남편 신국권을 따라 미국을 다녀온 뒤에 상해에 살았다.

그리고 무엇보다도 부인의 내조와 성품, 능력 등이 그의 삶에 적지 않은 역할을 한 것으로 보인다. 비록 성장한 다음에 만났지만, 부인인 홍은혜 여사는 당시로서는 드문 성격과 다양한 능력의 소유자였다. 이화여전을 졸업한 그녀는 음악을 전공하였으며, 연주와 작곡에 능숙했다. 해군을 창설하는 과정에서 남편을 물심양면으로 도왔으며, 그의 인식과 정책결정에 다소 영향을 끼친 듯도 하다. 해군에서 지금까지 불리는 대표적인 군가인 〈바다로 가자〉는 손원일이 작사하고 부인이 작곡한 노래이다. 그녀는 노산 이은상이 작사한 해군사관학교 교가 또한 작곡하였다. 그 외에 몇 곡을 더 작곡했다. 이러한 적극적인 성격과 예술적인 능력을 지닌 부인과의 관계에서 다양한 생각과 능력들이 상승작용을 일으킨 것으로 여겨진다.

손원일의 가족들 전부가 민족을 위하는 일에 참여한 것은 그의 일생을 민족과 애국을 밑바탕으로 삼을 수밖에 없게 하였다. 결국 손원일은 태생적으로 애국심과 민족주의와 인연이 깊었으며, 주체적인 삶을 살아가는 데 기본인 자의식 등을 어린 시절부터 인식하기 시작했다. 거기에 유년기와 청소년기의 특별한 경험은 그로 하여금 애국심과 민족의 소중함 등을 심화시키게 하였다. 또한 기독교 목사 집안의 경험도 인간에 대한 사랑과 존중, 폭력의 증오 등 인간주의적인 기본 성격과 가치관을 형성하게 하였다.

독립운동가로서의 집안내력과 본인의 경험은 손원일 한 개인의 정통성뿐만 아니라 해군의 정통성을 강화시켜주는 중요한 요소로 작용했다. 창건 당시에 해방병단 단원들은 난로도 없는 냉방에서 낡은 담요 한 장으로 새우잠을 자고, 굶는 날이 많았다. 그러다 보니 심지어는 탈퇴해서 돌아가는 사람들도 생겨났다. 이러한 고난을 겪을 때 그는 이렇게 말했다. "……독립군과 같은 희생정신이 필요합니다."[4] 그에게 해군창설이란 작업은 민족적으로는 독립운동의 연장이고, 가족적으로는 아버지의 뜻을 계승하는 일이었다.

### 2) 청년시대의 행위와 세계관의 형성

일반적으로 청년시대의 인식과 경험은 평생을 좌우지하는 경향이 있다. 태생과 유년기가 생물학적인 영향이라면 청년기부터는 사회적인 영향이다. 실제로 그의 회상과 추진한 정책 방향 등을 살펴보면 청년기의 활동과 생각이 얼마나 큰 영향을 끼쳤는가를 확인할 수 있다. 그 후 청년시절의 행적을 시기별로 살펴보면 다음과 같이 정리할 수 있다. 손원일은 17세인 1926년 가을에 상해로 갔다. 그리고 중앙(中央)대학교 항해과에 다녔다. 그에게는 상해시절이 중요한 의미를 지녔다. 특히 상선학교를 졸업하고 상선을 타게 된 일은 전기가 되었다. 그때의 경험은 결국 한국해군의 창설과 발전에 지대한 영향을 끼쳤다. 학교에 다니면서 흥사단 모임에도 나갔으며, 완궈 항해학교에 다니는 동갑내기인 민영구를 만나 교우관계를 맺었다. 민영구는 손원일의 아버

---

[4] 오진근・임성채 공저, 『손원일 제독』 상・하, 한국해양전략연구소, 2006, 5, p.42에서 재인용.

지와 함께 임시정부 의정원 초창기에 몸담았던 독립운동가인 민제호의 아들이었다.

　21살인 1930년에 그는 상하이와 광둥 간을 오가는 3,000톤급 연안 화객선에 배치되어 해상실습을 마치고 3등항해사 자격증을 땄다. 그리고 학교를 졸업하자 중국 해군에서 배정한 대로 독일 함부르크에 본사를 둔 아메리카라인 상선 하벤슈타인(Havenstein)호를 타게 됐다. 그 배는 함부르크~지중해~수에즈~인도양~싱가포르~요코하마~블라디보스토크 항로를 오가는 상선이었다. 한 번 출항하면 6개월이 걸리는 긴 항해였다. 선장과 선원들 모두 독일인이었다. 그는 항해경험과 선상업무를 하면서 독일어 공부를 하였다. 그 일은 후일 초대 독일대사로 파견되는 데 계기로 작용하였다. 1931년 초에 2등 항해사로 승진해서 최신형인 1만 5,000톤급 화객선인 람세스(Ramses)호로 옮겨 탔다. 상선을 타다가 다시 2년 동안 화물선의 부선장을 하다가 1935년 여름에 내렸다.[5]

　배를 탄 경험은 그에게 많은 것을 생각하게 하였으며, 그의 세계관이 결정되는 데 결정적인 전기가 되었다. 그 경험들이 바탕이 되어 해군을 창건하게 되었다. 그가 배를 타던 1930년대 전반은 세계질서가 격심하게 변화하고 있었다. 선발자본주의 국가와 후발자본주의 국가 간에 갈등이 심각해졌고, 미국에서 대공황이 발생하여 세계경제는 어려움을 겪었다. 독일은 히틀러가 1933년에 집권하면서 소위 '제 3제국'을 건설하기 시작했다. 특히 동아시아의 만주와 중국지역에서는 일본제국주의의 침략이 노골적으로 드러나던 시기였다. 1931년에 일본의 관동군이 만주를 공격한 소위 만주사변을 일으켰고, 1932년에는 만주국을 세웠다. 그리고 국제연맹을 탈퇴하면서 중국을 침략할 준비를 본격적으로 하고 있었다.

---

5　오진근·임성채 공저, 앞의 책, pp.73~78 참조.

○ 세계의 발견-국제성

이렇게 급박하게 변화하는 국제질서를 바라보고 현장에서 경험하는 그는 세계와 국제관계를 인식하게 되었을 것이 자명하다. 아울러 독립운동가의 가족인 그로서는 민족의 현실을 자각하고, 특출한 능력과 경륜, 지위를 충분하게 활용하면서 훗날을 대비했을 것이 틀림없다. 그래서 그는 '배를 타고 여러 나라를 돌아다니는 동안 조국이 광복을 맞으면 내 손으로 해군을 창설해야겠다는 생각을 해왔습니다.' 라고 한 것이다. 선구자가 국제질서에 대한 판단 능력을 키운 것은 매우 중요한 일이다.

고려 전기의 뛰어난 외교가인 서희(徐熙)의 일생과 손원일을 보면 유사한 점이 많다. 서희(徐熙)는 18세 때에 갑과(甲科)로 뽑힌다. 그 후 31세(972)되던 해에 내의성 시랑(內議省 侍郎) 벼슬로 송나라에 사신으로 가서 궁정에 머물면서 그 무렵 국제질서의 변화를 몸소 체험한다. 귀국한 후에는 병관어사(兵官御事)라는 정3품의 무관직을 맡았으며, 이어 내사성(內史省)의 정2품 시랑(侍郎)이 된다. 결과적으로 서희는 외교관의 경험과 군사활동과 관련된 병무행정에 밝았으며, 고위직으로서 국가의 내정을 책임지던 위치에까지 올랐었다. 다양한 경험을 골고루 쌓은 서희는 50세가 넘어 중군사로 북쪽 국경에 파견되었다. 거란의 침략을 받았을때 왕을 비롯한 대신들은 항복론과 할지론(割地論 : 평양 이북의 땅을 떼어주자는 것)을 주장하고, 임금 또한 그것을 받아들이려 하였다. 미리 예측한데다가 사태의 본질을 파악한 서희는 반대했고, 52세 때인 993년에는 외교관으로서 국제질서의 본질을 간파한 능력을 바탕으로 요나라의 장수인 소손녕과 담판을 벌였고, 마침내 완벽하게 외교적인 승리를 거두었다.[6]

대한민국이 건국할 무렵에 손원일만큼 국제적인 경험과 외교적인 감각, 사업가의 재능을 익힌 사람은 많지 않았으며, 특히 군에서는 더욱 그러하다. 선원생활은 그로

---

6 윤명철,「徐熙의 宋나라 사행항로 탐구」,『한민족의 해양활동과 동아지중해』, 학연문화사, 2002.

하여금 바다를 구체적으로 발견하고 인식하게 만들었다. 어린 시절에 만주의 넓은 영토와 고구려의 역사를 이해한 그에게 바다는 또 다른 영역이었다. 좁은 영토, 암울한 식민지 현실 등은 바다라는 무한한 세계에 빠져들게 하였다. 또한 서양과의 접촉을 통해서 해양의 중요성과 해양력의 필요성을 절감하였고, 해양의 메커니즘을 이해하였으며, 구체적으로 항해술과 조선술 등에 대한 이해가 깊어졌을 것이다. 민족에 대한 사랑과 애국주의는 해양의 필요성으로 나타나고 구체화되기 시작했다. 선원생활을 통해서 개방성과 신사도의 중요성을 절감한 듯하다. 이는 물론 가계와 연결되고, 부인과의 관계 등이 영향을 끼쳤겠지만 상선 생활 등으로 인하여 구체화된 것이다.

그는 젊은 날에 사업가로서 활동한 시절도 있었다. 16년 만인 1934년에 서울에 돌아온 12월 어느 날, 그는 종로경찰서 형사들에게 연행되었다. 낙양(洛陽)군관학교를 졸업하고, 비밀임무를 띤 채 잠입했다는 죄목이었다. 1주일 동안 모진 심문을 받다가 평양에서 온 형사들에게 넘겨졌다. 그렇게 해서 무려 2개월 동안 감금된 채 취조를 받다가 무혐의로 석방됐다. 하지만 고문의 후유증이 심해서 생긴 협심증과 신경통은 평생 동안 손원일을 따라다녔다. 이 무렵 손원일은 유진오 등 청년들과 어울리기도 하였으나 곧 자형인 윤치창과 함께 1936년부터 남계양행을 운영하면서 사업가로서의 안목을 키웠다. 이 무렵에 경찰의 감시를 받는 입장에서 아버지의 친구인 안창호를 운명 직전에 병문안하기도 하였다. 그리고 결혼을 하고, 와세다 대학의 통신교생으로 1년간 공부도 하였다.

이어 1940년에 중국으로 다시 건너가 해방까지 무역회사인 동화양행의 지사장 역할을 담당하였다. 그리고 중간에는 상해에 있는 세인트 존스 대학 정경학부 3학년에 특별생으로 입학하여 1년 동안 공부하였다. 육군과 달리 해군 창건의 주역들은 손원일을 비롯해서 실제로 전투에 참여한 경험이 부족하거나 없는 사람들이 많다. 이런 면들은 군인으로서의 정통성 부족과 연결될 수 있다. 이러한 점들은 앞에서 일부 언급했고, 후에 상술할 예정이지만 손원일을 통해서 충분히 극복된다. 해군인력들은 전투역량이 부족한 대신에 다른 이점을 갖추었다. 육군과 달리 일본제국주의와 연관을 맺은 군인들이 거의 없었다는 점이며, 합리적인 사고와 현실적인 판단을 매우 잘한 것이다.

창설의 주역들은 본능적으로 각종 사업들을 시의적절하게 추진함으로써 마치 불모지에서 사업을 일으키는 경영자의 모습과 유사하다. 이 때문에 해군은 해군력 강화 부분에서 기술의 중요성을 인식했고, 이를 활용하고자 했다. 조함창을 신속하게 건설하여 배를 건조하기 시작하였으며, 각종의 산업기술을 연구하고 개발하는 업적들을 달성했다. 뿐만 아니라 인물들을 적재적소에 배치하고, 전권을 부여해서 자율성을 강화시켰다.

## 3. 해군창건과 육성의 역할과 그 정신-해군과 연관하여

본고의 목적은 손원일의 구체적인 행적과 해군창설 과정을 밝혀내는 작업이 아니다. 창설의 주역인 그의 역할을 통해서, 그의 가치관, 세계관 등의 정신과 그러한 정신들이 해군이 토대를 갖추는 데 어떻게 작용했는가를 살피는 것이다. 그 다음에 그러한 창건정신이 현재 또는 미래의 해군에게 어떠한 모델로서 작용할 수 있으며, 어떻게 구현해낼까에 대한 관심이다. 그러므로 이 장에서는 그것을 가능하게 한 세계관을 보다 구체적으로 살펴보고자 한다. 우선 1단계로 해군창건의 과정 속에서 나타난 역할과 표현된 인식을 통해서 살펴보고자 한다.

### 1) 통찰력과 시대상황의 인식

한 시대를 리드하거나 책임진 모델이 갖추어야 할 가장 필수적이고 중요한 능력은 통찰력이다. 손원일은 개인의 입지와 역할, 해군과 관련된 위상, 시대상황 등을 파악하는 통찰력이 뛰어났고, 이를 활용하여 해군을 창건하고 육성했다. 한 존재, 또는 국가, 군대 등의 조직이 자기 위상을 찾아내고 정립하는 일은 존재의 생존과 직결된다. 자연인으로서의 삶과 공인, 특히 역사적인 인간으로서의 삶은 닮은 점도 있지만, 다른 점 또한 적지 않다. 그건 바로 시대이다. 한 인물이 성공하고 실패한 것은 모두 시대라는 거대한 물결 위에 올라탄 탓이다. 개인이든 나라든 간에 역사에서 남으려면 시대와 시대에서의 자기 역할을 분명하게 파악할 필요가 있다. 지금 우리에게 절실하게 필요한 능력은 상황, 즉 시대상황을 정확하게 파악하는 일이다.

현실은 늘 혼란스럽고 판단에 필요한 정보는 부재하거나 왜곡된 경우가 적지 않다. 그러므로 사태의 진상과 사건의 본질을 제대로 파악한다는 일은 여간 어려운 작업이 아니다. 그런데 해방정국은 기존의 질서가 전면적으로 깨져나가고, 새로운 질서가 수립되는 변혁기이다. 해방의 감동이 과도하게 분출되면서 현실을 해결하기 위한 다양한 방법론이 제기되고 있으며, 미국과 소련이라는 양대 이데올로기의 대립이 우리 운명에 작용하기 시작하면서 사회는 극도의 혼란 상태로 빠져들었다. 이런 상황일수록 통찰력이 필요하다.

손원일은 시대상황을 간파했고, 군대의 필요성과 함께 해군의 존재이유를 명확하게 깨달았다. 물론 이는 그가 상선을 탈 때부터 품어온 생각이기도 하였다. 지금 생각하면 당연한 발상인 듯하지만 그렇지는 않다. 조선시대 이후 우리는 바다를 잃어버렸다. 특히 일본제국주의는 우리에게 반도민족이라는 굴레를 씌워놓고도 해양활동은 없었던 것처럼 교육시켰다. 최남선이 1908년 『해에게서 소년에게』를 발표하면서 바다의 중요성을 일깨웠다. 이후 애국적인 역사학자들이 민족의 위기를 극복하는 한 방편으로 영웅전들을 집필하는 과정에서 간간이 해양을 언급하였다. 그런 상황에서 해군의 창설을 신속하게 추진한 것이었다.

8월 16일 서울에 도착한 그는 8월 21일에는 벌써 직접 풀통을 들고 서울 거리로 나가 주요 건물 벽에 대원 모집 벽보를 붙였다. 그 내용은 '조국 광복에 즈음하여 앞으로

이 나라 해양과 국토를 지킬 뜻있는 동지들을 구함'이었다. 그와 함께한 정긍모는 '우리의 바다는 우리가 지키자. 조국이 바다를 지켜 나갈 충무공의 후예를 모집함'이라는 벽보를 붙였다. 결국 손원일, 민병준, 김영철, 정긍모, 한갑수는 8월 21일 해군 건설의 초석이 될 '해사대'를 결성했다. 이는 이혁기의 '조선국군준비대'에 이어 두 번째로 조직된 군사단체였다.

이들이 불과 며칠 동안에 보여준 행동은 대다수의 한국인들이 가진 '육군적 사고를 해군적 사고'로 발상들을 전환시킨 일이고, 생활을 '육지적 방식에서 해양적 방식'으로 보게 하는 것이다. 또한 우리 역사를 '육지사관에서 해양사관'으로 보게 만드는 변화이다.[7] 해양의 필요성을 절감하거나 인식하지 못하는 상황에서 통념을 깨뜨리는 발상이고, 혼란스러운 시대의 상황과 필요성을 간파하며, 미래의 가치를 읽어내고 대비하려는 통찰력의 소산이다.

신속하게 사고하고 재빠르게 행동하면서 우여곡절을 겪고 난 후인 1945년 11월 11일 오전 11시에 해당병단 창설식을 가졌다. 하지만 이 단계에 만족한 채, 현실에 안주했다면 그는 마침내 군사력을 보유한 군대의 높은 계급을 갖고, 일시적이나마 권력을 누리면서 명예도 얻었을 것이다. 그런데 해군창건은 시기와 방식의 차이가 있을 뿐 당위의 문제이고, 독립국가의 존재 요건 가운데 필수적인 요소이었으므로 누군가는 실현시킬 일이었다. 그렇다면 손원일은 우리의 관심을 크게 불러일으키지 못할 뿐 아니라 더더욱 미래모델이 될 자격으로 부족하다. 하지만 그는 한 단계 더 뛰어넘어 역사적인 인물로 도약했다.

역사에는 전환기라는 특별한 시간이 있다. 시간은 늘 균질한 상태로 일정하게 연결된 듯 보이지만 전시대와는 급격하게 달라졌고, 다가올 시대에 강력한 영향력을 행

---

7 윤명철, 「해양사관으로 본 한국고대사의 발전과 종언-동아지중해 모델을 통해서-」, 『한국사연구』, 한국사연구회, 2003. 12.

사할 준비를 갖춘 시대의 목(項, 허브)이 있다. 이 전환기를 대응하는 방식과 결과에 따라 집단과 조직은 존속여부와 성격, 운명이 결정된다.

    그는 해방정국이라는 시대의 전환기 속에서 해군의 존재의의와 역할을 규명하고 위상을 확보해야만 했다. 이는 궁극적으로 '해군 역할론'의 정립이다. 그는 또 한 번의 통찰력을 발휘하였다. 우선 북한에 대한 위협을 감지하면서 대응전략을 해군의 육성을 목표로 삼고 역설하였다. 그는 선박을 미군으로부터 입수하는 작업 등에 박차를 가하였으며, 미국 본토로부터 함정을 구입하고자 하였다. 이 무렵 이승만 대통령은 독자적인 국방력 강화를 위해 대미군사외교를 서둘렀다. 그때 손원일은 전투함을 구매하기 위해 미국으로 건너갔다. 그는 함정구매를 위해 활동하여 국무성과 국방성을 방문하면서 북한군이 38도선에서 산발적인 도발을 자주 한다는 사실을 부각시키려고 노력했다. 그리고 마침내 갖은 어려움을 극복하고 함정을 구입하여 귀국하였다. 그의 통찰력은 실제로 여순반란 사건과 북한의 기습남침에서 입증이 되었다. 6·25에서 우리 군이 거둔 첫 승리는 대한해협해전으로서 해군이 일구어낸 것이었다. 뿐만 아니라 해군은 각종 전투에서 큰 역할을 담당하였으며, 무엇보다도 피난민을 철수키는 일을 성공적으로 수행했다. 만약 해군 함정이 부족했더라면 그 많은 숫자의 피난민들이 남쪽으로 올 수는 없었을 것이다.

    그는 정치적인 감각을 갖고 정책적인 판단을 내리는 데서도 통찰력을 발휘하였다. 처음에는 '해사대'의 식량난을 해결할 목적으로 여운형이 주도하는 '건준'에 가입하였다. 하지만 성격을 파악한 후에는 가입 한 달 만에 탈퇴하였다. 이는 손원일 개인에게도 마찬가지였지만, 해군에게 실로 중요한 의미를 가졌다. 해군은 이념 등 정치적인 문제에 관한한 신속하게 결정하고 입장을 표명하여왔다. 후에 드러났지만, 공산당이 막강한 영향력을 행사해 육군은 말할 것도 없었지만 해군에 심각한 위협이 될 수 있었다. 실제로 동해에서 함정 2척이 납북된 사건이 발생했었다. 분단체제에서 해군의 지도부가 공산당과 깊은 관련을 맺고 있었다면 해군의 위상은 물론이고, 그로 인하여 국가에도 엄청난 손실을 끼쳤을 것이 틀림없다. 그런데 손원일은 해군의 최고 지도부와 함께 시대의 변화를 잘 포착했을 뿐 아니라 사건의 본질을 정확하게 파악하여 해군과 나라를 구할 수 있었다.

그의 이러한 통찰력과 능력은 해군 창설을 추진하는 과정에서 나타난다. 그 당시 세계질서는 물론 당시 한국에게 도움을 줄 수 있는 막강한 힘의 실세와 세력을 정확하게 선택한 것이다. 리더의 선택에 따라 집단과 조직의 운명이 결정되는 일은 너무나 비일비재하다. 손원일은 미국의 위상과 역할을 비교적 정확하게 간파한 듯하다. 처음부터 미국과 적극적인 관계를 설정하는 일에 힘을 썼다. 맨손으로, 무(無)의 상태에서 출발한 한국해군에게 미군의 협조와 지원이란 절대적이었다. 필요에 따라서는 개인적인 인맥을 동원해서라도 미군을 시의적절하게 이용하였다. 군정청에 손을 대놓았고, 담당관인 칼스텐 국장을 만나 코스트 가드(Coast Guard, 해안경비대)가 필요하다고 역설하였고, 마침내 해안경비대 창설과 함께 규모와 본부 및 사관학교의 설치까지도 합의를 끌어냈다.[8] 그 후에도 해군을 육성하기 위해 정치적인 감각을 발휘하면서 많은 지원을 이끌어냈다. 이러한 능력은 그가 군을 떠난 후 국방장관 등 정치가로서의 행적에도 나타났다.

그는 향후 해군의 전력과 역할에 대해서도 통찰력을 발휘하였다. 그 가운데 하나는 '해병대의 창설'이다. '여수순천 반란사건'을 토벌하는 과정에서 공정식 등에 의해서 해상전투의 문제점들이 열거되면서 육전대의 필요성이 제기되었다. 손원일은 상해에서 미해병대를 직접 보았고, 제2차 세계대전에서 해병대가 공을 세운 것을 알았으므로 필요성을 즉시 인식하였다. 여순사건에 관하여 국방장군에 보낼 보고서에 육전대의 필요성을 필히 포함시키라고 지시하였고, 이후 이승만 대통령을 설득하여

---

8 오진근·임성채 공저, 앞의 책, pp.34~36.

구두 허락이 떨어지자마자 해병대 창설 준비에 들어갔다. 곧 '해군작전과 관련된 지상전투와 주둔지역의 경비임무를 수행하는 해병대' 라는 창설안을 다시 제출해 승인을 받아냈고, 드디어 1949년 4월 15일에 해병대가 창설되었다. 해병대는 인천상륙작전을 비롯해서 각종 전투에서 승리하여 우리 군의 군사적 우월성을 확보하였으며, 정치적으로도 의미있는 역할을 담당하였다.

그는 한국전쟁의 과정과 그 이후에도 해군의 쓰임새를 국제질서 속에서 발견하고, 시의적절하게 활용하는 통찰력을 발휘하였다. 상선을 타고 세계를 다녔고, 직접 선박을 운용해 본 경험 때문에 해양력 강화가 국가에 가져오는 실제적인 이점을 간과하였으며, 이를 정치적으로도 이용할 줄 알았다. 인천상륙작전의 실시를 미리 알았던 손원일은 기회를 포착하다가 맥아더 원수에게 직접 요청했다. "곧 펼칠 서울탈환작전에 저희 한국해병대가 앞장서도록 해 주십시오."[9] 실제로 해병대는 이 작전에 참여하였고, 손원일은 이를 지휘하였다. 이 행위가 가진 정치적인 의미는 비단 해군뿐만 아니라 한국 전체의 외부평가와 위상 및 실제적인 이익에도 연결되었다. 손원일은 나아가 해병대가 수도탈환의 선봉에 설 것을 맥아더와 알몬드 장군에게 요청했고, 이를 관철시켰다.

해병대는 서울 서측 외곽의 104고지를 격전 끝에 점령하였고, 적의 최후방어선인 연희고지를 탈환하기 위해 공격했다. 결국 서울탈환이 완료되면서 해병 3용사가 9월 27일 아침 6시 10분 중앙청 상층 돌기둥에 태극기를 게양했다. 손원일은 서울탈환작전에 참전한 국군의 최고 지휘관으로서 1950년 9월 28일 서울시민들에게 알리는 포고문을 발표했다.[10]

이러한 행위들이 당시는 물론이고, 그 후까지도 한국은 물론 해군이 물심양면으

---

9 오진근·임성채 공저, 앞의 책, p.378에서 재인용.
10 해병대의 서울탈환 작전은 오진근·임성채 공저, 앞의 책, pp.378~385 참조.

로 도움을 받는 계기가 되었다. 또한 한국군과 해군의 지위를 상승시키고, 전쟁질서에서 참여지분을 확대하는 명분을 주었다.

그의 통찰력은 정책뿐만 아니라 군인으로서 전략적, 전술적 판단에서도 유감없이 발휘되었다. 중공군의 침입으로 전선이 무너지면서 철수작전이 시급해졌다. 손원일은 피난민의 수송을 염두에 두고 미리 영흥만과 황해도의 섬들을 해군과 해병대로 하여금 일찍이 확보해 놓게 하였다. 그 결과는 수십만에 달하는 피난민들의 성공적인 철수이다.

그는 또 해군의 역할을 다변화하는 방침을 세웠다. 해군은 처음부터 상선운영 경험자들과 선박운용 기술자, 그리고 선박건조 기술자들이 참여한 상태로 출발하였다. 기술적인 감각이 뛰어났으므로 자연스럽게 해군사업의 다양화를 낳았다. 그리고 이러한 능력과 경험의 보유를 간파한 손원일은 정책적으로 다양한 사업들을 벌였다. 이는 좁게는 해군의 발전이고, 넓게는 국군 또는 국가의 성장과 직결된 것이었다.

해군은 놀라웁게도 원자탄 개발을 시도했다. 1951년 9월 15일, 손원일은 김영철 대령을 연구소장으로 임명하고 원자탄 개발 준비에 착수했다. '해군과학연구소'를 설립하고 개발을 시도했다. 이 계획은 능력부족으로 실패로 돌아갔지만[11] 결국 축전지의 개발을 성공시켰다. 뿐만 아니라 한국전쟁이 진행되는 과정에 디젤기관을 개발했다. 심지어는 전쟁 기간인 1951년 8월 25일에 국내 최초로 항공기를 만들어 띄우고, 손원일은 그 비행기를 '해취호(海鷲號)'라고 명명하였다. 그 외에도 몇 가지 사업들도 있었다. 이렇게 해군사업의 다변화가 추진되면서 해군의 사회적 역할 또한 상승할 수밖에 없었다. 손원일의 통찰력이 진가를 발휘한 것이다.

---

11 오진근 · 임성채 공저, 앞의 책, p.474.

## 2) 선구성, 현실극복 의지

해군 창건과 육성에 끼친 손원일이 지닌 정신 가운데 하나는 '선구성'과 '현실을 극복하는 의지'이다.

인간은 여러 종류가 있다. 새로운 것을 좋아하는(네오필리아) 인간형이 있는가 하면 새로운 것을 싫어하는(네오포비아) 인간도 있다. 또한 인간에게는 자유를 포기하면서 주어진 상황이나 현실에 안주하고자 하는 성질이 있는 반면 위험성을 감수한 채 현실을 타개하고 극복함으로써 새로운 상태로 탈바꿈하고자 하는 성질이 있다. 사람에 따라서 이러한 성질의 배분비율이 각각 다르다. 일반적인 상황에서는 극복하려는 시도를 하고 또 성공을 거둔다. 그런데 주체가 직면하는 상황의 범주가 크고 강력할 경우에는 대체로 굴복한다. 하지만 소수의 사람들은 주어진 상황을 개척하고 한계상황을 극복하면서 보다 나은 상태로 나아간다. 이러한 정신의 힘이 인류로 하여금 다른 존재물과 결별하고, 만물의 영장이 되게 한다. 이는 조직에서도 마찬가지이다. 이런 인물들과 이런 기운으로 가득 찬 조직은 성공의 확률이 높아진다.

더구나 질적으로 전화하는 시기에 새로운 상황을 개척하고자 할 때는 강력한 운동성을 발휘해야 한다. 즉 변화의 적응이라는 단계를 넘어서 무(無)에서 유(有)를 창조한다는 일은 어렵고 의미있는 일이다. 그때 무감각하거나 불안감에 휩싸인 전체를 이끌어가는 역할을 담당한 존재의 힘은 매우 크다. 역사활동에서 '선구성'이 갖는 의미와 위치는 그 다음 단계의 어느 것과도 비교할 수 없다. 선구자들의 의욕적인 행위를 통해서 다음 행위자들은 행위대상의 성격과 특성, 즉 정확한 정보를 보다 많이 알 수 있으며, 그 외에 가능성에 대한 확신을 갖게 된다. 뿐만 아니라 행위를 할 때 필수적으로 수반되는 불안과 공포심의 충격을 최초 행위자가 일차적으로 흡수한 까닭에 다음 행위자들의 충격은 강도가 훨씬 완화된다. 선구자들은 자신만의 의지와 신념, 그리고 선구성이라는 운동량을 갖고 첫걸음을 내딛는다. 그 첫걸음에는 조직과 집단의 운명도 함께 걸려 있다. 존재물, 특히 인간의 모든 활동, 즉 의식이나 행위 등은 이 선구성이라는 어렵고 가치 있는 계기를 통해 새롭게 질적전환을 할 수가 있는 것이다.[12]

민족해방과 국가건설이라는 극단적인 변화의 상황에서 '해군의 창건'이라는 행위는 그 자체로서 선구적인 것이다. 그 당시 해군은 정치적인 상황 및 시간과 싸움을 벌이고 있었다. 판단에 신속성이 떨어지고 주저함이 누적되면 일은 진행되지 않고, 결과는 엄청난 희생을 야기시킬 수 있다. 그런데 손원일과 동료들의 창건과 육성의 과정을 살펴보면 기존의 통념과 일상적인 상황을 계속해서 깨뜨려가고, 시시각각으로 새로운 상황을 창조하면서, 문제점을 인식하거나 필요성이 제기되면 즉각 실천을 옮기는 모습을 보인다.

필요성의 인식, 벽보의 제작과 부착, 해사대의 결성, 해방병단(조선해안 경비대)의 창설, 조함창 건설과 선박건조, 선박구입, 해군 창설, 군가제작 보급, 사관학교 개교, 전투 투입, 기지건설, 해병대 창설과 인천상륙작전, 그리고 피난민 후송작전 등등. 그야말로 민족의 운명이 결정되는 짧은 시간에 해군의 근간을 짜고, 능력을 최대한 배양했다. 많은 일들을 마치 미리 짜놓은 시나리오처럼 실천해나갔고, 그 선두에 손원일이 있었다.

미국에서 선박을 구입하고, 수리할 때의 일이다. 선발대원들은 항구 인근의 모텔에서 자취를 하면서 정비작업을 했는데, 3명이서 3척의 군함을 정비한다는 불가능한 일들을 하였다. 총참모장인 손원일은 작업복으로 갈아입고 함께 먹고 자고 하면서 정비일을 도왔다. 모든 작업을 끝내고 주포 설치를 완료한 PC 3척은 1950년 6월 16일 드디어 샌프란시스코의 발레이호항을 떠나 조국을 향한 장도에 올랐다. 6·25가 발발하기 불과 10일 전이었다. 이미 성공으로 끝난 작업은 후대에 그 가치를 정당하게 평가받지 못하는 경향이 있다. 하지만 역사에서는 이러한 상황을 맞아 성공보다는 실패한

---

12 윤명철, 『역사는 진보하는가』, 온누리, 1992, p.12.

경우가 더욱 많다는 사실을 인식해야 한다.

손원일의 탐험정신과 선구성은 구체적인 개인행위에서도 확인된다. 훌륭한 리더는 부하들의 생명을 구하기 위해 희생을 감수할 수 있는 '선구적 인간'이 되어야 한다. 위기 상황을 모두가 맞이하였을 때 남보다 앞장서는 리더를 보면 구성원들은 감동을 받는다. 그들은 리더를 위해 때로는 더 큰 희생을 감수한다.

손원일은 상륙작전에 참여했을 뿐 아니라 해병대와 함께 직접 시가전에 참여하였다. 9월 17일 한국 해병대는 부평지역에서 북한군과 첫 전투를 벌였다. 이때 손원일은 신현준 해병대사령관과 함께 주안과 부평의 중간지점에 지휘부를 설치하였다. 그는 서울에서도 직접 전투현장에 있었다. 한 번은 총을 들지 않고 후암동 방향으로 적정을 살피러 나섰다가 건물 뒤에 숨은 적병의 저격을 받을 뻔 했었는데, 때마침 미군의 포격으로 무사할 수 있었다. 이런 일이 여러 번 있었기 때문인지 "서울탈환작전 중에 죽을 고비를 모두 4차례나 넘겼다"고 밝혔다.[13] 이처럼 손원일은 필요한 일을 찾아서 통념을 극복하며 상황을 개척했을 뿐 아니라 많은 부분에서 선구성을 발휘하면서 뛰어난 리더의 역할을 완수하였다. 큰아들인 명원이 표현한 '쟁취본능'이란 이런 정신이었을 것이다.

### 3) 인간주의

역사의 주체는 인간이다. 실재여부와는 무관하게 인간은 역사에서 주체의 자리를 획득하기 위해 부단한 노력을 기울였다. 고대 이전의 세계에서는 자연과의 관계에서 생존을 유지하는 일이 절실한 과제이었다. 그 후 점차 자연을 극복하면서 자연과 공존

---

[13] 1976년 10월 『한국일보』에 연재한 〈나의 이력서〉에서. 오진근·임성채 공저, 앞의 책, pp.384~385에서 재인용.

을 모색하고, 때로는 자연에 맞서서 투쟁하기도 하였다. 이러한 시대에도 인간은 소중했다. 그 후 정치권력이 발생하고, 계급이 발생하면서 인간의 문제는 또 다른 면으로 부각됐다. 시대와 지역, 문화권, 정치집단에 따라 인간주의는 다르게 규정됐다. 하지만 대다수 인간의 기본적인 권리를 부여하고, 그들이 행복을 누리게 하는 것이라는 기본정신은 동일하다. 물론 우리는 민족역사의 출발부터 홍익인간(弘益人間)으로 표방되는 '인간주의'를 소중하게 여겼다.

군대라는 조직은 자칫하면 오해를 받을 수 있다. 군의 존재의의 가운데 가장 소중한 것은 파괴와 억압으로부터 인간들을 보호하고, 인간주의를 광범위하게 실현시키는 주도적인 역할이다. 하지만 군대가 이러한 본연의 역할을 경시하거나 강력한 외부세력에 의해 조정당할 경우에는 심각한 오용의 가능성이 높다. 그런 의미에서 군일수록 인간주의를 실현하는 역할에 비중을 두는 한편 군의 체제와 인적 구성원들의 인식 또한 그렇게 되도록 교육을 실시할 필요성이 있다. 우리 해군은 출발부터 이런 역할을 인식하였고, 의식적으로 실천한 것으로 판단된다. 그리고 그 중심에 손원일의 정신과 실천이 있었다.

해군과 손원일의 인간주의는 해군이 발족되기 이전의 첫 사업에서 이미 나타난다.

손원일은 1945년 9월 30일 '건준'을 탈퇴하자마자 '조선해사협회'를 결성했다. 첫사업으로 회원들은 일본인이 버리고 간 배를 1주일에 걸쳐 수리와 정비 작업을 마친 후, 4척의 배에 나눠 타고 일본에서 귀환하는 동포들을 수송했다.[14] 이렇게 첫출발한 해군에서 손원일은 부역자 처리문제에도 깊은 관심을 기울였다. 서울을 탈환한 자리에서 그는 해병대 사령관인 김성은에게 이렇게 말했다. "포로하고 부역자 말인데, 절대로 죽이지 마. 통영에서는 아주 잘 처리했던데, 여기서도 그렇게 하도록 해. 포로

---

14 오진근 · 임성채 공저, 앞의 책, p.33.

들을 함부로 죽이지 말고 부역자들은 반드시 경찰에 넘기도록 해!"[15]

그 후에 해군은 이 수칙을 철저하게 지켰다.[16] 서울 입성 때 써서 붙인 포고령에 부역자에 관한 지침을 추가했다. "공산군에 협력한 사람이라도 이북으로 도망가지 않은 사람은 함부로 죽이지 말라." 또한 김일병 진해통제부사령관에게 "부역자들이 조함창에서 일할 수 있게끔 하라"고 지시했다. 부역자를 인계했던 마산경찰서에서 부역자들을 총살하겠다며 다시 인계해 줄 것을 진해통제부에 요청해왔을 때 손원일은 단호히 거절했다. 그 후 개전의 정이 뚜렷한 사람부터 순차적으로 석방하여 단 한 사람도 죽이지 않고 마침내 400여 명 모두를 살려서 내보냈다.

지금의 상황에서 보면 특별한 일이 아닐 수 있으나 당시로서는 대단히 파격적이었고, 자칫하면 오해를 사서 일신과 해군에 심각한 해를 끼칠 수 있었다. 하지만 인간주의에 철저한 그는 대통령에게 "비록 적에게 협조한 사람이라도 적의 총부리 앞에서 살기 위해 어쩔 수 없이 협조한 사람은 정상을 참작해 줘야 합니다."라고 건의하였다.

이러한 그였기에 국군이 북한에서 철수할 때에 피난민 수송을 적극적으로 실천하였다. 피난민 수송작전에 앞서 다음과 같은 감동적인 전문을 하달했다. "이 작전은 우리 해군의 책임감을 시험하는 것이다. 무엇보다도 뜨거운 동포애를 발휘해서 한 사람이라도 더 구출하도록 하라." 결국 흥남철수작전은 성공리에 끝났다. 이 작전으로 한국군과 유엔군 병력 10만 5,000여 명, 피난민 9만 8,000여 명, 차량 1만 7,500여 대 그리고 화물 35만여 톤이 해상으로 철수했다.

서해에서도 마찬가지로 1951년 1월 말까지 황해도에서만 한국 해군함정에 의해 구출된 피난민은 무려 6만 2,000여 명이 됐다. 해군의 강한 의지와 능력, 신속한 작전

---

15 오진근·임성채 공저, 앞의 책, p.383.
16 김성은의 말 "전쟁이 끝난 지 50년도 넘은 오늘날까지 해병대와 연관된 양민 학살 문제가 단 한 건도 터지지 않는 것은 이런 원칙을 세우고 그대로 실행한 때문이다."

이 없었다면 적지않은 사람들의 피해가 있었을 것이다. 아마 해군의 역사상 가장 인간적인 일이며, 자랑해야 할 사업이 아닌가 생각한다. 이러한 그의 발언과 실천 등을 보면 그의 애국심은 국가라는 단위를 넘어 인간주의에 바탕을 두고 인류라는 보편성을 지향했다는 느낌을 강하게 준다.

그는 인간주의를 해군의 구성원을 운영하는 방식에도 적용했다. 공정식의 회고에 따르면 그는 3가지를 당부했다고 한다. 첫째, 장병들을 구타하지 말라. 둘째, 포로와 부역자를 함부로 죽이지 말라. 셋째, 명령불복종, 도망, 장병 등 위법자는 즉결처분하지 말고 가능한 한 군법에 회부하여 처리하라는 것이었습니다."[17]

이러한 그였기에 전쟁을 치루는 도중에 희생당한 군인들을 추모하는 국군묘지를 조성했다. 동작동에 국립묘지 자리를 확정하고, 유가족 대표들과 협의를 거쳐 현충일도 정했다. 1950년에는 해군의 군종제도를 도입할 것을 건의하여 설치하였고, 그 후 대통령의 지시에 따라 1952년에 육군과 공군도 군종제도를 도입하였다.

해군은 6·25전쟁 기간 중인 1951년 2월 15일부터 부산 앞바다에서 병원선을 운영했다.

군종장교와 해군부인들이 장병들을 돕기 위해 모금을 했고, 한편으로는 공장에서 바느질을 해서 돈을 모았다. 이 돈으로 병원을 찾아다니며 부상자들을 위문했다. 당시 국방부장관인 손원일은 국방부 공병단을 동원해 공장을 지어 400여 명의 육·해·공군의 전쟁미망인들이 일할 수 있도록 했다. 또 탁아소, 유치원, 목욕탕, 식당, 교회 등을 지었다.

손원일의 인간주의는 인적자원을 양성하는 데까지 미쳤다. 그는 신속하게 해군사관학교를 창설하였고, 초대 교장직을 겸했다. 해방병단을 창설할 때 공로가 많은 병조장과 수병들에게도 해군사관학교에 들어갈 수 있도록 배려해서 인재양성을 꾀했다.

---

[17] 오진근·임성채 공저, 앞의 책, p.422에서 재인용.

손원일은 국방부장관이 된 후에는 배우고자 하는 신념이 강한 대학생 5,000명을 국방부장관의 권한으로 외국에 나가 공부할 수 있도록 했다. 또한 1953년에는 위탁교육제도를 만들어 각 군별로 군에서 습득하기 어려운 지식 또는 기술을 국내 일반대학에 위탁해 이수하도록 했다. 또한 학도 출신 장병들이 6·25전쟁으로 중단된 학업을 계속할 수 있도록 1954년 1월 27일 전시군인연합대학을 설치했다. 그리고 1955년 8월 10일에는 국방대학 창설명령(국방부 일반명령 제231호)이 하달되고, 8월 15일에는 국방대학이 창설됐다.

그가 지닌 인재관은 '신사도(紳士道) 정신'에서 찾아볼 수 있다. 인간의 야성과 지성, 감성은 똑 떨어지게 구분할 수 없는 성질의 것이다. 문화가 생성하고 발전하면서 흩어지기도 하고, 각각의 필요에 따라 역할이 변화되기도 했다. 적극적으로 일을 처리할 때는 강한 야성이, 어떤 사안을 분석하고 기획할 때는 지성이, 창의적이면서 독특한 아이디어를 구상할 때는 감성이 강조되었다. 이 세 가지는 공존하고 상생하는 관계들이다. 어느 한 가지만 갖고는 사회, 회사, 국가를 원활하게 운용할 수 없다. 가장 중요하게 생각한 것은 세 가지를 언제, 어떻게 배합해 사용하느냐 하는 문제이다. 손원일은 독립운동가의 집안에서 고난을 겪으면서 성장했고, 상선의 선원생활을 했으며, 군인이었고, 결국은 정치까지 한 인물이었다. 따라서 매우 열정적이지만, 다소 경직되거나 냉정한 성격을 갖고 있기 쉽다. 그럼에도 불구하고 여러 부분에서 드러나지만 매우 지적인 면을 갖추었다. 또한 감성이 풍부해서 본인이 작사를 하고, 해군이 다양한 예술활동을 할 수 있도록 계기를 마련했고, 지원했다.

손원일은 해방병단의 창설일을 11월 11로 정하였다. 이는 한자 十一을 세로로 쓰면 士(선비 사)자가 되어 오늘날의 신사라는 뜻이 된다. 그래서 선비 사 2개가 붙는 11월 11일에 해군을 창설한 것이다. 이는 '해군은 신사여야 한다'[18]는 그의 의지가 반영

---

18 오진근·임성채 공저, 앞의 책, p.38에서 재인용.

된 것이다. 사관학교가 설립된 후 초대교장인 손원일은 항해술을 가르쳤으며, 해군장교가 갖추어야 할 리더십과 덕목, 비전을 심어주는 강의를 했다. 그는 영어, 독어, 중국어 등을 구사할 수 있는 당시로서는 보기드문 국제적인 소양을 갖춘 인물이었다. 이러한 것들이 손원일이 생각하는 국제신사로서의 해군상이었다. 그런데 더욱 재미있고 특기할 만한 내용은 초기부터 3기 생도들이 함상실습과정에서 사교춤을 배우고 이화여대생들과 댄스파티를 가지게 한 일이다.

그가 예술 등을 중요시했다는 것은 앞에서 언급한바 있다. 해군의 대표적인 군가인 '바다로 가자'는 손원일이 작사하고 부인이 작곡한 노래이다. 동생인 손원태가 증언했다. 손원일은 17세 때 길림에서 유치원의 아이들에게 노래를 작곡하고 작사해서 가르쳤는데 물론 그 내용은 애국의 정으로 흘러 넘쳤다.[19] 그런 손원일이었기에 1950년 10월 1일 음악대를 조직해서 '해군정훈음악대'로 칭하였다. 해군정훈음악대는 1954년에 해군교향악단으로 이름을 바꿨으며, 1957년 8월 1일 인원과 장비가 서울시로 이관돼 서울시 교향악단으로 발족하였다. 또한 1951년 4월에 해군어린이음악대를 창설해서 미국의 백악관에서도 공연을 가졌다.

살펴본 것처럼 손원일은 군인으로서는 드물게 다양한 소양을 갖추었고, 매우 인간주의에 충실했으며, 이것을 구체적으로 실천하는 방법도 다양했다. 인명을 소중히 여겨 불필요한 살상을 금하면서 적도 포용할 줄 알았고, 국민들의 행복을 지키려고 부단한 애를 썼다. 또한 그러한 인간주의를 실현시킬 인재들을 구체적인 방식으로 양성하는 교육자의 정신과 실천도 보여주었다. 군인들로 하여금 용기와 함께 지성과 감성도 골고루 갖추도록 하였다.

---

19 오진근 · 임성채 공저, 앞의 책, p.66에서 재인용.

## 4) 정통성과 애국심

강한 공동체 의식을 지니게 하기 위하여 정통성과 정당성을 강조해야 한다.

한 인물 혹은 집단이 국가를 건설하거나 천하를 도모하고자 할 때 반드시 세계를 해석하고 운영하는 관이 있어야 하며, 백성들이 선택할 수 있는 지표와 이념이 있어야 한다. 이러한 다양한 이유 때문에 새로운 정치세력들은 거의 예외없이 정통성 내지 계승성을 주장하고, 신흥국가가 탄생하면 동서고금의 예외 없이 새로운 해석을 가한 역사서가 편찬된다.[20] 한국역사 속에서도 실제로 후발국가들이 선행국가들을 계승했다고 자처한 예는 역사상에서 흔히 발견되고 있다. 부여는 북부여, 동부여, 졸본부여 등으로 끊임없이 이름을 계승하며 신흥국가들이 탄생했다. 백제와 발해, 고려, 심지어는 조선도 정통성과 계승성을 절대적으로 여겼다. 물론 현대 세계에서도 계승성은 매우 중요하다. 남북이 각각 국명을 달리 설정한 일이나, 건국의 정통성과 계승성을 달리 구하고 있는 사실이 이를 입증한다.[21] 최근에 중국이 동북공정을 통해서, 일본이 역사왜곡을 통해서 시도하는 일은 우리 민족의 정통성과 계승성의 훼손이다.[22] 정통성과 계승성의 중요성은 거대조직들도 그러하며 이는 군대도 예외가 아니다.

정통성은 단순한 현상 구조의 계승을 의미하진 않고 다양한 형태로 계승된다. 손원일은 아버지와 어릴 적의 쓰라린 경험을 통해서 정체성의 중요성을 자각했고, 그것을 지키는 일이 얼마나 중요하며, 고난의 길인가를 절감했다. 해군 창건자로서 그는 일단 독립운동가인 아버지 손정도와 가족사로서 민족적인 정통성을 부여받았다고 판

---

20 윤명철, 「壇君신화와 고구려 建國神話가 지닌 正體性(IDENTITY) 탐구」, 『단군학연구』 6호, 단군학회, 2002, 2장 참조.
21 윤명철, 「고구려의 고조선 계승성에 관한 연구 1」, 『고구려연구』 13, 고구려연구회, 2002, 6.
22 윤명철, 『역사전쟁』, 안그라픽스, 2004.

단된다. 또한 해군은 창건 과정에 참여한 인물 가운데 일본 제국주의 세력과 연관된 인원이 상대적으로 적고, 독립운동과 직접, 간접적으로 연결된 사람들이 많았다.

해군의 정통성과 관련하여 살펴볼 내용이 있다. 해군의 전신인 해방병단은 1894년 7월 15일 조선수군이 폐지된 지 51년 3개월 26일 만에 탄생됐다. 고종은 시시각각으로 조여오는 외세를 극복하는 방안으로서 1893년 1월에 해연총제영(海沿總制營)에 소속된 사관학교로서 총제영학당(總制營學堂)을[23] 강화도[24]에서 개교하였다. 근대식 해군제도를 도입하고, 영국군의 예비역 대위인 콜웰(W. H. Callwell)의 지도 아래 약 1년여 동안 해군 사관들을 교육했으나 결국은 폐지되었다.[25] 물론 해군에서 공식적으로 인정한 근대 최초의 해군사관학교는 1946년 1월 17일 진해에서 개교한 '해군병학교'이다.[26] 그렇다면 당사자인 손원일은 여기에 대하여 어떤 생각을 갖고 있었을까?

구체적인 증거들이 많이 나타나지는 않는다. 다만 몇 가지 사실들을 통해서 짐작할 뿐이다. 그는 해방병단을 창설하고 1946년 2월 1일에 장교계급을 부여할 때 구한말의 계급을 참고했다. 예를 들면 참위, 부위, 정위, 참령, 부령, 정령 등이다. 그렇다면 처음부터 조선수군의 계승의식을 염두에 둔 것은 분명하다. 그런데 미군정청이 1946년 6월 15일자로 국방부를 국내경비부로 개칭할 때 한국 측은 조선 말의 편제인 통위영에서 따와 통위부로 불렀다. 당시 군 창건에 참여했던 인적 구성원들이 조선계승의식이 있었던 사실을 알 수 있다. 그는 역사의식을 지닌 듯하다. 예를 들면 1951년 9월 10일에 작전국에 소속돼 있던 '전사과'를 '전사편찬실'로 발족시키기도 하였다.

---

23  그간 이 학당을 '통제영학당'이라 불러왔지만, 정확한 명칭은 '총제영학당', '조선해방수사학당' 등이다.
24  '통제영학당지 학술조사'는 강화문화원이 주관하고 필자의 책임 아래 2007년 1년간 그 위치 규명 등을 실시하여 결론을 내렸다. 보고서 참조.
25  장학근, 「개화기 해양방위책」, 『조선시대해양방어사』, 창업사, 1988.
    김재승, 『근대한영해양교류사』, 인제대 출판부, 1997.
    김재승, 『한국근대해군창설사』, 혜안, 2000.
26  『대한민국해군사관학교 50년사』, 해군사관학교, 1996, p.34.

해군은 곳곳에서 이러한 계승성을 표방하고 있다. 1947년 2월 진해 조함창에서 우리가 직접 만든 배를 '충무공호'라고 명명했다. 그리고 충무공의 위패를 모신 충렬사를 참배한 후 한산도 근해를 일주하고 진해로 돌아왔다.[27] 손원일은 해방병단 2주년 기념식에서도 충무공의 정신을 계승한다는 내용의 말을 했다. 또한 해군 총참모장이 됐을 때 장병들이 가져야 할 정신적인 지표의 필요성을 느끼고 장병들에게 6가지 실천지침을 제시했다. 그 가운데에 '군인은 충무공 정신에 살고 충무공 정신에 죽자.'라는 내용이 있다. 이러한 그의 행적들을 정리해보면 개체의 정체성에서 점차 전체의 정체성으로 성숙해가는 모습을 확인할수 있다.

### 5) 비정치성, 정책 중시

"淸海 弓福 怨王不納女 據鎭叛(청해진의 궁복이 왕이 자기 딸을 왕비로 받아주질 않자 원을 품고 청해진에서 모반을 꾀했다)." 장보고를 죽이고 청해진마저 완벽하게 없애버리고 난 후에 신라 정부가 규정한 이유요, 명분이다. 이순신 충무공도 마찬가지 이유로 고난을 겪었다. 해군이 모델로 삼은 두 인물 모두 정치와 연관하여 피해를 입은 것은 시사하는 바가 크다.

애국심은 자칫하면 폐쇄성과 집단성을 띠며, 때로는 조직된 집단들이 정치성을 띠는 경우가 많다. 그러므로 늘 정치참여에 비판적인 자세를 취해야만 한다. 손원일은 이 문제점을 분명히 인식했다. "군인은 나라와 민족을 위해 생명을 바치는 총신의 역할을 하는 것이지 직접 정치를 해서는 안 된다."[28] 이 말은 그의 가치관을 알려준다.

1953년 5월 내무부가 헌병총사령부를 대통령 직속으로 두어야 한다고 주장했을

---

27 오진근·임성채 공저, 앞의 책, pp.158~159.
28 오진근·임성채 공저, 앞의 책, p.655에서 재인용.

때 대통령에게 "민주국가의 군대는 각 군의 지휘관에게 지휘권을 전담시켜야 한다"고 정면으로 반대의사를 표명했다. 군대의 정치도구화를 간파했기 때문이다. 후에 이승만 대통령은 결국 헌병을 자기정권을 유지하는 데 이용했다. 그 외에 1954년 이 대통령이 대통령 직속의 합동참모본부를 설치하라고 지시했을 때 그는 각 군의 총참모장들을 대동하고 이승만 대통령을 방문해 합동참모본부의 폐단을 설명하고 대신 연합참모본부 설치를 건의했다.[29] 5·16 이후에 육·해·공군 전임 참모총장들과 동참해 군정연장을 반대하며 국민과의 약속을 지키라고 나섰다. 그 때문에 그는 제6대 국회의원선거에 나갔고, 낙선했다. 물론 박정희 정권을 심판한다는 명분은 있었지만 정치에 참여한 것은 사실이 돼버렸다.

군대 내부의 일이지만 정치색을 배제해야 한다는 그의 통찰력은 지역색을 인정하지 않으려는 태도로 나타났다. 그는 해군 총참모장이 됐을 때 장병들이 가져야 할 정신적인 지표의 필요성을 느끼고 장병들에게 6가지 실천지침을 제시했다. 그때 군인은 '정치담을 말고, 도별담(道別談)을 폐지하자.'[30]라는 내용이 있다. 그는 인사기록 카드에서 원적과 본적을 빼고 현주소만 쓰게 하였다. 지역색을 위시한 정치성이 앞으로 부정적인 요소로 작동할 것을 간파했던 것이다. 당시로서는 놀라운 판단력이었다.

하지만 그는 정책적 사고는 중요시했다. 상선에서의 생활과 사업가로서의 경험 때문에 형성된 합리적이고 실리를 중시하는 성품 때문인 것으로 판단된다. 손원일은 1953년 6월 30일에 제5대 국방부장관으로 취임했다. 그는 한·미 상호방위조약(Mutual Defense Treaty)을 체결한 것에 합의했다. 이 대통령이 한·미 정상회담을 벌일 때 대통령에게 아시아 지역안보를 위해 일본과 방위조약을 맺는 문제와 미국의 대한(對韓) 군사·경제원조 문제를 주요 의제로 다루도록 건의했다. 이는 물론 한국군과 해군의 군

---

29  오진근·임성채 공저, 앞의 책, pp.541~542.
30  오진근·임성채 공저, 앞의 책, p.201.

사력 증강과 연관된 것이었다.[31] 제1차 한미정상 회담 과정에서 미국과 실무협상을 벌일 때 손원일은 군사 부문을 맡았다. 그는 뛰어난 외교수완을 발휘했고, 반공의식과 자주정신, 그리고 한·미공조의 필요성 등을 설득력 있게 이야기했다.[32] 1954년 11월 17일 워싱턴에서 한·미 상호방위조약 비준서가 교환되었으며, 결국 1955년에 미국은 경제 및 군사원조로 총 7억 달러를 제공하고, 예비사단 창설 등 한국군의 증강계획을 지원했다. "7억 달러의 군원을 얻어낸 데에는 손 제독님의 원만한 성품과 인간적 매력에 흥미를 느낀 닉슨 부통령과 윌슨 국방부장관의 도움이 컸다"는 정일권의 회상은 그가 정책적인 능력이 탁월했음을 반증한다.

3장에서 손원일의 해군창설과 육성과정을 통해서 그가 가진 가치관, 세계관 등의 정신을 살펴보았다. 그는 국제질서의 재편과정과 해군이 처한 시대상황 등을 파악하는 통찰력이 뛰어났으며, 리더로서의 필수요건인 선구성과 현실극복 의지가 남달랐다. 그리고 그가 지닌 가장 큰 장점이고 가치 있는 것으로서 인간주의를 들 수 있다. 또한 정통성을 중시하여 역사 및 진실과의 계승성을 부단하게 표현했으며, 군인으로서 빠지기 쉬운 함정을 경계할 목적으로 비정치성을 고수하고자 노력했다. 그렇다면 이러한 정신들은 현대사회에서 어떻게 해석하며, 해군의 존재의의와 위상확보에 어떻게 활용해야 할까?

## 4. 창건과 육성정신의 현대적인 의미와 적용 – 역할모델과 대안

역사는 반복된다고 하지만 동일한 상태로 복제되는 것은 아니다. 주체는 물론이

---

31 오진근·임성채 공저, 앞의 책, p.562.
32 오진근·임성채 공저, 앞의 책, pp.572~573.

지만 상황은 예측과는 달리 변화하고, 흥망은 불규칙적으로 다가온다. 따라서 현재는 늘 재창조될 수밖에 없고, 그 재창조를 수동적이고 피동적인 자세를 견지하며 받아들이지 않으려면 능동적일 수밖에 없다.

뛰어난 해양활동능력을 갖추었고, 해양정책을 국가발전전략으로 삼아 효과적으로 활용하여 동아시아의 강국이 된 국가는 고구려이다. 광개토태왕은 수군작전을 효율적으로 활용하여 정책실현의 포석으로 삼았다. 그가 추진한 396년의 한강수로작전과 인천상륙작전은 수군작전의 백미이다.[33] 그 고구려에 '다물(多勿)'이라는 말이 있다. 고구려말로 옛 영토를 회복한다.'는 뜻으로[34] 시조 고주몽의 연호이자 건국이념이다. 다물은 고조선을 계승하고 부여정통론을 실현시킬 목적으로 역사와 시스템을 재해석하고 재확립하는 것이다.

마찬가지로 현재의 해군도 초기 해군의 정신과 시스템을 해석하고 재적용하면서 재창건이 필요하다. 손원일이 주도적인 역할을 한 창건정신과 실천은 태생적인 책무로 인하여 현재의 해군에게 영향을 끼치고, 또한 재건모델이 될 수밖에 없다. 그렇다면 손원일은 어떤 점에서 의미가 있으며, 실효성 있는 모델이 될까? 우선 가장 탁월하고, 현재적인 의미가 큰 것은 통찰력이다. 그는 시대상황, 해양의 가치와 위상, 그리고 해군의 존재와 역할을 남들보다 앞서서 간파했고, 이를 바탕으로 다양한 사업들을 선구적으로 추진했다. 이러한 통찰력은 지금 해군에게 절실하게 필요한 덕목이고, 이는 곧 '해양력 강화'와 변신한 '해군 역할론'에서 찾을 수 있다.

---

33 윤명철, 『고구려 해양사』, 사계절, 2003.
　윤명철, 『광개토태왕과 한고려의 꿈』, 삼성경제연구소, 2005.
34 김부식의 『삼국사기』 권13, 고구려본기 동명성왕편에 多勿(다물)이 "麗語謂復舊土(고구려어로 고토회복을 말한다)"라고 설명하고 있다. 고구려는 국초부터 연호를 사용하였다.

## 1) 동아질서의 변화[35]와 해양정책들

### (1) 해양영토분쟁 가능성

21세기에 들어와 정치와 군사를 위주로 하는 단절과 폐쇄의 시대를 벗어나 문화와 경제의 역할이 증대하는 개방과 만남의 시대로 변화하고 있다. 미국이라는 초강대국 중심의 세계화(globalization)와 중간단계로서 넓은 범주의 지역화(regionalization)가 동시에 추진되는 시대이다. 유럽은 우여곡절과 미국의 방해 등을 물리치고, 연방(EU)이 되어 군사력을 효율적으로 관리할 수 있는 시스템을 구축하고 있다. 유럽합중국(United Europe)이 탄생할 것이다. 뿐만 아니라 소위 '지중해공동체'의 구상과 실현을 통해서 북아프리카는 물론이고 중동의 일부지역까지도 그들의 경제권으로 편입시키려고 한다.

동아시아는 이 양대 질서의 압력을 받으면서도, 협력 대신 경쟁과 갈등이 심화되고 있다.

중국은 사회주의 시장경제체제라는 신체제를 성공시켰다. 최근에는 '대중화경제권', '중화연방론', '신중화제국주의' 등의 우회적인 단어들이 국제사회에서 난무할 정도이며, 위안화의 기축통화 사용제안 등 정치적인 강국에서 경제강국으로 변신하

---

[35] 이 부분에 대해서는 필자가 발표한 내용을 참조했다.
윤명철, 『장수왕 장보고 그들에게 길을 묻다』 포럼, 2006.
「장보고를 통해서 본 경제특구의 역사적 교훈과 가능성」, 『경제특구』, 남덕우 편, 삼성경제연구소, 2003, 6.
「중국의 동북공정과 고구려의 미래적 가치」, 『중국의 동북공정과 동아시아의 미래』, 경성대학교 인문과학연구소, 2006, 11.
「동아시아의 미래를 위한 한국 절강성의 역할 모색」, 『제9회 한국전통문화국제학술토론회』, 절강대학 한국연구소, 2008 등 참고.
동해와 관련해서는 윤명철, 「과거, 현재, 미래 동해권의 문제」, 『강원도민일보』, 2008.
윤명철, 「김이사부, 우산국 정복의 역사적 가치와 21세기적 의미」, 김이사부 기념사업회, 2008 등.

면서 동아시아의 패자와 신중화제국주의를 실현해가고 있다. 2006년 4월경에는 두만강 하구인 나진·선봉지구인 나선시를 북한과 50년 동안 공동으로 관리한다고 발표했다. 1990년대 초에 유엔협력개발기구에서 동북아 국가들이 공동으로 개발하겠다고 선언한 지역이다. 이곳을 이용하여 중국해군이 동해로 진출하면서 조중연합함대'의 결성이 가능하다는 전망이 나온다. 북한지역의 '동북 4성화'라는 지극히 나쁜 시나리오가 나오고 있다.

일본은 미국이 쳐 놓은 핵우산 밑에서 반세기 넘게 탈아시아적인 환상에 빠져 안주하다가 동아시아 전략의 속셈들을 드러내고 있다. 1988년에는 환일본해(동해)경제권을 주장하여 남북한과 러시아를 자국의 경제영역에 끌어들이려 시도하였다. 최근에는 풍부한 자금력을 배경으로 동해와 연변한 니가타(新潟)·도야마(富山) 등 각 도시들이 남북한의 도시들, 중국과 러시아 등의 도시들과 자매결연을 맺고, 경제협력을 추진하고 있다.

러시아는 전략적인 가치가 그 어느 때보다도 더욱 크다. 러시아는 1992년 1월 1일에는 군사항인 블라디보스토크를 개방하였다. 일본과 환동해경제권에 참여하고 있다. 유엔개발기구(UNDP)가 주도하여 러시아, 북한, 중국이 공동으로 참여한 동북아지역 협력프로젝트는 러시아의 크라스키노 등 핫산(KHASAN)지구와 중국의 훈춘, 북한의 나진·선봉 등 두만강 하구지역을 자유무역경제지구로 선정한 것이다. 2000년에 푸틴(Vladimir Putin) 정부는 출범하면서 '강력한 러시아 재건'을 표방했다. 프리모르스키(연해주) 지역을 다시 중요하게 여기고 정책적으로 비중을 두고 있다. 2001년에 중·러 선린우호조약을 맺은 데 이어 2005년에는 중국과 합동군사훈련을 하는 등 우호적인 관계를 맺고, 국경지역에 자유무역지대를 설정하고 중국과 공동 투자하여 경제문화복합단지를 건설하고 있다. 러시아의 극동정책이 본격화되고, 중국이 진출하면서 북한이 개방된다면 동해경제권은 매우 중요한 역할과 위상을 지니게 된다. 최근에 일각에서 러시아, 한국 공생국가론 등이 제기되기도 한다.

한국은 서해만 개발계획, 중국과의 황해경제권 등을 추진하였다. 동해경제권 등 여러 이론을 구상하고 있다. 지금은 동북아의 허브 공항인 인천공항, 부산신항, 광양항, 송도경제특구, 제주도 특별자치구, 황해경제특구 등을 설치 혹은 운영하고 있으며, 북한을 겨냥한 남북협력사업 등을 추진하고 있다. 특히 황해에서 항로의 확보와 항만의 선점을 놓고 사활을 건 경쟁을 벌이고 있다. 중국은 상하이의 양산항 1부두를 완성했다. 물동량 처리 세계 3위인 상하이를 세계 1위로 끌어올리는 대 역사이다. 한국은 부산신항과 광양항을 건설해도, 또 인천항과 울산항을 포함시켜도 경쟁인 양산항과 심천항에 비하면 여전히 불리하다. 동해와 관련해서는 동해 중부의 여러 도시들과 일본의 혼슈 중부인 쓰루가(敦賀), 니가타(新潟) 등을 연결하는 동해경제권 등 여러 가지 이론을 구상하고 있다. 다만 속초항에서 자루비노항으로 여객선이 들어가고, 또 북한이 아닌 러시아의 자루비노나 포시에트 등을 거쳐 훈춘으로 들어가 연길, 백두산으로 이어지는 해륙로(海陸路)를 열었다.

북한은 1991년 12월에 나진·선봉지역을 자유무역경제지구로 선포하고, 1993년에는 자유경제 무역지대법을 제정하여 동해를 활용한 경제발전을 시도하고 있다. 2002년에 신의주 경제특구전략을 발표했다가 중국의 압력을 받고 철회하였으며, '개성공업지구법'을 채택하여 개성공단을 개발하였으나 지금 정치적인 문제로 불안정하다. 근래에 다시 압록강과 바다가 만나는 비단섬(丹東市 외곽의 북한측 섬)을 중국과 공동으로 경제특구화시키겠다고 하였으며, 위화도 특구문제도 거론되고 있다. 물론 중국의 양해와 협조 아래 진행되는 것이다. 경의선 복원 등을 선언하고, 개성공단개발 등 서해안개발에도 관심을 기울이지만, 내부사정으로 인하여 전망이 불투명하다. 최근에는 로켓발사를 비롯한 정치군사적인 활동으로 인하여 국제관계 및 경제발전 사업이 불투명하며, 내부의 혼란까지 예측되는 상황이다. 중국과는 간도문제, 백두산 천지(天池) 등의 문제가 있고, 러시아와는 녹둔도(鹿屯島) 문제가 있다.

이러한 동아시아의 상황 속에서 미국을 위시한 서구는 중국이 아시아의 패자로

급하게 부상하는 상황을 목도하면서 효율성이 높은 대응책을 모색하고 있다. 미국은 IMF 사태, 미일 관계의 적극적인 우호관계와 일본 내에서의 미군역할 강화, 북한압박, 인도와의 협력강화, 중국의 해외석유자원 확보 견제, 말라카해협에서의 중국을 의식한 군사력 강화 및 훈련 등을 시도하고 있다. 또한 중국과 비우호적인 관계를 맺고 있거나 국경을 공유한 몇몇 나라들을 동원하거나 지원하면서 중국을 고립시키고, 힘을 약화시키려는 외곽포위전략을 시도하고 있다. 러시아, 몽골, 타지키스탄, 키르키스스탄, 최근에 부상한 인도, 그리고 1950년 이후에 우방으로 편입된 일본을 견제세력으로 이용하는 전략이다.

이렇게 전개되는 질서 재편기에 해양은 물류 통로 및 해양자원으로서 경제적인 가치가 더욱 부각되고, 각 나라들이 펼치는 세계전략 속에서 해양의 정치, 군사적인 가치가 재인식되면서 해양력의 대결이 벌어질 것은 자명하다. 1994년 유엔이 해양법이 발효하면서 바다는 영토가 돼버렸다. 특히 항로의 '배타적 관리권'을 놓고 해양력의 시위가 불가피하다.

최근에는 북방 4개도서인 남쿠릴열도를 둘러싸고 일본과 러시아가 영토분쟁을 일으키고, 일본은 1996년에 배타적 경제수역(EEZ) 선포와 함께 1997년 1월 1일 직선기선 제도를 시행했으며, 독도에 대한 영유권을 주장하고 있다. 북한은 러시아정부와 두만강 하구의 녹둔도(鹿屯島)를 놓고 영토분쟁이 일어날 수 있다. 또한 중·일 간에는 센카쿠(尖角)제도(중국에서는 釣魚島)의 영유권을 놓고 국제적으로 분쟁이 일어나며, 심지어는 '제2차 남해대전(南海大戰)'이라는 가상 시나리오가 유포될 지경으로 비화되고 있다. 또한 중국과 동남아 국가 간에도 남사군도를 놓고 갈등이 일어난다. 이러한 갈등과 충돌 등은 해양영토라는 면적의 의미와 함께 해로(sea-lane)라는 선(線)의 권리와 확보를 둘러싼 성격이 강하다.

### (2) 바닷길의 확보

역사에서 바닷길(sea-lane)은 국가 및 문명의 사활과 직결되었다. 다나넬스해협, 보스프로스해협, 지브롤터해협은 지중해역사와 함께 시작되어 서구의 흥망성쇠 그 자체이었다. 동쪽 아시아에는 말레이반도와 수마트라섬이 만나는 말라카해협이 고대부터 전략적인 목이었고, 서구 제국주의의 침탈로 역할도 하였다. 미국이 항공모함과 잠수함을 증강시키면서 이 해협에 압력을 행사하자 중국은 태국정부와 함께 벵골만으로 나가는 말레이반도 중간의 크라(KRA)지협에 운하를 뚫으려는 시도를 한다. 또 대만의 서북쪽 해상에 있는 몇 개 암초인 센카쿠(중국명 釣魚島)제도는 물류를 수송하는 해로의 안정성과 직결되어 있다.

해로영토의 확보와 해로의 안전성을 위한 해상분쟁이 일어날 경우에 기댈 것은 오로지 해군력뿐이라는 현실을 어느 국가라도 외면할 수 없다. 때문에 중국의 군사력은 확대되고 있으며, 특히 해군력은 대만 문제 및 석유수송로 확보 때문에 급성장하고 있다. 인도네시아까지 이르는 해역에 해양통제권을 확보하는 전략을 세워 항공모함 건조에 들어갔고, 2050년까지는 원양함대를 건설한다. 북한의 나진항에 신부두가 완성되면 동해에는 중국 해군이 활보하고 나아가서는 '조중연합함대'가 작전을 벌일 가능성도 있다. 한편 전통적인 해양국가인 일본의 해군력은 세계 제2위라고 평가될 정도이다. 한국은 수출입물동량의 99% 정도를 해운 항만사업이 처리하고 있다. 중국보다도 해양의존도가 더 심각한 편이다. 비록 민간 조선부분에서 선박건조량과 수주량이 세계 1위를 차지하고 있지만 해군력은 중국, 일본과 비교할 때 허약하다.

### 2) 한민족의 생존과 해군역할론

그러면 세계질서 속에서, 동아시아 속에서 우리의 위치, 아니 한민족의 생존은 어떻게 될까? 머지않은 미래에 동아시아에는 새로운 질서가 탄생할 것이다. 그러면 국가 자체가 없어질 수도 있고 국가가 지금처럼 큰 의미를 지니지 않게될 수도 있다.

이렇게 급박하고 혼란스럽게 전개되는 현재의 상황들은 해방정국과 동서 이데올로기의 대립과 충돌, 남북대결에 따른 6·25 전쟁 등의 상황과 유사하다. 손원일을 주축으로 한 지도자들이 극복한 것처럼 통찰력을 발휘하여 혼란스러워 보이는 국제질서의 변화를 간파하고, 해결의 한 대안으로서 '해양력 강화'와 새로운 '해군 역할론'을 시의적절하게 변화시켜 제시할 필요가 있다. 필자는 동아시아의 공존과 한국의 역할론을 중시하면서 '동아지중해 중핵조정론'을 주장해왔다. 물론 여기에 필수적인 조건은 해양력의 강화이다.

○ 통일 이후 시대의 주역은 물론 해군이다.

해군력의 중요성은 민족문제로서 통일과 관련하여 더욱 중요하다. 동아시아와 한민족의 역사과정을 살펴보면 한민족의 통일은 어떤 형식과 과정을 거치든 실현 가능성이 높고, 예측보다 일찍 다가올 수 있다. 그 과정에서 야기되는 문제들 가운데 해군이 연관된 것은 후방지역의 대규모 상륙과 주변국의 간섭 제어, 그리고 난민 수송이다. 이러한 문제점들은 이미 한국전쟁에서 분명하게 드러났고, 앞에서 언급했듯이 해군은 한국전쟁에서 신속하게 적절한 행동을 취한 바 있다. 이는 통일과정에서도 반드시 필요한 일이다.

통일을 이룩한 이후에도 해군의 역할은 존재하며, 더욱 강화될 필요가 있다. 우선 주적개념의 변화가 불가피할 뿐 아니라 전선과 전장에도 변화가 온다. 국가의 힘이 강화되면서 국제사회에서 발언권이 강화되고, 한반도 통일 이후에 재조정이 불가피한 동아시아의 질서를 놓고 정치·군사력의 존재의의가 부각된다. 그 가운데 해양력과 해군의 역할은 상대적으로 중요해질 것이다. 더 나아가 한·중·일은 물론이고, 러시아, 미국, 나아가 동남아시아와 경쟁이 불가피해질 것이다.

한국해군이 배 한 척 없는 무(無)의 상태에서 '연안해군'으로 다시 '지역해군'으로 성장했고, '대양해군'을 지향하고 있는 것은 시대상황에 맞춰 수동적으로 따라온 결과가 아니라는 사실은 누구나 안다. 앞에서 살펴보았듯이 손원일은 해군력 강화와 해군의 역할을 시대의 필요성보다도 더 많이, 미리 간파했다. 그 통찰력을 기반으로 그 당시에는 다소 성급해보이거나 무모해 보이는 일들을 추진했고, 실천했다. 그 시대에 필수적인 대안을 찾은 것이다.

그렇다면 '해양력 강화'와 '해군 역할론'은 새롭게 재편되는 동아시아 질서 속에서 자주적인 위치를 확보하고, 세계질서의 대양 속에서 세계사적인 입장과 동아시아적인 입장, 민족적인 입장을 함께 고려하면서 모색하고 수립해야 한다. 동아시아의 모든 나라들과 지역들은 육로건 해로건 간에 우리 지역과 해역을 통해서만이 교류가 가능하다. 그러므로 동아지중해(EastAsian-Mediterranean-Sea)의 중핵(core)이라는 자연이 준 위치를 최대한 활용하면서 다양한 역할, 특히 조정역할을 수행한다면 우리는 동아공동체의 중핵이 될 능성이 높다. 물론 여기에 필수적인 조건은 단순하게 해양력 강화라는 차원을 탈피하여 '해군시스템'과 '인식의 변화'로 질적상승이 이어져야 한다.

해군은 해상로를 확보하거나 통제할 역할이 있고, 그러기 위해 해군력과 체제를 그 정책에 걸맞게 수정하여 증강해야 한다. 대양해군의 지향, 기술력의 발전 등은 그 한 예이다.

창건 초기의 해군은 '해군과학연구소'를 설립하고 원자탄 개발을 시도했다. 미해군의 활동무대가 오대양을 넘어 6대주로, 다시 심해와 우주개발로 영역을 확장하면서 일정한 역할을 담당하고 있다는 것을 주의깊게 살펴볼 필요가 있다. 그것은 우리 해군의 역할 및 시스템과 더불어 시사하는 바가 크다. 그리고 해군의 존재의의와 역할에 대한 인식의 재적응도 필요하다. 그 가운데 하나가 인간주의이다.

### 3) 해양문명의 필요성과 해군 역할론

21세기에 들어서면서 전 지구적으로 예측하지 못했던 신문명이 몰려들고 있다. 정보기술(Information Technology), 생명공학기술(Bio Technology), 나노기술(Nano Technology) 등 놀랄 만한 과학의 발달로 인하여 질적으로 변화한 세상이 만들어지고 있다. 새로운 과학의 발견자들, 새로운 시스템의 운영자들도 알 수 없고, 예측할 수 없으며, 감당할 수 없는 변형과 변용들이 난무하고 있다. 지구 내부에서 발생한 환경의 오염과 생태계의 파괴 현상으로 인하여 인간을 넘어서 이제는 지구 자체가 생명을 위협받고 있다.

또한 과거의 문화적 제국주의의 개념으로는 파악할 수 없는, 또 다른 형태의 문명 대결과 충돌이 일어나고 있다. 새뮤얼 헌팅턴은 『문명의 충돌(The Crash of Civilizations)』에서 문명에 기반을 둔 세계질서가 태동하고, 국가들은 자기 문명권의 주도국 혹은 핵심국을 중심으로 뭉칠 것이라고 하였다.[36] 유엔은 2001년을 '문명 간 대화의 해'로 정하고, 인류는 대화와 공존을 절실하게 외쳤다. 하지만 지구상에서 갈등은 심해지고 있다. 이러한 복잡한 상황에서 새로운 성격과 형태의 사상, 종교 등 예측하지 못했던 신문명이 탄생할 것은 자명하다. 그 과정에서 해양문화의 특성을 생각해 볼 필요가 있다.

바다는 기본적으로 개방과 공존의 문화이다. 해로를 이용하여 문화를 교류할 때에는 모두 동일한 해양을 공유한다. 바다에는 선을 그을 수가 없고, 담장을 쌓을 수 없으므로 국경이 분명하지 않다. 정치적으로 제약이 훨씬 덜하고, 교류가 비교적 자유로운 편이다. 한국만 해도 현재 전 세계 219개국과 해양을 통해서 무역을 하고 있다. 운신이 비교적 자유로운 편이므로 다른 지역이나 나라, 문화들 간에 교류가 활발하고 주

---

36 새뮤얼 헌팅턴, 이희재 역, 『문명의 충돌』, 김영사, 1998.

변 문화들 간에는 서로 모방하고, 그러다가 여러 부분에서 공통성을 많이 갖는다. 특히 해류, 조류, 바람, 해상조건 등이 모두에게 공통적인 것이므로 해양민들 사이에는 기술과 경험의 공유하는 일이 서로를 위해서도 필요하다. 지리문화적(geo-cultural)으로도 주변지역들은 의외로 문화의 공유범위가 넓었다.

이처럼 바다를 가운데 두고 주민과 문화는 상호간에 영향을 주고받는 일종의 '환류(環流)시스템'을 이루고 있다.[37] 특히 큰 바다나 대양을 사이에 두고는 지경학적(Geo-economic)으로 경제교류나 교역 등을 하면서 상호필요한 존재로 인식하여 왔다. 농경문화권에서는 삼림문화나 유목문화, 해양문화권의 생산물이 필요했고, 상대적으로 유목이나 삼림문화권에서는 농경문화의 생산물들이 절대적으로 필요했다. 그러므로 전략적 제휴관계를 맺어 적대국이 아닌 경우에는 교통의 어려움을 무릅쓰고라도 교역을 하였다. 그래서 유럽지중해세계에서 탄생한 그리스 문명과 로마문명이 보편성과 공존을 모색하면서 발전한 것이다. 이러한 면에서 동아시아도 유사한 점이 적지 않았다.

동아시아는 중국이 있는 대륙(大陸), 그리고 북방(北方)으로 연결되는 대륙의 일부와 한반도, 일본열도(日本列島)로 구성이 되어 있다. 때문에 북방과 중국에서 뻗쳐오는 대륙적 질서(유목문화, 수렵삼림 문화를 공유하고 있다)와 남방에서 치고 올라가는 해양적 질서가 만나는 곳이다. 한민족과 한족(漢族), 그리고 일본열도의 교섭은 물론 북방족과

---

[37] 강한 문화력(culture power)을 가진 A의 문화는 주변인 B에게 일정한 문화를 전수한다. 그런데 시대와 상황에 따라 지향하는 문화가 다르다. B의 문화 또한 A에게 전수된다. 이 관계는 主와 副가 있고, 일종의 상호작용이라고 볼 수 있다. 그런데 A문화가 B로 갔다가 B의 영향으로 변형을 한 다음에 다시 A에게 와서 영향을 주는 경우가 적지 않다. 마찬가지로 B의 문화가 A에게 전해져서 가공과 변형을 거친 다음에 다시 A의 형태와 포장으로 전해질 수 있다. 그러므로 선의 위치와 역할을 정확하게 파악하고 이해하는 일이 필요하다. 이것은 필자가 동아시아의 역사와 문화를 해석하는 틀로서 동아지중해이론을 설정하고, 그것을 보완하는 부차이론으로서 설정한 '環流시스템이론'의 大綱이다.

의 교섭도 모두 이 지역의 해양을 통해서 교류를 하였다. 세계관의 기본을 이루는 유교, 불교 등 종교현상뿐만 아니라 정치제도, 경제양식, 한자, 생활습관 등 유사한 부분이 많았다. 전쟁, 기아, 교류 등으로 인하여 주민들의 자발적·비자발적인 이동이 빈번했으므로 사실은 종족과 언어의 유사성도 적지 않았다. 한·중·일 지역들 간의 관계는 주민, 문화, 언어 모든 면에서 농도가 깊었다. 또한 이러한 문화의 터 속에서 성장한 인간들은 무한대에 가까운 활동범위와 개방적인 사고, 역동성을 지니게 되고, 현실지향적인 행동을 하게 된다. 이러한 성격을 지닌 해양문화를 해양문명으로 승화시켜서 인류와 세계질서 그리고 동아시아의 공존과 평화에 기여할 필요가 있다면 세계관의 논리창출, 시스템의 변화, 실전능력의 구비와 강화 등이 필요하다. 그 과정에서 해군의 위상과 역할은 또 다른 형태로 필요할 것이다.

  그 외에도 국가와 국민에게 구체적인 이익을 줄 수 있어야 한다.

  해군은 우수한 인적자원과 장비, 그리고 수준높은 경험을 바탕으로 해양자원의 개발과 보호에도 역할을 담당해야 한다. 동해(울산 앞바다 32NM 해상)에는 천연가스가 약 500만 톤이 매장되어 있다. 일본과 중국이 센카쿠제도(조어도) 해역에서 영토분쟁을 일으키는 이유 가운데 하나는 자원이다. 세계 각국이 해양자원을 획득하고 사수하는 경쟁을 치열하게 벌이는 현실에서 해군이 해외자원(석유 및 천연가스) 개발을 위한 시추개발 시설과 인원을 보호하는 일은 절대적이다. 국민들이 해양을 체험하는 기회를 마련하여 해군을 이해하고 해양의 필요성을 실감할 수 있도록 해야 한다. 예를 들면 해양스포츠의 공동참여, 해양적인 인간의 교육 등은 시급한 과제이다.[38]

  뿐만 아니라 이제 지구를 무대로 활동하고 인류를 인식하는 군대로 발전할 시기가 왔다.

---

[38] 『해군비전 2030』에서 표방한 국민해양체험 프로젝트는 이러한 성격의 것이다. 대한민국 해군, 『해군비전 2030』, 2008, 12, p.59.

지구 공동체를 위해 평화유지에도 적극적으로 참여해야 한다. 한국군은 2009년 3.13일에 소말리아 해적 퇴치라는 국제사회의 노력에 동조해 기국선박 호송을 위해 '청해부대'를 파병하였다. 청해(淸海)란 명칭은 물론 장보고의 청해진에서 따온 것이다. 장보고의 정신 가운데 하나는 인간주의이다.[39] 그는 청해진을 설치한 명분을 해적 퇴치와 자국민의 보호에서 찾았다. 그래서 바다를 맑게 한다는 명칭을 사용하였다.

장보고는 신라정부로부터는 청해진대사, 감의군사(感義軍使) 등의 직위를 받았고, 엔닌(圓仁)을 비롯한 일본의 승려들로 부터는 신라명신으로 대접받았다.[40] 그리고 현대에 들어와서는 미국의 주일대사를 지냈던 에드윈 O. 라이샤워로부터 해양식민지를 다스리는 총독(commisioner), 해양상업제국(Commercial Empire)의 무역왕(Merchant Prince)이라는 칭호를 부여받았다. 장보고와 연관된 청해함을 소말리아 해적 퇴치라는 세계 공동의 사업에 참여시킨 것은 해군의 역할을 다변화하고 해군의 인식을 내외에서 변화시키는 데 큰 계기로 작용할 것이다.

또한 지구생태계를 보호하고, 인류를 재난으로부터 방어하고 지원하는 사업에도 적극 참여해야 한다. 해군은 동티모르에 파병되었고, 2005년에는 쓰나미가 일어난 지역에 구호와 지원작전을 펼쳤다. 일본에 남은 동포들을 운송해 온 해군의 첫사업이나, 흥남, 원산 등과 서해연안의 여러 지역에서 피난민들을 철수시킨 작전은 결국 해군의 태생이 인간주의와 직결되어 있고, 인류의 재난방지에도 참여해야 한다는 역사적인 명분을 준다. 인류를 위한 봉사는 해군의 또 다른 '역할론'이다.

또 다른 세기에 들어서면서 많은 것들이 변하고, 당연히 군에도 변화가 필요하다.

---

39 이 부분에 대해서는 윤명철, 『장수왕, 장보고 그들에게 길을 묻다』, 포럼, 2006 참조.
40 엔닌이 쓴 『입당구법순례행기』에서는 그를 '張寶高'라고 불렀으며, 역사책인 『속일본후기』에서도 '張寶高'라고 불렀다. 엔닌은 장보고를 明神으로 모셨고, 제자들은 그의 유지를 이어받아 몇 년 후에 현재 교토부에 적산선원을 세웠다. 한편 5대 좌주인 엔친(圓珍)은 역시 바다에서 신라대명신의 감응을 받았음을 기려 귀국한 다음에 현재 원성사에 新羅善神堂을 세웠다. 상황으로 보아 모신 신은 장보고일 것이다.

전장, 전투의 대상, 방식 등에도 변화가 생기고 있다. 군의 존재이유는 분명하고, 행동과 인식에도 민간인과는 다른 우선순위가 있다. 하지만 그와 함께 인간에 대한 이해와 애정은 늘 저변에 깔고 있어야 한다. 이는 현역뿐 아니라 예비역들도 마찬가지이다.

## 5. 맺음말

본고는 서문에서 언급한 바대로 손원일을 역사상의 인물로 조명하고 자리매김하기 위한 작업의 일환으로서 시도되는 작업이다. 그의 행적과 사건을 업적을 찾아내고 평가하는 작업이 아니라 그의 세계관, 가치관 등을 이해해서 현재 및 미래의 우리 민족 또는 해군에의 인물모델로서 가능성을 찾고자하는 작업이다.

손원일의 정신은 삶의 궤적과 주변의 상황에 따라 단계별로 질적으로 성숙되어 갔으며, 그와 함께 해군의 창설과 육성에도 일정한 영향력을 끼치면서 해군 정체성의 기본토대를 만들었다. 그의 탄생배경과 시대적인 상황, 성장하던 어린 시절의 독특한 경험 등은 그가 인생을 어떤 방식으로 살아가야 하는지를 확립했다. 그것은 삶의 정체성과 인간주의이다. 민족의식과 애국심, 실천으로 가득 찬 그의 가계와 청년기의 행적 등은 개인은 물론이고, 나아가 해군의 정통성 확립에 결정적인 요소로 작용했다.

그는 성장하면서 독립운동 참여, 학교생활, 선원생활과 사업가 등의 경험을 하면서 구체적인 삶에 대한 통찰력을 얻어갔고, 특히 해양과 인연을 맺으면서 해양의 현실적인 필요성뿐만 아니라 국제질서와 이에 대응하는 방식 등에 대한 통찰력을 키워갔다. 해방정국과 독립국가 건설, 남한 단정수립, 전쟁 등이 단기간에 벌어지는 혼란한 상황 속에서 손원일이 가진 통찰력은 해군창설과 육성에 결정적으로 작용하였다.

그는 가족의 배경과 다양한 경험으로 인하여 인간주의에 철저했고, 개방적이고 세련된 가치관과 행동양식을 지녔다. 이러한 장점들이 해군을 질적으로 높고 정신적인 고양을 중요시하는 군대로 만들었다고 생각한다. 그가 적극적으로 추진했던 피난민 철수작전은 해군뿐만 아니라 인류의 귀감이 되는 인간주의적 행동이라고 생각한다.

그리고 나무배로 시작해서 전쟁을 치루면서 연안해군을 거쳐 지역해군까지 이르렀고, 곧 대양해군을 창설하는 해군에게서 강한 탐험정신과 선구성을 발견할 수 있다. 유의 부분적인 변화는 쉬워도 무에서 유를 창조하기란 불가능에 가깝다. 그래서 성공보다는 실패가 많은 법이다. 해군이 비정치적인 자세를 견지하며 민을 위한 여러 정책들을 폈고, 인재양성을 꾸준히 한 덕분에 해군은 다른 군이 갖기 힘든 정통성도 갖게 되었다.

손원일의 삶은 군인의 삶, 민족과 국가의 삶, 그리고 가족의 삶으로서 주어진 상황과 시기에 따라 성숙하고 발전하였으며, 그것은 우리 민족의 비약과 해군의 탄생, 성장 과정과도 일치하였다. 시대가 인물을 만들기도 하고, 상황이 인물을 만들기도 하고, 타고난 운명이 인물을 만들기도 한다. 또 위기를 극복하는 과정에서 인물이 탄생하기도 하고, 모든 것이 충족된 상황에서 인물이 탄생하기도 한다. 그 시대상황에서 누구라도 해군은 창건할 수 있다. 그러나 누가 어떤 세계관을 갖고, 어떤 방식으로 실천하는가 하는 일은 매우 중요하다. 더 중요한 것은 남이 어떻게 평가하느냐이다. 그것이 한 존재의 정체성이고 정통성의 요체이다. 그런 의미에서 한국의 해군은 손원일로 인하여 태생적으로 완벽한 조건을 갖추고 탄생했고, 그 근간을 발전시켜 오늘에 이르렀다.

이제 세계는 손원일이 활동했던 시대의 모습이 아니다. 새로운 시대를 항해해야 할 해군은 변화된 위상과 '새역할론'을 정립해야 한다. 좀 더 적극적으로, 다양한 각도에서 그의 역사적인 위치와 미래적인 가치들을 연구하고, 활용하며 가능성을 탐구해야 한다. 그리고 무엇보다도 이러한 모델을 실천할 수 있는 역량을 갖춘 인적자원을 꾸준히 양성해야 한다. 그는 적어도 해군에게는 현재와 미래의 모델이다. 창설정신의 가치와 의미들을 재해석하고 적용하면서 계승할 노력을 기울인다면 한국 해군은 우리민족과 인류에게 행복을 주는 역할을 담당할 것이다.

## 6. 에필로그

아름다운 삶, 의미있는 삶.
정형화되어 있어 의구심이 들 정도로 완성된 삶을 산 듯 느껴진다.
우리 현대사에 이런 인물이 있었다는 사실을 확인하면서 감동을 받았다는 점을 밝히고 싶다.

## 참고문헌

김재승, 『근대한영해양교류사』, 인제대 출판부, 1997.
_____, 『한국근대해군창설사』, 혜안, 2000.
오진근·임성채 공저, 『손원일 제독』상·하, 한국해양전략연구소, 2006, 5.
윤명철, 『역사는 진보하는가』, 온누리, 1992.
_____, 『장보고 시대의 해양활동과 동아지중해』, 학연문화사, 2002.
_____, 『한민족의 해양활동과 동아지중해』, 학연문화사, 2002.
_____, 『한국 해양사』, 학연문화사, 2003.
_____, 『통제영학당지 학술조사 보고서』, 윤명철(책임), 강화문화원, 2007.
_____, 「고구려의 고조선 계승성에 관한 연구 1」, 『고구려연구』13, 고구려연구회, 2002, 6.
_____, 「徐熙의 宋나라 사행항로 탐구」, 『한민족의 해양활동과 동아지중해』, 학연문화사, 2002.
_____, 「해양사관으로 본 한국고대사의 발전과 종언-동아지중해 모델을 통해서-」, 『한국사연구』, 한국사연구회, 2003, 12.
_____, 「과거, 현재, 미래 동해권의 문제」, 『강원도민일보』, 2008.
장학근, 「개화기 해양방위책」, 『조선시대해양방어사』, 창업사, 1988.
해군사관학교, 『대한민국해군사관학교 50년사』, 1996.
대한민국 해군, 『해군비전 2030』, 해군본부, 2008, 12.
새뮤얼 헌팅턴, 이희재 역, 『문명의 충돌』, 김영사, 1998.
기타.

# 12 연해주 지역의 역사 및 현재적 의미*

## 1. 서 언

연해주 지역은 현재 러시아의 영토이다. 1860년까지는 청나라의 영토였고, 그 이전에는 여진족으로 표현되는 주로 퉁구스계 종족들이 거주하였으며, 그 이전에는 발해 고구려의 영토였고, 그리고 원조선의 질서 내에 있었다.

21세기 들어서 세계질서가 급속하게 재편되고 있고, 그 과정의 핵심에 동아시아가 놓여있다. 동아시아는 한민족국가를 비롯하여, 중국, 러시아의 동쪽이 있는 만주일대, 그리고 타타르해와 동해를 통해서 일본과 연결되고 있으며, 이는 더 나아가 미국과도 연결된다.

그런데 동아시아는 해양과 육지의 역학관계가 동시에 작용한다. 지난 90년대 이후부터 동아시아의 중심은 황해와 연변한 지역들이었다. 하지만 이제 다시 동해의 전략적 가치의 중요성이 부각되고 있다. 러시아·일본·중국 그리고 통일한국이 동해를 가운데 두고 심각한 갈등을 벌이고 있다. 특히 일본은 해양력을 강화시키고 일본해

---

* 「연해주 지역의 역사 및 현재적 의미」,『한러 관계사의 연구현황과 한러 관계증진의 길"』, 한국정치외교사학회 러시아 아카데미 극동지부, 2010. 08. 14.

(?)를 자신들의 내해로 삼고자 한다. 최근에는 군사적인 긴장감까지 높아지고 있다.

특히 우리 입장에서는 북한 문제와 맞물려 매우 중요한 지역으로 부상하고 있다. 따라서 동해와 관계가 깊고, 동해의 성격을 결정짓는데 중요한 요소인 연해주에 대해서 알아볼 필요가 있다. 더욱이 연해주지역은 한민족의 역사가 형성되고 발전되는데 매우 중요한 부분을 차지하였으므로 정체성을 회복하며 또한, 한민족의 발전전략을 모색하는데도 중요한 시사점을 제공할 수 있기 때문이다.

본고는 연해주 지역의 중요성과 현재적인 의미를 모색하는 목적으로 작성되었다. 따라서 먼저 세계질서 속에서 동아시아의 역학관계를 살펴보고, 이어 연해주 지역의 자연환경과 현재 벌어지고 있는 역학관계의 실상을 간략하게 살펴보고자 한다. 이어 연해주와 해양을 배경으로 벌어진 역사상을 우리민족의 발전과 연관하여 살펴본다. 역사학 논문이 아닌 만큼 연해주 지역에서 활동한 역사는 약술할 예정이다.

## 2. 21세기 동아시아의 역학관계

동아시아는 21세기 들어서 질서재편이 신속하고 전면적으로 재편되고 있다. 연해주와 연관된 역사상과 미래적인 가치를 알기 위해서는 전개되고 있는 동아시아의 역학관계를 살펴 볼 필요가 있다. 이 부분은 이미 수차례 다른 논문에서 상세하게 밝힌 바 있으므로[1] 가능한 한 약술하고자 한다.

---

[1] 윤명철, 「古代 韓中(江南)海洋交流와 21世紀的 意味」, 『中韓人文科學硏究』3집, 中韓人文科學 硏究會, 1998.
「고구려의 東亞地中海 모델과 21세기적 意味」, 『아시아文化硏究』, 목포대학교 아시아문화연구』, 2000, 2.
「고구려 담론1 -그 미래 모델의 의미」, 『고구려연구』9집, 2000, 12.
「장보고 시대의 무역활동과 미래모델의 가치-동아지중해론을 중심으로-」, 『2001 해상왕 장보고 국제학

1) 국제질서의 변동

세계질서가 새롭게 재편되면서 세계화 혹은 지구화가 속도감 있게 전개되고 있다. 엘빈 토플러는 1993년 말에 출판한 『권력이동(power shift)』에서 두 가지 중요한 예측을 하였다. 하나는 세계가 양극 체제에서 3극체제, 즉 워싱톤 베를린 토쿄를 중심으로 하는 미주 세력, 유럽세력 그리고 동아시아 세력으로 재편되리라는 것이다. 국제질서의 변화와 축을 예단(?) 했다. 강대국들은 혈통과 소지역에 바탕을 둔 민족주의 시대를 이미 오래전에 넘었으며, 이른바 지구를 하나의 단위로 생각하는 세계주의를 표방하고 있다. 이른바 '지구인(地球人)', '세계시민(世界市民)' 등의 개념이 익숙해진지 오래이다.

세계화(globalization)는 물리적인 국경, 영토를 토대로 삼은 국경의 개념 자체를 극복했다는 점에서는 자국을 중심으로 다른 나라와의 관계를 발전시켜 나가는 '국제화(Internationalization)' 보다 더 진보된 개념으로 오해할 수 있다. 하지만 어떤 면에서는 더 공세적이고 강대국 중심의 전략적인 개념이다. 19세기 제국주의 시대와는 비교할 수조차 없는 거대한 규모와 치밀한 시스템을 갖춘 세계경제(WTO)의 출현, 그리고 이를 실현시키기 위한 세계시장의 확대(FTA)가 숨 가쁘게 이루어지고 있다. 민족주의의 또 다른 표현일 뿐 결국은 자집단주의의 또 다른 변형일 뿐이다. 이를 거대한 미국이 쳐놓은 '세계화의 덫'(『Die Globalisierungsfalle』)이라는 다소 감정이 섞인 듯한 주장이 있다.

이러한 세계질서 속에서 미국이라는 초강대국 중심의 세계화(世界化)와 중간단계로서 넓은 범주의 지역화(地域化)가 추진되고 있다. 몇몇 강대국들을 중심으로 군사동맹을 맺은 외에도 나름대로 미국 EU(유럽연합)·ASEAN 등 국가간의 결합을 매개로 광

---

술회의집』, 장보고기념사업회.
「장보고를 통해서 본 경제특구의 역사적 교훈과 가능성」, 『경제특구』, 남덕우 편, 삼성경제연구소, 2003. 6.

범위한 블록화를 추진하고 있다. Ghassan Salame는 지역화(地域化)는 새로운 영향권 형성을 위한 완곡한 위장술이 될 수 있다고 하였듯이 소위 유사한 문명권, 종족, 지역을 중심으로 이익을 극대화시키려는 '자집단주의(自集團主義)'를 실현하고 있다. '세계체제론(World System Theory)'을 주장했던 월러스틴은 앞으로 5~10년 안에 유럽연합 내부의 군사협력이 가능하다고 하였다. 유럽은 이제 더 정치적 결속력이 강한 합중국을 지향하고 있다. 최근에 합중국을 만드는 것은 포기하였다고 선언했지만(2003년 5월), 대통령의 선출 등은 이미 실현되었다.

## 2) 동아시아의 질서재편과정

이러한 세계사적 현실 속에서 아시아는 오래 전부터 APEC · ASEAN 등 협력체를 만들어 통합가능성을 모색하고 있다. 이미 1990년 대 초에 말레이시아의 마하티르 수상이 동남아를 넘어서 동아시아경제협력체(EAEC)의 창설을 주장했다. 아세아자유무역지대(Asean Free Trade Area)는 1993년에 출범했는데, 2020년에는 동남아국가연합(ASEAN)지역을 완벽한 경제공동체를 구성하겠다고 선언하였다. 심지어는 'IMF'를 대체하는 '아시아 통화기금(AMF)'을 창설하고, 달러와 유로화에 대응하는 아시아 기축통화를 만들자는 움직임도 있다. 지금은 중국이 주도가 되어 추진하는 양상이다. 그런데 1997년부터 태국을 시작으로 소위 'IMF 사태'가 발생했다.

아시아인들은 국가경제, 국가신인도, 아시아적 가치가 추락하면서 걷잡을 수 없는 혼돈과 공포감을 맛보았다. 그들은 세계화 속에서 동아시아의 정체성을 자각해가면서 그들만의 강력한 공동체가 필요함을 깨달았다. 특히 한국, 중국, 일본 그리고 러시아의 일부(연해주)가 포함되어 있는 포함한 소위 넓은 의미의 동아시아의 핵(核, core) 국가들은 공속의식과 결속력을 지닌 블록(정치적 · 경제적인 의미를 지닌)을 결성해야할 필요성이 증대되고 있다.

자신들이 원하든, 원하지 않든 문화공동체 경제공동체 군사공동체를 거쳐 궁극적으로는 정치공동체를 이룰 것이다. 필자는 1993년 이래 '동아지중해(東亞地中海)'라는 모델 속에서 동아시아의 국가들은 궁극적으로는 상생을 누릴 수 있는 느슨한, 혹은 결속력이 강한 연방형태(동아시아연방)를 지향하고, 중간단계로서 다양한 목적과 형태를 지닌 공동체가 필요하였으며, 해양도시연맹론을 주장해왔다. 이런 상황임에도 불구하고 동아시아 각국들은 군사적인 역할과 영향력, 경제력의 향상과 체제의 개편, 정치적인 영향력의 확대 등 많은 면에서 서로 간에 경쟁을 하거나 갈등을 빚고 있다.

중국은 1980년 이래로 경제특구전략 등을 통해서 시장경제체제를 연착륙시켜 놀랄만한 성장을 이룩하여 2003년 현재 국내 총생산(GDP)이 1조 4,123억 달러이다. 동남아를 비롯해 전 세계에 포진한 화교들을 네트워크화시켜 '화교합중국' 시대를 구가하고 있다. 화상(華商) 및 화교(華僑) 네트워크는 구성이 매우 복잡하다. 1991년에 시작된 '세계화상대회'를 계기로 거미줄 같은 기존의 화교조직이 이제 세계적인 연결망을 갖추고 있다. 세계 화교는 대략 1억 명으로 추정하며 이들은 2조 달러 이상의 유통자금을 보유하고 있다. 최근에는 중국・대만・홍콩・마카오에 싱가포르 등을 합쳐 '대중국(大中國, great china)'을 건설하자는 주장도 심심치 않게 들린다. 나아가 동남아시아의 바트(BAHT, 태국 화폐) 경제권을 중국의 시장으로 편입시키려는 노력들을 기울인다. 전진기지였던 운남성(雲南省)의 성도인 곤명시(昆明市)를 발전시키면서 고속도로를 놓고 동남아시아와 연결시키고 있다. 뿐만 아니라 옛 티베트까지 칭짱(京藏) 철도를 건설하였다.

중국은 말라카해협에 대한 미국의 압력을 피해서 태국정부와 함께 직접 벵골만으로 나가는 말레이반도 중간의 크라(KRA)지협에 운하를 뚫으려 시도하고 있다. 최근 들어서 중국과 일본은 대만의 서북쪽 해상에 있는 몇 개의 암초로 이루어진 센카쿠(중국명 釣魚島) 제도를 놓고 일촉즉발의 상태를 벌이고 있다. 물론 이 분쟁은 자존심, 과거 일본제국주의질서에 대한 중국 측의 불인정, 천연가스라는 자원문제도 있지만 또 다른 하나의 이유는 바로 물류를 수송하는 해로(海路, sea-lane)의 안정성 문제이다. 중국은 이에 걸맞게 군사력을 증강시키고 있으며, 특히 석유수송로를 보호한다는 명목아래 해군력을 급속하게 증강시키고 있다.

이미 일본과 중국 간에는 경제영역에서 뿐만 아니라 정치력이나 군사적인 면에서 갈등과 충돌이 시작되었다. 더욱이 센카쿠 제도(釣魚島)영유권을 둘러싸고 벌이는 갈등은 독도와는 또 다른 형태의 영토분쟁으로서 물리적인 충돌이 가능하다.

중국은 우리와도 직접 관련된 또 다른 사업을 추진하고 있다. 중국은 동북공정과 함께 동북진흥계획(동북노후공업지역 진흥계획)과 핵심사업인 창·지·투(창춘, 지린, 투먼)을 발표한 후에 실시하고 있다. 이어 장백산공정 등 우리와 연관있는 사업드을 추진하고 있다. 또한 북한을 경제적으로 강한 영향력 아래에 넣고자 힘을 기울여 최근에는 북한지역을 '동북(東北) 4성화(省化)' 시킨다는 경계심을 불러일으킬 정도이다. 2006년 4월을 계기로 중국은 북한과 나진·선봉(나선시)을 50년 동안 공동관리하겠다는 발표를 했다. 이로써 동해로 연결되는 물류망뿐만 아니라 해군이 활동할 수 있게 되었다. 그래서 '조중연합함대(朝中聯合艦隊)'가 동해에서 결성될 것이라는 등의 여러 설과 함께 시나리오들이 난무하고 있다.

러시아는 1992년 1월 1일에는 군사항인 블라디보스토크를 개방하였다. 푸틴 대통령은 대아시아전략의 틀 속에서 프리모르스키(沿海洲) 지역을 다시 중요하게 여기고 정책적으로 비중을 두고 있다. 비록 몇 년간에 걸쳐서 중국인들에게 연해주지역의 상권을 앗기고 있지만, 두만강하구의 군사전략적 가치와 핫산 등의 경제적 가치, 그리고 일본을 활용할 수 있다는 지리적인 이점을 인식하고 나름대로 영향력을 회복하고 있다. 특히 시베리아의 이르쿠츠크에서 출발한 가스관이 통과하는 지점을 놓고 중국과 일본 사이에서 줄다리기외교를 하고 있다. 2001년에 중·러 선린우호조약을 맺은데 이어 2005년에는 중국과 합동군사훈련을 하는 등 우호적인 관계를 맺고, 국경지역에 자유무역지대를 설정하고 1조 원에 달하는 자금을 중국과 공동으로 투자하여 경제문화복합단지를 건설하고 있다.

　북한은 2002년에 신의주 경제특구전략을 발표했다가 중국의 압력을 받고 철회하였으며, '개성공업지구법'을 채택하여 개성공단을 개발하고 있다. 최근에 다시 압록강과 바다가 만나는 비단섬(단동시 외곽의 북한 측 섬)을 중국과 공동으로 경제특구화 시키겠다고 하였다. 물론 중국의 양해와 협조아래 진행되는 것이다. 중국과는 간도문제, 백두산 천지 등의 문제가 있고, 러시아와는 녹둔도(鹿屯島) 문제가 있다.

　한국은 동북아의 허브공항으로서 영종도에 신공항을 운영하고 있고, 부산신항, 광양항, 송도경제특구, 제주도 특별자치구등이 있으며, 북한을 겨냥한 남북협력사업 등을 추진하고 있다. 특히 황해를 이용해서 오고가는 물류시스템 가운데에서 항로의 확보와 항만의 선점을 놓고 사활을 건 경쟁을 벌이고 있다. 경의선을 복원하여 중국의 TCR과 연결하고, 동해선을 복원하여 러시아의 TSR과 연결하므로써 소위 '철의 실크로드'를 재현한다는 계획을 추진 중이지만, 알다시피 더디게 진행되고 있다. 김대중 대통령은 2001년 11월에 열린 아세안+3 회의에서 동아시아 자유무역지대 출범을 제의하기도 하였다. 또 외국과의 자유무역협정을 적극적으로 추진하겠다고 하였다. 노무현 정부는 동북아 중심국가 전략을 내세우고 있다.

　그런데 동아시아 각국들은 이러한 경제적인 면의 경쟁을 넘어서 패권을 지향하며 군사비 지출과 군사력을 대폭 증강시키고 있다. 일본은 군사력을 급속도로 강화시키고 있다. 국방비로 지출하는 국가예산이 1년에 370억달러(98년 기준)로 세계 4위의 군사대국이며, 특히 해양력은 2위이며, 1994년 이후에 발효된 해양영토의 기준을 적용할 경우에는 세계 5위에 달하는 대국이다. 일본은 미국과 동맹을 강화시키면서 반중전선을 펴면서 외곽포위전략을 시도하고 있다. 또한 러시아와는 남쿠릴열도(북방 4개 도서)를 놓고 영토분쟁을 벌이고 있다. 한국과는 독도문제를 놓고 갈등을 본격적으로 시작했다.

　중국은 군사력이 세계 3위에 달한다는 통계도 있지만, 최근 5년 간 외국으로부터 가장 많은 무기를 사들인 나라이다. 그들의 군사력은 남쪽으로는 석유수송로보호 외에 인도차이나 반도에 대하여 정치적으로 경제적·경제적으로 영향력을 확대하는 것이다. 그래서인지 해군비를 급작스럽게 증액하고 4~5년 전부터 항공모함을 건조하는 등 해양력 강화에 박차를 가하고 있다. 최근에는 천안함 사건을 계기로 황해에 대한 영향력을 강화시키고 있다. 서쪽으로는 역시 석유 및 소주민족문제와 관련하여 키르키즈스탄 등 이슬람국가들을 견제하려는 것이다.

일본과 중국은 해양을 놓고 갈등들이 생기고 곳곳에서 충돌을 시작했다. 더욱이 영유권 분쟁이라는 예민한 차원에서는 센카쿠열도(釣魚島) 분쟁 등 무력충돌 직전까지와 있다. 중국의 일부지역에서는 제2차 남해대전(南海大戰), 즉 남중국해의 해상권을 놓고 두 나라 간에 전쟁이 발발할 가능성을 염두에 둔 채 그에 대한 예상 시나리오를 만들어 유포하고 있을 정도에 이르렀다.

## 3. 연해주 지역의 역학관계

러시아는 청나라와 1689년에 네르친스크 조약을 맺으면서 흑룡강 지방에 진출할 수 없었다. 하지만 다시 19세기 중반에 이 지역을 탐색하였고, 마침내 1858년 5월에는 애훈조약을 맺었다. 이 조약은 3개 조로 이루어져 있다. 흑룡강의 좌안(左岸)은 러시아령으로 하고 우안(右岸)의 우수리 강에 이르는 지역을 청국령으로 하며 우수리강에서 바다에 이르는 지역을 양국공동관리하에 두도록 정하였다. 그 후 1860년 11월, 청국과 영 프랑스간의 강화를 러시아가 알선하였다는 이유로 북경조약을 체결하였는데 그 내용은 국경이 확정될 때까지 청·러 양국이 공유키로 된 우수리강 이동의 연해주 7백리 땅을 러시아 영토로 정한다는 것이었다. 이렇게 해서 러시아는 연해주를 손에 넣었으며, 이는 동해를 전략적으로 이용하여 동아시아 지역에서 자국의 패권을 확장할 수 있게 된 것을 의미한다. 1905년 러·일 전쟁이 일어나자 동해는 전장이 되었고, 울릉도 해전을 끝으로 승리는 일본이 가져갔다. 이러한 과정 속에서 일본은 만주와 관련시켜가면서 동해에 대한 관심을 높이고, 소위 '일본해문화권'을 설정하고 심도 깊은 연구를 진행해왔다.[2]

그 후 2차 세계대전이 끝나자 미소 양극체제가 성립되면서 냉전질서가 수립되었고, 동해는 황해와 마찬가지로 얼어붙은 바다가 되었다. 다만 군사적으로 이용되어 러시아는 남진과 태평양으로 진출하는 통로역할로 이용하였고, 미국과 일본은 이를 억제하는데 총력을 기울였다. 그러나 20세기 말에 오면서 동해의 위상에 변화가 생겼다. 우선 근래에 들어서 동해와 관련하여 각 나라들이 추진한 발전 전략들을 검토하고, 이해할 필요가 있다.

일본은 만주를 침략하기 직전인 1931년에는 일본·조선·만주·중국·몽골의 다섯 민족이 서로 화합해야 하고, 일본과 만주가 블록을 결성해야 한다는 '일만(日滿) 블록'을 주장하였다. 이 무렵에 일본의 역사학자들은 만선사관을 연구하고 주장하였으며, 발해사 연구에 열을 올렸다. 일본이 만주로 진출하는 데 가장 적합한 지역은 바로 동해와 직접 연결되는 두만강 하구 유역이었다. 거리상으로도 가깝고, 중국을 비롯한 다른 열강들의 눈치를 봐야하는 일본에게 가장 바람직한 곳이 두만강 하구였다. 이러한 야심을 보여주는 사례 가운데 하나가 1924년에 송미소삼(松尾小三)이 주장한 '두만

---

[2] 古廐忠夫 編, 『東北アジアの再發見』, 有信社, 1994, p.5에서 環日本海라는 개념은 일본이라고 하는 바다를 중심으로 하는 지향도 갖고 있지만, 그 외연은 어느 지역까지 포함하고 있느냐에 대해서는 각각의 의견이 있다. 현재 일본해로 출구가 없는 중국은 과거역사에 대한 비판 때문에 '환일본해'라는 호칭은 그다지 사용하고 않고, 다만 '동북아시아'라는 호칭을 사용하고 있다. 일본해라는 호칭은 1602년 마테오 리치가 작성한 『坤輿萬國地圖』에서 포괄적으로 사용되었다. 그런데 일본해로 통일된 것은 근대 일본의 부국강병 제국주의화 아시아 침략의 과정과 궤를 같이하고 있는 것은 확실하다. 그는 일본해를 지중해세계나 동아시아 세계로 부르는 것 같은 정치적·경제적 내지는 문화적으로 하나의 자기완결적인 지역을 상정하는 것은 곤란하다는 의견을 개진하였다.

강경략론(豆滿江經略論)'이다. 즉 대륙으로 진출하기 위해서는 황해의 대련이 아니라 동해의 두만강 하구를 자유항으로 만들어 교두보로 삼는 것이 효과적이라는 것이다. 그런데 묘하게도 일본 동해의 큰 항구에서 두만강 하구까지는 거리가 동일하였다.

일본은 지금 '아시아 태평양경제'라는 보다 광범위한 경제활동을 원하고 있다. 그리고 한편으론 1988년에 환일본해(동해)경제권을 주장하여 동아지역에 관심을 기울이면서 남북한과 러시아를 끌어들이고 있다. 이는 동해를 사이에 두고 공유하고 있는 남북한과 일본, 중국의 동북부, 극동 러시아(연해주)를 하나의 경제권으로 묶는다는 구상이다. 풍부한 자금력을 배경으로 동해와 연변한 니가타(新潟)·도야마(富山) 등 각 도시들이 남북한의 도시들, 중국과 러시아 등의 도시들과 자매결연을 맺고, 경제협력을 추진하고 있다. 한국과 일본의 기술력과 자본, 극동러시아의 풍부한 지하자원, 중국 북동부와 북한의 노동력을 결합할 경우에는 EU나 NAFTA에 필적하는 동북아시아의 경제블록이 될 수 있을 것으로 기대되고 있으나 물론 제약점이 매우 많다.

1994년에 유엔에서 해양법이 발효된 이후로 바다도 영토가 되버린 현실 속에서 일본은 1996년에 배타적 경제수역(EEZ) 선포와 함께 1997년 1월 1일 직선기도를 시행했다. 북방 4개 도서(남쿠릴열도)를 둘러싸고 러시아와 영토분쟁을 일으키고, 한국과는 독도에 대한 영유권을 주장하면서 동해를 전략적으로 활용하고 있다. 중국과는 동중국해에서 센카쿠제도를 놓고 분쟁을 벌인다.

중국은 뒤늦게 출발했으나, 가장 역동적으로 국지경제권을 적극적으로 추진하고 있다. 대부분 바다와 관련한 정책이다. 사회주의 시장경제체제와 경제특구정책이 성공을 거두면서 최근에는 '대중화경제권', '중화연방론', '신중화제국주의' 등의 우회적인 단어들이 국제사회에서 난무할 정도로 성장했다. 중국은 다양한 형태와 국지경제권을 설정하고 이를 실천하려고 하고 있다. 발해만을 싸고 있는 지역을 묶는 환발해경제권(環渤海經濟圈) 등 산동성 오녕성 한국의 서해안을 연결하는 환황해경제권(1989년)을 선언하였다. 또한 동북 3성·내몽골·산동반도·몽골·시베리아·요동지역·

한반도·일본열도를 모두 포함하는 거대한 동북아경제권의 구상까지 이루어지고 있다. 모두 만주 지방과 직접 관련이 있는 곳이다. 경제가 어려워지면서 위기의식을 느낀 중국 정부는 '동북지역 대개발사업'을 추진하고 있다. 시베리아에서 오는 송유관을 만주로 통과시키기 위해 애를 쓰고 있다. 이 때문인지, 심양 등 도시와 주변의 도로망들은 하루가 다르게 달라지고 있다.

그런데 중국은 동해로 진출하거나 동해를 이용하여 국가나 경제의 발전을 시도하고자할 때 치명적인 한계가 있다. 만주로서는 매우 중요한 출해구인 두만강하구를 북한과 러시아가 장악하고 있다. 또한 동해북부인 타타르해협 등과 접한 연해주지역을 1860년 이후에 러시아에게 할양했으므로 바다로 나갈 수가 없어졌다.

이 후 세월이 지났고, 이제 세계의 역학관계는 변하였다. 이러한 상태에서 중국은 만주 일대, 특히 동해와 연변한 지역과 그 지역을 장악한 나라들에 대하여 독특한 관심을 갖고 있다. 정치적 군사적으로 뿐만 아니라 경제적으로도 이 지역의 수복을 원하고 있다.

이렇게 전개되는 세계사적(世界史的), 동아시아적, 국가적(國家的)인 상황(狀況) 속에서 우리를 비롯한 동아시아 각국들은 국가생존과 발전을 치열하게 모색하고 있다. 그 가운데 한 흐름이 이른바 과거 역사에 대한 재해석작업이고, 중국의 동북공정도 그 가운데 하나이다. 동북공정은 '신중화제국주의(新中華帝國主義)'를 실현시키기 위한 명분축적 작업을 목적으로 삼고 있다. 또한 동북공정은 주변 국가들에 대한 통제력을 강화하고, 특히 만주지역에 대한 한국의 영향력을 약화시키려는 의도가 깔려 있다. 그리고 연해주 문제와도 깊은 관련이 있다.

동북공정의 연구주제는 다음과 같다.[3]

---

3  2002년 2월 중국사회과학원 변강사지연구중심과 동북의 3성인 길림성·요녕성·흑룡강성이 1500만위안 (한국돈으로 약 22억 5000만 원)의 예산을 들여 '동북 변경의 역사와 현상 연구 공정'이라는 약칭 '東北

중국 동북과 러시아(소련) 경제관계사, 張鳳鳴, 2002, 09.

기자와 기자조선 연구, 張碧波, 2002, 09.

러시아 동부 이민개발 문제 연구(1861 1917), 王曉菊, 2002, 09.

민국시기 동북지방 정부 변경통치 연구, 胡玉海, 2002, 09.

근대 중국 동북지구 국제이민 문제 연구, 王勝今, 2002, 10.

국제법과 중·조 국경분쟁 문제, 焦潤明, 2003, 09.

장백산지구 역사 문화 및 그 귀속문제 연구, 劉厚生, 2004, 02.

청대 압록강 유역 봉금과 개발 연구, 張杰, 2004, 06.

러시아 극동지구 중국인, 張宗海, 2004, 12.

만주국(僞滿)시기 동북의 국경충돌과 국경교섭 연구, 王慶祥, 2004, 12.

　　이것을 보면 동북공정은 정치논리적인 성격이 강하며, 연해주도 깊은 연관이 있음을 알 수 있다. 만약 중국이 연해주 땅을 수복한다면 무궁무진한 육지의 자원은 물론, 바다의 자원들까지 가질 수 있다. 특히 타타르해협까지 차지한다면 북태평양으로도 진출할 수 있다. 그 때문에 중국인들은 합법적인 방법과 불법을 가리지 않고 연해주에 건너와 자리와 영향력을 확대하고 있다. 현재 중국과 러시아는 對 미국 및 對 일본전략 속에서 협력관계이자 동반자관계를 구축하고 있다. 하지만 중국이 국제질서의 변동 과정 속에서 연해주 지역의 수복을 노리고 있다.

　　한편 중국은 2006년 4월을 계기로 북한의 나진항 부두건설에 참여한 후에 50년 동안 공동관리하겠다는 발표를 했다. 또 근래에는 두만강 하구의 16.5km에 달하는 구간을 준설하여 항로를 만들고 방천에는 2천 톤 급 선박이 정박할 수 있는 항만시설(부두)

---

工程' 이 발족했다. 고구려를 비롯한 고조선, 부여, 발해의 역사 및 중국의 현안들, 현재의 한국에 대한 문제들을 연구하는 작업이다. 그리고 2007년 1월 31일로 작업을 완료했다.

를 건설하였다. 이로써 중국은 동해로 연결되는 물류망뿐만 아니라 해군이 활동할 수 있게 되었다. 그래서 '조중연합함대(朝中聯合艦隊)'가 동해에서 결성될 것이라는 등 여러 설과 함께 시나리오들이 난무하고 있다. 이러한 일련의 행위들은 결국은 동아시아의 신질서가 수립되는 과정에서 보다 유리한 고지를 확보하려는 것이다.

러시아는 고르바초프가 1991년 블라디보스토크 연설을 한 후 1992년 1월 1일에 개방하였다. 그 후, 태평양에 대한 관심을 공식적으로 표명했고, 일본과 함께 환동해경제권에 참여하고 있다. 또한 유엔개발기구(UNDO)가 주도하여 북한 러시아 중국이 공동으로 참여한 동북아지역 협력프로젝트에 참여했다. 이 계획은 러시아의 크라스키노 등 핫산(KHASAN)지구와 중국의 훈춘, 북한의 나진·선봉 등 두만강 하구 지역을 자유무역경제지구로 선정한 것이다. 그 후 러시아는 한동안 복잡하고 불투명한 국내사정으로 인하여 동아시아지역의 이익과 활동에는 소극적인 편이었다.

하지만 2000년에 푸틴(Vladimir Putin)정부는 출범하면서 '강력한 러시아 재건'을 표방했다. 프리모르스키(연해주) 지역을 다시 중요하게 여기고 정책적으로 비중을 두고 있다. 중국인들에게 연해주지역의 상권을 빼앗기고 있지만, 두만강하구의 군사전략적인 가치와 핫산 등의 경제적 가치, 그리고 일본을 활용할 수 있다는 지리점인 이점을 인식하고 나름대로 영향력을 회복하고 있다. 특히 시베리아의 이르쿠츠크에서 출발한 가스관이 통과하는 지점을 놓고 중국과 일본 사이에서 줄다리기를 하고 있다. 중국 한국 일본을 노골적으로 의식하면서 TSR(시베리아횡단철도)과 TKR(한반도종단철도)을 연결시키고 동해를 이용하여 일본열도와도 이으려는 계획을 추진하고 있다. 현재는 한국의 속초·부산등과 항로를 개설하여 교류와 무역량을 증가 시키고 있으며, 중국과는 우스리스크 지역 등을 거점으로 무역활동을 벌이고 있다. 한편 2001년에는 중·러 선린우호조약을 맺었다. 2005년에는 중국과 합동군사훈련을 하는 등 우호적인 관계를 맺고, 국경지역에 자유무역지대를 설정하고 1조 원에 달하는 자금을 중국과 공동으로 투자하여 경제문화복합단지를 건설하고 있다.

한국은 동해와 관련해서는 동해 중부의 여러도시들과 일본의 혼슈 중부인 쓰루가(敦賀), 니가타(新潟) 등을 연결하는 동해경제권 등 여러가지 이론을 구상하고 있지만 항로 개설 하나 없이 우왕좌왕하고 있을 뿐이다. 다만 속초항에서 자루비노항으로 여객선이 들어가고, 또 북한이 아닌 러시아의 자루비노나 포시에트 등을 거쳐 훈춘으로 들어가 연길, 백두산으로 이어지는 해륙로(海陸路)를 열었다.

북한은 1991년 12월에 나진·선봉지역을 자유무역경제지구로 선포하고, 1993년에는 자유경제 무역지대법을 제정하여 동해를 활용한 경제발전을 시도하고 있다. 신의주 특구, 경의선복원 등을 선언하고, 개성공단개발 등 서해안개발에도 관심을 기울이지만, 내부사정으로 인하여 전망이 불투명하다.

동아시아에서 이렇게 전개되는 질서재편기에 경제, 정치, 군사를 둘러싸고 해양력의 대결이 벌어질 것은 자명하다. 특히 항로의 '배타적 관리권'을 놓고 해양력의 시위가 불가피하다. 최근에는 북방 4개도서인 남쿠릴열도를 둘러싸고 일본과 러시아가 영토분쟁을 일으키고, 일본은 독도에 대한 영유권을 주장하면서 동해를 전략적으로 활용하고 있다.

또한 북한은 러시아정부와 두만강 하구의 녹둔도(鹿屯島)를 놓고 영토분쟁이 일어날 수 있다. 또한 중일 간에는 센카쿠제도(중국에서는 釣魚島)의 영유권을 놓고 국제적으로 분쟁이 일어나며, 또한 중국과 동남아 국가 간에도 남사군도를 놓고도 역시 심상치 않은 갈등이 일어난다. 이러한 충돌은 심지어는 '제 2차 남해대전(南海大戰)'이라는 가상 시나리오가 유포될 지경으로 비화되고 있다. 이러한 갈등과 충돌 등은 해양영토라는 면적의 의미와 함께 sea-lane이라는 선(線)의 권리와 확보를 둘러싼 성격이 강하다.

## 4. 연해주 지역의 자연환경

연해주(沿海州 : 프리모르스키)는 16만 5000평km의 드넓은 지역이다. 동해 및 타타르해와 붙은 해안가, 흑룡강(아무르강)인 하바로프스크지역 훈춘과 연변지역, 두만강 하구일부를 포함한다. 백두산에서 연해주로 이어지는 대삼림지대가 있고, 타타르해협을 넘어 사할린과 홋카이도, 동해 너머로 일본열도까지 확장된다.

동아시아는 지리적인 관점에서는 대륙과 바다가 만나는 해륙적(海陸的) 환경의 지역이다. 구체적으로는 한반도를 중심축으로 일본열도의 사이에는 동해와 남해가 있고, 중국과의 사이에는 황해라는 내해(內海, inland sea)가 있다. 한반도의 남부와 일본열도의 서부, 그리고 중국의 남부지역(長江 이남을 통상 남부지역으로 한다)은 이른바 동중국해를 매개로 연결되고 있다. 그리고 현재 연해주 및 북방, 캄차카 등도 동해연안을 통해서 우리와 연결되고 있으며, 타타르해협을 통해서 두만강 유역 및 북부지역과 사할린 홋카이도 또한 연결되고 있다. 즉 완벽하지는 않지만 비교적 지중해적 형태를 띠고 있다. 다국간 지중해해(多國間 地中海海, Multinational-Mediterranean-Sea)의 형태로서 모든 나라를 포함시키고 있다.[4] 이러한 자연공간간에서 대륙적(大陸的) 성격과 함께 해양적(海洋的) 특성을 가지고 있었고, 역사가 발전하는 데에 큰 역할을 하였다. 이러한 인식과 사실을 바탕으로 필자는 '동아지중해(EastAsian-Mediterranean-Sea)'란 모델을 설정하여 제시하였다. 동아지중해는 총 면적이 3,400,000km이다. 동해는 남북 길이가 1,700km, 동서 최대 너비는 1,000여km, 면적이 107만km² 로서 3분의 1을 차지하고 있다. 여기에는 우리의 인식이 못 미치는 타타르해협까지 포함한 것이다.[5]

---

[4] 동아지중해의 자연환경에 대한 검토는 윤명철, 「海洋條件을 통해서 본 古代韓日 關係史의 理解」, 『日本學』14, 동국대 일본학연구소, 1995 ; 「黃海의 地中海的 性格研究」, 『韓中文化交流와 南方海路』, 국학자료원, 1997, 기타 논문 참고.
[5] 이 타타르해협을 중국, 일본, 러시아 학자 및 일부 한국학자들이 역사 및 고고학 논문 등에서 일본해라고

일본에서는 1970년대 동아시아론에 대한 논쟁이 벌어지더니 점차 해양과 동해(일본해)에 관심을 갖고 지중해라고 부르고 있다. 그러다가 1990년대 말에 와서 새삼 동아시아의 지중해적인 성격에 주목하고, 국가전략의 입장에서 바라보는 정치학자들뿐 아니라 일반 역사학자들도 이에 대한 연구를 시작했다.[6] 그 동아지중해의 한 가운데에 있으면서 북으로는 육지와 직접 이어지고, 바다를 통해서 모든 지역들과 연결되는 지역에 우리의 역사활동 '터'가 있다. 우리같은 지중해적 형태와 구조 속에서는 역사를 해양과 육지를 유기적인 시스템으로 파악하는 해륙사관(海陸史觀)으로 파악할 필요가 있다.

동해문화의 성격과 위치, 역할, 그리고 향후 의미에 대한 고찰은 매우 필요하다. 필자는 이를 '동해문화권'으로 설정한바 있다.[7] 동해문화권의 중요한 지역 가운데 하나이고, 그동안 소외되어 왔으며, 우리와 깊은 문화적·종족적 연관성을 지닌 지역은 연해주 일대이다. 동해북부와 타타르해협, 오호츠크해, 사할린 등을 동아시아 역사의 중요한 터로 보는 견해들이 있다. 특히 일본학자들은 근대 역사학의 초창기부터 이러한 인식은 지금도 지니고 있으며 심도깊은 연구를 진행하고 있다.[8]

---

표기하고 있다.
[6] 千田稔, 『海の古代史 東アジア地中海考』, 角川書店, 2002. 그는 서문에서 1996~1998년까지 국제일본문화연구센터가 '동아시아지중해세계에 있어서의 문화권의 성립과정에 대해서'라는 연구를 수행하고 그 보고서로서 이 책을 출판한다고 쓰고 있다. 그리고 그들의 동아지중해는 남지나해, 동지나해, 일본해, 황해, 발해를 가리키는 용어라고 규정하고 있다. 또한 이미 오래 전부터 남방해양문화에 관하여 연구를 해 온 國分直一의 예로 들면서 그는 동아지중해를 4개의 지중해로 구성하고서 오호츠크해, 일본해, 동지나해, 남지나해라고 하였다. 뿐만 아니라 과거 필자가 논문에서 소개하고 우려를 표명한 적이 있지만 이러한 시각을 발전시켜 가와가쓰 헤이타이(川勝平太) '海洋聯邦論' 등의 정치이론으로 확장되고 있다.
[7] 윤명철, 「동해문화권의 설정 검토」, 『동아시아 역사상과 우리문화의 형성』, 민속원, 2005.
이 논문에서 선사시대 이들 지역에서 이루어진 문화양상에 관한 일본학자들의 견해와 함께 연구성과를 소개했다.
[8] 安田喜憲, 「日本海をめぐる 歷史の胎動」, 『季刊考古學』15號, 雄山閣出版社, 1986, pp.14~16.

## 1) 자연환경

극동은 기후가 몬순성으로서 연해주·아무르강 유역·사할린 등의 남부지역에서 현저하게 나타난다. 이 지역은 기원전 1000년에는 잡곡재배의 적지였다. 토양은 반습지적인 초지의 흑색토양으로서, 비옥도는 높고, 봄용 작물에 적합하였다. 연해주 남부의 중국과 공유하는 홍개호(興凱湖) 주변에는 쌀과 대두를 기르고 포도도 재배했다. 그리고 북위 50도 이남은 졸참나무 혼합림대가 넓게 퍼져있었는데,[9] 그로 인해 신석기시대에는 호두나 도토리 등의 견과류를 식량으로 할 수 있었다. 또한 연안은 어업자원이 풍부해서 연어, 송어 등등의 어류들이 살고, 아무르강 유역도 많은 종류의 어류들이 있었다.[10] 아무르강 유역은 기원 전 2,000년 전반부터 농경을 개시하였다.

연해주 일대나 동해안처럼 육지의 평원이 발달하지 못하고 산과 숲이 발달한 지역은 물류망을 비롯해서 바다와 연결된 교통망으로서 강의 중요성이 더욱 컸다. 가장 대표적인 강은 역사서에서 黑水 등으로 기록된 흑룡강(黑龍江, 아무르강)이다. 시베리아 남동쪽과 중국 동북쪽의 국경을 흐르는 강으로서 전체 길이가 4,440km인 만주일대에서 가장 길다. 홍안령(興安嶺)의 대삼림 사이를 거쳐서 내려오는 물길은 백두산에서 발원하여 북류하던 송화강(松花江)이 눈강(嫩江)과 만나 동쪽으로 선회하여 흐르다가 돈화현(敦化縣)에서 발원하여 북상한 목단강(牧丹江)과 만난 후 북상한 물길과 중류에서 만난다. 이어 홍개호(興凱湖)에서 발원하여 북상한 우수리강과 만나 3강이 만나는 삼강

---

9 동아시아 삼림대에서 특정적인 농경문화 유형을 인지해서 'ナラ林文化'로 명명한 사람은 中尾佐助이다. 이 문화는 기원전 3000년경부터 500년 정도까지 있었다. 이 문화는 대륙 동부에서 도래하여 순무나 W형 대맥 등으로 대표되는 북방계의 중요한 작물군을 받아들인 농경문화라고 생각된다. 松山利夫, 「ナラ林の文化」, 『季刊考古學』 15호, 雄山閣出版社, 1986, p.43.

10 加藤晋平, 「東北アジアの自然と人類史」, 『東北アジアの民族と歴史』, 三上次男·神田信夫 編, 山川出版社, 1992, pp.9~10.

(三江)평원을 이룬다. 이 지역은 농경에 적당하며, 전 지역에 삼림이 울창하고 소택(沼澤)이 두루 퍼져있으며, 각종 모피 및 물고기를 구할 수 있었다. 흑룡강으로 모여든 만주일대를 흐르는 대부분 강물은 현재 하바로브스크에서 다시 동북상하여 사할린 사이에 있는 타타르해협의 북부해역과 오호츠크해로 흘러 들어간다. 흑룡강의 연안은 어업자원이 풍부해서 연어, 송어, 고래 등의 어류들이 서식한다. 러시아와 중국이 공유하는 홍개호(興凱湖) 주변에는 쌀과 대두(大豆)를 기르고, 포도도 재배했다.

우수리강 유역에는 산간곡지가 조금 있으며, 전체적으로는 산지가 발달하여 소나무 자작나무 백양나무 등 각종 침엽수들이 삼림을 이루고 있었다. 고대사회에서 중요한 무역품인 질 좋은 목재가 풍부했고, 약재와 꿀·버섯·산삼 등 식용작물도 산출되었다. 초피 등 짐승들의 가죽은 귀중하고 비싼 사치품으로 취급되었다.

연해주 남부는 구릉성 산지가 발달하고, 북으로는 우수리강 상류, 수분하(綏芬河), 두만강, 얀치하가 흐르고 있다. 노야령(老爺嶺) 동쪽의 연변산지는 산이 줄줄이 이어지고 높고 낮은 산봉우리가 솟아있다. 해발 500~800m인데도 곳곳에는 충적의 산간분지들이 있다. 바깥으로는 동해에 마주하고, 내부는 산세가 험준하며 삼림이 무성하며 쑥(蒿草)등이 생산됐다.

전체적으로는 산지가 발달하여 소나무·자작나무·백양나무 등 각종 침엽수들이 삼림을 이루고 있었다. 고대사회에서 중요한 무역품인 질 좋은 목재가 풍부했고, 약재와 꿀·버섯·산삼 등 식용작물도 산출되었다. 짐승들의 가죽은 귀중하고 비싼 사치품으로 취급되었다. 담비가죽(貂皮)은 읍루(挹婁)에서도 명산이었다. 발해시대에는 이곳 솔빈부에서 말을 키웠다.[11]

스이픈강(綏芬河)은 길림성의 왕청현경(汪淸縣境)에서 발원하여 동녕현(東寧縣)을 경유해서 러시아 국경 내부로 들어가고 러시아의 블라디보스토크 부근에서 동해로 들

---

11 王承禮 저, 송기호 역, 『발해의 역사』, 아시아문화연구소, 1988, p.105 인용.

어간다. 주요한 지류는 호포도하(瑚布圖河)이다. 신석기시대의 유적은 주로 호수(湖泊) 부근 및 강 양쪽 언덕의 대지상에 분포되어 있다.[12] 농경지가 발달하였고, 그래서 조선인들이 정착하여 개척을 할 수 있었다

한반도와 연해주 남부를 형식적으로 구분하는 두만강은 수심이 불규칙하며 수량이 부족할 뿐 아니라 중간이 길고 수로가 험악하여 해양과의 접근성이 좋지 않다. 하구에는 고구려의 책성(柵城)으로 추정되는 혼춘(琿春)지역이 있는데, 분지가 발달하여 농경이 이루어졌다. 이들 산간분지들은 토지가 비옥하고 동해 때문에 기후가 습하며, 숲과 물에 가까워 농경에 편리하고, 어업과 수렵에도 유리하다. 또한 목축업도 발달하였을 것이다. 비록 강 하구의 안쪽으로 들어와 있지만 해양으로 진출하는 전진기지이다.

그렇다면 이러한 육지환경과 상호작용하는 동해의 해양환경은 어떠했을까? 현재 동해의 해안선은 약 8,000년경부터 4,000년경 사이에 형성되었다.[13] 4,000~6,000년 전에는 현재보다 온난한 기후였으므로 수면이 4~5m 높다는 주장도 있다. 해안선이 단조롭고, 서쪽으로 해발 1,000m 이상의 태백산맥 능선이 발달해서 일반적인 해안지형과는 다르다. 특히 평지가 부족해서 농경이 발달하지 않았고, 인구가 집중되지 못했다. 또한 대륙붕이 짧아 수심이 갑자기 깊어진다. 섬들이 적고 원양에 노출되어 있으므로 파도의 영향이 커서 무동력으로 항해하기에 불편하다. 또한 조석간만의 차이가 거의 없어 어장이나 인간이 거주하는 생활영역이 적고, 이를 이용하는 해상세력도 크게 존재하지 않는다. 이러한 해양환경으로 인하여 일부지역을 제외하고는 거주에 아주 적합한 환경은 아니었다.

---

12 趙賓福 저, 崔茂藏 역, 『中國東北新石器文化』, 集文堂, 1996, p.209.
13 박용안 외 25인, 「우리나라 현세 해수면 변동」, 『한국의 제4기 환경』, 서울대학교 출판부, 2001, pp.117~155.

## 2) 타타르해협

하바로브스크와 비교적 가까운 항구인 그로세비치로부터 남으로는 블라디보스토크 등에 이르는 연해주 지역에서 출발하여 사할린(高項島)과 홋카이도(北海道)의 남단에 이르는 장소로 도착하는 선사시대부터 항로가 있었다. 북해도의 오호츠크문화[14]의 유적에서는 대륙으로부터 전해진 물건들이 적지 않은데 그것들은 연해주지방에서 아무르하 유역 및 사할린을 경유하여 들어온 것이다.[15] 일본의 승문도기(繩紋陶器)와 대륙의 승문도기는 문화의 연원이 유사하며, 대륙과 사할린(高項島)은 교섭이 있었다고 한다.[16] 북해도를 포함하여 동북일본의 선사문화는 대륙 동부와의 밀접한 관계를 생각할 수 있는 요소가 적지 않다.

연해주 북부해안인 소베츠카야가반에서 건너편인 사할린의 오롤보까지는 불과 150km에 불과하고, 연해주의 가장 북부지역에서는 간격이 2.5km에 불과하다.[17]

선사시대의 주민들도 간단한 노를 저어서 도해가 가능하다. 겨울인 12월에서 4월까지는 얼음이 얼어서 걸어서 건너갈 수 있다. 더구나 연해주 동부에는 2,077m의 시호테알린 산맥이 북에서 남으로 뻗어있다. 사할린은 의외로 큰 섬이어서 남북 간에 거리가 966km이며, 동서도 40~153km에 달한다. 또한 중간에 최고봉인 1,609m인 산맥이 남북으로 길게 벋어있어서 항법상으로 도착하기에 용이한 곳이다.

---

14 오호츠크문화란 홋카이도문화 및 사할린문화를 말한다.
15 菊池俊彦 著, 『北東 アジアの 古代文化の硏究』, 北海道大學 圖書刊行會, 1995, p.28.
16 王健群, 「古代日本北方海路的形成和發展」, 『博物館硏究』55期, 3期, 1996, pp.51~52 ; 江上波夫, 「古代日本の對外關係」, 『古代日本の國際化』, 朝日新聞社, 1990, pp.52~53.
17 그 외 6.4km설 7km 설 등 이이 있지만 10km 미만인 것에는 일치하고 있다.

## 5. 연해주지역과 우리 역사상

연해주지역에서는 선사시대부터 사람이 거주하면서 문화를 발전시켰다.

신석기시대에는 호두나 도토리 등의 견과류를 식량으로 할 수 있었다. 또한 연안은 어업자원이 풍부해서 연어·송어 등의 어류들이 살고, 아무르천 유역도 많은 종류의 어류들이 있었다.[18] 아무르강 유역은 기원전 2,000년기 전반부터 농경을 개시하였다.

동해안의 신석기 유적 가운데에서 해양문화의 전파와 관련하여 주목할 지역은 함경도의 서포항 패총유적지이다. 두만강 하구에서 서편으로 약 30km떨어진 해안가의 구릉에 있다. 1947년 북한의 고고학자들에 의해 발견되었다. 구석기시대, 신석기시대, 청동기시대의 문화층이 함께 있다. 신석기 1기층은 기원 전 5,000년 말 4,000년 초로 추정되는데, 토기는 시문의 수법이 오산리의 압날문(押捺文)과 똑같다. 고래뼈로 만든 노도 발견되었다. 제3기, 4기의 토기가 연해주나 흑룡강성 지역에 까지 넓게 분포된 것은 확실하고, 아무르강 중류와 깊은 관련이 있다.고 한다.(각주 생략)

양양군의 오산리(鰲山里)유적은 기원전 6,000년~4,500년 사이의 유적인데, 출토된 융기문토기는 중국 동북지방 흑룡강성과 일본 규슈지방에서 출토되는 유물과 일치하고 있는데, 흑요석석기는 성분분석을 통해 백두산이 원산지임이 밝혀졌다.[19] 청동기시대와 연관해서는 암각화이다. 영일만지역의 칠포리를 비롯한 몇몇 군데에서 암각화가 발견되었고, 근처인 울주(蔚州) 대곡리에도 대형의 반구대 암각화가 있다. 전파론의 입장에서 정리하면 연해주지역에서 내려온 것으로 이해하고 있다. 시베리아의 미누신스크, 예니세이강, 아스키스, 아무르강 유역과 우리나라의 함북웅기, 강원도 양양

---

18 加藤晋平,「東北アジアの自然と人類史」,『東北アジアの民族と歷史』(三上次男·神田信夫 編), 山川出版社, 1992, pp.9~10.
19 임효재,「중부 동해안과 동북 지역의 신석기 문화 관련성 연구」,『한국고고학보』26집, 1991, p.45.

의 오산리, 경남 울주군 대곡리 반구대, 천전리, 부산 동삼동과 일본 규슈지방까지 연결되는 하나의 분포대로 규정하고 있다.

고구려는 초기부터 동해북부지역과 연해주 일대에 깊은 관심을 드러냈다.

이미 고주몽 때에 백두산 주변지역을 장악하였고, 6대 태조대왕은 책성을 설치하였다. 산상왕(山上王) 21년(217년) 가을 8월, 한(漢)나라들을 받아들여 책성(柵城)에 안치했다. 고구려는 일찍부터 동예와 옥저 등을 지배했다. 연해주 남부에서 두만강 아래까지는 해안가를 끼면서 옥저와 동예가 있다. 이미 6대 태조대왕 때에 본격적으로 진출하여 영토로 삼은 지역이다. 후한서에는 그 지역의 대인(大人)을 뽑아 사자(使者)로 삼아 읍락(邑落)을 함께 다스리게 하였으며, 조세로서 맥포·어·염 및 해산물을 징수하였고 미녀를 보내게 하여 비첩으로 삼았다.[20] 『삼국지』 동옥저에도 이와 유사한 기록이 있다.

이곳의 주민들은 울창한 숲에서 곰, 호랑이, 표범 등 동물들을 사냥하였고, 일찍부터 고구려에 편입된 동예는 '위호산신(爲虎山神)'이라 해서 호랑이를 산신으로 숭배했고, 발해인의 후예를 알려진 우데게족 또한 지금도 호랑이를 산신으로 받들었다. 동예는 바다를 끼고 있으므로 반어피(班魚皮)라는 독특한 물고기껍질이 생산되었다. 이 지역은 바다에서 고래잡이를 비롯한 어업이 활발했으며, 두만강 하구나 얀치하, 우수리강, 흑룡강 등에서도 고기잡이가 발달하였다. 고구려는 연해주 남부지역에도 군사활동을 벌여 영토를 확장하였다.

광개토대왕은 8년(398)에 식신(息愼)을 정벌하였는데, 한국학계에서는 대체로 숙신설을 따르면서 동만주 연해주 방면으로 이해하고 있다. 이곳은 동류 송화강의 일부와 두만강, 얀치하, 우수리강 흑룡강이 흐르는 곳이며, 동해 및 타타르해협과 마주 닿는 지역이다. 이어 즉위 20년인 410년에 동부여(東夫餘)를 친정하여 복속시켰다. 당시의

---

20 『후한서』 권85, 동옥저.

동부여 위치는 영흥만(永興灣) 또는 두만강 하류라는 설이 있다.[21] 이때 동부여의 세력 속에는 미구루(味仇婁)가 속하였으므로 연해주 일대도 고구려의 영역으로 편입되었다고 볼 수 있다.[22]

한편 읍루(挹婁)가 있다.

사실은 가장 먼저 이 지역에 터를 잡은 사람들은 고아시아계이다. 신석기시대부터 소수종족으로 명맥만 이어온 이들은 지금은 연해주에서도 북쪽의 일부지역과 캄차카 반도로 이어지는 지역, 그리고 사할린에 일부가 거주하고 있다. 이들은 한 번도 이 지역에서 역사의 주인 노릇을 한 적이 없다. 고구려와 수나라가 전쟁을 벌일 때 유귀(流鬼)가 수나라에게 사신을 보내 우호적인 제스처를 취했는데, 이 유귀는 고아시아 족인데 사할린 혹은 캄차카에 거주한 주민들이다.

그 다음 단계로 정착했고, 실질적으로 오랫동안 주인 노릇을 한 사람들은 퉁구스계통의 주민들이다. 역사에서는 숙신이란 이름으로 처음 나타난 이래 읍루(부여 초기 고구려)·물길(고구려 전성기)·말갈(고구려 후기 및 발해시대)·여진(고려 조선시대)·만주(근대)로 시대에 따라 이름이 명칭이 바꾸어진 사람들이다. 이들은 퉁구스계로 엄밀하게 말하면 사료에도 기록되있지만, 언어상으로나 종족상으로 우리와 구분이 된다. 하지만 지역적으로나 맺어온 관계로 보아 우리역사와 매우 관계가 깊다.

『후한서』 동이전에는 '읍루는 옛 숙신국 땅이다. 남으로는 북옥저와 접해있다'고 3~4세기 전후의 상황을 말한다. 『삼국지』 동이전에 따르면 그들은 오곡농사를 짓고, 우마(牛馬)를 키우며, 마포(麻布)도 사용했다고 한다. 또 흑요석의 석촉을 사용하였는데 독화살이었다. 바다에서 물고기도 사냥하였으며 조선술도 뛰어났다.[23] 그렇다면 위치

---

21 신채호는 琿春說, 이병도는 文川說. 천관우는 農安방면으로 비정했다가 두만강 하류로 수정하였다.
22 서영수, 「광개토왕비문에 보이는 정복기사 재검토」, 『역사학보』, 1985, pp.106~107. 천관우는 「광개토왕릉비문재론」, p.517에서 기존의 견해를 부정하는 견해를 보였다.
23 松山利夫, 「ナラ林の文化」, 『季刊考古學』15호, 雄山閣出版社, 1986, p.44.

는 흑룡강 중류와 함께 연해주 북남부로 추정된다. 『진서(晉書)』 동이전에는 "...숙신씨(肅慎氏)는 일명 읍루(挹婁)이며...땅의 경계는 사방 수천리나 된다"고 하였다. 『삼국지』에는 읍루는 부여의 동북 1천여 리에 있고 바다를 접하고 있으며, 남으로는 북옥저(北沃沮)와 닿고, 북으로는 그 끝이 어디까지 인지 알 수 없다는 기록도 있다. 읍루는 연해주에서 아무르 하류지역을 포함하고 있으며, 서는 우스리스크의 서쪽, 남은 길림성 연변 조선족 자치구를 포함한 비교적 넓은 지역에 살고 있었다.

이들의 문화는 동예, 옥저와 매우 유사하고, 이들 모두 고구려 영역 속에 포함되었고, 나중에는 말갈이라는 이름을 얻었는데, 고구려의 영토 안에 거주하는 주민들이었다. 고구려는 동부여를 병합하고 물길지역을 정복하면서 두만강 하구와 연해주의 일부지방을 영역으로 삼았다. 이곳은 동류 송화강의 일부와 두만강, 얀치하, 우수리강 흑룡강이 흐르는 곳이다.

'동인(同仁)문화'라고 있다. 5세기부터 10세기에 걸쳐서 송화강유역 흑룡강유역 목단강 유역과 그 동쪽에 거주한 물길과 말갈의 문화인데, 러시아는 말갈문화라고 부르고 있다.[24] 손수인(孫秀仁)·장태상(張泰湘)은 동인문화를 5~6세기에서 하한은 6세기 말부터 10세기 초 즉, 수당(隋唐)시기로 보는데, 당연히 이 시기 말갈과 이 지역은 고구려 영역 내에 있었다. 장태상(張泰湘)은 동인문화는 그 후 발해문화로 변용한다고 하고, 양둔대해맹유적(楊屯大海猛遺跡)에서는 동인문화와 발해문화가 공존하고 있다고 지적하고 있다. 그런데 말갈문화는 제르칼나야천 부근, 루드나야천 하류, 아무르천 부근, 코피천 하구 등 연해주 연안의 강 하류와 유적지는 핫산지역, 블라디보스토크 등 해안가 지역에 있다.

특히 연해주 남부지역에 거주하던 물길계는 말갈이란 이름으로 고구려의 주요한 구성원이 되어 수나라, 당나라와 싸울 때 고구려의 용병으로 참여한다. 물론 이들은

---

24 菊池俊彦 著, 『北東アジアの古代文化の硏究』 北海道大學 圖書刊行會, 1995, p.66.

그 지역을 영토로 삼은 발해의 중요한 구성원이 되었다. 한편 만주 북부지역에 있었던 흑수말갈(黑水靺鞨)은 6세기에서 7세기 초에 고구려의 압박을 받아 수(隋)나라에 조공사를 보내면서 사할린에 살고 있는 유귀(流鬼)[25] 등 오호츠크해 연안의 여러 민족과 연대를 강화했다. 이러한 움직임에 대항해서 570년 왜에 파견된 것이 제1차 고구려 사절이었다는 해석도 있다.[26]

발해는 698년에 건국하여 926년에 멸망한 228년 간 존속했던 나라이다. 점차 영토를 넓혀 한창 때인 선왕 때에는 남쪽으로는 대동강부터 원산, 서로는 요동반도(韓圭哲설), 북은 고구려 시대에도 신경을 쓰지 못했던 연해주와 하바로브스크 일대에까지 뻗치는 광대한 제국이 되었다. 『신당서』에는 전성기 때 발해의 영토를 이렇게 기록하고 있다. '땅은 사방 5천 리이며 호구는 십여 만이고 승병(勝兵)은 수만이다. 부여, 옥저, 변한, 조선 등 바다 북쪽에 있던 여러 나라의 땅을 거의 다 차지하였다. 발해의 국토는 5경, 15부, 62주이다라고 하였다. 안변부(安邊部)는 하바로브스크 지역을, 정리부(定理部)는 연해주 남부일대, 솔빈부(率賓部)도 연해주 남부일대를 포함, 안원부(安遠部)는 연해주 중부 동해안일대였으며, 철리부(鐵利部)는 하바로브스크 주 남부일대로 추정하고 있다.[27] 하바로브스크는 철이 많이 생산되는 지역이다.[28] 현재도 이들 지역에서는 고분과 산성을 비롯한 발해의 역사적인 유적과 유물들이 발견되고 있다.

발해는 고구려와 마찬가지로 지정학적인 영토에 걸맞는 국제경쟁력을 갖추고, 경제력을 상승시키려면 해양활동능력을 강화시켜야만 했다. 발해는 일본과 관계가 매우 돈독했다. 727년에 첫 번째로 사신을 파견한 후에 926년에 멸망할 때까지 약 200여

---

[25] 流鬼에 대해서는 여러 설이 있으나 사할린이라고 보는 견해도 있다. 酒寄雅志의「日本と渤海靺鞨との交流」,『先史와 古代』, 한국고대학회, 1997, pp.88~89.
[26] 小嶋芳孝,「古代日本と渤海」, p.20.
[27] 발해의 영역과 위치는 시대에 따라, 혹은 학자들에 따라 약간의 차이가 있다.
[28] 박시형 지음 · 송기호 해제,『발해사』, 이론과 실천, 1995, p.228.

년 동안 공식사절만 34번을 파견하였다. 물론 기록은 되어있지 않지만 민간인들 간의 교섭도 꽤 많았을 것이다. 참고로 746년에는 발해와 철리인 1,100명이 한 번에 일본열도로 간 적도 있었다. 발해는 연해주의 여러 해안과 항구를 거점으로 북해도 혹은 사할린에 도착하였을 것이다. 홋카이도의 삿포로의 외항이 될 수 있는 이시카리만(石狩灣), 루모이(留萌), 와카나이(椎內), 사할린의 코롬스크, 오로보 등은 항로와 연관된 가능성이 높은 지역이다. 만약 러시아 학자들의 주장대로 발해가 하바로브스크 일대까지 영향력을 확대했다면 안변부나 안원부에서 북동방향으로 항진해서 사할린에 쉽게 도착할 수 있다. 그들은 여러 개의 항로를 사용했는데, 연해주지역과 연관해서는 대체로 2개의 항로가 있었다.

연해주 항로는 북으로는 아무르강(黑龍江)의 하구인 니콜라예프부터 하바로브스크와 비교적 가까운 항구인 그로세비치, 사마르가(강과 만나는 지역), 그리고 남으로는 블라디보스토크, 크라스키노 등에 이르는 연해주(沿海洲) 지역에서 출발하여 타타르해협을 도항한 다음에 사할린(高項島)의 최북단인 오카, 사카린, 오를보, 코름스크, 그리고 홋카이도(北海道)의 와카나이(海內), 오타루(小樽) 등 남단에 이르는 장소로 도착하는 항로이다. 동해북부횡단항로는 러시아령이 된 포시에트만 지역, 청진, 나진 등 두만강 하구와 원산 이북에서 출항하여 동해부부 해양을 횡단한 다음에 일본의 동북지방인 아키타(秋田)와 니가타(新潟), 월인 이시카와(石川), 후쿠이(福井) 등에 도착하는 항로이다. 발해사신들이 주로 초기에 사용한 항로이다.

발해에 대하여 연구를 가장 먼저 시작했고, 또 본격적으로 한 것은 일본이다. 물론 발해의 역사 흔적은 일본 측의 사료에 제일 많이 남아 있는 탓도 있다. 하지만 그것은 역사학과는 무관한 목적 때문이었다. 일본은 발해연구를 식민지 지배를 정당화시키고, 대륙진출을 위한 조사와 명분으로 활용했다. 사실 발해는 일본에 사신을 파견했던 항구는 두만강 하구 주변에 집중되었기 때문에 일본은 발해영토와 역사에 대해 관심을 가질 수밖에 없었다. 지금은 중국이 동북공정을 통해서 발해사를 왜곡할 뿐 아니라 연해주진출의 학문적인 도구로 삼고 있다.

　그 후에는 우리와 직접 관련이 있었던 기간이 적었다. 그런데 수(隋)나라와 당(唐)나라 시대에 발해의 통치밖에 있었던 말갈(靺鞨)의 흑수부(黑水部)가 발전해서 생긴 우데게는 일부가 뒤에 따로 발전하여 헤젠(赫哲, 나나이), 오로첸(鄂倫春)·어웬키(鄂溫克, 에벵키), 등의 민족이 된다.[29] 당나라 시대에 흑룡강의 중하류에는 사모부(思慕部)·군리부(郡利部) 등이 있었는데, 모두 말갈이라고 칭했다. 말갈은 예맥과 숙신 및 고아시아계 3개 종족의 일부 부락군 및 부락연맹을 포함한 이름이었다는 주장이 있는데,[30] 이는 이 지역이 그만큼 자연환경과 인문환경이 복합적일 수 밖에 없음을 반증한다. 그리고 흑룡강 하류지역에 살았던 군리 窟說 등은 곧 고아시아 종족의 일부였다. 일부에서는 한(漢), 위(魏) 때의 옥저(沃沮)가 뒤의 兀者, 赫哲(헤젠, 나나이)로 된 것으로 보는데,『삼국지』 옥저전에는 옥저의 언어가 고구려와 크게는 같으나 때때로 약간의 차이가 있다.는 기록이 있으므로 고구려와 나나이와의 종족적·언어적·문화적 연관성을 진지하게 검토해 볼 필요가 있다.[31] 그 후 연해주 지역은 우리 역사에서 멀어져갔다. 다만 윤관의 여진정벌 당시와 그 후 근대에 들어서면서 독립군들이 독립전쟁을 벌리고, 조선인들이 개척하는 경제영토의 역할을 담당했다.

---

29　孫進己, 임동성 역,『동북민족원류』, 동문선, 1992, p.65.
30　孫進己, 위의 책, p.31.
31　高靑山 외,『東北古文化』, 春風文藝出版社, 1988 ; 백산자료원 再刊, 1994 ; 方衍主 편,『黑龍江少數民族簡史』, 中央民族學院出版社, 1993.

## 6. 결어

　연해주 지역(프리모르스키)은 말 그대로 해류적 지역이다. 즉 만주대륙과 타타르해협, 그리고 동해북부가 만나는 지역이며, 동맥처럼 뻗은 강들로 구성된 연수항로가 발전한 지역이다. 지금은 러시아의 남진과 중국의 동진 및 동해 진출, 그리고 수복의지가 충돌하는 지역이다. 일본에게는 대륙진출의 교두보 역할을 하였으나, 지금은 중국과 러시아를 방어하는 방어망의 가치가 높은 지역이다. 북한 및 남한의 입장에서는 접근하기가 매우 곤란한 지역이며, 이는 미국의 대아시아전략과 맞물려 복잡하다.
　이러한 복잡하게 전개되는 역학관계의 기본구조를 파악하는 일은 매우 중요하다. 다양한 방법으로 이를 시도할 수 있는 데 그 가운데 하나는 역사이다. 연해주 지역에서 원(員)조선·고구려·옥저·동예·발해 등이 벌인 역사활동은 우리에게 매우 의미가 있다. 특히 고구려와 발해는 연해주 일대와 동해를 장악하면서 황해와 더불어 동아지중해에서 중핵조정역할을 잘 수행하였고 강력한 나라가 되었다. 따라서 연해주 지역을 대하고자 할 때 역사상의 이해는 연해주 자체의 성격 및 구조의 이해와 함께 우리의 대응전략을 모색하는데 유효하다.

# 13

# 울릉도, 독도의 역사적 환경과 의미*
―해양전략적 가치와 경제적 가치를 중심으로―

## 1. 서 언

    역사학은 미래학이면서 동시에 과거의 역사상, 즉 정체성을 규명하는 역할도 있다. 우리역사의 기본성격을 이해하려면 역사 공간에 대한 정확한 이해를 토대로 구체적인 사건들을 해석하는 접근양식이 필요하다. 공간에 대한 오해는 동아시아역사를 해석하는 데서도 나타난다. 동아시아는 아시아 대륙의 동쪽 하단부에 위치해 있으면서 대륙적(大陸的) 성격과 함께 해양적(海洋的) 특성을 가지고 있다. 또 하나는 우리 역사를 폐쇄적인 한반도적인 관점이 아니라 범(凡)아시아적 동(東)아시아적 관점에서 역사상과 존재이유를 살펴보는 것이다.[1]

---

* 「울릉도·독도의 역사적 환경과 의미」, 『독도 학술 세미나』, 한국문화원 연합회, 2010, 11, 16.
[1] 『東亞地中海와 古代日本』, 청노루, 1996 ; 『張保皐 시대의 해양활동과 東亞地中海』, 학연문화사, 2002 ; 『韓民族의 해양활동과 東亞地中海』, 학연문화사, 2002 ; 『高句麗 海洋史 硏究』, 사계절, 2003 ; 『바닷길은 문화의 고속도로였다』, 사계절, 2003 ; 『韓國 海洋史』, 학연문화사, 2003 ; 『歷史戰爭』, 안그래픽스, 2004 ; 『高句麗는 우리의 未來다』, 고래실, 2004 ; 『高句麗의 精神과 政策』, 학연문화사, 2004 외 저서 ; 남덕우 편, 「장보고를 통해서 본 經濟特區의 역사적 교훈과 가능성」, 『경제특구』, 삼성경제연구소, 2003 ; 「동아시아의 相生과 동아지중해모델」, 『21세기 문명의 전환과 생명문화』, 세계생명문화포럼, 2003, 12 ; 「海洋史觀으로 본 한국 고대사의 발전과 종언」, 『한국사연구』123호, 한국사연구, 2003 ; 「한국사 이해를 위한

우리 역사학은 육지역사에 비하여 바다역사를 소외시켜왔고, 특히 동해는 황해[2]
나 남해에 비하여 상대적으로 역사의 주변부로만 인식하였다. 그러나 모든 것은 환류
하고, 또 중심부에서 멀리 떨어져 있거나 한시적으로 역할이 미비했더라도 하나의 통
일된 역사체의 일부분인 것은 틀림없다. 이러한 몇 가지 점을 놓고 보아도 동해문화의
성격과 위치, 역할, 그리고 향후 의미에 대한 고찰은 매우 필요하다. 특히 일본은 이러
한 필요성에 입각하여 일찍부터 동해와 관련된 문화현상 및 교류, 역사적인 활동에 대
하여 연구를 거듭해왔다. 이미 오래 전부터 소위 '일본해 문화권'을 설정하고 심도 깊
은 연구를 진행해왔다.[3] 그 가운데 하나가 독도영유권 주장이다.

　본고는 울릉도와 독도의 위상과 의미를 다른 관점에서 살펴보고자 한다.
　우산국은 역사상에서 실재한 나라이다. 위치는 현재 울릉도이다. 이때 울릉도라
함은 독도를 비롯하여 주변의 해역을 포함한다. 역사적인 실체인 우산국을 중심으로
울릉도 독도라는 터를 새로운 관점에서 살펴보면서 역사상을 규명하고 폭넓게 이해
하는 계기로 삼고자 한다. 그러므로 해양과 연관된 필자의 해석모델과 다양한 이론 및
지식들을 동원할 예정이며, 문헌학 외에 고고학·민속학·자연과학 등의 학문을 수
용해서 해석을 시도하고, 필자의 이론과 연관된 현장 답사를 최대한 반영하고자 한다.
따라서 가설을 설정하고 연역적으로 해석하는 방식을 동원하며, 후속 연구자들을 위

---

몇 가지 제언」, 『한국사학사학회보』9집, 한국사학사학회 ; 「영일만 지역의 해양환경과 岩刻畵의 길의 관
련성 검토」, 『포항 칠포리 암각화의 세계』, 한국암각화 학회, 2005, 5 외 논문.
2　윤명철, 「黃海의 地中海的 性格硏究」, 『韓中文化交流와 南方海路』(조영록 편), 국학자료원, 1997 ; 「黃海
文化圈의 形成과 海洋活動에 대한 연구」, 『先史와 古代』, 한국고대학회, 1998, 12.
3　古廐忠夫 編, 『東北アジアの再發見』, 有信社, 1994, p.5에서 環日本海라는 개념은 일본이라고 하는 바다
를 중심으로 하는 지향도 갖고 있지만, 그 외연은 어느 지역까지 포함하고 있느냐에 대해서는 각각의 의
견이 있다. 현재 일본해로 출구가 없는 중국은 과거역사에 대한 비판 때문에 '환일본해'라는 호칭은 그다
지 사용하고 않고, 다만 '동북아시아'라는 호칭을 사용하고 있다.

해 관련성이 있을 가능성이 높은 것들은 필자의 견해와 함께 자료를 제시하고 한다.

동아지중해 모델이라는 거시적인 틀 속에서 육지와 해양뿐만 아니라 동아시아의 모든 바다를 연결된 유기체로 파악한다.

또한 필자가 설정한 '동해문화권(東海文化圈)'의 존재를 전제로 하면서 그 한 부분이면서 항로의 중요한 역할을 부각시키면서 해양적 위상을 살펴본다.

## 2. 동해문화권 설정과 울릉도

본고는 해양의 메커니즘을 본격적으로 활용했으므로 연구 상에 적용시킨 몇 가지 관점을 미리 언급하고자 한다.

첫째는 해양적 관점에서 살펴보아야 한다. 섬의 위치와 주민의 거주 방식과 생활 형태, 민속 문화의 양태 등은 육지의 그것과 가치와 의미 등이 다른 점이 많기 때문이다.

특히 지배방식의 문제인데, 본문에서 언급할 예정이지만 적어도 독자성을 유지한 12세기 초까지는 우산국이라는 개념 속에서 역사상을 이해하고 논리를 전개하고자 한다. 둘째는 동아시아적 관점에서 볼 필요가 있다. 즉 역사활동 범주를 광역화해야한다는 것이다. 해양문화는 선(線, lane)이나 점(點, hub)으로 이어지므로 면(面, field)인 육지에서 보다 넓게 이어지고, 국제관계라는 측면 중요시된다. 또한 문화의 다양성과 복합성 등이 전형적으로 드러난다. 또한 셋째, 울릉도라는 섬의 특성을 최대한 고려해야 한다. 울릉도에 언제부터 인간이 집단적으로 거주를 시작했는가? 사료상의 기록에 근거한다면 적어도 12세기부터 14세기는 공도정책으로 인하여 사람이 거주하지 않은 것으로 파악한다. 하지만 해양질서는 그렇지 않다. 소수의 주민들은 어업집단 또는 수렵집단으로 존재했을 가능성이 크고 이동성이 강한 항해민 집단들은 필요에 따라 경유하거나 활용했을 것이 분명하다. 조선시대의 기록에 따르면 경상도 연해의 어민들이 울릉도와 독도에 와서 어채 활동을 하고 있었으며, 전라도의 어부들이 와서 선박을 건조하곤 했다. 문화의 계승성이 엿보이는 부분이다. 또한 육지로 이주한 집단들도 울릉도의 정신 생활양식 문화 등의 다양한 정체성을 유지보존하였으며, 재입도하면서 계승되었을 개연성이 크다.

### 1) 동아지중해(東亞地中海) 모델

한국고대사에 관한 한 우리의 역사활동 영역은 한반도와 만주일대를 포함하는 대륙, 그리고 바다였다. (原)조선, 부여, 고구려, 발해가 성립하고 성장한 중심은 대륙 가운데에서도 남만주 일대였다. 따라서 대륙의 자연환경과 경제양식, 그곳에 거주하였던 종족들과 그들의 문화, 정치질서, 통치방식, 전쟁방식, 세계관 등등을 고려하고, 부분적으로 차용하고 적용하면서 우리 역사를 해석하는 접근자세가 필요하다.[4] 동아시아는 아시아 대륙의 동쪽 하단부에 위치해 있으면서 중국이 있는 대륙, 그리고 북방으로 연결되는 대륙의 일부와 한반도, 일본열도로 구성이 되어 있다. 그런데 한민족과 한족(漢族), 그리고 일본열도의 교섭은 물론 북방족과의 교섭도 모두 이 지역의 해양을 통해서 교류를 하였다. 일본학자들은 근대 역사학의 초창기부터 이러한 인식을 지니고 있었고, 지금도 그러하다.[5] 이러한 인식과 연구 방법론이 일본제국주의에 봉사했다

---

4 윤명철, 『海洋史觀으로 본 한국 고대사의 발전과 종언』, 『한국사연구』123호, 한국사연구, 2003 ; 「한국사 이해를 위한 몇 가지 제언」, 『한국사학사학회보』9집, 한국사학사학회, 2003 ; 「한국 고대사 연구의 반성과 대안」, 『단군학 연구』11, 단군학회, 2004. 9.

5 安田喜憲은 鳥居龍藏의 『東部シベリアの以前』에서 인용하고 있다. 즉 일본인의 본거지, 일본문화의 고향으로 보여지는 것은 동부 시베리아에서 흑룡강 유역 연해주, 그리고 만주에 이어지는 일본해의 대안이다. 그리고 이것에 조선을 잇고, 樺太(사할린) 북해도, 그리고 사도, 노토 등 일본해일대의 지방을 일괄해서 볼 필요가 있다. 그는 이러한 논리 속에서 졸참나무숲문화권을 소개하고, 사사키 고메이의 남방문화론, 에가미 나미오의 기마민족설까지 소개하면서 소위 일본해문화권에 대한 다각적인 연구의 필요성을 제기

는 것만을 강조해서 도외시한 것은 이해하기 힘들다. 그들은 그러하면서 한편으로는 반도사관에 충실하고, 한정된 공간과 자료 속에서 안주하며 고증만을 역사학의 본령으로 여겼다.

한반도를 중심축으로 일본열도의 사이에는 동해와 남해가 있고, 중국과의 사이에는 황해라는 내해(內海, inland sea)가 있다. 한반도의 남부와 일본열도의 서부, 그리고 중국의 남부지역(長江 이남을 통상 남부지역으로 한다)은 이른바 동중국해를 매개로 연결되고 있다. 그리고 현재 연해주 및 북방, 캄차카 등도 동해연안을 통해서 우리와 연결되고 있으며, 타타르해협을 통해서 두만강 유역 및 북부지역과 사할린 홋카이도 또한 연결되고 있다. 즉 완벽하지는 않지만 비교적 지중해적 형태를 띠고 있다. 다국간 지중해해(多國間 地中海海, Multinational-Mediterranean-Sea)의 형태로서 모든 나라들을 연결시키고 있다.[6] 이러한 자연공간 속에서 대륙적(大陸的) 성격과 함께 해양적(海洋的) 특성을 가지고 있었고, 역사가 발전하는 데에 큰 역할을 하였다. 이러한 인식과 사실을 바탕으로 필자는 '동아지중해(EastAsian-Mediterranean-Sea)'란 모델을 설정하여 제시하였다. 일본에서는 1970년대 동아시아론에 대한 논쟁이 벌어지더니 점차 해양과 동해(日本海)에 관심을 갖고 지중해라고 부르고 있었다. 그러다가 1990년대 말에 와서 새삼 동아시아의 지중해적인 성격에 주목하고, 국가전략의 입장에서 바라보는 정치학자들뿐 아니라 일반 역사학자들도 이에 대한 연구를 시작했다.[7]

---

하고 있다. 安田喜憲,「日本海 めぐる 歷史の胎動」『季刊考古學』15호, 雄山閣出版社, 1986, pp.14~16.

[6] 동아지중해의 자연환경에 대한 검토는 윤명철,「海洋條件을 통해서 본 古代韓日 關係史의 理解」,『日本學』14, 동국대 일본학연구소, 1995 ;「黃海의 地中海的 性格硏究」,『韓中文化交流와 南方海路』, 국학자료원, 1997 기타 논문 참고.

[7] 千田稔,『海の古代史 東アジア地中海考』, 角川書店, 2002. 그는 서문에서 1996~1998년까지 국제일본문화연구센터가 '동아시아지중해세계에 있어서의 문화권의 성립과정에 대해서'라는 연구를 수행하고 그 보고서로서 이 책을 출판한다고 쓰고 있다. 그리고 그들의 동아지중해는 남지나해, 동지나해, 일본해, 황해, 발해를 가리키는 용어라고 규정하고 있다. 또한 이미 오래 전부터 남방해양문화에 관하여 연구를 해

필자가 설정한 동아지중해는 총 면적이 3,400,000km 이다. 동해는 남북 길이가 1700 km, 동서 최대 너비는 1000여 km, 면적이 107만 km 로서 3분의 1을 차지하고 있다. 여기에는 우리의 인식이 못 미치는 타타르해협까지 포함한 것이다.[8]

그런데 필자가 제기한 해륙사관(海陸史觀)의 입장에서 해양역사상을 이해하고자할 때는 해양환경 자체에 대한 이해는 물론이고, 육지와 연관시켜서 살펴보아야 한다. 따라서 육지환경과 해양환경을 유기적으로 검토하고, 그것들이 시스템 속에서 어떠한 연결고리를 갖고 운동하는 가를 이해하고자 한다.[9]

그런데 동아지중해지역의 국가들은 의외로 문화를 공유하는 범위가 넓었다. 문화현상, 종족 경제양식, 생활도구, 신앙, 신화 등을 서로가 주고받으면서 공유하는 범위가 점점 확대해간다. 특히 바다를 가운데 두고 바다 주변의 주민과 문화는 상호간에 영향을 주고받는 일종의 '환류(環流)시스템'을 이루고 있었다. 동아시아에서 해양을 매개로 공통의 문화권이 형성되었다는 주장들이 있다. 언어의 공통,[10] 또는 신화나 설화의 유사성을 근거로 삼는다.[11] 사사키 고메이(佐佐木高明) 등은 소위 조엽수림문화(照葉樹林文化)가 양자강 유역에서 동중국해를 건너 일본열도로 전파되었다고 주장한다.[12]

---

온 國分直一의 예로 들면서 그는 동아지중해를 4개의 지중해로 구성한다고 하면서 오호츠크해, 일본해, 동지나해, 남지나해라고 하였다. 동아시아를 동아지중해라고 부르고 연구를 진행하는 또 다른 학자는 독일 뮌헨대학의 중국사전공자인 Angela Schottenhammer 교수이다. 그는 동중국해, 황해, 일본해를 "동아시아 지중해"라고 설정하고 있다. 2005년 1월 하순 국립민속박물관에서 발표할 때 토론을 맡았다.

[8] 이 타타르해협을 중국・일본・러시아 학자 및 일부 한국학자들이 역사 및 고고학 논문 등에서 일본해라고 표기하고 있다.
[9] 윤명철,「천리장성의 구축 SYSTEM 및 해류적 성격의 검토」,『韓民族共同體』제16호, 사단법인 海外韓民族研究所, 2008 ;「고구려 수도의 해류적 성격」,『백산학보』80, 2008.
[10] 村山七郎,「言語學から見た古代 環東シナ海文化圈」,『東アジアの古代文化』14號 大和書房, 1978 참조.
[11] 荒竹清光,「古代 環東シナ海 文化圈と對馬海流」,『東アジアの古代文化』29號, 大和書房, 1981은 뱀신앙 등과 관련시켜 그 범위를 확대하고 있다.
[12] 照葉樹林文化에 대해서는 佐佐木高明,『照葉樹林文化の道』, 日本放送出版協會, 1988 외.

동해는 동아지중해의 한 부분으로서 존재하고, 따라서 논리 또한 동아지중해라는 모델 속에서 전제로 한다. 동해의 한 부분으로서 자연환경으로서 울릉도가 있고, 역사적인 존재인 우산국이 있다. 따라서 울릉도를 파악하려면 더더욱 동해 및 주변지역은 전체는 물론이고 동아시아라는 시스템과 깊이 연관되어있다. 동해와 연관된 역사터는 구체적으로 동쪽으로는 백두산에서 북으로 연해주와 이어지는 대삼림지대가 있고, 타타르해협을 넘어 사할린과 홋카이도, 그리고 동해 너머의 일본열도까지 확장된다. 필자가 설정한 동아지중해는 바다의 총 면적이 3,400,000km 이다. 동해는 남북 길이가 1700 km, 동서 최대 너비는 1000여 km, 면적이 107만 km 로서 3분의 1을 차지하고 있다. 여기에는 우리의 인식이 채 못 미치는 타타르해협까지 포함한 것이다.[13] 선사시대부터 활동의 무대가 되어 비록 여러지역들 간의 교류에 긍정적인 역할을 담당하였으며, 독특한 문화를 창조하는 터의 역할도 하였다.

동해문화의 성격과 위치, 역할, 그리고 향후 의미에 대한 고찰은 매우 필요하다. 필자는 이를 '동해문화권'으로 설정한바 있다.[14] 울릉도와 독도는 중간단위로서 동해문화권과 연관성이 깊다. 우산국은 고대에 동해문화권은 물론 동해를 사이에 두고 벌어진 국제관계와 불가분의 관계를 맺고 있었다.

---

13 이 타타르해협을 중국·일본·러시아 학자 및 일부 한국학자들이 역사 및 고고학 논문 등에서 일본해라고 표기하고 있다.
14 윤명철, 「동해문화권의 설정 검토」, 『동아시아 역사상과 우리문화의 형성』, 민속원, 2005.
　이 논문에서 선사시대 이들 지역에서 이루어진 문화양상에 관한 일본학자들의 견해와 함께 연구성과를 소개했다.

## 2) 동해문화권 설정과 환경

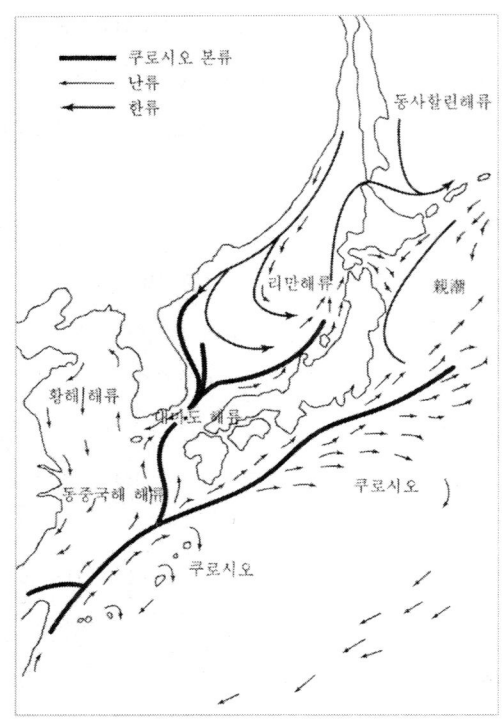

| 그림 1 | 동아시아 海流圖
동아지중해 지역은 한류와 난류가 교차하는 지역으로 해류의 흐름과 함께 문화가 전파되었을 것으로 생각되고 있다.

동해는 지형 면에서 서해 남해와 몇 가지 다른 점이 있었다.[15] 홍적세에는 (2백만 년 전 1만 년 전) 빙하로 인하여 한반도와 중국 일본열도가 연결됐다. 그러다가 지금부터 1만년을 전후인 충적세에 들어와 빙하가 녹고 수면의 상승이 이루어졌다. 8000년 전경에 들어와 대한해협과 황해 동해가 형성되었고,[16] 현재 동해의 해안선은 약 8000년경부터 4000년경 사이에 형성되었다. 6000~4000년 전에는 현재보다 온난한 기후였으므로 수면이 4~5m 높다는 주장도 있다. 더 구체적으로는 단조롭고, 해안선으로부터 서쪽으로 해발 1000m 이상의 태백산맥 능선이 발달하고 있어서 일반적인 해안지형과는 다르다. 특히 평지가 부족해서 농경이 발달하지 않고, 인구가 집중되지 못했다. 또한

---

15 이 부분에 대해서는 윤명철, 「동해문화권의 설정 검토」, 『동아시아 역사상과 우리문화의 형성』, 한국학중앙연구원, 민속원 2005, 9에서 언급하였다.
16 박용안 외 25인, 「우리나라 현세 해수면 변동」, 『한국의 제 4기 환경』, 서울대학교 출판부, 2001, pp. 117~155.

대륙붕이 짧아 수심이 갑자기 깊어진다. 해안은 리아스식 해안이 아니므로 섬들이 적고 원양에 노출되어 있으므로 파도의 영향이 커서 무동력으로 항해하기에 불편하다. 또한 조석간만의 차이가 거의 없어 어장이나 인간이 거주하는 생활영역이 적고, 이를 이용하는 해상세력도 크게 존재하지 않는다. 이러한 해양환경에서 일부지역을 제외하고는 인간이 거주하기에 좋은 환경은 아니었다. 뿐만 아니라 동해 가운데에는 섬들이 별로 없고, 그 가운데 유일한 섬이 울릉도와 독도이다.

동해해역에 영향을 미치는 자연환경은 해류 바람, 그리고 조류가 있다.[17] 첫 번째는 해류(海流)이다. 동해에서 움직이는 주해류는 대한해협에서 분지된 제 3분지류로 동해연안을 따라 북상하면서 한류세력과 만나 동쪽으로 방향을 바꾸게 된다. 리만해류는 북한근해에서 북한해류로 형성되어 함경도 연안을 따라 남하하면서 동해해역 남부까지 영향을 주게 되며, 경상북도 연안에서는 침강되어 영일만 이남에서는 저층수나 연안용승으로 나타난다.[18] 리만해류가 연해주의 연안을 통과해서 한반도 동안에 접근해서 남하하고, 서남쪽에서 북상해온 대한난류와 동해의 중남부 해상에서 만나 원산의 외해와 울릉도 부근에 이르러 그 일부는 방향을 동으로 움직여 횡단하다가 올라간다. 노토(能登) 반도의 외해에서 대마해류의 주류와 합류한다.[19] 때문에 한반도의 동남부를 출발하면 산인(山陰) 지방의 해안에 도착할 수 있다. 이 해류의 유속은 계절과 지역에 따라 약간의 차이가 있으나 평균 1km 내외이며 물의 방향은 항상 북동으로 향하는 항류(恒流)이다. 항류가 북동방향으로 진행하는 것은 이 지역 항해의 기본방향을 북동향으로 결정짓는다.

---

17 이 부분에 대해서는 필자가 오래전부터 다수의 논문과 책을 통해서 언급한 바 있으므로 특별한 것이 아니고서는 주를 달지는 않았다.
18 김복기 외 10인, 『한국해양편람』제4판, 국립수산진흥원, 2001, p.53.
19 『근해항로지』, 대한민국 水路局, 1973, p.46.

두 번째는 바람이다.

동아시아는 계절풍으로 인하여 해류의 방향이 영향을 받는다. 여름에는 풍력(風力)이 약하고 남풍계열의 바람이 분다. 동남풍은 4월 중순에 시작하여, 8월에 들어서면 제일 강성하며, 9월 이후에는 쇠퇴하기 시작한다. 반면에 서북풍이 주풍(主風)인 북풍계열의 바람은 9월 하순부터 시작하여 11월에 최강이 되고, 다음해 3월까지 계속된다. 삼국시대의 대외사행(對外使行)이 계절풍과 해류의 영향받으며 이루어졌다. 백제와 중국과의 관계[20] 신라와 왜(倭)의 관계[21]는 물론이고 이러한 현상은 신라와 일본의 관계에서도 동일하게 나타난다. 신라에서 일본으로 갈 때는 북풍계열의 겨울 계절풍을 주로 이용하고, 반면에 일본에서 신라로 향하는 경우에는 역시 봄에서 초여름, 가을에 걸쳐 남풍계열의 바람을 이용했다.[22] 일본과 당의 관계에서도 유사하게 나타난다. 고구려인들은 주로 겨울철에 동해연안을 내려오는 남류(南流)에 편승하여 북동계열의 바람을 활용하면서 항해를 한다. 돌아올 때는 반대가 된다. 발해(渤海)항로는 특히 바람의 영향을 많이 받았다. 일본에 갈 때는 늦가을부터 초봄에 걸쳐 부는 북풍계열의 바람을 이용하였다. 귀환할 때에는 늦봄부터 여름에 걸쳐 부는 남서풍계열을 이용하였다.

세 번째는 가시거리이다. 동해는 중간에 항해상의 물표역할을 담당하는 섬들이 없어서 대부분은 원양항해 구역이다. 따라서 기술적으로 난이도가 높은 천문항법을 병행해야 항해의 성공이 가능하다.

동해는 해양환경의 열악한 조건으로 인하여 다른 해역에 비하여 상대적으로 주민

---

20 鄭鎭述,「韓國先史時代海上移動에 관한 硏究」,『忠武公 李舜臣 硏究論叢』, 해군사관학교, 1991, p.45 도표 참조.
21 申瀅植,『新羅史』, 이화여자대학교 출판부, 1988, p.212 도표 참조.
22 吉野正敏,「季節風と航海」(『Museum Kyushu』14號, 1984.), p.14 도표 참조.

과 문화의 교류(交流)와 만남이 적었고, 문화가 활발하지 못했다. 그러나 황해 남해와 마찬가지로 우리의 해양문화 속에 포함되어 있었고, 한반도와 대륙이라는 육지와 하나가 되어 우리 문화를 이루어 왔다. 특히 고대에 이르면 우리 역사의 중요한 활동범위였고, 그 시스템의 영향을 직접·간접으로 받으면서 움직였다.

특히 동아지중해의 해양환경, 특히 동해의 해양환경을 고려하면 동해문화권의 설정은 타당성이 높다. 한일관계, 우리의 일본열도진출은 수차례 언급했듯이 지극히 당연하고, 그 현상은 해양의 메커니즘에 상당한 영향을 받았다. 또한 북에서 남으로 내려오는

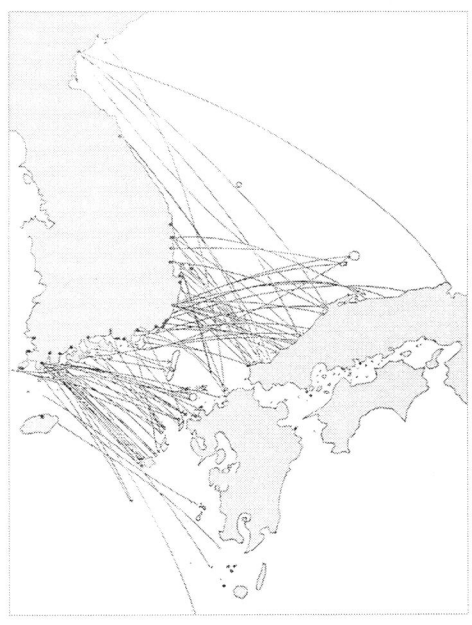

| 그림 2 | 표류도
1692~1840년 사이 조선에서 일본에 표류한 선박들의 길(시바다 게이시·손태준 작성). 울산, 포항 등에서 출발한 배들은 야마구치현과 시마네현에 집중적으로 닿고 있다.

문화가 있었는데, 연해주지역의 문화와 우리 문화, 남쪽 문화의 연관성을 확인할 수 있었다. 토기 암각화 등 몇몇 문화현상에서 나타나듯 유사문화의 산발적인 분포현상은 해양문화의 이동성 및 거점성과 관련시키면 충분히 이해가 가능하다. 거기에 '역사유기체'의 관점이나 원형(原形)이 되는 모문화(母文化)의 존재를 인정한다면 더욱 가능성이 높아진다. 또한 타타르해협을 사이에 두고 우리 문화에 포함된 연해주문화와 사할린, 홋카이도지역이 문화적으로 교류했다는 가능성을 확인하고, 일부지역에서는 사실을 확인할 수 있었다. 항로 교류성·모방성 등 해양문화의 메커니즘을 더욱 분명하게 이해하고, 연해주문화와 우리주류문화의 연관성을 전제로 한다면 접촉의 범위

와 빈도, 영향력에 대해서 새로운 사실들이 밝혀질 것이다. 필자는 이러한 논리와 분석을 통해서 동해 뿐만 아니라 타타르해협(Tatar strait)을 포함하여 '동해문화권(東海文化圈)'의 설정을 주장한바 있다.[23] 그 가운데 한 역사적인 공간이 울릉도 독도이다.

## 3. 우산국의 존재와 역사적인 위상

울릉도에 대하여 먼저 기록한 삼국사기는 지증왕 13년 조에 '지경(地境)의 면적은 100리인데, 지세가 험하고'라고 당시의 지형을 비교적 정확하게 기술하고 있다. 삼국유사에는 '하슬라주(河瑟羅州, 今 溟州)의 동해가운데 바람을 맞아 2일정도면 우릉도(于陵島, 今作羽陵)가 있는데, 주변이 2만6천7백30보이다'라고 되어 있다. 또 울릉도를 가리켜 '우릉도(于陵島)는 금 우릉(今 羽陵)이다'라고 하였다. 울릉도에 관한 명칭으로서는 우산국(于山國)이 일반적이다. 하지만 그 외에도 무릉(武陵), 우릉(羽陵), 우(芋, 于)릉도(陵島), 우능도(羽陵島), 우릉성(羽陵城), 독섬 등으로 불리어졌다. 시대별로 보면 대체

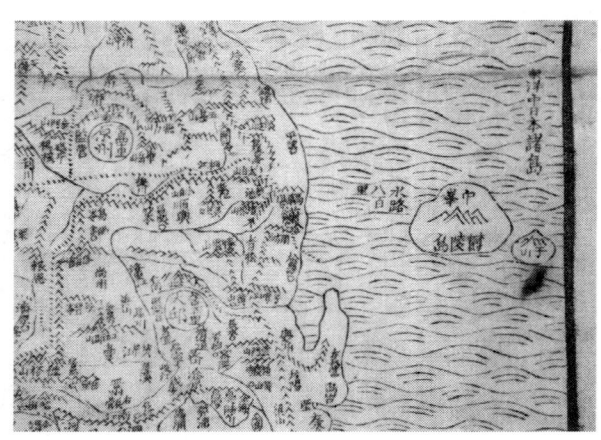

| 그림 3 | 대조선 전국도

---

23 윤명철, 「동해문화권의 설정 검토」, 『동아시아 역사상과 우리문화의 형성』, 한국학 중앙연구원, 민속원, 2005, 9.

로 신라시대부터 고려초기까지는 우산국으로, 그리고 고려 현종(玄宗)때 여진의 침략으로 거의 폐허가 된 이후에는 우릉성으로 불리어졌다. 만기요람(萬機要覽)이나 증보문헌비고(增補文獻備考) 등 조선의 인식상에서는 '울릉(鬱陵)과 우산(于山)은 모두 우산국(于山國)의 땅이다.'라고 하여 둘을 하나의 통일된 역사적 영토로 규정하고 있음을 알 수 있다.

울릉도는 넓이 72.56km 해안선의 둘레는 44km이다. 그리고 부속도서로서 바로 옆에 있는 죽도와 독도가 있다. 울릉도와 독도가 하나의 역사활동권이었음을 이해하기 위하여 어떤 인식을 지니고 있었으며, 어떤 역사적 활동이 있었는가를 검토해볼 필요가 있다.

| 그림 4 | 신증동국 여지승람 소재 팔도총도

육지인의 시각으로 이해할 때 이 두 섬은 매우 멀리 떨어져 있고, 바다를 항해해야 하는데다가 주민이 상주하지 않으므로 울릉도와 무관한 것으로 생각할 수 있다. 하지만 해양문화의 시각이나 해양민(항해자와 어민들 모두를 포함한다.)의 입장에서 볼 때는 울릉도와 불가분의 관계를 맺고 있는 일종의 생활공동체이다. 어업을 주업으로 삼는 울릉도인들의 삶과 직결되는 생산활동의 영역이고, 항해민들에게는 피항(避港)이나 항로를 관측하는 데에 절대적으로 필요한 공간이다. 따라서 독도의 정치적, 역사적 성격에 대한 이해는 울릉도와 같이 연계해서 생각하는 것이 타당하다.

울릉도가 역사상 어떤 위상을 갖고 있었는가는 대략 3가지 관점에서 파악할 수

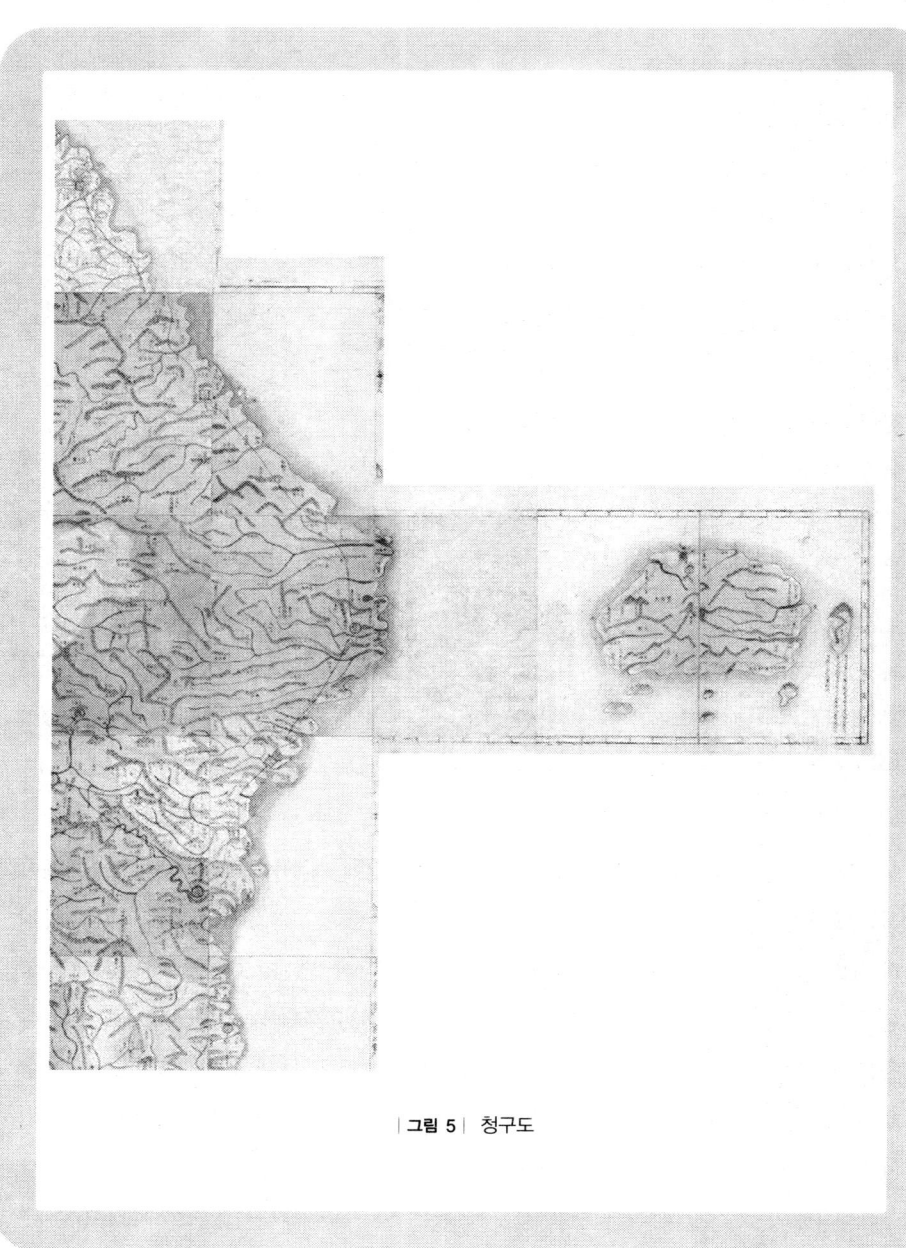

| 그림 5 | 청구도

있다.

　첫 번째는 이미 선사시대부터 전개되었을 동해를 이용한 교류이다. 울릉도에는 이미 선사시대부터 사람이 거주하고 있었다. 일제시대부터 도리이(鳥居龍藏)를 비롯하여 석기시대의 흔적을 주장하였다. 본토의 철기시대 전기 말경(기원전 300년경), 아무리 늦어도 서력기원 전후의 전형적인 무문토기들이 발견되었다. 또 남서동(南西洞)의 성혈(性穴)이 있는 바위는 지석묘(支石墓)의 덮개석일 가능성이 있는데, 현포동(縣浦洞)에서 수습된 무문토기와 같은 시기에 형성되었을 가능성이 높다.[24] 물론 이 설에 대해서는 약간의 이견도 있고, 전에는 고인돌 등이 발견되지 않는다고 하였다. 그러나 최근의 조사(1998년)를 통하여 고인돌을 비롯하여 선돌 제사유적지들이 발견된 것으로 보아 이미 역사시대 이전부터 인간이 살았던 것은 틀림없을 것이다.

　그렇다면 이 시기에 주변의 어느 지역과 교류하였으며, 어떤 방식으로 교류하였고, 교류의 목적과 내용은 무엇이었을까?

　우선 울릉도와 관련 가능성이 높을 지역을 살펴보고자 한다. 동해문화권의 공간은 연해주 일대 사할린 해안 한반도 동해연안 일본열도의 서안 등이다. 그러한 지역들 가운데 소외되어 왔으며, 우리와 깊은 문화적 종족적 연관성을 지닌 지역은 동해 북부와 연해주(프로모리예 Primorye라고 부름)의 연해(沿海)지역, 그리고 강해(江海)지역이다. 이 지역은 여름에 더 따뜻한 날씨를 보이며, 몬순풍의 영향으로 태평양에서 많은 비가 올라온다. 그래서 이곳은 전형적인 시베리아의 식생과는 다른 양상을 보인다.[25] 연해주 아무르강 유역 사할린 등의 남부지역에서는 몬순성기후가 현저하게 나타난다. 이 지역은 기원전 1000년기에는 잡곡재배의 적지였다. 북위 50도 이남은 졸참나무 혼합림대가 넓게 퍼져있었는데,[26] 한반도와 연관되어 있다. 연안은 어업자원이 풍부해서 연

---

24　鬱陵島 地表調査 報告書 1, 서울대학교 박물관학술총서 6, 1997, p.48.
25　제임스 포사이스 지음, 정재겸 옮김, 『시베리아 원주민의 역사』, 솔출판사, 2009. 03, p.25.

어, 송어 등의 어류들이 살았다.[27] 흑룡강으로 모여든 강물은 하바로프스크에서 다시 동북상하여 사할린 사이에 있는 타타르 해협의 북부해역과 오호츠크해로 흘러 들어간다. 이 선으로 이어진 공간에서 유사하거나 동일한 문화권이 형성되고, 이 문화는 동으로는 사할린 및 오호츠크 문화, 남으로는 동해문화와 만나 습합되면서 확산된다.

연해주 남부에는 우수리강의 상류가 있고, 길림성의 왕청현경(汪淸縣境)에서 발원한 수분하(綏芬河)가 동녕현(東寧縣)을 경유해서 블라디보스토크 부근에서 동해로 들어간다. 또한 두만강은 길이 610.75km의 강인데, 한반도와 연해주 남부를 형식적으로 구분하면서 수심이 불규칙하며 수량이 부족할 뿐 아니라 중간이 길고 수로가 험악하여 해양과의 접근성이 좋지 않다. 대규모의 삼림지대였으며, 남쪽인 개마고원 일대 또한 삼림지대로서 낙엽송이 밀생하였다. 연해주는 그물처럼 엮어진 넓고 무성한 삼림과 높은 산들, 길고 수량이 풍부한 강들을 서식지로 삼아 생태계가 발달하였고, 이러한 생태계와 연관하여 생활양식과 문화가 영향을 받았다. 곰·사슴·호랑이·담비·여우 등을 비롯한 야생동물과 말, 그리고 각종 어류가 풍부하였다. 그리고 강하구와 바다가 만나는 연해에는 연어·송어·방어·명태 등 일반적인 한류성 어류를 비롯하여 고래·해구·해달 등의 부가가치가 높은 해양포유류 등이 서식하였다. 연해주의 이러한 생태계는 동해 연안과 연결되어 있다.

연해주 북부 해안인 소베츠카야가반에서 건너편의 오롤보까지는 불과 150km에 불과하고, 연해주 북부는 거의 사할린과 붙어있다. 아주 가까운 지역에서는 원시적인

---

26 동아시아 삼림대에서 특징적인 농경문화 유형을 인지해서 'ナラ林文化'로 명명한 사람은 中尾佐助이다. 이 문화는 기원전 3000년경부터 500년 정도까지 있었다. 이 문화는 대륙동부에서 도래하여 순무나 W형 대맥 등으로 대표되는 북방계의 주용한 작물군을 받아들인 농경문화라고 생각된다. 松山利夫, 「ナラ林の文化」, 『季刊考古學』15호, 雄山閣出版社, 1986, p.43.

27 加藤晋平, 「東北アジアの自然と人類史」, 『東北アジアの民族と歷史』, 三上次男 神田信夫 編, 山川出版社, 1992, pp.9~10.

주민들도 간단한 노를 저어서도 항해가 가능하다. 연해주 남부 및 두만강 하구도 타타르해의 건너편인 사할린지역 및 홋카이도 지역과 교류가 용이하다. 블라디보스토크과 오타루는 동일한 위도상에 있어 지리적으로 매우 조건이 좋다. 또한 봄·여름에는 남풍계열의 바람을 이용하면 쉽게 북상할 수 있다. 6·7·8월에는 편남풍이 분다.[28] 더구나 날씨도 따뜻하고 바람도 세지 않아 해상상태도 상대적으로 안정되어 있다. 그 지역의 해류는 북에서 남류하고 있는데 연해주 항로는 바다를 바로 건너서 홋카이도에 상륙하거나, 가까이 다가온 후에 연안항해를 통해서 출우 등 혼슈 북부지역에 도착할 수 있다. 더구나 연해주 동부에는 시호테알린 산맥이 있고 반대편인 사할린과 홋카이도에도 산맥들이 있어 상호 바라보면서 항해하기에 매우 유리하다. 다만 일본열도의 혼슈지역으로 항해하는 데는 난이도가 높다. 즉 한겨울에 북서풍을 이용해야한다.

또 하나는 출항하기에 적합한 항구가 필요한데, 연해주일대는 겨울에 부동항이 없다. 예를 들면 후대에 발해인들이 출항했다고 판단되는 포시에트만(波謝特灣)[29] 부동항(不凍港)이 아니라고 주장을 북한학자들이 하고 있다. 현대의 해양기상자료에 의하면 블라디보스토크를 비롯하여 함경북도 선봉군과 그 이북연해는 겨울철에 바다물이 얼기 때문에 배가 다닐 수 없다고 한다.[30] 이러한 환경은 동해문화권이라는 범주에서 직접 또는 간접교류의 거점 경유지로서 울릉도의 성격규정에 영향을 끼쳤다.

두 번째는 역사시대에 들어와서 맺어진 교섭이다.

해양민들이 동해에서 바다를 매개로 우연이나 의도적으로 교섭을 했던 사례가 있다. 삼국지(三國志) 위지(魏志) 동이전(東夷傳)에 3세기 전반의 상황이 기록되어 있다. 바다 가운데 한 섬에 관한 이야기이다. 이 섬이 우산국이라는 이병도(李丙燾)나 이케우치

---

28 『근해항로지』, 대한민국 水路局, 1973, p.22.
29 --추까노프까강이 있는데 과거에는 얀치혜(鹽州河)였다. 즉 발해시대의 鹽州인 것이다.
30 『근해항로지』, 대한민국 水路局, 1973, p.31.
   채태형, 「발해 동경 용원부-훈춘 팔련성설에 대한 재검토」, 『력사과학』, 1990, 3호 p.50.

(池內宏)[31] 등의 등의 견해가 있다. 울릉도보다 더 먼 곳의 섬, 즉 사할린 또는 니이가타(新潟) 앞 사도(佐島)섬을 가리킨 것일 수도 있다. 하지만 설사 이야기 속의 여인국이 울릉도가 아니라 해도 그 무렵에 해양민들이 동해바다를 멀리까지 나가 활동하고 있음을 알 수 있다.

고구려와 신라 간의 갈등구조 속에서 울릉도는 중요한 역할을 했다. 그런데 울릉도 지역은 4세기 말부터 역사에서 매우 중요한 위치로 부상했다. 신라는 실성왕자를 고구려에 인질로 보냈다. 그리고 400년인 경자년에는 광개토태왕이 보기 5만을 동원하여 신라를 구원하면서 동해남부 연안을 일시적으로 점령하였다. 그 후 동해 중부해안지역은 고구려의 영토로 편입되었다.

구지에 또 이르기를 "우계는 본래 고구려의 우곡현으로 혹 옥당현이라고도 하는데, 신라 경덕왕이 우계현으로 개칭하여 삼척의 영현으로 하였다가 고려 현종년(1018)에 강릉부로 옮겨 소속되었다"고 하였다. 『신증동국여지승람』에 고죽령현(古竹嶺縣)은 부 남쪽 1백 9리에 있다. 본래 고구려 죽현현(竹峴縣)이었는데, 신라 경덕왕(景德王)이 죽령(竹嶺)이라 고쳐서 삼척군 속현으로 만들었다. 해리현(海利縣)은 김부식이 말하기를, "본래 고구려 파리현(波利縣)인데 경덕왕이 명칭을 고쳐, 삼척군 속현으로 만들었다."라고 기록하였다. 울진현(蔚珍縣)은 원래 고구려의 우진야현(于珍也縣, 고우이군이라고도 한다)이다. 신라 경덕왕이 지금 명칭으로 고쳐서 군으로 만들었다. 고려에 와서 현으로 낮추고 현령을 두었다. 여기에는 울릉도가 있다. 이 현의 정동쪽 바다 가운데 있다.[32] 그렇다면 전반적인 상황이나 지리적 해양적인 관계를 고려할 때 우산국은 고구려의 강한 영향력 아래에 있었을 가능성이 높다.

---

31 池內宏, 伊刀の賊, 滿鮮史硏究 中世 弟 1, 1933, p.316. 이 글에서 여진 해적과 울릉도문제에 대해서도 다루고 있다.
32 『고려사』권58, 지12 지리3 동계 울진현.

그런데 눌지왕 34년(450)에는 하슬라 성주(城主)가 실직원에서 사냥을 하는 고구려의 변장(邊將)을 엄살(掩殺)하였다는[33] 기록이 나와 이 지역의 정치적인 성격에 혼란을 일으키고 있다. 양국 사이의 갈등은 일시적으로 해소가 되는 듯 하였으나 더욱 심해졌다. 비록 일본서기에만 나와있는 기록이지만 이때 신라는 경주에 상주하고 있었던 고구려 병사들을 진살(盡殺)하였다.[34] 468년에는 고구려가 말갈을 동원하여 실직성(悉直城)을 습격하였고, 신라는 하슬라의 주민을 동원하여 니하(泥河)에 성을 쌓았다. 이 지역을 두고 두 나라 간에 치열한 군사공방이 있었음을 알려준다.

울릉도 지역, 즉 우산국은 신라보다는 오히려 고구려에게 중요했다. 해류정책을 추진하면서 동아지중해의 중핵국가를 지향하는 광개토태왕 장수왕 등에게 일본열도의 지출과 본격적인 교섭은 중요한 국가 정책과제였다. 장수왕은 말갈병을 함께 거느리고 481년에 금성(金城, 경주)근처인 미질부(彌秩夫, 興海)까지 공격하였다. 게이타이(繼體)천황 10년과 긴메이(欽明)천황 원년에 일본에 사신을 파견하였다. 내륙 동쪽에 대한 영향력의 확대라는 측면도 있지만, 이미 해양활동을 활발하게 전개하였고, 해양활동을 통해서 국가를 발전시키려는 전략을 가진 당시의 상황을 고려할 때 이 작전은 동해남부까지 해양력을 확대시키려는 의도도 있었을 것이다. 일본열도로 건너가고자 할 때 고구려로서 가장 안정적인 항로는 동해중부 횡단항로를 사용하는 것이 안정성이 가장 높고 단거리이다. 그런데 동해의 해양환경과 항법 등을 고려한다면 적어도 동해중부 연안과 해역을 장악한 후에 울릉도와 독도를 물표로 삼고 항해할 수 있다. 고구려의 대일본열도 정책과 깊은 연관성이 있는 것이다.

반면 신라로서는 삼척을 비롯한 동해중부지역은 지형조건이나 지리 등을 고려할 때 고구려의 남진을 저지하기에 군사적으로 적합하며, 최종 방어선 겸 전진거점이 될

---

[33] 『三國史記』권3, 新羅本紀 3.
[34] 『日本書紀』권14 雄略 8년조.

만한 전략적인 거점지역이다.³⁵ 또한 고구려의 대일본열도 항해를 저지할 수 있는 지역이다. 다음 장에서 언급할 예정이지만 우산국이 있었던 울릉도 지역을 공격하고자 할 때도 해양전략적으로 가장 알맞은 조건을 구비한 곳이다. 따라서 신라는 백제 등의 힘을 빌어 니하(泥河, 강릉)까지 추격하였다. 이 곳을 빼앗기면 고구려가 해안을 따라 공격을 하거나, 수군을 동원하여 신속한 급습작전을 감행할 때 속수무책이 되기 때문이다. 이렇게 신라와 고구려가 동해중부연안을 놓고 갈등을 벌이는 상황 속에서 동해 중부의 해안과 해양은 매우 중요했다. 만약 고구려와 신라의 대결이 수군도 동원된 전쟁이었다면 울릉도의 해양전략적인 가치는 매우 높았을 것이다.

이러한 상황 속에서 6세기에 들어서자 울릉도는 우산국이라는 이름으로 역사에 정식으로 등장한다. 백제는 반격을 꾀하면서 북진정책을 취하였다. 505년에 현재의 삼척에 실직주(悉直州)를 설치하였고, 512년에 이찬(伊湌)인 김이사부를 하슬라주(河瑟羅州)의 군주(軍主)로 삼아 우산국을 정벌하게 하였다. 김이사부는 나무로 만든 목우사자(木偶獅子)를 이용한 계략으로 우산국을 정복한 뒤 6월에 신라에 귀속시켰다. 당시에 벌어진 전쟁과정을 살펴보면 우산국은 단순한 어민거주지가 아니라 군사력과 경제력을 보유한 해상세력집단 내지는 소국(小國)이었음을 알 수 있다. 거의 유사한 시기에 독립국이었던 탐라도 백제의 공격을 받고 그 영향권 아래에 들어갔다.³⁶ 이를 동해의 제해권과 동해안 지역 확보와 연관시키는 견해도 있다.³⁷

---

35 필자도 언급해왔던 일반적인 견해지만 해당 지역 학자인 車長燮은 「이사부 유적과 해양 국방 요충지 삼척」, p.183에서 북쪽에있는 나라가 삼척을 장악하면 그 남쪽으로 포항에 이르는 동해안은 쉽게 장악할 수 있었으며, 남쪽에 있는 나라가 삼척 장악하면 그 북쪽으로 원산에 이르는 동해안을 쉽게 점령할 수 있었다고 하였다.
36 정영화 및 이청규, 鬱陵島의 考古學的 硏究, 울릉도 독도의 종합적 연구.
曺永鉉, 嶺南地方 橫□式古墳의 硏究 1, 伽倻古墳의 編年硏究 2-墓制, 영남고고학회 1994, pp.53~74 등을 참고하면 고고학적으로 몇 가지 특성을 열거하고 있다.
37 金晧東, 「삼국시대 新羅의 東海岸 制海權 확보의 의미」, 『이사부 연구 총서, 異斯夫 활약의 역사성과 21세기적 의의』, 삼척시, 강원도민일보, (재)해양문화재단, 2006, p.53.

그 뒤 우산국은 신라에 매년 토산물을 바쳤다. 우산국은 신라의 동해정책, 나아가서는 대외정책의 일환으로 정벌된 것이다. 우산국을 정벌한 이후에 동해중부지역을 안정되게 확보하였으며, 진흥왕은 북진정책을 성공적으로 완수하였다. 만약 울릉도 지역이 신라에 적대적이거나 고구려가 정복했다면 신라는 중부연안지대는 물론이고, 배후 역습의 우려 때문에 북진을 할 수도 없었을 것이다. 그런데 우산국을 정벌한 목적으로 외적방어-여진족 침략을 차단하기 위한 수단이라고 이해하는 견해도 있다.[38] 이러한 상황 등은 이 시대에 우산국의 해양전략적 가치가 심대했음을 반증하고 있다.

그런데 "우산국이 귀부하여 해마다 토산물을 바치기로 하였다."는 기록으로 보아 우산국은 이때 멸망한 것이 아니라 신라에 귀복하여 신라와 연합 동맹을 구축하면서 공물을 바치는 복속국가로 존재하였다고 볼 수 있다. 고구려도 마찬가지였겠지만 신라 또한 직접 통치라기 보다는 간접통치를 하는 단계에 그쳤을 것이다. 해양문화의 메커니즘과 당시의 국제관계를 고려한다면 우산국은 이 때 역사에서 사라진 것이 아니라 정치적으로도 잔존한 것이 당연한 현상이다. 그 무렵 일본열도에서도 사도섬에서 숙신 등이 교역을 하였고, 동북지역은 하이인들이 거주하면서 독자성을 유지하고 있었다.

문화적으로는 오히려 발전한 것으로 보인다. 울릉도 내부에서는 고분군들이 많이 발견되었다. 섬 북쪽의 현포동(玄圃洞), 천부동(天府洞)이 있고 남쪽에는 남서동, 남양동 등에 약 100기의 적석총이 분포되어 있다. 내부의 현실이 경상도에서 만들어졌던 횡구식석곽묘(橫口式石槨墓)와 유사하다. 현재는 약 87기가 정도가 남은 고분들에서 발견된 유물들은 대체로 상한 연대를 6세기 중엽으로 추정하고 있다.[39] 1998년에 영남대

---

38 金潤坤, 于山國과 신라 고려의 관계, 울릉도·독도의 종합적연구, 영남대학교 민족문화연구소, 1998, p.31.
39 최몽룡 외, 울릉도 지표조사보고서 1, pp.49~50.

민족문화연구소는 방형(方形)의 적석총을 발굴하였다.[40] 이 고분들은 대체로 신라의 영향을 받으면서 토착민들이 조성한 것으로 추정되고 있으며, '울릉도식'으로 명명되고 있다.[41] 해양환경이나 고대에 이루어진 해양활동을 감안한다면 해양민들에게 울릉도와 독도는 교섭을 단념하게 할 정도로 먼 거리가 아니다.[42] 9세기는 신라구가 남해와 동해남부일대에서 활약을 하던 시대였다. 이러한 상황 속에서 중간에 위치한 울릉도는 어떤 형태로든 연관이 있었을 것이다.

세 번째는 우산국과 대마국의 갈등과정이다.

일반적으로 섬은 농토가 적으므로 자체의 식량생산이 부족하고, 주변의 어장(漁場)을 활용하여 어업을 병행하고 있다. 하지만 그것만으로는 충족한 생활을 할 수 없으며 더욱이 정치체제를 발전시킬 수는 없다. 따라서 이러한 해상세력들은 해양능력이 뛰어나고, 또 교통의 거점에 있을 수밖에 없는 운명적이면서도 유리한 위치를 이용하여 교역에 종사했다. 즉 바다로 인하여 교섭이 불가능한 여러 지역의 물건들을 중간에서 교환하게 해주는 이른바 중계무역에 종사하였다. 또한 때로는 주변의 연안지역을 약탈하거나 사람을 납치하고, 바다를 항해하는 선박들을 공격하여 물건을 빼앗는 해적행위를 하였다.

우산국이 그러한 행위를 하였다는 기록은 없다. 여진 등의 종족이나 왜인들의 공격을 받은 기록만 있을 뿐이다. 그러나 기본적인 특성상 그러했을 가능성은 크다. 또

---

40 정영화 및 이청규, 鬱陵島의 考古學的 硏究, 울릉도·독도의 종합적 연구.
41 曹永鉉, 嶺南地方 橫口式古墳의 硏究 1, 伽倻古墳의 編年硏究 2-墓制, 영남고고학회, 1994, pp.53~74.
42 1986년에 한국탐험협회는 독도가 울릉도 주민들의 생활권역임을 입증하기 위하여 '가산도'라는 뗏목을 만들어 독도까지 항해하였다. 윤명철과 장철수가 기획하고 이경남이 대장이었던 이 탐사는 한국탐험협회와 외국어대 독도연구반이 주관하였다. 이때 대원이었던 장철수와 이덕영은 1998년 1월 24일 발해 뗏목탐험대를 조직하였다. 1997년 12월 31일 러시아의 블라디보스토크를 출발하여 종단항해하면서 울릉도 해역을 거쳐 남진하였으나 풍랑에 밀려 동진하다가 1월 24일 새벽 6시 30분경 오키제도의 도고섬 고가무라 앞에서 좌초하여 전복되었다. 이들의 항로에 대해서는 윤명철, 「발해의 해양활동과 동아시아의 질서재편」, 『고구려연구』 6, 1998, p.508 참조.

이러한 해상세력들은 바다를 공유하는 다른 해상세력과 긴밀한 협력관계를 연출하기도 하고, 때로는 이익과 패권을 놓고 격렬하게 싸움을 하기도 한다. 울릉도는 동해 한가운데에 있는 적지 않은 섬이다. 활동범위가 어느 정도였는지는 알 수 없지만 해양민의 생리로 보아 사람들이 거주하였고, 어느 정도는 동해의 해양질서에 영향력을 행사하였을 것이다. 그러한 증거는 기원을 전후한 시대부터 시작해서 고려시대에 이르는 유적·유물들이 섬의 곳곳에서 발견된 데서도 나타난다. 근래에 해양제사유적으로 추정되는 선돌 유적지들이 발견되어 이들이 해양세력이었음을 알려준다.

그런데 한반도와 일본열도 사이에는 대마도와 이키섬이 있다. 이 섬들은 기원을 전후한 시기부터 정치세력으로 성장하였다. 특히 『삼국지』위지 동이전 왜인전에는 대마(對馬)라는 소국의 명칭과 함께 주민의 숫자도 나오고 있어 3세기에는 분명한 정치세력이 있었음을 알 수 있다. 그런데 대마도는 우리문화와 깊은 관련이 있다. 고시다까(越高)에서는 약 7000년 전의 융기문 토기들이, 가토오(加藤) 해상 유적지에서는 빗살무늬 토기들이 발견되었는데, 한반도 토기의 영향을 받고 있다. 야요이(彌生) 시대의 자루식 마제석검, 철도 등 철체품들이 출토됐다. 청동제품, 농사기구들도 한반도에서 들어왔다. 그리고 역사시대에 들어오면 토광묘, 석관묘 등 고분군들과 함께, 김해식 신라식 토기 등이 대마도 전 지역에서 발견된다. 선사시대부터 주민들의 해상이동이 활발했음을 알려준다. 북부인 사고(佐護)에는 다쿠쓰다마신사(天神多久頭魂神社)라는 '천도(天道)신앙' 이라고 불리어지는 독특한 고대신앙의 한 형태가 남아있다.[43] 이 사고에는 '오가리부네' 라는 일본에서 유일하게 뗏목이 남아있다. 그런데 제주도의 뗏목인 테우와 동일한 형태이다.[44] 또한 울릉도에도 뗏목이 사용되었다. 1930년대에 조사

---

43 대마도의 역사적 성격·유물·유적에 대한 것은 永留久惠, 『古代史の鍵. 對馬』, 大和書房, 1975. 永留久惠, 『對馬の文化財』, 杉屋書店, 1978.
44 금세기 초두에는 濟州道, 對馬島의 어민들이 뗏목을 사용하여 해협을 횡단해서 木浦 康津 唐津 博多방면에까지 나갔던 여러 어부들의 말이 있다. (江坂輝彌, 「朝鮮半島 南部と西九州地方の先史 原史時代に

한 자료에 따르면 울릉도에는 뗏목이 어업용으로 사용되고 있었다. 동아시아의 바다에서 울릉도 대마도 제주도 등이 서로 간에 교류하고 밀접하였는가를 알려주고 있다. 그 외에도 대마도에는 고대유적들과 고대 해양신앙과 관련된 것들이 많이 남아있는데, 이는 우리 해양문화뿐만 아니라 울릉도의 역사상 생활상을 규명하는데도 시사하는 바가 많을 것이다.

우산국과 대마국은 해상세력으로서 복잡한 성격의 관계를 맺을 수밖에 없다. 그러한 역사적인 상황을 짐작할 수 있는 설화가 있다.[45] 이 설화를 근거로 재구성하면 다음과 같다. 우산국은 우해왕이 다스리는 소국이었고, 대마도의 왜구는 우산국까지 공격을 일삼았다. 이에 능력있는 왕은 군대와 함선을 거느리고 대마도 정벌을 시도하여 승리를 하였고, 양국은 협력관계를 유지하기 위하여 일종의 혼인동맹을 맺은 것이다. 그런데 이 혼인동맹의 간접적인 여파로 인하여 우산국은 신라의 공격을 받아 망했다는 것이다. 이로 보아 동해와 남해의 해상에서 두 개의 소국이 나름대로 정치적인 영향력을 행사하고 있었고, 동해의 해상세력과 남해의 해상세력이 충돌한 것이다. 물길

---

おける交易と文化交流」,『松阪大學紀要 第4 號』, 1986, p.7.
45 울릉문화원, 『울릉문화』2, pp.146~148 참조.「우산국이 가장 왕성했던 시절은 우해왕이 다스릴 때였으며, 왕은 기운이 장사요, 신체도 건강하여 바다를 마치 육지처럼 주름잡고 다녔다. 우산국은 작은 나라지만 근처의 어느 나라보다 바다에서는 힘이 세었다. 당시 왜구는 우산국을 가끔 노략질하였는데 그 본거지는 주로 대마도였다. 우해왕은 군사를 거느리고 대마도로 가서 대마도의 수장을 만나 담판을 하였고, 그 수장은 앞으로 우산국을 침범하지 않겠다는 항서를 바쳤다. 우해왕이 대마도를 떠나올 때 그 수장의 셋째 딸인 풍미녀를 데려와서 왕후로 삼았다. 우해왕은 풍미녀를 왕후로 책봉한 뒤 선정을 베풀지 않았을 뿐 아니라 사치를 좋아했다. 풍미녀가 하는 말이면 무엇이건 들어주려 했다. 우산국에서 구하지 못할 보물을 풍미녀가 가지고 싶어하면, 우해왕은 신라에까지 신하를 보내어 노략질을 해 오도록 하였다. 신하 중에 부당한 일이라고 항의하는 자가 있으면 당장에 목을 베거나 바다에 쳐 넣었으므로, 백성들은 우해왕을 매우 겁내게 되었고 풍미녀는 더욱 사치에 빠졌다. "망하겠구나.", "풍미 왕후는 마녀야.", "우해왕이 달라졌어." 이런 소문이 온 우산국에 퍼졌다. 신라가 쳐들어오리라는 소문이 있다고 신하가 보고를 하였더니, 우해왕은 도리어 그 신하를 바다에 쳐 넣었다. 왕의 마음을 불안하게 하는 자는 죽였다. 이를 본 신하는 되도록 왕을 가까이하지 않으려 했다. 풍미녀가 왕후가 된지 몇 해 뒤에 우산국은 망하고 말았다.

이나 항해조건, 지리적인 위치 등을 고려할 때 동해남부와 일본열도 남부인 현재 시마네(島根)현 돗토리(鳥取)현 등과 이어지는 물류체계는 양 지역이 중복될 수 있으므로 갈등의 소지는 있다. 후에 나타나지만 여진해적들은 울릉도를 공격하기도 하고, 대마도나 일본의 연안을 약탈하기도 했다. 해양민들에게는 특별한 상황이 아니다.[46]

신라의 정복으로 고대의 해상왕국인 우산국은 멸망했으나 역사에서 사라진 것이 아니라 오히려 문화적으로 발전한 것으로 보인다. 그 후 울릉도는 고려와 깊은 관계를 맺었다. 930년(태조13년)에 우릉도(지금의 울릉도)에서는 백길(白吉), 토두(土頭) 두 사람을 사절로 보내어 공물을 바쳤다. 고려는 백길에게는 정위(正位), 토두에게는 관등 12위의 정조(正朝)라는 벼슬을 내렸다. 우산국은 내륙의 정세에 관심을 가진 채 역학관계의 추이를 관찰하고 판단한 것이다. 그 후 현종 때 이르러 여진의 침략에 따라 관계가 더욱 깊어졌다.

발해가 멸망한 이후 동해북부 연안의 말갈은 독자적으로 해상활동을 전개하였다. 해적(刀伊)으로 변신하여 동여진은 1005년에 고려해안을 침략하였으며, 1018년(현종9년)에 울릉도는 동여진의 침략을 받아 항복하였다. 11세기 내내 여진해적들은 극성스럽게 고려의 해안을 침범하여 막대한 피해를 입혔다. 이러한 상황 속에서 고려는 수군활동을 강화하고 병선을 건조하였으며, 해안방위체제를 보다 견고히 하기 시작했다. 그리고 과선(戈船)을 75척 만들어 해상전을 벌이면서 여진해적들을 물리치고, 본거지까지 습격하였다. 그리고 곳곳에 수군기지를 두었다. 이러한 군사적인 갈등과 충돌 속에서 해양활동의 경제적, 군사적 가치의 중요성이 인식된 이상 동해의 한 섬인 우산국(于山國)으로서는 독자적인 생존을 유지하기가 힘들었을 것이다. 조정에 공물을 바쳤

---

46 윤명철, 「독도와 해양정책-울릉도와 독도의 해양 역사적 환경검토」, 『1회 해양정책세미나 논문집』, 2001.

고, 집권자도 '우산국주(于山國主)'가 아닌 '우릉성주(于陵城主)'로 바뀌어진 상태에서 중앙정부의 직할 아래로 들어갔다. 이러한 형태로 계속 고려와 관계를 맺어왔다. 결국 우산국이라는 독립된 해상세력의 존재는 사라진 것이다. 이러한 예와 과정은 탐라와도 거의 유사하다.

울릉도는 조선을 거쳐 근대에 이르러 1905년 러·일 전쟁이 일어날 때 전장이 되었다. 일본은 울릉도와 독도를 연결하는 해저전선을 10월 8일에 개설하였고, 독도와 시마네현의 마쯔에항(松江港)을 연결하는 일본해군의 해저 통신선과 감시망루도 완성하였다. 그 후 2차 세계대전이 끝난 이후에 동해는 러시아가 태평양 및 동남아시아로 나가는 통로이며, 일본과 미국 해군이 활동하고, 한국과 북한이 일부를 관리하는 해역이다.

## 4. 울릉도·독도의 해양전략적 가치와 위상

울릉도에 관해서 써놓은 기록들은 한결같이 울릉도가 가치가 없는 섬으로 평가하고 있다. 육지사관으로 이해하고 파악하면 울릉도는 효용가치가 매우 적은 섬이다. 하지만 해양문화와 해양의 메커니즘으로 파악하면 가치가 매우 높을 뿐 아니라 역사적인 위상도 높다는 사실을 알 수 있다. 해양적 관점에서 파악해야만 한다.

앞 장에서 울릉도 및 독도 해역과 연관된 자연환경, 특히 해양환경을 살펴보았다. 동해의 망망대해의 한 가운데 위치한 울릉도와 독도는 해양전략적으로 가치가 높다.

첫 번째는 동해항로 상의 역할이다.

항해술과 조선술이 덜 발달하였던 고대항해에서는 의미가 매우 컸다. 동해를 이용하여 해양활동을 활발하게 한 나라는 고구려와 발해이다. 일본서기에 오진(應神) 28년, 닌도쿠(仁德) 12년(324), 58년(369) 등에 계속해서 고구려와 왜가 교섭한 기록이 있다. 이때 사용한 항로는 정확하게 알 수 없다. 그러나 시마네현 지역의 이즈모(出雲) 등에 고구려 문화의 흔적이 있는 사실,[47] 해류의 흐름 등을 감안하면 동해 남부 또한 고구려의 해양활동 범위였을 가능성이 있다. 경주의 호우총(壺杅塚)에서 '國岡上土地好太王'의 비문이 있는 청동호(靑銅壺)가 발견된 사실과 동래(東萊) 복천동(福泉洞) 고분에서 고구려계의 마구, 무구 등이 발굴된 사실, 『광개토대왕릉비문』 14년 조에서 나타난 왜의 대방계(帶方界) 침입과 대왕이 왕당(王幢)을 보내어 격퇴한 사실은 동아지중해의 역학관계상 고구려군의 도왜(渡倭) 가능성을 높여준다.[48] 장수왕 69년(481년)에는 포항 근처인 흥해(興海)까지 진출하였다. 게이타이(繼體)천황 10년과 긴메이(欽明)천황 원년에도 고구려에서 사신이 왔다. 이때는 사신들이 물론 월국(越國)에 도착하므로 동해항로를 사용했음이 틀림없다. 특히 긴메이 때에는 고구려 사신과 도군(道君)이라는 지방호족이 밀무역을 했다고 다른 호족이 조정에 밀고하는 사건이 벌어졌다.[49] 이는 고구려와 왜가 동해를 통해서 교섭하였고, 그것도 교역의 성격을 공유하였음을 반증하고 있다.

발해 또한 고구려의 뒤를 이어 동해에서의 해양활동이 매우 활발했다. 발해는 초기에는 정치적인 목적을 주로 하였으나 점차 경제적인데 비중을 두고 일본열도와 교섭을 하였다. 존속했던 220여 년 동안에 거의 35회 이상의 공적인 교섭이 있었다. 뿐만 아니라 민간인들 간의 대규모 교역도 기록에 나타나고 있다. 그러한 사실과 당시의 정치 경제적인 정황으로 보아 기록되지 않은 민간인들의 교류는 더욱 많았을 것으로 추정된다.

앞에서 언급한 동해의 해양환경을 고려한다면 고구려와 발해가 일본열도와 교류

---

47 조희승, 초기조일관계사 (하), 사회과학출판사, 1989, pp.303~304.
48 이 부분에 대해서는 졸고, 「廣開土大王의 對外政策과 東亞地中海의 秩序再編」 『廣開好太王碑 硏究 100年』 2회, 高句麗國際學術大會, 1997 및 『廣開土好太王碑 硏究 100年』, 高句麗硏究會 참고.
49 森浩一, 古代史 津津浦浦, 小學館, 1993, p.65.

할 때 울릉도와 독도는 울릉도와 독도는 중간 정거장 구실을 할 수 있다. 울진 후포항에서 울릉도까지는 98마일이고, 강릉 주문진에서 울릉도까지는 111마일이고, 삼척지역에서는 78마일이다.[50]

또한 원양항해를 하는데 자기위치(自己位置)를 파악할 수 있게 해주고, 항로를 설정하는 유일한 지표의 역할을 할 수 있다. 물론 일본측 해안에도 오키제도를 비롯하여 크고 작은 섬들이 있지만 그것은 일본 연근해에서 유용한 것이지 실제 항해가 이루어지는 대양에선 의미가 없다.

필자가 동해에서 원양항해로서만 항해할 수밖에 없는 범위를 계산해낸 적이 있다. 그 결과에 따라 작성한 지도에 따르면 전근대 시대 동해항로에서 울릉도 독도의 역할은 거의 절대적 의미가 있음을 알 수 있다.[51] 필자는 1998년, 2009년[52]에 발표한 논문에서 동해에서 시인거리를 다양한 방식으로 계산하여 다음처럼 사용하였다.

시인거리를 계산하면 다음 같은 도형이 나타난다. 점선 부분은 시인이 가능한 범주이다. 울릉도와 독도가 중요한 위치임을 확인할 수 있다. 또한 타타르해협에서는 사선의 영역처럼 어디서나 육지를 바라보면서 항해할 수 있다.

시달(인)거리를 계산하는 방법은 다음과 같다.[53]

---

50 국립해양조사원 자료.
51 윤명철, 「독도와 해양정책-울릉도와 독도의 해양 역사적 환경검토」, 1회 해양정책세미나 논문집』, 2001. 5.
52 윤명철, 「渤海의 海洋活動과 東아시아의 秩序再編」, 『高句麗研究 6』, 학연문화사, 1998.
  「연해주 및 동해북부 항로에 대한 연구」, 『이사부와 동해』, 창간호, 한국이사부학회, 2010. 2. p.103.
53 1등의 숫자는 물표가 되는 지점.
  각 ●은 목표확인 최대지점
  A 부분 안에서는 일기가 좋을 때 목표를 관측하며 항해할 수 있다.

* A 부분 안에서는 일기가 좋을 때 목표물 관측하며 항해할 수 있다

| 그림 6 | 동해 전 지역을 대상으로 계산한 시인거리와 근해항해 범위도

울릉도, 독도의 역사적 환경과 의미 | 373

視認距離

K(해리) = 2.078(√H + √h )

**   H = 목표물의 최고 높이
    h = 관측자의 眼高(10m)   **계산 방식[54]

그러면 울릉도 독도를 활용하여 사용된 항로는 어떤 것일까?

동해항로의 문화교류에 대해서는 필자가 여러 번 언급한 바 있으므로 이번 글에서는 관련된 항로에 비중을 두면서 서술할 예정이다. 첫 번째, 동해남북 연근해항로는 동해의 한반도 쪽 해안을 북남으로 이어주는 항로이다.[55] 이 항로는 울릉도와 직접 관련은 적지만 남진하는 고구려 세력과 반격을 가하면 북진하는 신라 세력이 충돌하는 과정에서 전략적인 거점의 한 부분이 된다. 지증왕(智證王) 5년(505)에 이사부(異斯夫)를 실직주 군주(軍主)로 삼았고, 이

| 그림 7 | 근해항해 가능범위도
이 그림과 마찬가지로 원 안의 범위 내에서는 각각 위치를 확인하면서 항해가 가능하다.

---

54 이 방법은 視認距離를 계산하는 방법이다. Bart J. Bok Frances W. Wright 지음, 정인태 역, 『기본항해학』, p.26 및 茂在寅南, 『古代日本の航海術』, 小學館, 1981, p.22 참조.
55 동해와 관련한 이 항로의 일반적인 성격은 윤명철, 「渤海의 海洋活動과 東아시아의 秩序再編」, 高句麗硏究 6, 학연문화사, 1998, 12.

어 하슬라주(何瑟羅州) 군주, 그리고 곧 우산국(于山國)을 정벌하게 하였다. 이것은 당연히 동해중부의 해양활동과 깊은 관련이 있다. 이 항로는 선사시대부터 사용됐을 것이다. 함경도 해안에 서포항(西浦港) 패총유적지가 있다. 1947년 두만강 하구에서 서편으로 약 30km 떨어진 해안의 구릉에서 발견되었다. 괭이·화살촉·칼·긁개·어망추·망치 등의 석기, 창·작살·칼·장신구 등의 골기, 고래뼈로 만든 노도 발견되었다. 연근해항로를 이용한 동해권의 전파로와 관련하여 중요한 것은 암각화이다. 경상북도 영일만 지역의 칠포리, 경상남도 울주군 대곡리의 반구대(盤龜臺) 암각화 등이 있다. 시베리아의 미누신스크, 예니세이강, 아스키스, 아무르강 유역과 우리나라의 함북 웅기, 강원도 양양의 오산리, 경남 울주군 대곡리 반구대(盤龜臺), 천전리, 부산 동삼동과 일본 규슈지방까지 연결되는 하나의 분포대로 규정하고 있다.

이들은 항해술에 적합한 교통수단을 활용하였을 것이다. 초기에는 뗏목이나 통나무배(丸木舟 獨木舟)를 상정할 수 있고, 그 후에는 어느 정도 발달된 범선이었을 것이다. 서포항(西浦港) 유적지 4기층에서 발견된 고래뼈로 만든 노는 기원전 4000년 기 후반으로 추정된다. 강원도 해안에서 근래까지 사용된 매생이 등이나 두만강에서 사용된 통나무배들, 흑룡강 중하류에서 나나이족 등이 사용한 카누형 배들은 그 무렵에도 이용됐을 것이다. 울릉도에서 사용된 뗏목 선박 등은 연해주지역과 비교가 필요하다.

『삼국지』 동이전에 따르면 옥저사람들은 고구려에 어염(魚鹽)과 해중식물을 바쳤다. 동예 사람들은 반어피(斑魚皮)를 바쳤으며, 먼 바다까지 항해하였다. 고구려는 전기인 민중왕(閔中王) 때(47년)와 서천왕(西川王, 288년) 때 고래의 야광눈을 특별하게 왕에게

---

『동해문화권의 설정 검토』, 『동아시아 역사상과 우리문화의 형성』, 한국학 중앙연구원, 민속원, 2005. 9.
『영일만 지역의 해양환경과 암각화의 길의 관련성 검토』, 『한국 암각화연구』 78집, 한국암각화학회, 2006.
「삼척동해지역의 해항도시적 성격과 김이사부 선단의 출항지 검토」, 『이사부 우산국편입과 삼척출항 심포지움』, 한국이사부학회, 2010. 08. 01.

바친 기록을 남기고 있다. 이 때 어업집단이 동예, 옥저 혹은 물길과 깊은 관련이 있었을 것이며, 아마도 두만강 이북의 해안일 가능성이 크다.

『후한서』 동이전에는 '읍루는 옛 숙신국(肅愼國) 땅이다. 남으로는 북옥저(北沃沮)와 접해있다' 고 하였따. 이는 3~4세기 전후의 상황을 말하는데, 연해주 일대로 보여진다. 동일한 상황을 기록한 신당서에는 '흑수(黑水)말갈은 숙신땅에 있는데, 이것은 또 읍루라고도 했다. 원위(元魏)때는 물길(勿吉)로도 불리었다. ……동쪽은 바다에 닿아있고……' [56] 『삼국지 동이전』에 따르면 그들은 오곡농사를 짓고, 우마(牛馬)를 키우며, 마포(麻布)도 사용했다고 한다. 바다에서 물고기도 사냥하였으며 조선술도 뛰어나 배를 타고 다니면서 노략질을 하였다. 『진서』동이전에는 숙신씨는 일명 읍루, 읍루는 부여의 동북 1천여 리에 있고 바다를 접하고 있으며, 남으로는 북옥저와 닿고, 북으로는 그 끝이 어디까지 인지 알 수 없다.

읍루는 연해주 남부에서 북부에 걸쳐 있었던 것으로 추정된다. 즉 연해주의 북부와 남부항로를 다 사용할 수 있는 위치에 거주하고 있었다. 연해주항로를 사용했을 읍루와 연관을 맺고 있었던 것은 부여 고구려 북옥저 동옥저 동예 등이다. 옥저는 북옥저(北沃沮) · 남옥저(南沃沮) · 동옥저(東沃沮) 등의 명칭으로 나타나고 있는데,[57] 대체로 같은 종족이며 다만 위치에 따라 구분한 것으로 이해하고 있다. 읍루인들은 후에 우산국을 공격한 여진으로 이어진다. 현재 연해주의 아무르강 유역에 거주하는 나나이족, 우데게족은 호(虎)를 숭배하는데, 호랑이를 산신으로 삼는 동예와 관련이 있었을 가능성이 있다. 나나이족의 주거 · 민속 · 어렵 등은 동해안 및 울릉도와 연관하여 검토가 필요함을 느꼈다. 이 항로는 울릉도와 직접 관련은 적지만 남진하는 고구려 세력과 반

---

56 『新唐書』 卷219 北狄, 黑水靺鞨傳
57 鄭永振,「沃沮 北沃沮 疆域考」,『한국상고사학보』제 7호, 1991에 중국학자들의 연구성과가 잘 정리되어 있다.

격을 가하면 북진하는 신라 세력이 충돌하는 과정에서 전략적인 거점의 한 부분이 된다. 지증왕(智證王) 5년(505)에 이사부(異斯夫)를 실직주 군주(軍主)로 삼았고, 이어 하슬라주(何瑟羅州) 군주, 그리고 곧 우산국(于山國)을 정벌하게 하였다. 이것은 당연히 동해 중부의 해양활동과 깊은 관련이 있다.

두 번째, 울릉도와 연관하여 또 하나 사용된 항로는 동해북부 사단항로이다. 이 항로는 러시아령이 된 포시에트만 지역, 청진, 나진 등 두만강하구(북위 42도 30분 전후)나 그 이하에서 횡단하여 일본의 동북지방인 아끼다(秋田)와 니가타(新潟)의 사도(佐渡)섬(북위 38도), 월인 이시가와(石川), 후꾸이(福井)의 쓰루가(敦賀)만(북위 35도 30분) 등에 도착하는 거의 사선에 가까운 항로이다. 초기에 발해인들이 사용한 항로이다. 결국 동해북부를 사단으로 길게 횡단하거나 남으로 내려온다. 북풍 내지 북서풍을 이용할 경우에는 북청 이북선이 최종이다. 그 이하로 내려가면 노토반도에는 도착하기가 힘들다. 물론 중간에는 지형지물이 없으므로 울릉도와 독도를 우측으로 보면서 방향을 측정했을 것이다.[58] 그 다음에 다시 일본쪽으로 붙어 강한 북서풍을 이용하여 직항거나 아니면 아래로 내려갔다가 북상하는 흐름을 택해 혼슈 중부의 여러 지역에 도착했던 것이다. 후대에 발해인들도 무려 35회 항해 가운데에서 12번이나 이 항로를 이용하여 도착하고 있다. 고구려인들도 발해선들과 마찬가지로 호쿠리쿠(北陸)지방인 에치젠(越前), 가가(加賀), 노토(能登), 와카사(若狹) 등이 기착지였을 것이다. 와카사만(若狹灣)의 쓰루가(角鹿)는 이 지역은 가야, 신라계와도 매우 밀접한 관련이 있는 곳이며, 후대에는 발해 사신들, 사무역선[59]과 신라의 사무역선들도 도착하였다.[60]

---

58 측정하는 눈높이를 10m로 했을 때 울릉도의 시인거리는 133km이고, 독도는 63km 정도이다.
59 門脇禎二, 日本海域の古代史, 東京大學出版會, 1986, p.17.
60 門脇禎二, 日本海域の古代史, 東京大學出版會, 1986, pp.90~93.
   신라는 일본과 국교를 맺고 있지 않았으나 현실적 필요에 의해 정부는 묵인해주고 있었고, 그런 비공식성 때문에 사무역선들은 표착을 많이 했던 것으로 판단된다.

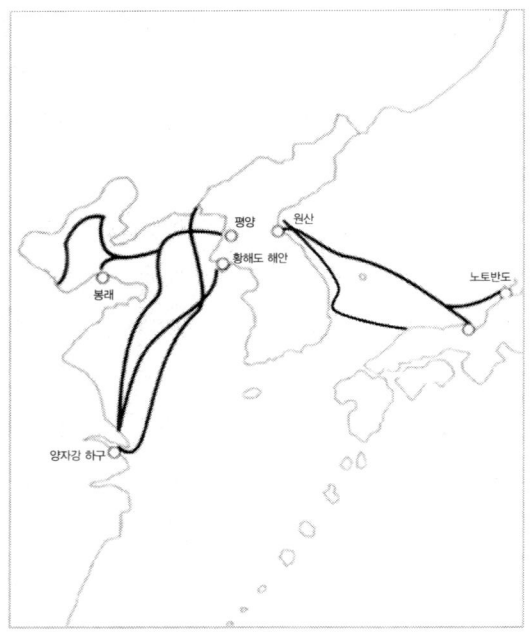

| 그림 8 | 고구려의 국제 항로

『삼국지 동이전 옥저전』의 기록이다. 그 무렵 耆老들에게 들은 내용으로서 그들이 수 십일을 표류하다가 큰 바다 가운데 섬에 닿았고, 그 곳은 말을 알아들을 수 없다고 하였고, 또 이어 바다 가운데 한 나라 이야기를 하면서 여자만 있고 남자는 없는 여인국이 있다고 하는 등의 이야기이다. 그 섬들의 위치에 대해서는 여러 설이 있는데, 오늘날의 쿠릴섬(사할린섬)일 것이라는 견해도 있다는 것은 놀라운 일이다.[61] 그런데 풍속 등을 근거로 그들이 말하는 동방의 큰 섬이란 사도섬이라는 견해도 있다.[62]

역사시대에 들어오면 고구려 발해인들이 이 항로를 이용하여 오고갔다. 『일본서기』에는 고구려인들이 게이타이천황(繼體天皇) 10년조, 긴메이천황(欽明天皇) 원년·31년조, 비다쓰천황(敏達天皇) 2년·3년 조에 월국(越國) 혹은 월(越)의 해안에 도착했다고 되어 있다. 사도섬(佐渡嶋)은 니이가타시 바로 앞에 있는 큰 섬이다. 『일본서기』544(欽明 5)년조에 기록된 숙신인이 사도(니이가타현)에 머물면서 봄, 여름에 고기를 잡는다고 하는 이야기가 있다.[63] 『일본서기』 660년(齊明 6년)년조에는 阿部水軍이 사도섬(佐渡

---

61 孫進己, 『東北民族源流』, p.417.
62 王俠, 「集安 高句麗 封土石墓與日本須曾蝦夷穴 古墓」, 博物館研究 42期, 1993, 2期, p.43.

島)에서 숙신과 소위 '침묵교역(沈默交易)'에 실패해서 전쟁을 했던 기사가 있다. 이 싸움에서 노토신마신룡(能登臣馬身龍)이 전사하고, 숙신(肅愼)도 폐뢰변도(幣賂辨島)에 틀어박혀 결국은 전원이 죽었다. 그럴 경우에는 이미 오래 전부터 동해안에서 북류이나 그 이북지역으로 진출했을 가능성도 있다.

7세기대의 오타루(小樽)나 오가와(大川, 余市)의 주변에서는 주석(錫)제품 등 연해주로부터 반입된 것으로 생각되는 유물이 출토된다. 특히 대천유적에서 발견된 동령(銅鈴)은 고구려에서는 마구(馬具)의 장식으로 이용되었고, 집안시 만보정(万寶汀) M 242号墓 등에서 출토되었다.[64] 결국은 고구려가 직접 왔거나 말갈이 중간교역을 하여 이 지역에 왔을 가능성이 많다. 그러나 그 당시에 말갈은 고구려의 소속 내지 영향권 하에 있었음을 생각해야 한다.

고구려의 압박을 받은 흑수말갈(黑水靺鞨)은 수(隋)에 조공사를 보내면서 사할린에 살고 있는 유귀(流鬼)[65] 등 오호츠크해 연안의 여러 민족과 연대를 강화했다. 이러한 움직임에 대항해서 570년 왜에 파견된 것이 제1차 고구려 사절이었다는 해석도 있다.[66] 이들 고구려인 발해인 말갈인(여진)들의 해양활동 범위에 울릉도가 있는 것은 자명하다. 후대에 발해인들도 무려 35회 항해 가운데에서 12번이나 이 항로를 이용하여 도착하고 있다.

세 번째, 동해종단 항로는 울릉도와 깊은 관련이 있다. 이 항로는 동해에 면한 고구려의 여러 항구를 출발해서 남으로 종단해서 내려오다가 혼슈의 남단인 산음(山陰)지방과 나가토(長門) 등 여러 지역에 도착하는 항로이다. 출발항구는 동해사단항로에

---

63 小嶋芳孝,「古代日本と渤海」,『考古學 ジャナル』411, 1996, p.20.
64 小嶋芳孝,「古代日本と渤海」, p.21.
65 流鬼에 대해서는 여러 설이 있으나 사할린이라고 보는 견해도 있다. 酒寄雅志의「日本と渤海靺鞨との交流」,『先史와 古代』, 한국고대학회, 1997, pp.88~89.
66 小嶋芳孝,「古代日本と渤海」, p.20.

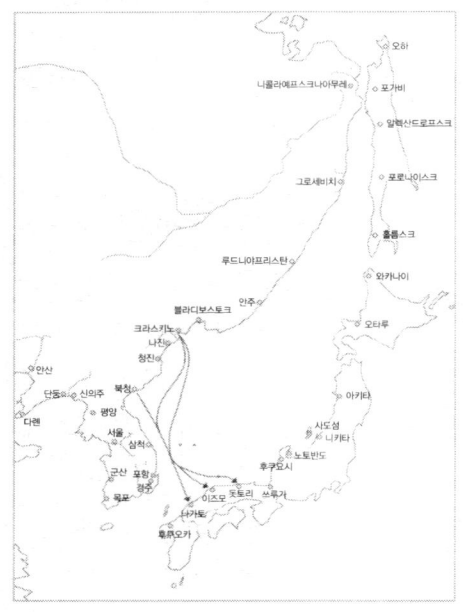

| 그림 9 | 발해의 동해 종단항로

서 언급한 것과 거의 유사하여 동해북부해안의 항구가 다 해당이 된다. 속일본기(續日本紀)[67]에 따르면 발해시대에는 북청 근처의 토호포(吐号浦)가 산음지방으로 도착하는 일본으로의 항로의 기점이 된 것은 확실하다. 원산지역을 출발하여 산음지방 내지 그 아래지역을 목표로 항해를 하다가 근해권에 접근한 다음에는 연안에 바짝 붙어서 남으로 항진해야 한다. 그러나 겨울철에는 매우 어려운 항해이다. 산음에 도착하려 한다면 적어도 동해안을 연안항해 내지 근해항해로 타고 가능한 한 남쪽으로 내려오다가 먼 바다로 떠서 동진해야 한다. 이때 울릉도와 독도를 바라보면서 지형지물이나 항로설정의 목표물로 삼았을 것이다.

이 동해종단항로에서 주로 도착을 하는 지역은 산음(山陰)인 돗토리현(鳥取縣)의 다지마(但馬), 호키(伯耆), 시마네현(島根縣)의 이즈모(出雲), 오키(隱岐), 그리고 그 아래 야마구치현(山口縣)의 나가토(長門) 등이다. 발해인들도 오키제도에 한번 도착하였고, 이즈모에 4번 등 수차례 도착하였다. 이 지역에 도착한 고구려인들의 동해종단항로는 신라의 예를 통해서 추정할 수 있다.

네 번째는 동해 중부 및 남부 횡단항로이다. 이 항로들은 동해의 중부인 삼척 강릉

---

67 續日本記, 寶龜 8년에는 '…發弊邑南海府 吐号浦 西指對馬嶋 竹室之津…'라는 기록이 있다.

지방, 남부인 울진·포항·감포·울산 등을 출항하여 혼슈 남단인 산음지방의 돗토리(鳥取)현의 다지마(但馬), 호키(伯耆), 시마네(島根)현의 이즈모(出雲), 오키(隱岐), 야마구치현(山口縣)의 나가토(長門) 등이다. 이렇게 도착한 다음에, 목적에 따라 연안 혹은 근해항해를 이용하여 북으로는 후쿠이(福井)현의 쓰루가(敦賀)지역으로,[68] 남으로는 규슈 지역으로 다시 들어가기도 했다.

동해를 사이에 두고 경상남도 울산이나 포항지방과 위도상(북위 35.5도)으로 보아 거의 비슷한 위치에 있다. 양 지역 사이에는 항로가 2개 있었다. 하나는 동해남부 또는 남해로 부터 리만한류를 타서 북위 30도 부근에서 대한난류 서파(西派)를 횡단하여 본류에 올라타서 이즈모(出雲) 서안에 도달하는 직접항로이다. 제 2의 항로는 한반도 동안에서 출발하여 오키(隱岐)에 도착하고, 다시 시마네 만두(島根灣頭) 혹은 이나바(因幡) 해안에 도착하는 것이다.[69] 즉 흑조(黑潮)에서 분파된 해류는 동해 남부나 중부에서 출발한 선박을 일본해안으로 자연스럽게 밀어 붙이므로 물길과 계절풍을 활용한다면 항해는 성공할 수 있다. 아래 자료인 〈해류병의 표착(漂着)상황도〉은 그러한 자연조건을 보여주고 있다.

이 항로 간의 중간에는 오키(淤岐 隱岐)섬이 있었으며, 또 하나 중요한 거점으로 울릉도가 있었다. 동해 종단항로나 동해중부항로를 이용할 경우에는 항법상 울릉도를 중간거점으로 이용할 수밖에 없다. 반면에 동해북부 사단항로나 동해남부 횡단항로의 경우에는 상황에 따라서 울릉도가 이용되었을 것이다.

그런데 또 하나 울릉도와 직접 연결된 항로는 아니지만 간접적으로 연결된 항로

---

68 쓰루가(敦賀)는 머리에 뿔이 난 사람들이 왔으므로 고대에는 쓰누가(角鹿)라고 불리웠는데, 이것은 투구를 쓴 가야인들이 왔기 때문이다. 그러나 신라계와 관련이 깊었으므로 지금도 신라계지명 및 신사가 곳곳에 남아있다. 武藤正典, 「若狹灣とその周邊の新羅系遺跡」, 『東アジアの古代文化』, 大和書房, 1974, pp.88~94 참조.

69 中田 勳, 『古代韓日航路考』, 倉文社, 1956, pp.123~127.

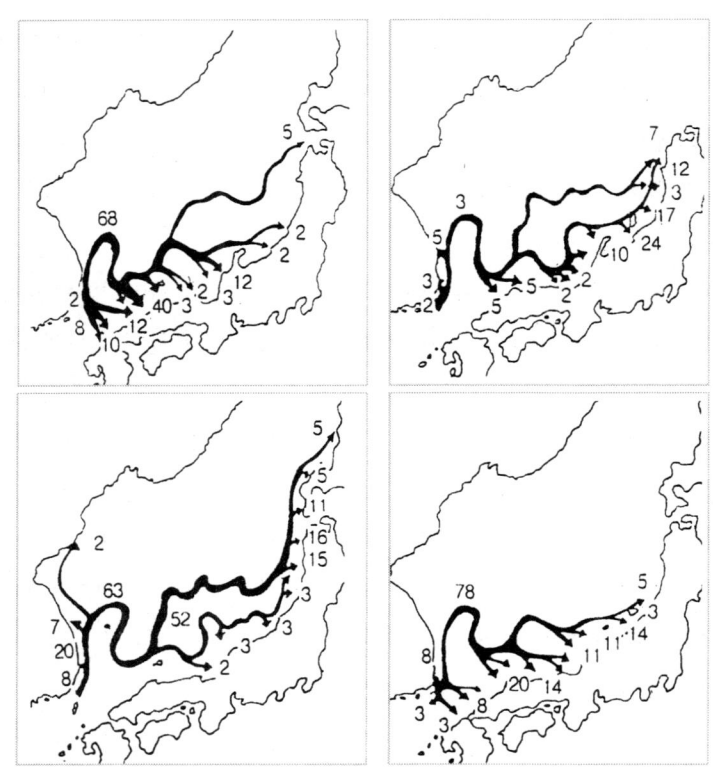

| 그림 10 | 해류병도[70]

대한해협에서 투입한 표류병의 도착 상황. 겨울에는 전체의 40%가 이즈모 지역에 도착하고 있다.

가 소위 필자가 제시한 연해주(남부 북부항로를 포함)이다. 대륙과 사할린(高項島)은 선사시대부터 교섭이 있었다고 한다. 일본열도의 승문도기(繩紋陶器)와 대륙의 승문도기는 문화의 연원이 유사하며,[71] 홋카이도를 포함하여 동북 일본의 선사문화는 대륙의 동

---

70 日本海洋學會・沿岸海洋研究部會編,『日本全國沿岸海洋誌』, 東海大學出版會, 1985, pp.925~926.
71 王健群,「古代日本北方海路的形成和發展」,『博物館硏究』, 55期, 3期, 1996, pp.51~52. 江上波夫,「古代日本の對外關係」,『古代日本の國際化』, 朝日新聞社, 1990, pp.52~53.

부와 밀접한 관계를 생각할 수 있는 요소가 적지 않다. 아무르강 중류의 노보페트로브카 문화가 일치하고 있다.[72] 江上波夫는 동북아시아의 세석기문화가 홋카이도, 혼슈로 전래하였고, 더욱이 특이한 석도촉이 홋카이도로 전파 되었다고 주장하였다.[73] 역시 연해주 남부항로와 관련이 있다.

이렇게 시작된 교류는 선사시대 이후에도 끊임없이 계속되었을 것이다. 또한 사할린은 쿠릴열도와 문화적인 교류가 활발했다. 오호츠크문화의 유적지, 예를 들면 온고로마나이 패총에서 송나라 희종중보(熙宗重寶)가 출토되고, 모요로 패총 유적에서도 경우원보(景祐元寶)가 출토되었다. 그런데 연해지방 남부의 여진문화유적에서는 샤이가 성채(城砦)에서 대관통보(大觀通寶)가 발견되었다.[74] 북해도의 오호츠크문화[75]의 유적에서는 대륙으로부터 전해진 물건들이 적지 않은데 그것들은 연해주지방에서 아무르하 유역 및 사할린을 경유하여 들어온 것이다.[76] 그런데 앞 항로에서 언급하였듯이 울릉도는 연해주 남부 일대 및 동해 해안, 그리고 일본의 혼슈 해안과 직접 항로가 개설되어 있었다. 하지만 홋카이도 등과 항로가 개설되었다는 사실을 밝히기는 힘들다. 다만 해양환경을 고려할 때 가능성이 있고, 또 표류 현상을 보아도 자연적인 항로의 가능성을 짐작할 수 있다.

표류[77]는 기상이변, 선체 파손, 내부혼란, 적대집단의 습격 등 비일상적인 상황으로 인하여 정상항로를 이탈한 채 자연현상에 맡겨졌다. 또한 이들은 해양과 항해의 메커니즘 상 불가피하게 사용할 수밖에 없는 항로가 있었으며, 이러한 속에서 표류가 발생한 경우도 적지 않았다. 따라서 표류의 길은 항로추적에 효율성 큰 단서가 된다.[78]

---

72 松山利夫, 「ナラ林の文化」, 『季刊考古學』15호, 1986, 雄山閣出版社, p.45.
73 江上波夫, 「古代日本の對外關係」, 『古代日本の國際化』, 朝日新聞社國際 심포지움, 1990, p.52
74 菊池俊彦 著, 『北東 アジアの 古代文化の研究』, 北海道大學 圖書刊行會, 1995, p.66.
75 오호츠크문화란 북해도 문화 및 사할린 문화를 말한다.
76 菊池俊彦 著, 『北東 アジアの 古代文化の研究』, 北海道大學 圖書刊行會, 1995, p.28.
77 사료에서는 漂流 외에 '漂着'(발해사신과 관련한 일본기록)이 또는 漂沒, 漂到 등의 용어로도 사용된다.

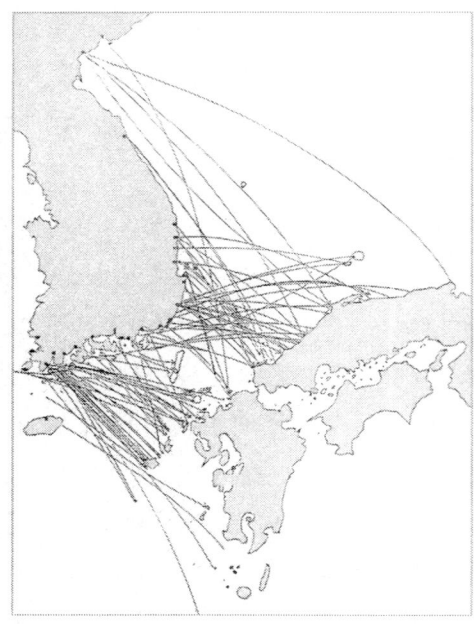

| 그림 11 | 표류도

1692~1840년 사이 조선에서 일본에 표류한 선박들의 길(시바다 케이시·손태준 작성). 울산, 포항 등에서 출발한 배들은 야마구치현과 시마네현에 집중적으로 닿고 있다.

울릉도와 연관해서 주목할 만한 표류는 1425년에 장을부 등 평해인 10명이 석견주에 표착한 일이다. 경상도 동부 및 강원도 표류한 배들은 주로 대개 나가토(장문, 혼슈남부지역), 그리고 산음과 북해도 지역이다.[79] 그런데 조선시대에 이지항(李志恒)은 표류를 하여 1696년 5월 12일에 蝦夷地(북해도)의 북서쪽 끝의 섬에 도착해서 한동안 머무른 후에 소환당한 일이 있었는데, 그가 쓴 표주록에는 북해도 아이누인(蝦夷)들의 생활이 기록되어 있다. 그렇다면 울릉도와 연해주 항로는 간접적으로 연결될 가능성이 높아진다.

앞에서 언급한 바와 같이 울릉도와 독도는 동해를 매개로 이루어지는

---

[78] 李薰, 『조선 후기표류민과 한일관계』, 국학자료원, 2000.
한일관계사학회 편, 『조선시대 한일 표류민 연구』, 국학자료원, 2001.
정성일, 『표류민 송환체제를 통해본 근현대 한일관계제도사적 접근(1868-1914)』, 한일관계사연구 17, 2002.
『조선시대(朝鮮時代)의 동해(東海) : 동해를 건넌 사람들』, 이사부기념사업회, 2009.
고동환, 『조선후기 商船의 船行條件』, 『한국사연구 123, 2003.
윤명철, 『남서해양과 연관된 표류와 역사의 발전』, 『표류의 역사, 강진』, 한중일 국제학술회의, 2009. 4. 11.
『표류의 발생과 역사적인 역할에 대한 탐구』, 『동아시아 고대』제 18호, 2008.
[79] 정성일, 「표류 표착의 지역적 특성과 그 현재적 의미」, 68.

모든 해상교통의 중심지 역할을 할 수 있으므로 항해상에 유일한 꼭 필요한 존재였다. 뿐만 아니라 이 지역의 해상세력들은 이들의 항해에 어떠한 형태로든 영향을 끼쳤을 것이다.

울릉도와 독도가 해양전략적으로 중요한 둘째 이유는 울릉도가 가진 가치는 자체가 보유한 자원이다. 해양공간은 해양의 메커니즘과 세계관 속에서 파악하는 방식이 필요하다. 생산양식 생활방식 생산물의

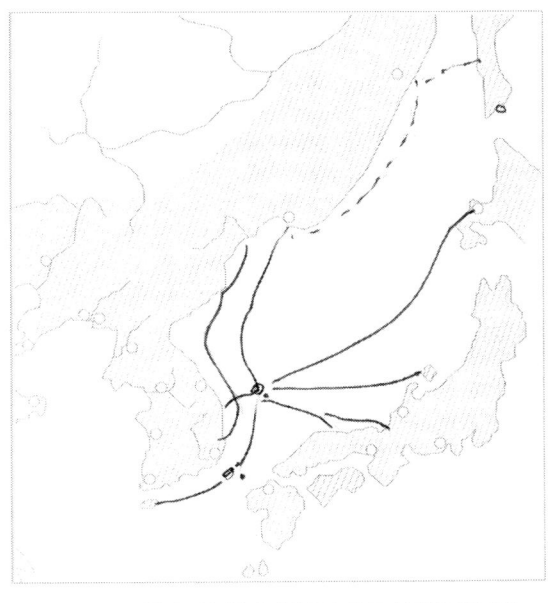

| 그림 12 | 울릉도를 중계거점으로 삼은 동해의 항로도

경제적 가치 등이 육지와는 다른 점이 많다. 울릉도와 독도는 경제적으로도 가치가 크다. 특히 해양자원은 획득이 어려울 뿐 아니라 독특한 기술력을 필요로 한다. 해양문화권에서는 해양력을 강화시키는데 가장 필수적인 요소는 조선업의 발달이고, 이를 위해 나무의 보급은 절대적이었다. 따라서 나무와 숲을 장악하려는 갈등이 심각하게 일어났으며, 나무는 중요한 무역품목이었다.

유럽지중해를 비롯한 서양의 역사활동 영역에서 이러한 나무무역이 전개되었던 예는 무수히 많다.[80] 나무가 조선업에 중요했다는 사실과 예는 우리 역사에서도 많이 나타나고 있다. 발해배들의 구조적인 특성과 항법, 여몽연합군의 일본국 침공시 건조된 고려의 배들, 그리고 임진왜란 당시에 나타난 조선배의 특성 등은 조선업의 중요성

---

80 숲의 세계사 등 참고.

과 함께 나무의 종류·수량·공급망 등이 차지하는 비중이 얼마나 큰가를 입증해준다.

울릉도는 원시림으로 나무가 풍부한 섬이었다.

인종 19(1141)년에 명주도(溟州道)의 감창사(監倉使)인 이양실(李陽實)이 왕에게 울릉도(蔚陵島)의 과실과 나뭇잎을 바친 기록이 있다. 고종(高宗) 30(1243)년에도 울릉도에 관리를 파견하게 하였는데, 역시 울릉도에 대한 정보를 기록하고 있다. 거기서 '토질은 기름지고, 진목과 해산물이 많이 산출되고……', 이 때 진목이란 대장경을 만드는 목재들이다. 또한 그 이후의 일이지만 고려는 직목사(直木使)를 파견하여 조선에 쓰일 나무를 이곳에서 구하였다. 너도밤나무는 울릉도에만 난다고 하는데 조선에 유용한 나무이다. 1246년에는 고려의 관리인 이추가 울릉도에 진기한 나무들이 있다고 원나라 조정에 보고하는 사건이 벌어져 벌목을 요구한 일이 있었다. 1273년에도 울릉도의 목재를 벌채하려는 계획이 있었다.

침엽수만 자라기 때문에 조선에 적합한 나무가 부족한 연해주 일대의 종족들이나 해양민들에게 울릉도에 서식하는 나무들은 가치가 컸을 것이다. 고대국가시대에도 그러한 현상이 있었겠지만, 고려 전기에 울릉도지역을 약탈한 여진족들에게 조선용 목재공급지로서 울릉도는 의미가 컸을 것이다. 또한 울릉도는 옛적부터 향나무가 많기로 이름난 곳이고 향나무 목재 가공품을 많이 생산한 바 있다. 일본에서도 이 섬을 죽도(竹島)·송도(松島)라고 부른 것은 나무가 풍부했음을 알려준다. 근대로 들어오면서 러시아와 일본은 울릉도 지역의 벌채권을 놓고 갈등을 빚었다. 러시아는 브린너를 통해서 1896년에 울릉도, 압록강, 두만강 유역의 목재 채벌권을 조선정부로부터 따 냈다. 또 일부는 목재들이 일본으로 밀반출되기도 해서 조정에서는 우릉도 도감 배이주가 이를 찾기위해 도일하여 은기로 가기도 했다.

이 시기에는 울릉도의 나무들이 무차별적으로 벌채되어 국외로 빠져나가는 현상들이 보인다. 1884년에는 김옥균이 일본과 결탁하여 울릉도의 규목(槻木, 물푸레나무)을 벌채한 후에 팔려는 계획을 세웠다. 1885년에는 일본의 만리환(槻木)에 실어서 밀반출해간 목재를 압류해줄 것을 요청하는 일도 있었다. 그 외에도 오동나무를 비롯하여 질 좋은 목재들이 서식하는 원시림이 있었다. 연해주 일대는 백양나무·자작나무·소나무·벚나무·향나무 등이 숲을 이루고 있었다. 또한 섬백리향이 자생하고 있는데, 이는 항해상에서 섬의 위치를 파악하는데 매우 중요한 요소이다.

울릉도가 지닌 또 하나의 자원적인 가치는 해양생물들이다. 어류를 비롯하여 해구, 해달, 고래 등의 포유류와 조류들이다. 울릉도 독도에서는 가지도(可支島)라는 명칭에서 나타나듯 물개가 많이 서식했다.[81] 물개는 식량으로도 사용되었지만 기타 생활용품으로 사용되었다. 물개가죽으로 밧줄을 만들어 사용한 예들이 시베리아 원주민들 사이에서 발견되었고, 또 배를 만들 때 쓰우기도 하였다.[82] 또한 물개기름을 짜서 다양한 용도로 사용하였다. 후에 러시아 일본인들은 이 물개와 바다사자에 눈독을 들였다. 울릉도와 독도에서는 가지도(可支島)라는 명칭에서 나타나듯 물개가 많이 서식했다.[83]

그러나 무엇보다도 중요한 동물은 해달(海獺, 바다수달)이다. 추운 바다에서 서식하는 족제비과의 동물로서 표트르 1세가 파견한 베링은 베링해협과 함께 해달의 서식지를 발견하였다. 모피는 러시아 왕실의 재정수입을 상당한 부분 충당했다. 모피 중에서 가장 높은 가격은 검은담비였고, 그 다음으로 검은 여우, 그리고 일반 담비였는데,[84] 가장 좋은 모피를 지니고 있으므로 '부드러운 황금'이라고 불리운 것은 해달이었다. 캄차카 해안과 그 근처 섬들에 풍부하게 서식하고 있었으므로 러시아인들은 태평양을 비버(Beaver) 바다라고 불렀다.[85] 그러한 해달이 동해남부 해안에서도 서식하고 있

---

80 숲의 세계사 등 참고.
81 해수부, 『한국의 해양문화』, 동남해역(上) 해양수산부, 2002, pp.159~160.
82 시베리아 원주민의 역사물개가죽을 쓰워 만든 '바이데라(baidera)'라 불리는 똑같은배, p.270.
83 해수부, 『한국의 해양문화』, 동남해역(上) 해양수산부, 2002, pp.159~160.
84 조지캐넌 지음, 정재겸 역주, 『시베리아 원주민의 역사』, 우리역사연구재단, 2011, p.86.

었다. 1832년의 『경상도읍지』에는 장기현 영일현에 기록하였고, 신증동국여지승람에는 영일현에 해달이 서식한 것으로 기록하였다.[86] 물론 울릉도에도 서식하였을 것이다. 그 경제적인 가치는 막대하였을 것이다.[87]

그 다음에 포유로서 고래가 있다. 이미 선사시대부터 고래잡이가 성행했었다. 함경도 해안에 서포항(西浦港) 패총유적지가 있다. 1947년 두만강 하구에서 서편으로 약 30km 떨어진 해안의 구릉에서 발견되었다. 괭이·화살촉·칼·긁개·어망추·망치 등의 석기, 창·작살·칼·장신구 등의 골기, 고래뼈로 만든 노도 발견되었다. 고래잡이를 한 증거이다. 반구대 암각화는 고래잡이가 얼마나 중요했는지 알려주고 있다. 삼국사기에는 고구려에 고래야광눈이 받쳐지는 기록들이 등장한다. 동해 북부해역에 거주하는 사람들에게 물개, 바다코끼리, 그리고 고래들은 일상생활에 필요한 거의 모든 것을 제공해주었다.

한편 어류 또한 무한한 가치가 있었다. 동옥저(東沃沮)는 바다 멀리까지 나가서 고기잡이를 하였다.[88] 이러한 기록들은 당시 동해(東海)에서 고래잡이를 비롯한 어로활동능력(漁撈活動能力)이 있었고 원양항해와 상업어업이 실시되었음을 보여준다. 오호츠크해 근해에서 남하하는 리만해류에서 갈라져 나온 한류인 북한해류가 겨울에는 동한해류의 안쪽을 흘러 영일만까지 남하한다. 난류와 한류가 교차하는 조경수역(潮境水域)이 형성되어 플랑크톤이 풍부하고, 따라서 난류성 어족과 한류성 어족이 모여들은 훌륭한 어장이 형성된다.[89] 한류성 어족인 대구·명태는 울진 근처에서 회유한다. 연어 송어 방어 대구 명태 자해(紫蟹, 대게)등과 특히 홍해에서는 해삼 등이 생산되었

---

85 쿠릴열도 원주민들은 러시아인들에게 바칠 야삭으로 해달을 잡아야만 했다.
86 『신증동국여지승람』 23권, 영일현.
87 현지 주민들의 증언을 청취하면 해달이 있었다고 한다.
88 『三國志』, 魏書, 東沃沮. '…國人嘗乘船捕漁, 遭風見吹數十日, 東得一島.'
89 해수부, 『한국의 해양문화』, 동남해역(上) 해양수산부, 2002, p.167.

다.[90] 신증동국여지승람의 동해남부지역 등에 수록된 토산품을 보면 어류들 가운데 청어, 상어, 연어, 송어 등은 대체로 일치하고 있다. 이는 동해북부, 즉 연해주 일대의 바다에서도 동일하게 잡히는 종류이다. 남하하는 한류를 타고 어류들도 이동을 하고, 사람들과 문화도 이동하는 것이다. 이처럼 울릉도와 독도는 육지적인 관점이 아닌 해양사적 관점에서 파악할 경우에는 무한한 해양 전략적 가치와 경제적 가치가 충만한 생활공간이었다.

## 5. 울릉도 독도의 의미와 활용

근대에 들어오면서 동해는 과거와는 달리 서구 열강 및 일본 등에 의해서 주목 받았다. 물론 이는 수산자원의 생산지인 바다가 아니라 당시 제국주의 질서 속에서 만주에 대한 영향력 강화나 군사적인 우월성을 확보하려는 수단 혹은 매개로서 인식한 측면이 강하다. 동해의 섬들을 둘러싼 갈등이나 몇몇 해전들이 그러하다. 이러한 과정 속에서 일본은 만주와 관련시켜가면서 동해에 대한 관심을 높이고 연구를 진행시켰다. 그 부수물 가운데 하나가 발해역사에 대한 깊은 관심이었다.

21세기에 들어와 해양은 더욱 중요해지고 있다. 근래에 들어서 동해와 관련하여 각 나라들이 추진한 발전 전략들을 검토하고, 이해할 필요가 있다. 일본은 1988년에 '환일본해(동해)경제권'을 주장하여 남북한과 일본, 중국의 동북부, 극동 러시아(연해주)를 하나의 경제권으로 묶고자 한다. 중국은 동해로 진출하거나 동해를 이용하여 국가나 경제의 발전을 시도하고자할 때 치명적인 한계가 있다. 중요한 출해구(出海口)인 두만강 하구를 북한과 러시아가 장악하고 있으므로 동해로 진출할 수가 없다. 또한 동

---

90 『신증동국여지승람』 및 국립수산진흥원에서 발간한 『한국연근해유용어류도감』 참고.

해북부인 타타르해협 등과 접하고 있는 연해주지역을 1860년 이후에 러시아에게 할양했으므로 바다로 나갈 수가 없어졌다.

　러시아는 고르바초프의 1991년 블라디보스토크 연설 후에 일본과 함께 환동해경제권에 참여하고 있다. 또한 유엔개발기구(UNDO)가 주도하여 북한 러시아 중국이 공동으로 참여한 동북아지역 협력프로젝트가 있다. 2000년에 푸틴(Vladimir Putin)정부는 출범하면서 '강력한 러시아 재건'을 표방했다. 그 가운데 하나가 중국 한국 일본을 노골적으로 의식하면서 TSR(시베리아 횡단열도)과 TKR(한반도종단철도)을 연결시키고 동해를 이용하여 일본열도와도 이으려는 계획을 추진하고 있다. 현재는 한국의 속초 부산 등과 항로를 개설하여 교류와 무역량을 증가시키고 있으며, 중국과는 우스리스크 지역 등을 거점으로 무역활동을 벌이고 있다.

　한국은 동해와 관련해서는 중부의 여러 도시들과 일본의 혼슈 중부인 쓰루가(敦賀), 니가타(新潟) 등을 연결하는 동해경제권 등 여러 가지 이론을 구상하고 있지만 항로 개설하나 없이 우왕좌왕하고 있을 뿐이다. 다만 속초항에서 자루비노항으로 여객선이 들어가고, 또 북한이 아닌 러시아의 자루비노나 포시에트 등을 거쳐 훈춘으로 들어가 연길, 백두산으로 이어지는 해륙로(海陸路)를 열었다. 북한도 1991, 12에 나진 선봉지역을 자유무역경제지구로 선포하고, 1993년에는 자유경제 무역지대법을 제정하여 동해를 활용한 경제발전을 시도하고 있다.

　동아시아에서 이렇게 전개되는 질서재편기에 경제, 정치, 군사를 둘러싸고 해양력의 대결이 벌어질 것은 자명하다. 특히 항로의 '배타적 관리권'을 놓고 해양력의 시위가 불가피하다. 최근에는 북방 4개도서인 남쿠릴열도를 둘러싸고 일본과 러시아가 영토분쟁을 일으키고, 일본은 독도에 대한 영유권을 주장하면서 동해를 전략적으로 활용하고 있다. 특히 이미 오래 전부터 소위 '일본해문화권(日本海文化圈)'을 설정하고 심도 깊은 연구를 진행해왔다.[91] 중국에게도 동해는 중요하다. 동북공정(東北工程)에서 연해주(沿海洲)지역과의 관련성을 주목할 필요가 있다.[92] 연해주(沿海洲)는 청나라가 말기인 1860년에 북경조약을 맺으면서 강제적으로 현재 연해주일대를 러시아에 강제할 양 당했다. 그 결과로 중국은 동해로 진출할 수 없었으므로 자국의 발전과 동아시아 패권을 회복하는데 걸림돌이 되었다. 중국은 정치적 군사적으로뿐 만 아니라 경제적으로도 이 지역의 수복을 원하고 있다.

한편 2006년 4월을 계기로 중국은 북한과 나진 선봉(나선시)를 50년 동안 공동관리 하겠다는 발표를 했다. 이로써 중국은 동해로 연결되는 물류망뿐만 아니라 해군이 활동할 수 있게 되었다. 그래서 '조중연합함대(朝中聯合艦隊)'가 동해에서 결성될 것이라는 등 여러 설과 함께 시나리오들이 난무하고 있다. 또한 러시아정부와는 두만강 하구의 녹둔도(鹿屯島)도 추후에 역사와 관련하여 영토분쟁이 일어날 수 있다. 또한 중일 간에는 센카쿠(尖角)제도(중국에서는 釣魚島)의 영유권을 놓고 국제적으로 분쟁이 일어나고 있으며, 또한 중국과 동남아 국가 간에도 남사군도를 놓고도 역시 심상치 않은 갈등이 일어난다. 이러한 충돌은 심지어는 '제 2차남해대전(南海大戰)'이라는 가상 시나리오가 유포될 지경으로 비화되고 있다.

이러한 갈등과 충돌 등은 해양영토라는 면적의 의미와 함께 sea-lane이라는 선(線)의 권리와 확보를 둘러싼 성격이 강하다. 일본은 군사비 지출이 세계 4위이고, 해군력

---

91　古廐忠夫 編, 『東北アジアの再發見』, 有信社, 1994, p.5에서 일본해라는 호칭은 1602년 마테오릿치가 작성한 『坤輿萬國地圖』에서 포괄적으로 사용되었다. 그런데 일본해로 통일된 것은 근대 일본의 부국강병 제국주의화 아시아 침략의 과정과 궤를 같이하고 있는 것은 확실하다. 그는 일본해를 지중해세계나 동아시아 세계로 부르는 것 같은 정치적 경제적 내지는 문화적으로 하나의 자기완결인 지역을 상정하는 것은 곤란하다.는 의견을 개진하고, p.8에서 동아시아 세계와 외연으로서 동북아시아라는 시점에서, 즉 동아시아의 서브시스템으로서 환일본해 지역을 보고 있다. 한편 일본열도에 있는 바다는 지중해와는 달리 교통로가 아니었고, 대륙으로부터 떨어져 있게 한 장벽이었다는 견해도 있다.(와쓰지 데쓰로우 저, 박건주 역, 『풍토와 인간』, 장승, 1993, pp.80~81.)

92　연해주 관련성은 필자가 동북공정과 관련하여 첫 발표부터 꾸준히 제기해온 주장으로 아직도 심각성을 인식하지 못하는 분위기이다. 윤명철, 「동북공정의 배경과 21세기 동아시아 신질서의 구축」, 『단군학 연구』10호, 단군학회, 2004. 6 및 윤명철, 『역사전쟁』, 안그래픽스, 2004 등 참조.

은 2위이며 해양영토는 5위이다. 더구나 일본은 북쪽으로는 타타르 해협의 일부에서부터 남쪽은 대만해역에 이르기까지 해양으로 동아지중해와 한반도를 완벽하게 포위하고 있다. 중국도 해군비를 급작스럽게 증액하고 4~5년 전부터 항공모함을 건조하는 등 해양력 강화에 박차를 가하고 있다.

21세기는 문명의 전환기이고, 세계질서가 전면적으로 재편되는 시기이다. 특히 러시아의 극동정책이 본격화되고, 북한이 개방된다면 동해경제권의 성장 등 매우 빠른 속도로 부상할 수 있다. 그럴 경우에 동해안지역(韓·日·러시아·中)은 매우 중요한 역할과 위상을 지니게 된다. 이러한 국제질서의 관점에서 동해안의 발전을 필수적이며, 그에 걸맞는 발전전략을 모색하고 실천해야 한다. 또 민족 내부의 입장에서도 한민족이 능동적이고, 주체적으로 동아시아 신질서에 참여하려면 다양한 발전전략을 수립해야 한다. 그 가운데 하나로서 필자는 '동아지중해(東亞地中海) 중핵(中核, 허브)조정역할론'을 주장해왔다.[93]

남북한이 통일에 연착륙할 경우, 한반도야말로 대륙과 해양을 공히 활용하여 동해, 남해, 황해, 동중국해 전체를 연결해줄 수 있는 유일한 지역이다. 특히 모든 지역과 국가를 전체적으로 이어주는 해양 네크워크(Sea Network)은 우리만이 가지고 있다. 우리 바다를 통해서만 동아시아의 모든 국가들이 본격적이고 온전히 교류할 수가 있다. 그런데 이 역할을 원활하게 실현하려면 상대적으로 소외된 동해안 지역의 발전은 필수적이다. 또 하나는 해양력을 강화시켜야만 한다. 따라서 독도문제는 일본 간의 영토문제로 보는 시각을 지양하고 세계질서와 동아시아질서의 재편이라는 거시적인 틀과 선사시대부터 현재를 경유하여 미래로 진행되는 역사적인 안목 속에서 살펴볼 필요가 있다.

---

[93] 특히 윤명철, 『광개토태왕과 한고려의 꿈』, 삼성 경제연구소, 2005. 윤명철, 『장수왕, 장보고 그들에게 길을 묻다』, 포름, 2006 참조.

## 6. 맺음말

　독도의 영유권 문제를 논할 때에는 울릉도에 사람이 거주하지 않았다는, 일종의 공도(空島)였다는 것을 하나의 한계로 지적하고 있다. 예를 들면 울릉도는 오랫동안 버려져 있다가 마치 조선시대 말기에 이르러 개척되었다는 인식이다. 하지만 이는 역사적인 접근을 도외시했거나 역사적 사실을 전혀 고려하지 않은 미시적인 접근의 소산이다. 울릉도가 활발하게 역사활동을 해왔으며, 한민족의 역사에서 중요한 위치를 담당하였고, 일정한 역할을 담당해온 공간이었다는 사실이 입증되고, 인식된다면 문제는 달라진다. 즉 울릉도의 부속도서이면서 생활공동체인 독도에 대하여 제기되는 복잡한 문제는 거론의 여지가 없다.

　동아시아는 지중해적인 형태와 성격을 지니고 있었으며, 동해는 그 한 부분이었다. 필자가 몇 차례에 걸쳐 논한 바 있지만 동해의 활동범주는 넓었으며, 활동 또한 활발했다. 그리고 동해를 사이에 두고 주변 지역 들 간의 해양교류는 활발했다. 그렇다면 해양의 메커니즘이나 항법상 울릉도 및 독도는 매우 중요한 위상을 차지했을 뿐만 아니라 의미있는 역할을 담당했다. 동해는 원양항해구역이 넓을 뿐만 아니라 한 중간에 위치한 유일한 섬이므로 항해자들에게는 절대적인 의미를 지니고 있었다. 또한 경제적으로도 목재를 비롯하여 생선들, 포유류인구래, 그리고 해달 등을 획득할 수 있는 가치가 높은 공간이었다. 따라서 인간이 선사시대부터 살았으며, 특히 우산국이라고 불리워지는 고대의 해상왕국 시대에는 동해의 중요한 정치 경제의 거점이었다. 이러한 위상과 가치는 5장에서 언급한 바처럼 21세기에 이르러서도 정치적으로 군사적으로 경제적으로 유사한 의미를 지니고 있다. 울릉도 독도에 대한 새로운 인식과 접근방식으로 본질을 파악함은 물론이고, 가치를 재창출할 필요가 요청된다.